# प्रियप्रवास

(खड़ी-बोली का सर्वश्रेष्ठ महाकाव्य)

---

*साहित्यवाचस्पति, साहित्यरत्न, कविसम्राट्*

**पण्डित अयोध्या सिंह उपाध्याय 'हरिऔध'**

**लोकभारती प्रकाशन**

**लोकभारती प्रकाशन**
पहली मंजिल, दरबारी बिल्डिंग, महात्मा गाँधी मार्ग
प्रयागराज-211 001
वेबसाइट : www.lokbhartiprakashan.com
ईमेल : info@lokbhartiprakashan.com
**शाखाएँ :** 1-बी, नेताजी सुभाष मार्ग, दरियागंज
नयी दिल्ली-110 002
अशोक राजपथ, साइंस कॉलेज के सामने
पटना-800 006 (बिहार)
1, अनमोल सोराबज़ी संतुक लेन, मरीन लाइंस
मुम्बई-400002

**प्रथम लोकभारती संस्करण** : 2018
**तृतीय संस्करण** : 2025

**आस्था पेपर कन्वर्टर**
प्रयागराज द्वारा मुद्रित

PRIYAPRAVAS
by Ayodhya Singh Upadhyay 'Hariaoudh'

ISBN : 978-93-86863-73-7

मूल्य : ₹ 500

# भूमिका

## विचार-सूत्र

सहृदय वाचकवृन्द !

मैं बहुत दिनों से हिन्दी भाषा में एक काव्य-ग्रन्थ लिखने के लिये लालायित था। आप कहेंगे कि जिस भाषा में 'रामचरित-मानस', 'सूरसागर', 'रामचन्द्रिका', 'पृथ्वीराज रासो', 'पद्मावत' इत्यादि जैसे बड़े अनूठे काव्य प्रस्तुत हैं, उसमें तुम्हारे जैसे अल्पज्ञ का काव्य लिखने के लिये समुत्सुक होना वातुलता नहीं तो क्या है? यह सत्य है, किन्तु मातृभाषा की सेवा करने का अधिकार सभी को तो है; बने या न बने, सेवा-प्रणाली सुखद और हृदय-ग्राहिणी हो या न हो, परन्तु एक लालायित-चित्त अपनी प्रबल लालसा को पूरी किये बिना कैसे रहे? जिसके कान्त-पादाबुजों की निखिल-शास्त्र-पारंगत पूज्यपाद महात्मा तुलसीदास कवि-शिरोरत्न महात्मा सूरदास, जैसे महाजनों ने परम सुगंधित अथवा उत्फुल्ल पाटल प्रसून अर्पण कर अर्चना की है-कविकुल-मण्डली-मण्डन केशव, देव, बहारी, पद्माकर इत्यादि सहृदयों ने अपनी विकच-मल्लिका चढ़ा कर भक्ति-गद्‌गद-चित्त से आराधना की है-क्या उसकी मैं एक नितान्त साधारण पुष्प द्वारा पूजा नहीं कर सकता? यदि 'स्वान्तः सुखाय' मैं ऐसा कर सकता हूँ तो अपनी टूटी-फूटी भाषा में एक हिन्दी-काव्य-ग्रन्थ भी लिख सकता हूँ; निदान इसी विचार के वशीभूत होकर मैंने 'प्रियप्रवास' नामक इस काव्य की रचना की है।

## काव्य-भाषा

यह काव्य खड़ी बोली में लिखा गया है। खड़ी बोली में छोटे-छोटे कई काव्य-ग्रन्थ अब तक लिपिबद्ध हुए हैं, परन्तु उनमें से अधिकांश सौ दो सौ पद्यों में ही समाप्त हैं, जो कुछ बड़े हैं वे अनुवादित हैं मौलिक नहीं। सहृदय कवि बाबू मैथिलीशरण गुप्त का 'जयद्रथवध' निस्सन्देह मौलिक ग्रन्थ है, परन्तु यह खण्ड-काव्य है। इसके अतिरिक्त ये समस्त ग्रन्थ अन्त्यानुप्रास विभूषित हैं, इसलिये खड़ी बोलचाल में मुझको एक ऐसे ग्रन्थ की आवश्यकता देख पड़ी, जो महाकाव्य हो; और ऐसी कविता में लिखा गया हो जिसे भिन्नतुकान्त कहते हैं। अतएव मैं इस न्यूनना की पूर्ति के लिये कुछ साहस के साथ अग्रसर हुआ और अनवरत परिश्रम

करके इस 'प्रियप्रवास' नामक ग्रन्थ की रचना की; जो कि आज आप लोगों के कर-कमलों में सादर समर्पित है। मैंने पहले इस ग्रन्थ का नाम 'ब्रजांगना-विलाप' रखा था, किन्तु कई कारणों से मुझको यह नाम बदलना पड़ा, जो इस ग्रन्थ के समग्र पढ़ जाने पर आप लोगों को स्वयं अवगत होंगे। मुझ में महाकाव्यकार होने की योग्यता नहीं, मेरी प्रतिभा ऐसी सर्वतोमुखी नहीं, जो महाकाव्य के लिये उपयुक्त उपस्कर संग्रह करने में कृतकार्य हो सके, अतएव मैं किस मुख से यह कह सकता हूँ कि 'प्रियप्रवास' के बन जाने से खड़ी बोली में एक महाकाव्य न होने की न्यूनता दूर हो गई। हाँ, विनीत भाव से केवल इतना ही निवेदन करूँगा कि महाकाव्य का आभास-स्वरूप यह ग्रंथ सत्रह सर्गों में केवल इस उद्देश्य लिखा गया है कि इसको देखकर हिन्दी-साहित्य के लब्धप्रतिष्ठ सुकवियों और सुलेखकों का ध्यान इस त्रुटि के निवारण करने की ओर आकर्षित हो। जब तक किसी बहुज्ञ मर्म्मस्पर्शिनी-सुलेखनी द्वारा लिपिबद्ध होकर खड़ी बोली में सर्वांग सुन्दर कोई महाकाव्य आप लोगों को हस्तगत नहीं होता, तब तक यह अपने सहज रूप में आप लोगों के ज्योति-विकीर्णकारी उज्ज्वल चक्षुओं के सम्मुख है, और एक सहृदय कवि के कण्ठ से कण्ठ मिला कर यह प्रार्थना करता है 'जबलौं फुलै न केतकी, तबलौं बिलम करील।'

## कविता-प्रणाली

यद्यपि वर्त्तमान पत्र और पत्रिकाओं में कभी-कभी एक आध भिन्नतुकान्त कविता किसी उत्साही युवक कवि की लेखनी से प्रसूत होकर आज कल प्रकाशित हो जाती है, तथापि मैं यह कहूँगा कि भिन्नतुकान्त कविता भाषा-साहित्य के लिये एक बिल्कुल नई वस्तु है; और इस प्रकार की कविता में किसी काव्य का लिखा जाना तो 'नूतनं-नूतनं पदे पदे' है। इसलिये महाकाव्य लिखने के लिये लालायित हो कर जैसे मैंने बालचापल्य किया है, उसी प्रकार अपनी अल्प विषयामति साहाय्य से अतुकान्त कविता में महाकाव्य लिखने का यत्न करके मैं अतीव उपहासास्पद हुआ हूँ। किन्तु, यह एक सिद्धान्त है कि 'अकरणात् मन्दकरणम् श्रेयः' और इसी सिद्धान्त पर आरूढ़ होकर मुझसे उचित वा अनुचित यह साहस हुआ है। किसी कार्य में सयत्न होकर सफलता लाभ करना बड़े भाग्य की बात है, किन्तु सफलता न लाभ होने पर सयत्न होना निन्दनीय नहीं कहा जा सकता। भाषा में महाकाव्य और भिन्नतुकान्त कविता में लिख कर मेरे जैसे विद्या बुद्धि के मनुष्य का सफलता लाभ करना यद्यपि असंभव बात है किन्तु इस कार्य के लिये सयत्न होना गर्हित नहीं हो

सकता, क्योंकि 'करत करत अभ्यास ते जड़मति होत सुजान।' जो हो परन्तु यह 'प्रियप्रवास' ग्रंथ आद्योपान्त अतुकान्त कविता में लिखा गया है–अतः मेरे लिये यह पथ सर्वथा नूतन है' अतएव आशा है कि विद्वद्जन इसकी त्रुटियों पर सहानुभूतिपूर्वक दृष्टिपात करेंगे।

संस्कृत के समस्त काव्य-ग्रन्थ अतुकान्त अथवा अन्त्यानुप्रासहीन कविता से भरे पड़े हैं। चाहे लघुत्रयी, रघुवंश आदि, चाहे वृहत्रयी किरातादि, जिसको लीजिये उसी में आप भिन्नतुकान्त कविता का अटल राज्य पावेंगे। परन्तु हिन्दी काव्य-ग्रन्थों में इस नियम का सर्वथा व्यभिचार है। उसमें आप अन्त्यानुप्रासहीन कविता पावेंगे ही नहीं। अन्त्यानुप्रास बड़े ही श्रवण-सुखद होते हैं और कथन को भी मधुरतर बना देते हैं। ज्ञात होता है कि हिन्दी-काव्य-ग्रन्थों में इसी कारण अन्त्यानुप्रास की इतनी प्रचुरता है। बालकों की बोलचाल में, निम्न जातियों के साधारण कथन और गान तक में आप इसका आदर देखेंगे, फिर यदि हिन्दी काव्य-ग्रन्थों में इसका समादर अधिकता से हो तो आश्चर्य क्या है? हिन्दी ही नहीं, यदि हमारे भारतवर्ष की प्रान्तिक भाषाओं–बँगला, पंजाबी, मरहठी, गुजराती आदि–पर आप दृष्टि डालेंगे तो वहाँ भी अन्त्यानुप्रास का ऐसा ही समादर पावेंगे; उर्दू और फ़ारसी में भी इसकी बड़ी प्रतिष्ठा है। अरबी का तो जीवन ही अन्त्यानुप्रास है, उसके पद्य-भाग को कौन कहे, गद्य-भाग में भी अन्त्यानुप्रास की बड़ी छटा है। मुसलमानों के प्रसिद्ध धर्म्म-ग्रंथ कुरान को उठा लीजिये, यह गद्य-ग्रन्थ है; किन्तु इसमें अन्त्यानुप्रास की भरमार है। चीनी, जापानी जिस भाषा को लीजिये, एशिया छोड़कर यूरोप और अफ्रीका में चले जाइये, जहाँ जाइयेगा वहीं कविता में अन्त्यानुप्रास का समादर देखियेगा। अन्त्यानुप्रास की इतनी व्यापकता पर भी समुन्नत भाषाओं में भिन्नतुकान्त कविता आदृत हुई है, और इस प्रकार की कविता में उत्तमोत्तम ग्रंथ लिखे गये हैं। संस्कृत की बात मैं ऊपर कह चुका हूँ; बँगला में इस प्रकार की कविता से भूषित 'मेघनाद वध' नाम का एक सुन्दर काव्य है। अँगरेज़ी में भी भिन्नतुकान्त कविता में लिखित कई उत्तमोत्तम पुस्तकें हैं।

कहा जाता है, भिन्नतुकान्त कविता सुविधा के साथ की जा सकती है; और उसमें विचार-स्वतंत्रता, सुलभता और अधिक उत्तमता से प्रकट किये जा सकते हैं। यह बात किसी अंश में सत्य है, परन्तु मैं यह मानने के लिये तैयार नहीं हूँ कि केवल इसी विचार से अंत्यानुप्रास विभूषित कविता की आवश्यकता नहीं है। यदि अन्त्यानुप्रास आदर की वस्तु न होता, तो वह कदापि संसारव्यापी न होता; उसका

इतना समादृत होना ही यह सिद्ध करता कि वह आदरणीय है। इसके अतिरिक्त एक साधारण वाक्य को भी अन्त्यानुप्रास सरस कर देता है। हाँ, भाषा सौकर्य साधन के लिये उसको विविध प्रकार की कविता से विभूषित करने के उद्देश्य से अतुकान्त कविता के भी प्रचलित होने की आवश्यकता है; और मैंने इसी विचार से इस 'प्रियप्रवास' ग्रंथ की रचना, इस प्रकार की कविता में की है।

## काव्यवृत्त

मैंने ऊपर निवेदन किया है कि संस्कृत कविता का अधिकांश भिन्न-तुकान्त है, इसलिये यह स्पष्ट है कि भिन्नतुकान्त कविता लिखने के लिये संस्कृत-वृत्त बहुत ही उपयुक्त हैं। इसके अतिरिक्त भाषा छन्दों में मैंने जो एक-आध अतुकान्त कविता देखी उसको बहुत ही भद्दी पाया; यदि कोई कविता अच्छी भी मिली तो उसमें वह लावण्य नहीं मिला, जो संस्कृत-वृत्तों में पाया जाता है; अतएव मैने इस ग्रंथ को संस्कृतवृत्तों में ही लिखा है। यह भी भाषा-साहित्य में एक नई बात है। जहाँ तक मैं अभिज्ञ हूँ अब तक हिन्दी-भाषा में केवल संस्कृत-छन्दों में कोई ग्रंथ नहीं लिखा गया है। जब से हिन्दी भाषा में खड़ी बोली की कविता का प्रचार हुआ है तब से लोगों को दृष्टि संस्कृत-वृत्तों की ओर आकर्षित है, तथापि मैं यह कहूँगा कि भाषा में कविता के लिये संस्कृत-छन्दों का प्रयोग अब भी उत्तम दृष्टि से नहीं देखा जाता। हम लोगों के आचार्य्यवत् मान्य श्रीयुत् पण्डित बालकृष्ण भट्ट अपनी द्वितीय साहित्य-सम्मेलन की स्वागत-सम्बंधिनी वक्तृता में कहते हैं–

"आज कल छन्दों के चुनाव में भी लोगों की अजीब रुचि हो रही है; इन्द्रवज्रा, मन्द्राकान्ता, शिखरिणी आदि संस्कृत छन्दों का हिन्दी में अनुकरण हम में तो कुढ़न पैदा करता है।"

(द्वितीय हिन्दी-साहित्य-सम्मेलन का कार्य विवरण २ भाग; पृष्ठ ८)

'प्रियप्रवास' ग्रंथ १५ अक्तूबर सन् १९०९ ई० को प्रारम्भ और कार्य-बाहुल्य से २४ फरवरी सन् १९१३ ई० को समाप्त हुआ है। जिस समय आधे ग्रंथ को मैं लिख चुका था, उस समय माननीय पण्डित जी का उक्त वचन मुझे दृष्टिगोचर हुआ। देखते ही अपने कार्य पर मुझको कुछ क्षोभ सा हुआ, परन्तु मैं करता तो क्या करता, जिस ढंग से ग्रंथ प्रारम्भ हो चुका था, उसमें परिवर्त्तन नहीं हो सकता था। इसके अतिरिक्त श्रद्धेय पण्डित जी का उक्त विचार मुझको सर्वांश में समुचित नहीं जान पड़ा, क्योंकि हिन्दी-भाषा के छन्दों से संस्कृत-वृत्त खड़ी बोली की कविता के लिये अधिक उपयुक्त हैं, और ऐसी अवस्था में सर्वथा त्याज्य नहीं कहे जा सकते।

मैं दो एक वर्त्तमान भाषा-साहित्य अनुरागियों की अनुमति नीचे प्रकाशित करता हूँ। इन अनुमतियों के पठन से भी मेरे उस सिद्धान्त की पुष्टि होती है, जिसको अवलम्बन कर मैंने संस्कृत-वृत्तों में अपना ग्रंथ रचा है। उदीयमान युवक कवि पं० लक्ष्मीधर वाजपेयी वि० सम्वत् १९६८ में प्रकाशित अपने 'हिन्दी मेघदूत' की भूमिका के पृष्ठ ३, ४ में लिखते हैं–

"जब तक खड़ी बोली की कविता में संस्कृत के ललित-वृत्तों की योजना न होगी तब तक भारत के अन्य प्रान्तों के विद्वान् उससे सच्चा आनन्द कैसे उठा सकते हैं? यदि राष्ट्रभाषा हिन्दी के काव्य-ग्रंथों का स्वाद अन्य प्रान्तवालों को भी चखाना है तो उन्हें संस्कृत के मन्दाक्रान्ता, शिखरिणी, मालिनी, पृथ्वी, वसंततिलका, शार्दूलविक्रीड़ित आदि ललित वृत्तों से अलंकृत करना चाहिये। भारत के भिन्न-भिन्न प्रान्तों के निवासी विद्वान् संस्कृत-भाषा के वृत्तों से अधिक परिचित हैं, इसका कारण यही है कि संस्कृत भारतवर्ष की पूज्य और प्राचीन भाषा है। भाषा का गौरव बढ़ाने के लिये काव्य में अनेक प्रकार के ललित वृत्तों और नूतन छन्दों का भी समावेश होना चाहिये।"

साहित्यमर्म्मज्ञ, सहृदयवर, समादरणीय श्रीयुत पण्डित मन्नन द्विवेदी, सम्वत् १९७० में प्रकाशित 'मर्यादा' की ज्येष्ठ, आषाढ की मिलित संख्या के पृष्ठ ९६ में लिखते हैं–

"यहाँ एक बात बतला देना बहु ज़रूरी है। जो बेतुकान्त की कविता लिखे, उसको चाहिये कि संस्कृत के छन्दों को काम में लाये। मेरा ख्याल है कि हिन्दी पिंगल के छन्दों में बेतुकान्त कविता अच्छी नहीं लगती। स्वर्गीय साहित्याचार्य पं० अम्बिकादत्त जी व्यास ऐसे विद्वान् भी हिन्दी-छन्दों में अच्छी बेतुकान्त कविता नहीं कर सके। कहना नहीं होगा कि व्यास जी का 'कंसवध' काव्य बिल्कुल रद्दी हुआ है।"

अब रही यह बात कि संस्कृत-छन्दों का प्रयोग मैं उपयुक्त रीति से कर सका हूँ या नहीं, और उनके लिखने में मुझको यथोचित सफलता हुई है या नहीं। मैं इस विषय में कुछ लिखना नहीं चाहता, इसका विचार भाषा-मर्म्मज्ञों के हाथ है। हाँ, यह अवश्य कहूँगा कि आद्य उद्योग में असफल होने की ही अधिक आशंका है।

## भाषा-शैली

'प्रियप्रवास' की भाषा संस्कृत-गर्भित है। उसमें हिन्दी के स्थान पर संस्कृत का रङ्ग अधिक है। अनेक विद्वान् सज्जन इससे रुष्ट होंगे, कहेंगे कि यदि इस भाषा

में 'प्रियप्रवास' लिखा गया तो अच्छा होता यदि संस्कृत में ही यह ग्रन्थ लिखा जाता। कोई भाषा-मर्म्मज्ञ सोचेंगे–इस प्रकार संस्कृत-शब्दों को ठूँस कर भाषा के प्रकृत रूप को नष्ट करने की चेष्टा करना नितान्त गर्हित कार्य है। उक्त वक्तृता में भट्ट जी एक स्थान पर कहते हैं–

"दूसरी बात जो मैं आज-कल खड़ी बोली के कवियों में देख रहा हूँ, वह समासबद्ध क्लिष्ट संस्कृत-शब्दों का प्रयोग है, यह भी पुराने कवियों की पद्धति के प्रतिकूल है।"

इस विचार के लोगों से मेरी यह प्रार्थना है कि क्या मेरे इस एक ग्रन्थ से ही भाषा-साहित्य की शैली परिवर्तित हो जावेगी? क्या मेरे इस काव्य की लेख-प्रणाली ही अब से सर्वत्र प्रचलित और गृहीत होगी? यदि नहीं, तो इस प्रकार का तर्क समीचीन न होगा। हिन्दी भाषा में सरल पद्य में एक से एक सुन्दर ग्रन्थ है। जहाँ इस प्रकार के अनेक ग्रन्थ हैं, वहाँ एक ग्रन्थ 'प्रियप्रवास' के ढंग का भी सही। इसके अतिरिक्त मैं यह भी कहूँगा कि क्या ऐसे संस्कृत-गर्भित ग्रन्थ हिन्दी में अब तक नहीं लिखे गये हैं? और क्या जनसमाज में वे समादृत नहीं है? क्या रामचरितमानस, विनय पत्रिका और रामचन्द्रिका से भी 'प्रियप्रवास' अधिक संस्कृत-गर्भित है? क्या जिस प्रकार की संस्कृत-गर्भित खड़ी बोली की कविता आजकल सामयिक पत्र-पत्रिकाओं में प्रकाशित हो रही है, 'प्रियप्रवास' की कविता दुरूहता में उससे आगे निकल गई है? यह ग्रन्थ न्यायदृष्टि से पढ़ कर यदि मीमांसा की जावेगी तो कहा जावेगा कभी नहीं, और ऐसी दशा में मुझे आशा है कि इस विषय में मैं विशेष दोषी न समझा जाऊँगा। कुछ संस्कृत-वृत्तों के कारण और अधिकतर मेरी रुचि से इस ग्रंथ की भाषा संस्कृत-गर्भित है, क्योंकि अन्य प्रान्तवालों में यदि समादर होगा तो ऐसे ही ग्रन्थों का होगा। भारतवर्ष भर में संस्कृत-भाषा आदृत है। बँगला, मरहठी, गुजराती, वरन् तामिल और पंजाबी तक में संस्कृत शब्दों का बाहुल्य है। इन संस्कृत शब्दों को यदि अधिकता से ग्रहण करके हमारी हिन्दी-भाषा उन प्रान्तों के सज्जनों के सम्मुख उपस्थित होगी तो वे साधारण हिन्दी से उसका अधिक समादर करेंगे, क्योंकि उसके पठन-पाठन में उसको सुविधा होगी और वे उसको समझ सकेंगे। अन्यथा हिन्दी के राष्ट्रभाषा होने में दुरूहता होगी, क्योंकि सम्मिलन के लिये भाषा और विचार का साम्य ही अधिक उपयोगी होता है। मैं यह नहीं कहता कि अन्य प्रान्तवालों से घनिष्ठता का विचार करके हम लोग अपने प्रान्तवालों की अवस्था और अपनी भाषा के स्वरूप को भूल

जावें। यह मैं मानूँगा कि इस प्रान्त के लोगों की शिक्षा के लिये और हिन्दी भाषा के प्रकृत-रूप की रक्षा के निमित्त, साधारण वा सरल हिन्दी में लिखे गये ग्रन्थों की ही अधिक आवश्यकता है; और यही कारण है कि मैंने हिन्दी में कतिपय संस्कृत-गर्भित ग्रन्थों की प्रयोजनीयता बतलाई है। परन्तु यह भी सोच लेने की बात है कि क्या यहाँ वालों को उच्च हिन्दी से परिचित कराने के लिये ऐसे ग्रन्थों की आवश्यकता नहीं है, और यदि है तो मेरा यह ग्रन्थ केवल इसी कारण से उपेक्षित होने योग्य नहीं। जो सज्जन मेरे इतना निवेदन करने पर भी अपनी भौंह की बंकता निवारण न कर सकें, उनसे मेरी यह प्रार्थना है कि वे वैदेही 'वनवास' के कर-कमलों में पहुँचने तक मुझे क्षमा करें, इस ग्रन्थ को मैं अत्यन्त सरल हिन्दी और प्रचलित छन्दों में लिख रहा हूँ,।

मैंने ऊपर लिखा है कि "क्या 'रामचरितमानस' रामचंद्रिका' और 'विनयपत्रिका' से भी 'प्रियप्रवास' अधिक संस्कृत-गर्भित है," मेरे इस वाक्य से संभव है कि कुछ भ्रम उत्पन्न होवे, और यह समझा जावे कि मैं इन पूज्य ग्रन्थों के वन्दनीय ग्रन्थकारों से स्पर्द्धा कर रहा हूँ और अपने काँच की हीरक-खण्ड के साथ तुलना करने में सयत्न हूँ। अतएव मैं यहाँ स्पष्ट शब्दों में प्रकट कर देता हूँ कि मेरे उक्त वाक्य का मर्म केवल इतना ही है कि संस्कृत-शब्दों के बाहुल्य से कोई ग्रन्थ अनादृत नहीं हो सकता। यह और बात है कि संस्कृतशब्दों का प्रयोग उचित रीति और चारु-रूपेण न हो सके, और इस कारण से कोई ग्रन्थ हास्यास्पद और निन्दनीय बन जावे।

## कवितागत स्वारस्य

हिन्दी के कतिपय वर्त्तमान साहित्यसेवियों का यह भी विचार है कि खड़ी बोली में सरस और मनोहर कविता नहीं हो सकती। पूज्य पण्डित जी अपने उक्त भाषण में ही एक स्थान पर लिखते हैं–

"खड़ी बोली की कविता पर हमारे लेखकों का समूह इस समय टूट पड़ा है। आज कल के पत्रों और मासिक-पत्रिकाओं में बहुत सी इस तरह की कवितायें छपी हैं, परन्तु इनमें अधिकतर ऐसी हैं जिनको कविता कहना ही कविता की मानों हँसी करना है; हमें तो काव्य के गुण इनमें बहुत कम जँचते हैं।"

"मेरे विचार में खड़ी बोली में एक इस प्रकार का कर्कशपन है कि कविता के काम में ला उसमें सरसता सम्पादन करना प्रतिभावान् के लिये भी कठिन है, तब तुकबन्दी करने वालों की कौन कहे।"

इन सज्जनों का विचार यह है कि 'मधुर कोमलकांत पदावली' जिस कविता में न हो वह भी कोई कविता है! कविता तो वही है जिसमें कोमल शब्दों का विन्यास हो, जो मधुर अथच कान्तपदावली द्वारा अलंकृत हो। खड़ी बोली में अधिकतर संस्कृत-शब्दों का प्रयोग होता है, जो हिन्दी के शब्दों की अपेक्षा कर्कश होते हैं। इसके व्यतीत उसकी क्रिया भी ब्रजभाषा की क्रिया से रूखी और कठोर होती है; और यही कारण है कि खड़ी बोली की कविता सरस नहीं होती और कविता का प्रधान गुण माधुर्य्य और प्रसाद उसमें नहीं पाया जाता। यहाँ पर मैं यह कहूँगा कि पदावली की कान्तता, मधुरता, कोमलता केवल पदावली में ही सन्निहित है, या उसका कुछ सम्बन्ध मनुष्य के संस्कार और उसके हृदय से भी है? मेरा विचार है कि उसका कुछ सम्बन्ध नहीं, वरन् बहुत कुछ सम्बन्ध मनुष्य के संस्कार और उसके हृदय से है। कर्पूरमंजरीकार प्रसिद्ध राजशेखर कवि अपनी प्रस्तावना में प्राकृत-भाषा की कोमलता की प्रशंसा करते हुए कहते हैं–

परुसा सक्कअबंधा पाउअबन्धोबिहोइ सुउमारो।
पुरुसांणं महिलाणं जेत्तिय मिहन्तरं तेत्तिय मिमाणम्।।

इस श्लोक के साथ निम्नलिखित संस्कृत रचनाओं को मिलाकर पढ़िये–

इतर पापफलानि यथेच्छया वितरतानि सहे चतुरानन।
अरसिकेषु कवित्वनिवेदनम् शिरसि मा लिख मा लिख मा लिख।।
विद्या विनयोपेता हरति न चेतांसि कस्य मनुजस्य।
काञ्चनमणिसंयोगो नो जनयति कस्य लोचनानंदम्।।

वारिजेनेव सरसी शशिनेत्र निशीथिनी।
यौवनेनेव वनिता नयेन श्रीर्मनोहरा।।
आयाति याति पुनरेव जलं प्रयाति
पद्मांकुराणि विचिनोति धुनोति पक्षौ।
उन्मत्तवद् भ्रमति कूजति मन्दमन्दम्
कान्तावियोगविधुरो निशि चक्रवाकः।।

**कतिपय पंक्तियाँ दोनों के गद्य की भी देखिये–**

"ऐसा अहं देवदामिहुणम् रोहिणीमि अलच्छणम् मक्खीकदुअ अज्जउत्तम् प्पसादेमि, अज्ज प्पहुदि अज्जउत्तीजम् इत्थिअम् कामोदिजा अ अज्जउत्तस्य समागमप्पणइणी ताएम एपीदिवन्धेण वणि वत्ति दव्वम्।।" *–विक्रमोर्वशी*

"अहं खलु सिद्धादेशजनितपरित्रासेन राज्ञा पालकेन घोषादानीय विशसने

गूढ़ागारे बन्धनेन बद्धः तत्माच्च प्रियसुहृत्शर्विलकप्रसादेन बन्धनात् विमुक्तोस्मि।"

*–मृच्छकटिक*

अब बतलाइये कोमल-कान्त-पदावली और सरसता किसमें अधिक है? उक्त प्राकृत श्लोक का रचयिता कहता है कि "संस्कृत की रचना परुष और प्राकृत की सुकुमार होती है, पुरुष-स्त्री में जो अन्तर है वहीं अन्तर इन दोनों में है।" परन्तु दोनों भाषाओं की ऊर्ध्व लिखित कतिपय पंक्तियों को पढ़कर आप अभिज्ञ हुए होंगे कि उसके कथन में कितनी सत्यता है। कोमल-कान्त पद कौन हैं? वही जिनके उच्चारण में मुख को सुविधा हो और जो श्रुतिकटु न हों। संयुक्ताक्षर और टवर्ग जिस रचना में जितने न्यून होंगे वह रचना उतनी ही कोमल और कान्त होगी; और वे जितने अधिक होंगे उतनी ही अधिक वह कर्कश होगी। अब आप देखें शब्द-संख्या निर्देश से प्राकृत और संस्कृत के उद्धृत श्लोकों और वाक्यों में से किसमें युक्ताक्षर और टवर्ग अधिक है। आप प्राकृत श्लोक और वाक्य में ही अधिक पावेंगे, और ऐसी दशा में यह सिद्ध है कि प्राकृत से संस्कृत की ही पदावली कोमल, मधुर और कान्त है।

मैं कतिपय प्राकृत वाक्यों को उनके संस्कृत अनुवाद सहित नीचे लिखता हूँ। आप इनको भी पढ़ कर देखिये किसमें कोमलता और मधुरता अधिक है। और प्राकृत एवं संस्कृत के उन शब्दों को विशेष मनोनिवेश-पूर्वक पढ़िये जिनके नीचे लकीर खींची हुई है, और इस बात की मीमांमा कीजिये कि एक दूसरे का रूपान्तर होने पर भी उनमें कौन कान्त है।

*अज्जस्सज्जेब पिअबअस्सेन चुण बुड्ढेण।*
*आर्य्यस्यैव प्रियवयस्येन चूर्ण वृद्धेन।*
*आःदासीएपुत्ता चुणबुड्ढा कदाणुक्खु तुम कुबिदेणरणा पालयेण*
*णव बहु केस कलावं बिअ ससुअन्धं कप्पिजन्तं पेक्सिस्सं।*
*आः दास्याः पुत्र चूर्ण वृद्ध कृदानु खलु त्वां कुपितेन राज्ञा*
*पालकेनमववधू केशकलापमिव ससुगन्धं छेद्यमानं प्रेक्षिष्ये।*
*अम्हारिस जण जोग्गेण बम्हणेण ऊबनिमन्तितेण।*
*अस्मादृश जन योग्येन ब्राह्मणेन उपनिमन्त्रितेन।।*
*ह्नादेहं शलिल जलहिं पाणिएहिं उज्जाणेउबबण काणणेणिशणे*
*णालीहिसहजुबदी हिइत्थिआहिंगन्धब्बोबिअशुदेहिअङ्गकेहि*
*स्नातोहं सलिलजलं पानीयः उद्याने उपवन कानने निशण्णे।।*

*नारीभिः सह युवतीभिः स्त्रीभिगन्धर्व इव सुहितैरङ्गकैः।।*
*हत्थशुञ्जदो मुहशञ्जदो इन्दिशञ्जदो शेक्खु माणुशे।*
*किं कलेदि लाअउले तश्श पललोओ हत्थे णिच्चले।*
*हस्तसंयतः मुखसंयत इन्द्रियसंयतः सखलु मनुष्यः।*
*किं करोति राजकुलं तस्य परलोको हस्ते निश्चलः।।*

***—मृच्छकटिक***

यदि कहा जावे कि संस्कृत श्लोकों और वाक्यों के चुनने में जिस सहृदयता से काम लिया गया है, प्राकृत के श्लोकों और वाक्यों के चुनने में वैसा नहीं किया गया, तो पहले तो यह तर्क इसलिये उचित न होगा कि प्राकृत वाक्यों या श्लोकों का ही अनुवाद तो संस्कृत में नीचे दिया गया है। दूसरे मैं इस तर्क के समाधान के लिये कतिपय प्राकृत और संस्कृत के मनोहर श्लोकों और वाक्यों को नीचे लिखता हूँ। आप उनको मिलाइये, और देखिये कि दोनों की सरसता और कोमलता में कितना अन्तर है।

असारे सार मतिनो सारे चासार दस्सिनो।
ते सारे नाधि गच्छन्ति मिच्छा संकप्पगोचरा।।१।।
अप्पमादेन मघवा देवानं सेद्वतं गतो।
अप्पमादं परां सन्ति पमादो गरहितो सदा।।२।।
नपुष्पगंधो पटिवातमेति न चन्दनं तग्गर मल्लिका वा।
सतं च गंधो पटिवातमेति सब्बादिसा सप्पुरिसोपवायति।।३।।
उदकं हि नयन्ति नेतिका उसुकारानमयन्ति तेजनं।
दारुनमयन्ति तच्छका अत्तानं दमयन्ति पण्डिता।।४।।
मासे मासे सहस्सेनयो यजेथ सतं समम्।
एकं च भावितत्तान मुहुत्तमपि पूजये।।५।।

*—धम्मपद*

रणन्त मणिणेउरं झणझणन्तहारच्छडं।
कलक्कणिद किंकिणी मुहर मेहलाडम्बरं।
विलोल बलआवलीजणिदमंजुसिंजारवं।
णकस्समणमोहणं ससिमुहीअहिन्दोलणम्।।६।।

*—कर्पूरमंजरी*

अलिरसौ नलिनीवनवल्लभः कुमुदनीकुलकेलिकलारसः।

विधिवशेन विदेशमुपागतः कुटजपुष्परसं बहुमन्यते।।१।।
केवानसन्तिभुवितामरसावतंसाहंसावलीबलयिनोवलसन्निवेशा।
किंचातकोफलमवेक्ष्यसवज्रपातांपौरन्दरीमुपगतोनववारिधाराम्।।२।।
निर्वाणदीपे किमु तैलदानं चोरे गते वा किमु सावधानम्।
वयोगते किं वनिताविलासः पयोगते किं खलु सेतुबधः।।३।।
वरमसिधारा तरुतलवासो वरमिह भिक्षा वरमुपवासः।
वरमपि घोरे नरके पतनं न च धनगर्वितबान्धवशरणम्।।४।।

विहाररासखेदभेद धीरतीर मारुता।
गतागिरामगोचरे यदीयनीरचारुता।
प्रवाहसाहचर्य्य पूत मेदिनी नदी नदा।
धुनोतु नो मनोमलंकलिन्दनन्दिनी सदा।।५।।

*—काव्यसंग्रह*

* * * *

शिलीमुखेस्मिंस्तवनामवांछिते मृगोपनीते मृगशावलोचना।
प्रमोदमाप्तेयमितो विलोकिते करे चकोरीव तुषारदीधितैः।।१।।
मनसिजवरबीर बैजयन्त्या स्त्रिभुवनदुर्लभविभ्रमैकभूमेः।
कुचमुकुलविचित्रपत्रवल्लीपरिचित एष सदा शशिप्रभायाः।।२।।

*—साहसांकचरित*

"णम् पहादा रअणों ता सिग्धम् सअणम् परिच्चआमि। अधवा लहु लहु उत्थिदाबि किं कारिस्समणमे उद्देसुम पहादकरणीये सुम्हथ्यपादाओप्सरन्ति, कामो दाणिम् साकमोभोदु, जेण असच्चसन्धे जणेपिअसही सुद्धहिअआपदं कारिदा।"

*—शकुन्तला नाटक*

* * * *

"सैवाहं कादम्बरीयानेन कुमारेण मत्तमदमुखरमधुकरकुलकलकोला-हलाकुतिलितै, कोककामिनीकरुणकूजिते विरहिजनमनोदुःखे विकचदलारविन्दनिस्यन्दसुगन्धमन्दगन्धवाहानन्दितदशदिशि प्रदोषसमये विकसितकुसुममामोदमुकलितमानिनीमानग्रहोन्मोचनहस्ते, कुसुमायुधे।"

*—कादम्बरी*

यदि इन श्लोकों और गद्य अवतरणों को पढ़कर यह युक्ति उपस्थित की जावे

कि प्राकृत भाषा की उत्पत्ति कैसे हुई? प्राकृत भाषा की उत्पत्ति का कारण यही है न कि संस्कृत के कठिन शब्दों को सर्वसाधारण यथा रीति उच्चारण नहीं कर सकते थे, वे उच्चारण सौकर्य्य साधन और मुख की सुविधा के लिये उसे कुछ कोमल और सरल कर लेते थे क्योंकि मनुष्य का स्वभाव सरलता और सुविधा को प्यार करता है; तो यह सिद्ध है कि प्राकृत भाषा की उत्पत्ति ही सरलता और कोमलतामूलक है। अर्थात् प्राकृत भाषा उसी का नाम है जो संस्कृत के कर्कश शब्दों को कोमल स्वरूप में ग्रहण कर जन-साधारण के सम्मुख यथाकाल उपस्थित हुई है; और ऐसी अवस्था में यह निर्विवाद है कि संस्कृत भाषा से प्राकृत कोमल और कान्त होगी। मैं इस युक्ति को सर्वांश में स्वीकार करने के लिये प्रस्तुत नहीं हूँ। यह सत्य है कि प्राकृत भाषा में अनेक शब्द ऐसे हैं जो संस्कृत के कर्कश स्वरूप को छोड़कर कोमल हो गये हैं। किन्तु कितने शब्द ऐसे हैं जो संस्कृत शब्दों का मुख्य रूप त्याग कर उच्चारण-विभेद से नितान्त कर्ण-कटु हो गये हैं और यही शब्द मेरे विचार में प्राकृत वाक्यों को संस्कृत वाक्यों से अधिकांश स्थलों पर कोमल नहीं होने देते।

निम्नलिखित शब्द ऐसे हैं जो संस्कृत का कर्कश रूप छोड़कर प्राकृत में कोमल और कान्त हो गये हैं–

| संस्कृत | प्राकृत | संस्कृत | प्राकृत | संस्कृत | प्राकृत |
|---|---|---|---|---|---|
| धर्म्म | धम्म | गर्ब | गब्ब | पुत्र | पुत्त |
| गन्धर्ब्ब | गन्धब्ब | दर्शिनः | दस्सिनो | अप्रमादेन | अप्पमादेन |
| प्रशंसन्ति | पसंसन्ति | प्रमादः | प्रमादो | सर्व | सब्ब |

किन्तु निम्नलिखित शब्द नितान्त श्रुति-कटु हो गये हैं–

| **संस्कृत** | **प्राकृत** | **संस्कृत** | **प्राकृत** |
|---|---|---|---|
| प्रियवयस्येन | पिअवअस्सेण | बृद्धेन | बुड्ढेण |
| बृद्ध | बुड्ढा | कदानु | कदाणु |
| खलु | क्खु | कुपितेन | कुबिदेण |
| राज्ञा | रणा | पालकेन | पालयेण |
| नव | णव | मिव | बिअ |
| जन | जण | योग्येन | जोग्गेण |
| सलिल | शलिल | पानीयैः | पाणिएहि |
| उद्याने | उज्जाणे | उपबन | उबबण |

उपनिमंत्रितेन उबणिमन्तिदेण स्नातोहं ह्लादेहं

इन दोनों प्रकार के उद्धृत शब्दों के अवलोकन से यह स्पष्ट हो गया कि प्राकृत में संस्कृत के यदि अनेक शब्द कर्कश से कोमल हो गये हैं, तो उच्चारणः विभिन्नता, जल-वायु और समय-स्रोत के प्रभाव से बहुत से शब्द कोमल बनने के स्थान पर परम कर्ण-कटु बन गये हैं। संस्कृत के न, द्ध, व, य इत्यादि के स्थान पर प्राकृत भाषा में ण, ड, ढ, ब, अ इत्यादि का प्रयोग उसको बहुत ही श्रुति-कटु कर देता है, और ऐसी अवस्था में जिस युक्ति का उल्लेख किया गया है, वह केवल एकांश में मानी जा सकती है सर्वांश में नहीं। और जब यह युक्ति सर्वांश में गृहीत नहीं हुई, तो जिस सिद्धान्त का प्रतिपादन मैं ऊपर से करता आया हूँ वही निर्विवाद ज्ञात होता है, और हमको इस बात के स्वीकार करने के लिये बाध्य करता है कि प्राकृत भाषा से संस्कृत भाषा परुष नहीं है। तथापि राजशेखर जैसा वावदूक विद्वान् उसको प्राकृत से परुष बतलाता है, इसका क्या कारण है?

मैं समझता हूँ इसके निम्नलिखित कारण हैं–

१. एक संस्कार जो सहस्रों वर्ष तक भारतवर्ष में फैला था, और जो प्राकृत को संस्कृत की जननी और उससे उत्तम बतलाता था।

२. प्राकृत का सर्वसाधारण की भाषा अथवा अधिकांश उसका निकटवर्ती होना।

३. बोलचाल में अधिक आने के कारण प्राकृत का संस्कृत की अपेक्षा बोधगम्य होना।

और इसीलिये मेरा यह विचार है कि पदावली की कान्तता, कोमलता और मधुरता केवल पदावली में ही सन्निहित नहीं है। वरन् उसका बहुत कुछ सम्बन्ध संस्कार और हृदय से भी है। सम्भव है कि मेरा यह विचार इन कतिपय पंक्तियों द्वारा स्पष्टतया प्रतिपादित न हुआ हो। इसके अतिरिक्त यह कदापि सर्वसम्मत न होगा कि प्राकृत से संस्कृत परुष नहीं है, अतएव मैं एक दूसरे पथ से अपने इस विचार को पुष्ट करने की चेष्टा करता हूँ।

जिस प्राकृत भाषा के विषय में यह सिद्धान्त हो गया था कि–

सा मागधी मूलभाषा नरेय आदि कप्पिक।
ब्राह्मणमसूटल्लाप समबुद्धच्चापि भाषरे।।

पतिसम्बिध अत्तय, नामक पाली ग्रन्थ में जिस भाषा के विषय में लिखा गया है कि "यह भाषा देवलोक, नरलोक प्रेतलोक और पशु जाति में सर्वत्र ही प्रचलित

है, किरात, अन्धक, योणक, दामिल, प्रभृति भाषा परिवर्तनशील हैं। किन्तु मागधी, आर्य और ब्राह्मणगण की भाषा है, इसलिये अपरिवर्त्तनीय और चिरकाल के समानरूपेण व्यवहृत है। मागधी भाषा को सुगम समझ कर बुद्धदेव ने स्वयं पिटकनिकाय को सर्वसाधारण के बोध-सौकर्य के लिये इस भाषा में व्यक्त किया था।" जिस प्राकृत को राजशेखर जैसा असाधारण विद्वान् संस्कृत से कोमल और मधुर होने का प्रशंसापत्र देता है, काल पाकर वह अनादृत क्यों हुई? उसका प्रचार इतना न्यून क्यों हो गया कि उसके ज्ञाताओं की संख्या उँगलियों पर गिनी जाने योग्य हो गई? मधुरता, कोमलता, कान्तता किसको प्यारी नहीं है, सुविधा का आदर कौन नहीं करता; फिर सुविधामूलक मधुर कोमलकान्त भाषा का व्यवहार क्यों कवियों की रचनाओं आदि में दिन-दिन अल्प होता गया? कहा जावेगा कि प्राकृत भाषा की प्रिय-दुहिता परम सरला और मनोहरा हिन्दी भाषा का प्रचार ही इस ह्रास का कारण है। परन्तु प्रश्न तो यह है कि यह प्रियदुहिता अपनी जन्मदायिनी से इतनी विरक्त क्यों हो गई कि दिन-दिन उसके शब्दों को त्याग कर संस्कृत शब्दों को ग्रहण करने लगी; काल पाकर क्यों थोड़े प्राकृत शब्द भी अपने मुख्य रूप में उसमें शेष न रहे, और उस संस्कृत के अनेक शब्द उसमें क्यों भर गये जो कि परुष कही जाती है।

उस काल के ग्रन्थों में केवल एक ग्रन्थ पृथ्वीराज रासो, अब हम लोगों को प्राप्त है, अतएव मैं उसी ग्रन्थ के कुछ पद्यों को यहाँ उद्धृत करता हूँ। आप लोग इनको पढ़कर देखिये कि किस प्रकार उस समय प्राकृत भाषा के शब्दों का व्यवहार न्यून और कैसे संस्कृत के शब्दों का समादर अधिक हो चला था। आज कल प्राकृत भाषा हम लोगों की इतनी अपरिचिता है कि उसके बहुत से शब्दों का व्यवहार करने के कारण ही, हम लोग अनुराग के साथ 'पृथ्वीराज रासो' को नहीं पढ़ सकते और उससे घबड़ाते हैं।

**श्लोक**

आसामहीब कब्बी नवनव कित्तिय संग्रह ग्रंथं।
सागरसरिसतरंगी वोहथ्थयं उक्तियं चलयं।।

**दोहा**

काव्य समुद कविचन्द कृत युगति समप्पन ज्ञान।
राजनीति वोहिथ सुफल पार उतारन यान।।
सत्त सहस नष सिष सरस सकल आदि मुनि दिष्य।
घट बढ़ मत कोऊ पढ़ौ मोहि दूसन न बसिष्य।।

चन्द की रचना में तो प्राकृत शब्द मिलते भी हैं, वरन कहीं कहीं अधिकता से मिलते हैं, किन्तु महाकवि चन्द के पश्चात् के जितने कवियों की कवितायें मिलती हैं उनमें प्राकृत भाषा के शब्दों का व्यवहार बिल्कुल नहीं पाया जाता। कारण इसका यह है कि इस समय प्राकृत भाषा का व्यवहार उठ गया था और हिन्दी का राज्य हो गया था। इस काल की रचना में अधिकांश हिन्दी-शब्द ही पाये जाते हैं; हिन्दी-शब्द के साथ आते हैं तो संस्कृत के शब्द आते हैं, प्राकृत के शब्द बिल्कुल नहीं आते। महात्मा तुलसीदास, भक्तवर सूरदास और कविवर केशवदास की रचना में तो कहीं-कहीं हिन्दी-शब्दों से भी अधिक संस्कृत शब्दों का प्रयोग हुआ है।

पहले आप इन तीनों महोदयों के प्रथम की रचनाओं को देखिये-

तरवर से एक तिरिया उतरी उसने बहुत रिझाया।
बाप का उसके नाम जो पूछा आधा नाम बताया।।
सर्व सलोना सब गुन नीका। वा बिन सब जग लागे फीका।।
वाके सिर पर होवे कोन। ए सखि साजन? ना सखि लोन।।
सिगरी रैन मोहि संग जागा। भोर भया तो बिछुरन लागा।।
वाके बिछुरत फाटत हीया। ए सखि साजन? ना सखि दीया।।

*-अमीर खुसरो*

क्या पढ़िये क्या गुनियै। क्या वेद पुराना सुनियै।।
पढ़े सुने क्या होई। जो सहज न मिलियो सोई।।
हरि का नाम न जपसि गँवारा। क्या सोचै बारम्बारा।।
अँधियारे दीपक चहियै। इक वस्तु अगोचर लहियै।।
वस्तु अगोचर पाई। घट दीपक रह्यो समाई।।
कह कबीर अब जाना। जब जाना तो मन माना।।
हृदय कपट मुख ज्ञानी।। झूठे कहा बिलोवसि पानी।।
काया मांजसि कौन गुना। जो घट भीतर है मलना।
लौकी अठ सठ तीरथ न्हाई। कौरापन तऊ न जाई।।
कह कबीर बीचारी। भवसागर तार मुरारी।।

*-कबीर साहब*

नागमती चित्तौर पथ हेरा। पिऊ जो गये फिर कीन न फेरा।।
सुआ काल है लैगा पीऊ। पीउ न जात जात बरु जीऊ।।

भयो नरायन बावन करा। राज करत राजा बलि छरा।।
करन बान लीनो कै छंदू। भरथहिं भो झलमला अनंदू।।
लै कंतहिं भा गरुर अलोपी। विरह वियोग जियहिं किमि गोपी।।
का सिर बरनों दिपइ मयंकू। चाँद कलंकी वह निकलंकू।।
तेही लिलार पर तिलक बईठा। दुहज पास मानों ध्रुव डीठा।।

*—मलिक महम्मद जायसी*

अब आप उक्त तीनों महोदयों की रचनाओं को देखिये।
इनमें संस्कृत शब्दों की कितनी प्रचुरता है—

जमुना जल बिहरति ब्रज-नारी
तट ठाड़े देखत नंदनन्दन मधुर-मुरलि कर धारी।।
मोर मुकुट श्रवनन मणि कुण्डल जलज-माल उर भ्राजत।
सुन्दर सुभग श्याम तन नव घन बिच बग-पाँति विराजत।।
उर बनमाल सुभग बहु भाँतिन सेत लाल सित पीत।
मनों सुरसरि तट बैठे शुक बरन बरन तजि भीत।।
पीतांबर कटि मैं छुद्रावलि बाजत परम रसाल।
सूरदास मनो कनकभूमि ढिग बोलत रुधिर मराल।।

*—भक्तवर सूरदास*

सहज मनोहर मूरति दोऊ। कोटि काम उपमा लघु सोऊ।।
सरद चंद निंदक मुख नीके। नीरज नयन भावते जीके।।
चितवन चारु मार मद हरनी। भावत हृदय जात नहिं बरनी।
कलकपोल श्रुति कुण्डल लोला। चिबुक अधर सुन्दर मृदु बोला।।
कुमुद बंधु कर निन्दक हाँसा। भृकुटी बिकट मनोहर नासा।।
भाल विशाल तिलक झलकाहीं। कच बिलोकि अलि अवलि लाजहीं।।
रेखा रुचिर कम्बु कल ग्रीवा। जनु त्रिभुवन सोभा की सींवा।।

*—महात्मा तुलसीदास*

हरि कर मंडन सकल दुख खंडन
मुकुर महि मंडल को कहत अखण्ड मति।
परम सुबास पुनि पीयुख निवास
परिपूरन प्रकास केसोदास भू अकाश गति।।

बदन मदन कैसो श्री जू को सदन जहँ,
सोदर सुभोदर दिनेस जू को मीत अति।
सीता जू के मुख सुखमा की उपमा को
कहि कोमल न कमल अमल न रजनिपति।।

*—कविवर केशवदास*

यदि अभिनिविष्ट चित्त से इस विषय में विचार किया जावे तो स्पष्टतया यह बात हृदयङ्गम होगी कि संस्कृत-शब्दों के समादर और प्राकृत शब्दों में अप्रीति का मुख्य कारण बौद्ध-धर्म को पराजित कर पुनः वैदिक धर्म का प्रतिष्ठा-लाभ करना है; जिसने संस्कृत की ममता पुनः जागरित कर दी। जब वैदिक-धर्म के साथ-साथ संस्कृत भाषा का फिर आदर हुआ, तब यह असम्भव था कि प्राकृत शब्दों के स्थान पर फिर संस्कृत-शब्दों से अनुराग न प्रकट किया जाता। सर्वसाधारण की बोलचाल की भाषा का त्याग असम्भव था, किन्तु यह सम्भव था कि उसमें उपयुक्त संस्कृत-शब्द ग्रहण कर लिये जावें। निदान उस काल और उसके परवर्ती काल के विषयों की रचनायें मैंने जो ऊपर उद्धृत की हैं उनमें आप ये ही बातें पावेंगे।

प्राकृत, कोमल, कान्त और मधुर होकर भी क्यों त्यक्त हुई? इस लिये कि सर्वसाधारण का संस्कार और हृदय उसके अनुकूल न रहा, इसलिये कि वह बोलचाल की भाषा से दूर जा पड़ी और बोधगम्य न रही। संस्कृत के शब्द बोलचाल की भाषा से और भी दूर पड़ गये थे; और वह भी बोधगम्य नहीं थे, किन्तु धार्मिक-संस्कार ने उसके साथ सहानुभूति की, और इस सहानुभूति-जनित-हृदय-ममता ने उसको पुनः समादर का पान दिया। एक बात और है—मुख-सुविधा और श्रवन-सुखदाता मानसिक श्रम के सम्मुख आदृत और वाछनीय नहीं होती, और कान्तता एवं कोमलता धार्मिक किंवा जाति-भाषा-मूलक संस्कार और तज्जनित हृदय-ममता के सामने स्थान और सम्मान नहीं पाते। मुख और श्रवण मन के अनुचर हैं। जिस कविता के पठन करने में मुख को सुविधा हुई, सुनने में कान को आनन्द हुआ, किन्तु समझने में मन को श्रम करना पड़ा, तो वह कविता अवश्य उद्वेगकर होगी, और यदि अपार श्रम करके भी मन उसको न समझ सका तो उसकी कान्तता और कोमलता उसकी दृष्टि में कठोरता, दुरूहता और जटिलता की मूर्ति छोड़ और क्या होगी? इसके विपरीत यह यदि लिखने पढ़ने किंवा बोलचाल की भाषा की निकटवर्तिनी हो, मन के श्रम का आधार न हो, और उसमें मुख-सुविधाकारक अथच श्रवण-सुखद शब्द पर्याप्त भी न पाये जावें तो भी वह कविता

आदृत और गृहीत होगी; और उसके श्रवण-कटु एवं मुख-असुविधाकारक शब्द कोमल और कान्त बन जावेंगे, क्योंकि सुविधा ही प्रधान है।

जब इस व्यापार में धार्मिक किंवा जातिभाषा-मूलक संस्कार भी आकर सम्मिलित हो जाता है तब इसका रंग और गहरा हो जाता है। ब्रजभाषा ऐसी मधुर भाषा दूसरी नहीं मानी जाती, किन्तु कुछ लोगों का विचार है कि फ़ारसी के समान मधुर भाषा संस्कार में दूसरी नहीं है। इस भाषा का प्रसिद्ध विद्वान् और कवि अलीहजीं जब हिन्दुस्तान में आया, तो उसको ब्रजभाषा के माधुर्य्य की प्रशंसा सुनकर कुछ स्पर्द्धा हुई। वह ब्रज-प्रान्त में इस कथन की सत्यता की परीक्षा के लिये गया। मार्ग में उसको एक ग्वालिन जल ले जाते हुए मिली, जिसके पीछे-पीछे एक छोटी कोमल बालिका यह कहती हुई दौड़ रही थी, 'मायरे माय गैल साँकरी पगन मैं काँकरी गड़तु हैं।' इस बालिका का कथन सुनकर वे चक्कर में आ गये और सोचा कि जहाँ कि गँवार बालिकाओं का ऐसा सरस भाषण है, वहाँ के कवियों की वाणी का क्या कहना! परन्तु उनके सहधर्मियों ने इसी परम लावण्यवती, कोमला अथच मनोहरा ब्रजभाषा का क्या समादर किया, उन्होंने चुन-चुन कर इसके शब्दों को अपनी कविता में से निकाल बाहर किया और उनके स्थान पर फ़ारसी अरबी के अकोमल और श्रुति-कटु शब्दों को भर दिया।

सबसे पहले मुसलमान कवि जिन्होंने हिन्दी-भाषा में कविता करने के लिये लेखनी उठाई, अमीर खुसरो थे। यह कवि तेरहवें शतक में हुआ है। इसकी कविता का रंग देखियेः

खालिकबारी सिरजनहार। वाहिद एक बेदाँ करतार।
रसूल पयम्बर जान बसीठ। यार दोस्त बोली जा ईठ।।
जेहाल मिस्की मकुन तग़ाफुल। दुराय नैना बनाय बतियाँ।
किताबे हिज़रां न दारम् ऐ जाँ। न लेहु काहे लगाय छतियाँ।।

दक्षिण का सादी नामक एक आदिम उर्दू कवि बतलाया जाता है। उसकी कविता का नूमना यह है-

हम तुम्हन को दिल दिया, तुम दिल लिया औ दुख दिया।
हम यह किया तुम वह किया, ऐसी भली यह पीत है।।

वली भी उर्दू का आदिम कवि है, उसकी कविता का भी उदाहरण अवलोकन कीजिये-

दिल वली का ले लिया दिल्ली ने छीन।

जा कहो कोई मुहम्मद शाह सों।।

इन दोनों के उपरान्त ही शाह मुबारक का समय है, उसकी कविता का ढंग यह है-

मत कह्व सेतीं हाथ में ले दिल हमारे को।
जलता है क्यों पकड़ता है ज़ालिम अँगारे को।।

ऊपर की कविताओं से प्रकट है कि पहले मुसलमान कवियों ने जो रचना की है उसमें या तो हिन्दी-पदों और शब्दों को बिल्कुल फ़ारसी या पदों या शब्दों से अलग रखा है, या फ़ारसी अरबी शब्दों को मिलाया है तो बहुत ही कम; अधिकांश हिन्दी शब्दों से ही काम लिया है, किन्तु आगे चलकर समय ने पलटा खाया और निम्नलिखित प्रकार की कविता होने लगी-

नूर पैदा है जमाले यार के साया तले।
गुल है शरमिन्दा रुख़े दिलदार के साया तले।।

*–नासिख*

आफ़ताबे हश्र है या रब कि निकला गर्म गर्म।
कोई आँसू दिलजलों के दीदये ग़मनाक से।।
न लौह गोर पै मस्ती के हो न हो तावीज़।
जो हो तो ख़िश्ते खुमे मैं कोई निशाँ के लिये।।

*–ज़ौक़*

खमोशी में निहाँ खूँगश्ता लाखों आरज़ूयें हैं।
चिराग़े मुर्दा हूँ मैं बेज़बाँ गोरे ग़रीबाँ का।।
नक्श नाज़े बुतेतन्नाज़ ब आग़ोश रक़ीब।
पायताऊस पये जामये मानी माँगे।।
यह तूफ़ांगाह जोशेइज़्तिराबे शाम तनहाई।
सोआये आफ़ताबे सुबूहमहशरतारे बिस्तर है।।
लबे ईसा की जुम्बिश करती है गहवाग जुँबाना
क़यामत कुश्तये लाले बुतां का ख्वाबे संगी है।।

*–.गालिब*

अब प्रश्न यह है कि वह कौन सी बात है कि जिसके कारण ब्रजभाषा का, कि जिसके माधुर्य्य पर अलीहज़ीं ऐसा उदार हृदय पारसी कवि लोट-पोट हो गया था,

पीछे मुसलमान कवियों द्वारा तिरस्कार हुआ। क्यों उन्होंने उसके कोमल कान्त पदों के स्थान पर फ़ारसी और अरबी के श्रुति-कटु शब्दों का व्यवहार करना उचित समझा? क्यों उन्होंने ब्रजभाषा के सुविधापूर्वक उच्चारित वाले ग, ख, ज, फ, इत्यादि अक्षरों से निर्मित शब्दों के स्थान पर ग़ैन, ख़े, ज़े, फ़े इत्यादि श्रुतिकंठ-विदीर्णकारी अक्षरों से मिलित शब्दों का आदर किया? इसका उत्तर इसके अतिरिक्त और कुछ नहीं है कि अरबी और फ़ारसी भाषा में उसके अक्षरों और शब्दों में, उनके धार्मिक और जातिभाषा मूलक संस्कार ही ने उन्हें उनसे आदृत बनाया, इनमें जो उनकी हृदय-ममता है उसी ने उन्हें इनको अंगीकृत करने के लिये बाध्य किया।

जो कुछ अब तक कहा गया, उससे यह बात भली प्रकार सिद्ध हो गई कि किसी पदावली की कोमलता, कान्तता, मधुरता का बहुत कुछ सम्बन्ध, संस्कार और हृदय से है। इस अवसर पर यह कहा जा सकता है कि कोमलता, कान्तता इत्यादि का सम्बन्ध हृदय या संस्कार से नहीं है, वास्तव में उसका सम्बन्ध पदावली से ही है। हाँ, उसके आदृत या अनादृत होने का सम्बन्ध निस्सन्देह संस्कार और हृदय से है। क्योंकि यदि दो बालक ऐसे उपस्थित किये जावें कि जिनमें एक सुन्दर हो और दूसरा असुन्दर, तो निज अपत्य होने के कारण असुन्दर बालक में पिता की हृदय ममता हो सकती है, उसका स्वाभाविक संस्कार उसे निज पुत्र को आदर और सम्मान दृष्टि से देखने के लिये बाध्य कर सकता है, किन्तु इससे वह सुन्दर नहीं हो जावेगा; सुन्दर बालक को ही सुन्दर कहा जावेगा। इसी प्रकार किसी अकान्त और अकोमल पद को किसी का संस्कार और हृदय-भाव कान्त और कोमल नहीं बना सकता; क्योंकि न्याय दृष्टि कोमल और कांत को ही कोमल और कान्त कह सकती है। जब सबको अपना ही अपत्य सुन्दर ज्ञात होता है तो इससे यह सिद्ध है कि उसको दूसरे के अपत्य के सौन्दर्य की अनुभूति नहीं होती; और जब अनुभूति नहीं होती, तो उसकी दृष्टि में उसका सौन्दर्य ही क्या? इसी प्रकार जब किसी पदावली की कान्तता, मधुरता, कोमलता की अनुभूति ही नहीं होती, तो उसकी कान्तता, मधुरता, कोमलता ही क्या? वास्तव में बात यह है कि ऐसे स्थानों पर संस्कार और हृदय ही प्रधान होता है।

पीयूषवर्षी कवि बिहारी लाल के निम्नलिखित दोहे कितने सुन्दर और मनोहर हैं:

बड़े-बड़े छबि छाकु छकि छिगुनी छोर छुटैन।  
रहे सुरँग रँग रँग वही, नहँदी महँदी नैन।।

सतर भौंह रूखे बचन, करति कठिन मन नीठि।
कहा कहौ ह्वै जात हरि हेरि हँसोंहीं डीठि।।
बतरस लालच लाल की, मुरली धरी लुकाय।
सौंह करै भौहान हँसै, देन कहै, नटि जाय।।
यक भींगे चहले परे, बूड़े बहे हजार।
किते न औगुन जग करे, नै बै चढ़ती बार।।

परन्तु आधुनिक पाठशालाओं के विद्यार्थियों और वर्त्तमान खड़ी बोली के अनुरागियों के सामने इनको रखिये, देखिये वह इनका कितना आदर करते हैं। मैंने देखा है कि आज कल के खड़ी बोली के रसिक ब्रजभाषा की कविता से उतना ही घबड़ाते है, जितना कि वह किसी अपरिचित किंवा अल्प परिचित भाषा की कविता से घबड़ा सकते है। कारण इसका क्या है? कारण इसका यही है कि लिखने पढ़ने और बोलचाल की भाषा से वह दूर पड़ गई है। इन दोहों का माधुर्य्य, लालित्य और कोमलता अथच कान्तता निर्विवाद है; किन्तु जब वह इनको समझते ही नहीं, यदि समझने की चेष्टा करते हैं तो मन को विशेष श्रम करना पड़ता है, फिर उनकी दृष्टि में इनकी कोमलता और कान्तता ही क्या? किन्तु यदि इन दोहों के स्थान पर कोई संस्कृत-गर्भित खड़ी बोली की कविता रख दीजिये, तो देखिये वह उसको पढ़कर कितना मुग्ध होते हैं और कितना आनन्दानुभव करते हैं; अतएव उनको उसी में कोमलता और कान्तता दृष्टिगत होती है। और यही कारण है कि आजकल संस्कार और हृदय-गमता दोनों खड़ी बोली की ओर आकर्षित हो गई हैं; कि जिसका प्रत्यक्ष प्रमाण खड़ी बोली की कविता का समधिक प्रचार है।

जिन प्राचीन विद्वान सज्जनों का संस्कार ब्रजभाषा के माधुर्य्य और कान्तता के विषय में दृढ़ हो गया है, और इस कारण उसकी ममता उनके हृदय में बद्धमूल है, वे यदि कहें कि खड़ी बोली की कविता कर्कश होती है, तो इसमें आश्चर्य ही क्या। ऐसे ही जिन्होंने ब्रजभाषा का अभूतपूर्व रस आस्वादन नहीं किया है, जो ब्रजभाषा की रचना में दुर्बोधता उपलब्ध करते हैं, वे यदि खड़ी बोली का समादर और प्यार करें और उसे ही कान्त और कोमल समझें तो इसमें भी कोई आश्चर्य नहीं, सदा ऐसा ही होता आया है और आगे भी ऐसा ही होगा। अब मुझे केवल इतना ही कहना है कि समय का प्रवाह खड़ी बोली के अनुकूल है; इस समय खड़ी बोली में कविता करने से अधिक उपकार की आशा है। अतएव मैंने भी 'प्रियप्रवास' को खड़ी बोली में ही लिखा है। संभव है कि उसमें अपेक्षित कोमलता और कान्तता न हो, परन्तु

इससे यह सिद्धान्त नहीं हो सकता कि खड़ी बोली में सुन्दर कविता हो ही नहीं सकती। वास्तव में बात यह है कि यदि उसमें कान्तता और मधुरता नहीं आई है तो यह मेरी विद्या, बुद्धि और प्रतिभा का दोष है, खड़ी बोली का नहीं।

## ग्रन्थ का विषय

इस ग्रन्थ का विषय श्रीकृष्णचन्द्र की मथुरा-यात्रा है; और इसी से इसका नाम 'प्रियप्रवास' रखा गया है। कथा-सूत्र से मथुरा-यात्रा के अतिरिक्त उनकी और ब्रज-लीलायें भी यथास्थान इसमें लिखी गई हैं। जिस विषय के लिखने के लिये महर्षि व्यासदेव, कवि-शिरोमणि सूरदास और भाषा के अपर मान्य कवियों तथा विद्वानों ने लेखनी की परिचालना की है, उसके लिये मेरे जैसे मंदधी का लेखनी उठान नितान्त मूढ़ता है। परन्तु जैसे रघुवंश लिखने के लिये लेखनी उठा कर कवि-कुल-गुरु कालिदास ने कहा था, "मणौबज्रसमुत्कीर्णे सूत्रस्येवास्ति मे गतिः।" उसी प्रकार इस अवसर पर मैं भी स्वच्छ हृदय से यही कहूँगा "अति अपार जे सरित वर, जो नृप सेतु कराहिं। चढ़ि पिपीलिका परम लघु, बिनु श्रम पारहिं जाहिं।।" रहा यह कि वास्तव में मैं पार जा सका हूँ या बीच ही में रह गया हूँ, किंवा उस पावन सेतु पर चलने का साहस करके निन्दित बना हूँ, इसकी मीमांसा विबुध जन करें। मेरा विचार तो यह है कि मैंने इस मार्ग में भी अनुचित दुस्साहस किया है, अतएव तिरस्कृत और कलंकित होने की ही आशा है। हाँ, यदि मर्म्मज्ञ विद्वज्जन इसको उदार दृष्टि से पढ़कर उचित संशोधन करेंगे, तो आशा है कि किसी समय में इस ग्रन्थ का विषय भी रसिकों के लिये आनन्दकारक होगा।

हम लोगों का एक संस्कार है, वह यह कि जिनको हम अवतार मानते हैं, उनका चरित्र जब कहीं दृष्टिगोचर होता है तो हम उसकी प्रति पंक्ति में या न्यून से न्यून उसके प्रति पृष्ठ में ऐसे शब्द या वाक्य अवलोकन करना चाहते हैं, जिसमें उसके ब्रह्मत्व का निरूपण हो। जो सज्जन इस विचार के हों, वे मेरे प्रेमाम्बुप्रश्रवण, प्रेमाम्बुप्रवाह और प्रेमाम्बुवारिधि नामक ग्रन्थों को देखें; उनके लिये यह ग्रन्थ नहीं रचा गया है। मैंने श्रीकृष्णचन्द्र को इस ग्रन्थ में एक महापुरुष की भाँति अंकित किया है, ब्रह्म कर के नहीं। अवतारवाद की जड़ मैं श्रीमद्भगवद्गीता का यह श्लोक मानता हूँ "यद् यद् विभूतिमत्सत्वं श्रीमदूर्जितमेव वा। तत्तदेवावगच्छत्वं ममतेजोंशसंभवम्"; अतएव जो महापुरुष है, उसका अवतार होना निश्चित है। मैंने भगवान् श्रीकृष्ण का जो चरित अंकित किया है, उस चरित का अनुधावन करके आप स्वयं विचार करें कि वे क्या थे , मैंने यदि लिख कर आपको बतलाया कि वे

ब्रह्म थे, और तब आपने उनको पहचाना तो क्या बात रही! आधुनिक विचारों के लोगों को यह प्रिय नहीं है कि आप पंक्ति-पंक्ति में तो भगवान् श्रीकृष्ण को ब्रह्म लिखते चलें और चरित्र लिखने के समय "कर्तुमकर्तुमन्यथा कर्तुं समर्थः प्रभुः" के रंग में रंग कर ऐसे कार्यों का कर्त्ता उन्हें बनावें कि जिनके करने में एक साधारण विचार के मनुष्य को भी घृणा होवे। संभव है कि मेरा यह विचार समीचीन न समझा जावे, परन्तु मैंने उसी विचार को सम्मुख रख कर इस ग्रन्थ को लिखा है, और कृष्णचरित को इस प्रकार अंकित किया है जिससे कि आधुनिक लोग भी सहमत हो सकें। आशा है कि आप लोग दयार्द्र हृदय से मेरे उद्देश्य को समझने की चेष्टा करेंगे और मुझको वृथा वाग्बाण का लक्ष्य न बनावेंगे।

## वर्णन-शैली

रुचि-वैचित्र्य-स्वाभाविक है। कोई संक्षेप वर्णन को प्यार करता है कोई विस्तृत वर्णन को। किसी को कालिदास की प्रणाली प्रिय है, किसी को भवभूति की, संक्षेप वर्णन से जो हृदय पर क्षणिक गहरा प्रभाव पड़ता है कोई उसको आदर देता है, कोई उस विस्तृत वर्णन से मुग्ध होता है, जिसमें कि पूरी तौर पर रस का परिपाक हुआ हो। निदान किसी ग्रन्थ की वर्णन-शैली का प्रभाव किसी मनुष्य पर उसकी रुचि के अनुसार पड़ता है। जो विस्तृत वर्णन को नहीं प्यार करता वह अवश्य किसी ग्रन्थ के विस्तृत वर्णन को पढ़कर ऊब जावेगा; इसी प्रकार जिसको किसी रस का संक्षेप वर्णन प्रिय नहीं, वह अवश्य एक ग्रन्थ के संक्षेप वर्णन को पढ़कर अतृप्त रह जावेगा। और यही कारण है कि प्रतिष्ठित ग्रन्थकारों की समालोचनायें भी नाना रूपों में होती हैं। मैंने अपने ग्रन्थ में वर्णन के विषय में मध्य पथ ग्रहण किया है, किन्तु इस दशा में भी संभव है कि किसी सज्जन को कोई प्रसंग संक्षेप में वर्णन किया जान पड़े और किसी को कोई कथा भाग अनुचित विस्तार से लिखा गया ज्ञात हो। मैं अत्यन्त अनुगृहीत हूँगा, यदि ग्रन्थ के सहृदय पाठकगण इस विषय में मुझे समुचित सम्मति देंगे, जिसमें कि दूसरी आवृत्ति में मैं अपने वर्णनों पर उचित मीमांसा कर सकूँ।

## कवितागत कतिपय शब्द

अब मैं इस ग्रन्थ की कविता में व्यवहृत किये गये कुछ शब्दों के विषय में विचार करना चाहता हूँ। सब भाषाओं में गद्य की भाषा से पद्य की भाषा में कुछ अन्तर होता है, कारण यह है कि छन्द के नियम में बँध जाने से ऐसी अवस्था प्रायः उपस्थित हो जाती है कि जब उसमें शब्दों को तोड़-मरोड़ कर रखना पड़ता है, या

उसमें कुछ ऐसे शब्द सुविधा के लिये रख देने पड़ते हैं, जो गद्य में व्यवहृत नहीं होते। यह हो सकता है कि जो शब्द तोड़ या मरोड़ कर रखना पड़े वह, या गद्य में अव्यवहृत शब्द कविता में से निकाल दिया जावे, परन्तु ऐसा करने में बड़ी भारी कठिनता का सामना करना पड़ता है; और कभी-कभी तो यह दशा हो जाती है कि ऐसे शब्दों के स्थान पर दश शब्द रखने से भी काम नहीं चलता। इस लिये कवि उन शब्दों को कविता में रखने के लिये बाध्य होता है। कभी-कभी ऐसा होता है कि उन शब्दों के पर्यायवाची दूसरे शब्द उसी भाषा में मौजूद होते हैं, और यदि वे शब्द उन शब्दों के स्थान पर रख दिये जावें, तो किसी शब्द को विकलांग बना कर या गद्य में अव्यवहृत शब्द रखने के दोष से कवि मुक्त हो सकता है; परन्तु लाख चेष्टा करने पर भी कवि को समय पर वे शब्द स्मरण नहीं आते, और वह विकलांग अथवा गद्य में अव्यवहृत शब्द रख कर ही काम चलाता है। और यही कारण है कि गद्य की भाषा से पद्य की भाषा में कुछ अन्तर होता है। कवि-कर्म बहुत ही दुरूह है। जब कवि किसी कविता का एक चरण निर्माण करने में तन्मय होता है, तो उस समय उसको बहुत ही दुर्गम और संकीर्ण मार्ग में होकर चलना पड़ता है। प्रथम तो छन्द की गिनी हुई मात्रा अथवा गिने हुए वर्ण उसका हाथ पाँव बाँध देते हैं, उसकी क्या मजाल कि वह उसमें से एक मात्रा घटा या बढ़ा देवे, अथवा एक गुरु को लघु के स्थान पर या एक गुरु के स्थान पर एक लघु को रख देवे। यदि वह ऐसा करे तो वह छंद-रचना का अधिकारी नहीं। जो इस विषय में सतर्क होकर आगे बढ़ा, तो हृदय के भावों और विचारों को उतनी ही मात्रा वा उतने ही वर्णों में प्रकट करने का झगड़ा सामने आया, इस समय जो उलझन पड़ती है, उसको कवि हृदय ही जानता है। यदि विचार नियत मात्रा अथवा वर्णों में स्पष्टतया न प्रकट हुआ, तो उसको यह दोष लगा कि उसका वाच्यार्थ साफ नहीं, यदि कोमल वर्णों में वह स्फुरित न हुआ, तो कविता श्रुति कटु हो गई। यदि उसमें कोई घृणाव्यञ्जक शब्द आ गया तो अश्लीलता की उपाधि शिर पर चढ़ी, यदि शब्द तोड़े-मरोड़े गये तो च्युत दोष ने गला दबाया, यदि उपयुक्त शब्द न मिले तो सौ-सौ पलटा खाने पर भी एक चरण का निर्माण दुस्तर हो गया, यदि शब्द यथा स्थान न पड़े तो दूरान्वय दोष ने आँखें दिखायीं। कहाँ तक कहें, ऐसी कितनी बातें हैं, जो कविता रचने के समय कवि को उद्विग्न और चिन्तित करती हैं, और यही कारण है कि प्रसिद्ध 'बहारदानिश' ग्रन्थ के रचयिता ने बड़ी सहृदयता से एक स्थान पर यह शेर लिखा है:

बराय पाकिये लफ्जे शबे बरोज़ आनन्द।
कि मुर्ग़ माही बाशन्द ख़ुफता ऊबेदार।।

इसका अर्थ यह है कि "कवि एक शब्द को परिष्कृत करने के लिये उस रात्रि को जाग कर दिन में परिणत करता है, जिसको चिड़ियाँ और मछलियाँ तक निद्रा देवी के शान्ति-मय अङ्क में शिर रख कर व्यतीत करती हैं।" यदि कवि-कर्म इतना कठोर न होता, तो कवि-कुल-गुरु कालिदास जैसे असाधारण विद्वान् और विद्या-बुद्धि-निधान, 'त्रयम्बकम संयमिनं ददर्श' इस श्लोक-खण्ड में 'त्र्यम्बकम्' के स्थान पर 'त्रयम्बकम्' न लिख जाते, जो कि 'त्यम्बकम्' का अशुद्ध रूप है। यदि इस त्र्यम्बकम् के स्थान पर वह त्रिलोचनम् लिखते तो कविता सर्वथा निर्दोष होती; किन्तु उन्होंने ऐसा नहीं किया, जिससे यह सिद्ध होता है, कि कविता करने के समय बहुत चेष्टा करने पर भी उनको यह शुद्ध और कोमल शब्द स्मरण नहीं आया, और इसी से उन्होंने एक ऐसे शब्द का प्रयोग किया जो च्युत-दोष से दूषित है। किसी किसी ने लिखा है कि उस काल में एक ऐसा व्याकरण प्रचलित था कि जिसके अनुसार 'त्र्यम्बकम्' शब्द भी अशुद्ध नहीं है, किन्तु यह कथन ऐसे लोगों को उस समय तक मान्य नहीं है, जब तक कि वह व्याकरण का नाम बतला कर उस सूत्र को भी न बतला दें कि जिसके द्वारा यह प्रयोग भी शुद्ध सिद्ध हो। इस विचार के लोग यह समझते हैं कि यदि कवि-कुल-गुरु कालिदास की रचना में कोई अशुद्धि मान ली गई, तो फिर उनकी विद्वत्ता सर्वमान्य कैसे होगी। उनकी वह प्रतिष्ठा जो संसार की दृष्टि में एक चकितकर वस्तु है, कैसे रहेगी। अतएव येनकेन प्रकारेण वे लोग एक साधारण दोष को छिपाने के लिये एक बहुत बड़ा अपराध करते हैं, जिसको विबुध समाज नितान्त गर्हित समझता है।

इस विचार के लोग भाव-राज्य के उस मनोमुग्धकर-उपवन पर दृष्टि नहीं डालते, कि जिसके अंक में सदाशय और सद्विचार रूपी हृदय-विमोहक प्रफुल्ल-प्रसूनों के निकटवर्त्ती दो चार दोष-कण्टकों पर कोई दृष्टिपात ही नहीं करता। कवि किसी भाषा-हीन शब्द को यथाशक्ति तो रखता नहीं; जब रखता है तो विवश होकर रखता है जिसकी रचना अधिकांश सुन्दर है, जिसके भाव लोक-विमुग्धकर और उपकारक हैं, उसकी रचना में यदि कहीं कोई दोष आ जावे तो उस पर कौन सहृदय दृष्टिपात करता है, और यदि दृष्टिपात करता है तो वह सहृदय नहीं।

"जड़ चेतन गुन दोष मय, विश्व कीन्ह करतार।
संत हंस गुन गहहिं पय, परिहरि बारि बिकार।।"

संसार में निर्दोष कौन वस्तु है? सभी में कुछ न कुछ दोष है, जो शरीर बड़ा प्यारा है; उसी को देखिये, उसमें कितना मल है। चन्द्रमा में कलंक है, सूर्य में धब्बे हैं, फूल में कीड़े हैं; तो क्या ये संसार की आदरणीय वस्तुओं में नहीं हैं? वरन् जितना इनका आदर है अन्य का नहीं है। कवि-कर्म-कुशल कालिदास की रचना इतनी अपूर्व और प्यारी है, इतनी सरस और सुन्दर है, इतनी उपदेशमय और उपकारक है, कि उसमें यदि एक दोष नहीं सैकड़ों दोष होवें, तो भी वे स्निग्ध-पत्रावली-परिशोभित, मनोरम पुष्प-फल-भार-विनम्र पादप के, दश पाँच नीरस, मलीन, विकृत पत्तों समान दृष्टि डालने योग्य न होंगे। फिर उन दोषों के विषय में बात बनाने से क्या लाभ? मैं यह कह रहा था कि कवि कर्म नितान्त दुरूह है। अलौकिक प्रतिभाशाली कालिदास जैसे जगन्मान्य कवि भी इस दुरूहता-वारिधि-सन्तरण में कभी-कभी क्षम्य नहीं होते। जिनका पदानुसरण करके लोग साहित्य-पथ में पाँव रखना सीखते हैं, उन हमारे संस्कृत और हिन्दी के धुरन्धर और मान्य साहित्याचार्यों की मति भी इस संकीर्ण स्थल पर कभी-कभी कुण्ठित होती है, और जब ऐसों की यह गति है तो साधारण कवियों की कौन कहे? मैं कवि कहलाने योग्य नहीं, टूटी-फूटी कविता करके कोई कवि नहीं हो सकता, फिर यदि मुझसे भ्रम प्रमाद हो, यदि मेरी कविता में अनेक दोष होवें तो क्या आश्चर्य! अतएव आगे जो मैं लिखूँगा, उसके लिखने का यह प्रयोजन नहीं है, कि मैं रूपान्तर से अपने दोषों को छिपाना चाहता हूँ-प्रत्युत् उसके लिखने का उद्देश्य कतिपय शब्दों के प्रयोग पर प्रकाश डालना मात्र है।

## कतिपय क्रिया

हिन्दी गद्य में देखने के अर्थ में अधिकांश देखना धातु के रूपों का ही व्यवहार होता है, कोई-कोई कभी अवलोकना विलोकना, दरसना, जोहना, लखना धातु के रूपों का भी प्रयोग करते हैं; किन्तु इसी अर्थ के द्योतक निरखना और निहारना धातु के रूपों का व्यवहार बिल्कुल नहीं होता। अतएव इन कतिपय क्रियाओं के रूपों का व्यवहार कोई-कोई खड़ी बोली के पद्य में करना उत्तम नहीं समझते, किन्तु मेरा विचार है कि इन कतिपय क्रियाओं से भी यदि खड़ी बोली के पद्यों में संकीर्ण स्थलों

पर काम लिया जावे तो उसके विस्तार और रचना में सुविधा होगी। मैं ऊपर दिखला चुका हूँ कि गद्य की भाषा से पद्य की भाषा में कुछ अन्तर होता है, अतएव इनको ब्रजभाषा की क्रिया समझ कर तज देना मुझे उचित नहीं जान पड़ता और इसी विचार से मैंने अपनी कविता में देखने के अर्थ में इन क्रियाओं के रूपों का व्यवहार भी उचित स्थान पर किया है। ऐसी ही कुछ और क्रियायें हैं, जो ब्रजभाषा की कविता में तो निस्सन्देह व्यवहृत होती हैं, परन्तु खड़ी बोली के गद्य में इनका व्यवहार सर्वथा नहीं होता; या यदि होता है तो बहुत न्यून। किन्तु मैंने अपनी कविता में इनको भी निस्संकोच स्थान दिया है। मेरा विचार है कि इन क्रियाओं के व्यवहार से खड़ी बोली का पद्य-भण्डार सुसम्पन्न और ललित होने के स्थान पर क्षति-ग्रस्त और असुन्दर न होगा। ये क्रियायें लसना, विलसना, रचना, विराजना, सोहना, बगरना, बलजाना, तजना इत्यादि हैं। आधुनिक खड़ी बोली के कविता-लेखकों में से यद्यपि कई एक अपर सज्जनों को भी इनको काम में लाते देखा जाता है, किन्तु इन लोगों में अधिकांश वे सज्जन हैं, जो ब्रजभाषा से कुछ परिचित हैं। जिन्होंने ब्रजभाषा का कोमल-कान्त-वदन बिल्कुल नहीं देखा, उनकी कविता में इन क्रियाओं का प्रयोग कथञ्चित् होता है। मैं अपने कथन की पुष्टि गद्य के अवतरणों और आधुनिक वर्त्तमान कवियों की कविताओं का अपेक्षित अंश उठा कर, कर सकता हूँ–किन्तु ऐसा करने में यह लेख बहुत विस्तृत हो जावेगा। ब्रजभाषा की क्रियाओं का प्रयोग खड़ी बोली में उसके नियमानुसार होना चाहिये; ब्रजभाषा के नियमानुसार नहीं, अन्यथा वह अवैध और भ्रामक होगा।

## कुछ वर्णों का हलन्त प्रयोग

हिन्दी भाषा के कतिपय सुप्रसिद्ध गद्य-पद्य लेखकों को देखा जाता है कि ये इसका, उसका, इत्यादि को इस्का, उस्का इत्यादि और करना, धरना, इत्यादि को कर्ना, धर्ना, इत्यादि लिखने के अनुरागी हैं। पद्य में ही संकीर्ण स्थलों पर वे ऐसा नहीं करते, गद्य में भी इसी प्रकार इन शब्दों का व्यवहार वे उचित समझते हैं। खड़ी बोली की कविता के लब्धप्रतिष्ठ प्रधान लेखक श्रीयुत पं० श्रीधर पाठक लिखित नीचे की कतिपय गद्य-पद्य की पंक्तियों को देखिये–

"यह एक प्रेम-कहानी आज आपको भेंट की जाती है–निस्सन्देह इस्में ऐसा तो कुछ भी नहीं जिस्से यह आपको एक ही बार में अपना सके।"

"नम्र भाव से कीनी उस्ने विनय समेत प्रणाम"
"चला साथ योगी के हर्षित जहँ उस्का विश्राम"
"नहीं बड़ा भण्डार मढ़ी में कीजै जिस्की रखवाली"
"दोनों जीव पधारे भीतर जिन्के चरित अमोल"

*–एकान्तवासी योगी*

हमारे उत्साही नवयुवक पण्डित लक्ष्मीधर जी वाजपेयी ने भी अपने 'हिन्दी मेघदूत' में कई स्थानों पर इस प्रणाली को ग्रहण किया है; नीचे के पद्यों को अवलोकन कीजिये–

"उस्का नीला जल पट तट श्रोणि से तू हरेगा"
"उस्के शांतीहर शिखर पै तू लखेगा सखा यों"
"जिस्की सेवा उचित रति के अंत में मत्करों से"

वाजपेयी जी की कविता वर्णवृत्त में लिखी गई है, जिसमें लघु गुरु नियत संख्या से आते हैं, इस लिये यदि उन्होंने दो दीर्घ रखने के लिये कविता में उसका, उसके, जिसकी के स्थान पर उस्का, उस्के, जिस्की लिखा तो उनका यह कार्य विवशतावश है। ऐसे स्थलों पर यह प्रयोग अधिक निन्दनीय नहीं है, किन्तु गद्य में अथवा वहाँ, जहाँ कि शुद्ध रूप में ये शब्द लिखे जा सकते हैं, इन शब्दों का संयुक्त रूप में प्रयोग मैं उचित नहीं समझता; इसके निम्न लिखित कारण हैं–

१. यह कि गद्य की भाषा में जो शब्द जिस रूप में व्यवहृत होते हैं, मुख्य अवस्थाओं को छोड़कर पद्य की भाषा में भी उन शब्दों का उसी रूप में व्यवहृत होना समीचीन, सुसंगत और बोधगम्य होगा।

२. यह कि उसको, जिसमें, जिसको इत्यादि शब्दों को प्राचीन और आधुनिक अधिकांश गद्य-पद्य लेखक इसी रूप में लिखते आते हैं, फिर कोई कारण नहीं है कि इस प्रचलित प्रणाली का बिना किसी मुख्य हेतु के परित्याग किया जावे।

३. यह कि हिन्दी भाषा की स्वाभाविक प्रवृत्ति यथा संभव संयुक्ताक्षरत्व से बच कर रहने की है, अतएव उसके सर्वनामों इत्यादि को जो कि समय-प्रवाह-सूत्र से संयुक्त रूप में नहीं हैं, संयुक्त रूप में परिणत करना दुर्बोधता और क्लिष्टता सम्पादन करना होगा।

अब रही यह बात कि यदि वास्तव में हिन्दी में कुछ अकारान्त वर्ण, शब्द-

खण्ड और धातु-चिह्न के प्रथम के अक्षर हलन्तवत् बोले जाते हैं, तो कोई कारण नहीं हैं, कि उच्चारण के अनुसार वे लिखे न जावें। इस विषय में मेरा यह निवेदन है कि इन वर्णों, शब्द-खण्डों और धातु-चिह्नों के प्रथम के अक्षरों का ऐसा उच्चारण हिन्दी के जन्म-काल से ही है, या कुछ काल से हो गया है? और यदि जन्मकाल से ही है, तो इसके व्याकरण-रचयिताओं और लेखकों ने इस विषय में अमनोनिवेश क्यों किया? यदि उन्होंने मनोनिवेश नहीं भी किया तो एक वास्तव और युक्तिसंगत बात के ग्रहण करने में इस समय संकोच क्या? और यदि उसके ग्रहण में संकोच उचित नहीं, तो केवल पद्य में ही वे क्यों ग्रहण किये जावें, गद्य में भी क्यों न गृहीत हों? इन प्रश्नों के उत्तर में अधिक न लिखकर मैं केवल इतना ही कहूँगा कि इन वर्णों शब्द खंडों और धातु-चिह्नों के प्रथम के अक्षरो को भाषाव्याकरण कर्त्ताओं ने स्वर-संयुक्त माना है, हलन्तवत् नहीं। क्योंकि हलन्तवत् क्या? कोई व्यञ्जन या तो स्वर-संयुक्त होगा या हलन्त, और जब उन्होंने उनको स्वर-संयुक्त मान कर ही उनके सब रूप बनाये हैं, तो अब उनके विषय में एक नवीन पद्धति स्थापित करने की आवश्यकता नहीं जान पड़ती; क्योंकि व्याकरण उच्चारण के अनुकूल ही बनता है, उसके प्रतिकूल नहीं। समय पाकर उच्चारण में भिन्नता अवश्य हो जाती है और उस समय व्याकरण भी बदलता है, परन्तु इन वर्णों, शब्द-खंडों और धातु चिह्नों के प्रथम के अक्षर के लिये अभी वे दिन नहीं आये हैं। सोचिये, यदि इसको, जिसको इत्यादि को इस्को, जिस्को लिखें और करना, धरना, चलना इत्यादि को कर्ना, धर्ना, चल्ना इत्यादि लिखने लगें, तो हिन्दी भाषा में कितना बड़ा परिवर्त्तन उपस्थित होगा।

समादरणीय पाठक जी का एक लेख खड़ी बोली की कविता पर प्रथम हिन्दी साहित्य सम्मेलन के कार्य विवरण में मुद्रित हुआ है, उसके पृष्ठ ३२ में एक स्थान पर उन्होंने इस विषय पर विचार करते हुए ऐसे शब्दों के विषय में यह लिखा है–

"भाषा के शील संरक्षण की दृष्टि से पद्य लिखने में आवश्यकतानुसार बोलने की रीति अवलम्बन करने से कोई आपत्ति तो नहीं उपस्थित होती।"

"इस सब जगड्बाल के प्रदर्शन से मेरा अभिप्राय यह नहीं है, कि हमारी भाषा के पद्य में इस प्रकार शब्द व्यवहार करना चाहिये, किन्तु बुधजनों के विचार के लिये यह मेरी केवल एक प्रस्तावना मात्र है।"

ये दोनों वाक्य यह स्पष्ट बतला देते हैं कि प्रशंसित पाठक जी भी गद्य में इस प्रकार शब्दों को लिखना उचित नहीं समझते; पद्य में भी वह आवश्यकतानुसार ऐसा प्रयोग आपत्ति-रहित मानते हैं। पाठक जी के निम्नलिखित वाक्यांशों से भी यही बात सिद्ध होती है।

"आज कल मैं ऐसे स्थान पर हूँ कि उदाहरण नहीं दे सकता।" "दूसरा वह जिसमें भाषा का यह गुण उपेक्षित सा देखने में आता है", "मिश्रित वा खिचड़ी भाषा के पद्य में यह योग्यता नहीं आ सकती", "ऐसी भाषा का प्रयोग उत्कृष्ट काव्य में कदापि न करना चाहिये"।

–हि० सा० स० वि० प्रथम भाग पृष्ठ २९

"उसके मन में सर्वोत्तम है उसका ही प्रिय जन्मस्थान"

"उनके उर के मध्य मूर्खता का अंकुर भी बोता है"–श्रान्तपथिक पृष्ठ ४, १३

अब मैं यह दिखलाना चाहता हूँ कि कुछ अकारान्त वर्ण जैसे बस, अब, जतन इत्यादि के स, ब, न आदि, कुछ ऐसे शब्द-खण्ड के अन्त्याक्षर जिन पर बोलने में आघात सा पड़ता है जैसे गलबाहीं, मनभावना इत्यादि के गल और मन आदि, कुछ ऐसे वर्ण जो धातु-चिह्न के पहले रहते हैं जैसे करना, धरना, चलना इत्यादि के र, ल, आदि, यदि आवश्यकतानुसार उच्चारण का ध्यान करके पद्य में हलन्त कर लिये जावें तो उससे कुछ सुविधा होगी या नहीं? और ऐसे प्रयोग का हिन्दी भाषा के पद्य पर क्या प्रभाव पड़ेगा? मैं प्रशंसित पाठक जी के उक्त लेख में से ही एक पद्य यहाँ उठाता हूँ, आप इसे अवलोकन कीजिये–

पर् इत्ने पर् भी तो नहिं मन हुआ शान्त उनका।
बस् अब् क्या करना था जब जतन कोई नहिं चला।

इस पद्य में इतने को इत्ने, पर को पर् बस को बस् और अब को अब् किया गया है। यह संस्कृत का शिखरिणी छन्द है। यगण, भगण, नगण, सगण, मगण लघु गुरु का शिखरिणी छंद होता है। श्रुतबोध में इसका लक्षण यह लिखा है–

यदि प्राच्यो ह्रस्वस्तुलितकमले पञ्चगुरवः।
ततो वर्णाः पञ्च प्रकृतिसुकुमाराङ्गि लघवः।।
त्रयोन्ये चोपान्त्याः सुतनुजघने भोगसुभगे।
रसैरीशै यस्यां भवति विरतिः सा शिखरिणी।।

इसलिये यदि ऊपर के दोनों चरण निम्नलिखित रीति से लिखे जावें तो निर्दोष

होंगे; जैसे वे लिखे गये हैं, उन रीति से लिखने में छन्दो-भङ्ग होता है।

परित्ने पर् भी तो नहिं मन हुआ शान्त उनका।
बसब क्या कर्ना था जब जतन कोई नहीं चला।।

प्रथम प्रकार से लिखने में पहले चरण में दो लघु के उपरान्त चार गुरु पड़ते हैं, किन्तु उक्त नियमानुसार एक लघु के पश्चात् पाँच गुरु होने चाहिये। इसलिये यदि यह चरण खण्ड 'परित्ने पर भी' कर दिया जावे तो दोष निवृत्त हो जाता है। इसी प्रकार 'बस् अब क्या करना था।' यों लिखने से दूसरे चरण के प्रथम खण्ड में पहले तीन गुरु फिर दो लघु और बाद को दो गुरु पड़ते हैं, अतएव यह चरणखण्ड भी सदोष है, यह जब यों लिखा जावे कि 'बसब क्या करना था' तो ठीक होगा। किन्तु यह बतलाइये कि इस प्रकार शब्द-विन्यास कहाँ तक समुचित होगा। संस्कृत के यत्, तत् की भाँति पर को पर्, बस को बस् और अब को अब् लिख कर एक गुरु बना लेना कहाँ तक युक्ति-संगत और हिन्दी भाषा की प्रणाली के अनुकूल है, इसको सहृदय पाठक स्वयं विचारें। इन्हीं दोनों चरणों में मन, उनका, जब, और जतन भी हैं, किन्तु ये मन्, उन्का, जब् और जतन् नहीं बनाये गये। मुख्य कारण यह है कि ऐसा करने से छन्द और सदोष हो जाता, तथा उसकी भङ्गता का पारा और ऊँचा चढ़ जाता। इसलिये उनके रूप परिवर्त्तन की आवश्यकता नहीं हुई। यदि यह प्रणाली भाषा पद्य में चलाई जावे तो उसमें कितनी जटिलता और दुरूहता आ जावेगी इसके उल्लेख की आवश्यकता नहीं; कथित दोनों बातें ही इसका पर्याप्त प्रमाण हैं। हिन्दी भाषा की प्रकृति हलन्त हो प्रायः सस्वर बना लेने को है। यदि उसकी इस प्रकृति पर दृष्टि न रखकर उसके सस्वर वर्णों को भी हलन्त बनाकर उसे संस्कृत का रूप दिया जाने लगे तो उसका हिन्दीपन तो नष्ट हो ही जायेगा, साथ ही वह संस्कृत भाषा के हलन्त वर्णों के समान संधि साहाय्य में सौन्दर्य्य-सम्पादन करने के स्थान पर नितान्त असुविधामूलक पद्धति ग्रहण करेगी और अपनी स्वाभाविक सरलता खो देगी।

संस्कृत के निम्नलिखित पद्यों को देखिये, इनमें किस प्रकार हलन्त वर्णों ने सस्वर व्यञ्जन का रूप ग्रहण किया है; और इस परिवर्त्तन से इन पदों में कितना माधुर्य्य आ गया है। हिन्दी में किसी हलन्त वर्ण को यह सुयोग कदापि प्राप्त नहीं हो सकता, क्योंकि उसकी प्रकृति ही ऐसी नहीं है। उदाहरण के लिये नीचे की कविता

के दोनों चरण ही पर्याप्त हैं।

वसुधामपि हस्तगामिनीमकरोदिन्दुमती मिवापराम्।
इति यथाक्रममाविरभून्मधुर्द्र मवतीमवतीर्य्य वनस्थलीम्।

*–रघुवंश*

मामपि दहत्येकायमहर्निशिमनल इवापत्यतासमुद्भवः शोकः।
शून्यमिव प्रतिभाति में जगत् अफलमिव पश्यामि राज्यम्।

*–कादम्बरी*

जो उर्दू के ढंग का पद्य सुधी पाठक जी ने संगीत शाकुन्तल से उठाया है, उसको भी मैं नीचे लिखता हूँ, आप लोग इसे भी देखिये:–

पर इस्से पूछ ले क्या इसका मन है।
तू सोचे जा न कर चिन्ता कुछ इसकी।

इस पद्य में इससे को इस्से कर दिया गया है; किन्तु दोनों की ही चार मात्रायें हैं, इसलिये इस पद्य में यदि इस्से के स्थान पर इससे ही रहता तो भी कोई अन्तर न पड़ता जैसा कि पद्य के दूसरे चरण के इसकी, और इसी चरण के 'इसका' के इसी रूप में लिखे जाने से कोई अन्तर नहीं पड़ा। यह उन्नीस मात्रा का मात्रिक छन्द है, इसके चरणों में दो–दो मात्रा अधिक है। इससे जो तौल कर न पढ़ा जावे, तो इनमें छन्दोभङ्ग होता है। परन्तु यह छन्दोभङ्ग–दोष उनमें के इससे इसका, इसकी को इस्से, इस्का, इस्की कर देने से दूर नहीं हो सकता, क्योंकि मात्रा दोनों रूपों में ही समान हैं फिर उसको यह रूप देने से क्या लाभ? हाँ, यदि वे निम्नलिखित प्रकार से लिखे जावें तो निस्सन्देह उनकी सदोषता दूर हो जावेगी, परन्तु ऐसी अवस्था में शब्दार्थ के समझने में कितनी उलझन होगी, यह अविदित नहीं हैं।

प, इससे पूछ ले क्या इसक मन है।
तु सोचे जा, न कर चिन्ता कुछिसकी।।

संस्कृत के वर्णवृत्त और हिन्दी के मात्रिक छन्दों की नियमावली इतनी सुन्दर और तुली हुई है, और उसमें लघु गुरु वर्णों के संस्थान और मात्राओं की संख्या इस रीति से नियत की गई है कि यदि सावधानी से कार्य किया जावे, तो उनकी रचना में छन्दों–भङ्ग हो ही नहीं सकता। दूसरी बात यह कि जब पद्य–रचना हो गई तो जैसे चाहिये पढ़िये, दूसरे से पढ़वाइये, उसके पढ़ने में उलझन हो होगी नहीं। क्योंकि

उसमें एक लघु गुरु अक्षर का हेर फेर नहीं, एक मात्रा घट बढ़ नहीं, कर छन्दोभंग कैसे होगा; और जब छन्दोभंग नहीं होगा तो उलझन क्यों होगी? किन्तु उर्दू पद्यों की रचना वज़न पर होती है, न उनमें लघु, गुरु का नियम है, न मात्राओं का; केवल कुछ वजन नियत हैं, उन्हीं जनों को कैंडा मान कर उसी कैंडे पर उसमें कविता की जाती है। जैसे, एक वज़न बताया गया, "फ़फ़ऊलफ़यलातुन मफ़ऊलफ़ायलातुन" अब इसी वजन पर उर्दू के कवि को कविता करनी पड़ती है, उसको यह ज्ञात नहीं है कि कितने अक्षर और मात्रा से इस वजन का छन्द बनेगा। यह प्रणाली उसने अरबी और फ़ारसी से ली है। अभ्यास एक अद्भुत वस्तु है, उससे सब कुछ हो सकता है; और उसी के द्वारा केवल वजन के आश्रय से अरबी फ़ारसी में बिना छन्दोभङ्ग के बड़ी सुन्दर कवितायें लिखी गई हैं। उनमें एक मात्रा की भी घटी-बढ़ी नहीं पाई जाती; वजन पर ही उनकी अधिकांश कविता छन्दोगति विषय में सर्वथा निर्दोष हैं। परन्तु उर्दू में केवल वज़न ने बड़ी उलझन पैदा की है; मुख्य कर उन लोगों के लिये जो वर्णवृत्त और मातृक छन्द पढ़ने के अभ्यस्त हैं। उर्दू कवियों ने वजन पर काम किया है, इसलिये भाषा की क्रियाओं और शब्दों को बेतरह दबा-दुबू और तोड़-फोड़ डाला है। क्योंकि वजन के कैंड़े पर वे प्रायः ठीक नहीं उत्तर सके। उर्दू भाषा में लिखे गये छन्द को कोई मनुष्य उस समय तक शुद्धता से कदापि नहीं पढ़ सकता, जब तक कि उसको वजन न ज्ञात हो। यदि कोई अक्षरों और मात्राओं के सहारे शब्दों का शुद्ध उच्चारण करके उर्दू के पद्यों को पढ़ना चाहेगा, तो अधिकांश स्थलों पर उसका पतन होगा। मिर्ज़ा ग़ालिब का एक शेर है:

> यह कहाँ की दोस्ती है जो बने हैं दोस्त नासेह।
> कोई चाराकार होता कोई ग़म गुसार होता।।

यह शेर यदि निम्नलिखित प्रकार से लिख दिया जावे तब तो उसको सब शुद्धतापूर्वक पढ़ लेंगे, अन्यथा बिना वज़न पर दृष्टि डाले उसका ठीक-ठीक पढ़ना असंभव है :

> य कहाँ की दोस्ती है जुबनेह दोस्त नासह।
> को चारकार होता को ग़म गुसार होता।।

यह हिन्दी भाषा का २४ मात्रा का दिग्पाल छन्द है, जिसमें बारह-बारह मात्राओं पर विराम होता है। किन्तु आप देखें, चौबीस मात्रा का छन्द बना कर

लिखने में उक्त शेर के कुछ शब्द कितने विकृत हुए हैं और किस प्रकार उनमें दुर्बोधता आ गई है। अतएव बोध के लिये शब्दों का शुद्ध रूप में लिखा जाना ही समुचित और आवश्यक ज्ञात होता है। हाँ, पढ़ने के लिये उस वजन का अवलम्बन करना पड़ेगा जो कि दिग्पाल छन्द का है, चाहे शब्दों और रसना को कितना ही दबाना पड़े, निदान यही प्रणाली प्रचलित भी है। जब उर्दू बह्र में लिखे गये शेर, या हिन्दी–भाषा के पद्य, लिखे चाहें जिस प्रकार से जावें, पढ़े वज़न के अनुसार ही जावेंगे तो फिर शब्दों को विकृत करने से क्या प्रयोजन? मैं समझता हूँ इस विषय में वही पद्धति अवलम्बनीय है, जो अब तक प्रचलित और सर्वसम्मत है।

मैं यह स्वीकार करता हूँ कि कभी–कभी मात्रिक छन्दों में भी स्वर संयुक्त वर्ण को हलन्तवत् पढ़ने से ही छन्द की गति निर्दोष रहती है, और कहीं–कहीं इस छन्द में भी वर्णवृत्त के समान नियमित स्थान पर नियत रीति से लघु, गुरु रखने से ही काम चलता है। किन्तु उर्दू बह्र के वज़न ही जब इस काम को पूरा कर देते हैं, तो शब्दों को विकृत करके बोध में व्याघात उत्पन्न करना युक्तिसंगत नहीं जान पड़ता। वज़न के अनुकूल शब्दों को विकृत करके कविता को ठीक कर लेना यद्यपि छन्द की गति के लिये अवश्य उपयोगी होगा, परन्तु उससे जो शब्दों में विकृति होगी, वह बड़ी ही दुर्बोधता और जटिलतामूलक होगी; अतएव ऐसी अवस्था में वज़न का आश्रय ही वांछनीय है, शब्द की विकृति नहीं; निदान इस समय यही प्रणाली प्रचलित और गृहीत है।

मैंने इन्हीं बातों पर दृष्टि रख कर 'प्रियप्रवास' में इसको, जिसको, करना इत्यादि को इसी रूप में लिखा है; उसको संयुक्ताक्षर का रूप नहीं दिया है। न, जन, मन, मदन, बस, अब इत्यादि के अंतिम अक्षरों को कहीं गुरु बनाने के लिये हलन्त किया है, आशा है मेरी यह प्रणाली बुधजन द्वारा अनुमोदित समझी जावेगी।

## हलन्त वर्णों का सस्वर प्रयोग

मैं ऊपर लिख आया हूँ कि हिन्दी भाषा की यह स्वाभाविकता है कि वह प्रायः युक्त वर्णों को सारल्य के लिये अयुक्त बना लेती है और हलन्त वर्ण को सस्वर कर लेती है; गर्व, मर्म, धर्म, दर्प, मार्ग इत्यादि का गरब, मरम, धरम, दरप, मारग इत्यादि लिखा जाना इस बात का प्रमाण है। यद्यपि आजकल की भाषा अर्थात् गद्य में ये शब्द प्रायः शुद्ध रूप में ही लिखे जाते हैं, किन्तु साधारण बोलचाल में वे

अपभ्रंश रूप में ही काम देते हैं। खड़ी बोलचाल की कविता में गद्य के संसर्ग से वे शुद्ध रूप में ही लिखे जाने लगे हैं। किन्तु आवश्यकता पड़ने पर उनके अपभ्रंश रूप से भी काम लिया जाता है। मेरे विचार में यह दोनों प्रणाली ग्राह्य है। हलन्त वर्ण को सस्वर करके लिखने और युक्त वर्ण को अयुक्त वर्ण का रूप देने की प्रथा प्राचीन है, उसके पास आचार्यों और प्रधान काव्य-कर्त्ताओं द्वारा व्यवहार किये जाने की सनद भी है, जैसा कि निम्नलिखित पद्य-खण्डों के अवलोकन करने से अवगत होगा :-

शुक से मुनि शारद से बकता,
चिरजीवन लोमस से अधिका।

*–गोस्वामी तुलसीदास*

आपने करम करि उतरोंगो पार,
तो पै हम करतार करतार तुम काहे को।

*–सेनापति*

राति ना सुहात ना सुहात परभात आली,
जब मन लागि जात काहू निरमोही सों।

*–पद्माकर*

जो विपति हूँ मैं पालि पूरब प्रीति काज सँवारहीं।
ते धन्य नर तुम सारिखे दुरलभ अहैं संशय नहीं।।

*–भारतेन्दु हरिश्चन्द (मुद्राराक्षस)*

निदान इसी प्रणाली का अवलम्बन करके मैंने भी 'प्रियप्रवास' में मरम इत्यादि शब्दों का प्रयोग संकीर्ण स्थलों पर किया है। ऐसा प्रयोग मेरी समझ में उस दशा में यथाशक्ति न करना चाहिये, जहाँ वह परिवर्त्तित रूप में किसी दूसरे अर्थ का द्योतक होवे। जैसा कि कविवर बिहारीलाल ने निम्नलिखित पद्य का समर शब्द है, जो स्मर का अशुद्ध रूप है और कामदेव के अर्थ में ही प्रयुक्त है; परन्तु अपने वास्तव अर्थ संग्राम की ओर चित्त को आकर्षित करता है।

*"धस्यो मनो हिय घर समर ड्योढ़ी लसत निसान"*

हिन्दी-भाषा की कथित प्रकृति पर दृष्टि रख कर ही प्राचीन कतिपय लेखकों ने पद्य क्या गद्य में भी अनेक शब्दों के हलन्त वर्ण को सस्वर लिखना प्रारम्भ कर

दिया था। मुख्यत: वे उस हलन्त वर्ण को प्राय: सस्वर करके लिखते थे जो कि किसी शब्द के अन्त में होता था। इस बात को प्रमाणित करने के लिये मैं मार्मिक लेखक स्वर्गीय श्रीयुत पंडित प्रतापनारायण मिश्र लिखित कतिपय पंक्तियाँ उनके प्रसिद्ध 'ब्राह्मण' मासिक पत्र के खण्ड ४ संख्या १, २ से नीचे अविकल उद्धृत करता हूँ–

"तो कदाचित कोई परमेश्वर का नाम न ले"

"आप को चन्द्र सूर्य इन्द्र करण व हातिम बनाया करते हैं"

"छोटे बड़े दरिद्री धनी मूर्ख विद्वान सब का यही सिद्धान्त है"

*–पृष्ठ संख्या १०*

"सभी या तो प्रत्यक्ष ही विषवत या परम्परा द्वारा कुछ न कुछ नाश करनेवाले"

"बंधनरहित होने पर भी भगवान का नाम दामोदर क्यों पड़ा"

*–संख्या २ पृष्ठ २*

"द्रुपदतनया को केशाकरषण एवं वनवास आदि का दुख सहना पड़ा"

"यदि थोड़े से लोग उसके चाहने वाले हैं भी तो निर्बल निरधन बदनाम"

*–संख्या २ पृष्ठ ३*

"यद्यपि कभी–कभी विद्वान, धनवान और प्रतिष्ठावान लोग भी उसके यहाँ जा रहते हैं" *–संख्या २ पृष्ठ ५*

"उसके चाहने वाले उसे सारे जगत की भाषा से उत्तम माने बैठे हैं"

*–संख्या २ पृष्ठ ६*

इस से निरलज्ज हो के साफ़ साफ़ लिखते हैं।

*–संख्या १ पृष्ठ ४*

किन्तु आज कल गद्य में किसी हलन्त वर्ण को सस्वर लिखना तो उठता ही जा रहा है, प्रत्युत पद्य में भी इसका प्रचार हो चला है। मध्य के हलन्त को भी कतिपय आधुनिक प्रधान लेखक सस्वर लिखना नहीं चाहते। कदाचित्, विद्वान्, विषवत्, भगवान, धनवान, प्रतिष्ठावान्, जगत् इत्यादि शब्दों के अन्तिम वर्ण को भी वे अब संस्कृत की रीति के अनुसार हलन्त ही लिखते हैं। आज कल वही लोग ऐसा नहीं करते जो संस्कृत कम जानते हैं अथवा प्राचीन प्रणाली के अनुमोदक हैं, अन्यथा

प्राय: हिन्दी-लेखक इसी पथ के पान्थ हैं। मैं यह कहूँगा कि इस प्रथा का जितना अधिक सामयिक पत्र-पत्रिकाओं में प्रचार हो रहा है, उतना ही संस्कृत से अनभिज्ञ लेखक को हिन्दी लिखना एक प्रकार से दुस्तर हो चला है और इस मार्ग में कठिनता उत्पन्न हो गई है; परन्तु समय के प्रवाह को कौन रोक सकता है? पद्य में अब भी यह प्रणाली सर्वतोभावेन गृहीत नहीं हुई है; उदाहरण स्वरूप निम्नलिखित पद्यों पर दृष्टिपात कीजिये–

"मित्र बन्धु विद्वान साधु-समुदाय एक सपना पाया।"
"इस प्रकार हो विज्ञ जगत में नहीं किसी पर मरता हूँ।"
"तो भी किन्तु कदाचित यदि बहु देशों का हम करें मिलान।"
"परिमित इच्छावान वहाँ के योग्य वहाँ का है वासी।"
"दीन उसे बेंचे है औ धनवान मोल को माँगै है।"

*–पं० श्रीधर पाठक (श्रान्तपथिक)*

"थे नियम विद्या विनय के और हम विद्वान थे।
धर्म्मनिष्ठा थी सभी गुणवान थे श्रीमान थे।।"

*–सरस्वती, भाग १४ खंड २ संख्या ५ पृष्ठ ६३३*

मैंने भी 'प्रियप्रवास में कदाचित्, महत् इत्यादि शब्दों का प्रयोग आवश्यक स्थलों पर उनके अन्तिम हलंत वर्ण को सस्वर बना कर किया है। मेरा विचार है कि कविता के लिये इतनी सुविधा आवश्यक है, यों तो हिन्दी की गठन-प्रणाली का ध्यान करके इनका गद्य में भी इस प्रकार लिखा जाना सर्वथा असंगत नहीं है।

## शाब्दिक विकलांगता

इस ग्रन्थ में जायेंगे, वैसाही, वैसीही इत्यादि के स्थान पर जायेंगे, वैसिही, वैसही इत्यादि भी कहीं-कहीं लिखा गया है। यह शाब्दिक विकलांगता पद्य में इस सिद्धान्त के अनुसार अनुचित नहीं समझी जाती "अपि माषं मषं कुर्य्यात् छन्दोभङ्गं न कारयेत्"। अतएव इस विषय में मैं विशेष कुछ लिखने की आवश्यकता नहीं समझता। केवल 'जायँगे' के विषय में इतना कह देना चाहता हूँ कि अधिकांश लेखक गद्य में भी इस क्रिया को इसी प्रकार लिखते हैं। नीचे के वाक्यों को देखिये:–

"अरे वेणुवेत्रक, पकड़ इस चन्दनदास को घरवाले आप ही रो पीटकर चलें

जायँगे" –भारतेंदु हरिश्चंद (मुद्राराक्षस)

"धार्मिक अथवा सामाजिक विषयों पर विचार न किया जायगा, हन्दी समाचार पत्रों में छापने के लिये भेज दी जाय"

*–द्वि० हि० सा० स० वि० प्रथम भाग पृष्ठ ५०–५१*

अब इसके प्रतिकूल प्रयोगों को देखिये–

"कहीं भी इतने लाल नहीं होते कि वे बोरियों में भरे जावें।"

"हिन्दी भाषा के उत्तमोत्तम लेखों के साथ गिना जावे।"

"धीरे-धीरे अपने सिद्धान्त के कोसों दूर हो जावेंगे।"

*–द्वि० हि० सा० स० वि० की भूमिका पृष्ठ १, २, ४,*

"मेरे ही प्रभाव से भारत पायेगा परमोज्ज्वल ज्ञान।"

"मिट अवश्य ही जायेगा यह अति अनर्थकारी अज्ञान।"

"जिसमें इस अभागिनी का भी हो जावे अब बेड़ा पार।"

*–श्रीयुत् पं० महावीर प्रसाद द्विवेदी*

मेरा विचार है कि जायँगे, जायगा, दी जाय इत्यादि के स्थान पर जायेंगे या जावेंगे, जावेगा वा जावेगा, दी जाये वा दी जावे इत्यादि लिखना अच्छा है, क्योंकि यह प्रयोग ऐसी सब क्रियाओं में एक सा होता है, किन्तु प्रथम प्रयोग इस प्रकार की अनेक क्रियाओं में एक सा नहीं हो सकता। जैसे जाना धातु का रूप तो जायँगे, जायगा इत्यादि बन जावेगा; परन्तु आना, पीना इत्यादि धातुओं का रूप इस प्रकार न बन सकेगा, क्योंकि आयगा पीयगा, इत्यादि नहीं लिखा जाता। आयेगा या आवेगा, पीयेगा या पीवेगा इत्यादि ही लिखा जाता है।

## विशेषण-विभन्नता

हिन्दी भाषा के गद्य-पद्य दोनों में विशेषण के प्रयोग में विभिन्नता देखी जाती है। सुन्दर स्त्री या सुन्दरी स्त्री, शोभित लता या शोभिता लता, दोनों लिखा जाता है। निम्नलिखित गद्य-पद्य को देखिये–इनमें आपको दोनों प्रकार का प्रयोग मिलेगा–

"अभी जो इसने अपने कानों को छूनेवाली चञ्चल चितवन से मुझे देखा"

"जो स्त्रियाँ ऐसी सुन्दर हैं उन पर पुरुष को आसक्त कराने में कामदेव को अपना धनुष नहीं चढ़ाना पड़ता" –कर्पूरमंजरी पृष्ठ १०, ११

"निरवलम्बा, शोकसागरमग्ना, अभागिनी अपनी जननी की दुरवस्था एक बार

तो आँखें खोल कर देखो"

"तुम लोग अब एक बेर जगतविख्याता, ललनाकुलकमलकलिकाप्रकाशिका राजानिचयपूजितपादपीठा, सरलहृदया, आर्द्रचित्ता, प्रजारंजन-कारिणी, दयाशीला, आर्य्यस्वामिनी, राजराजेश्वरी महारानी विक्टोरिया के चरणकमलों में अपने दुःख को निवेदन करो"–भारत जननी पृष्ठ ९, ११

"धूनी तपै आग की ज्वाला चञ्चल शिखा झलकती है"

"कोमल, मृदुल, मिष्टवाणी से दुख का हेतु परखता है"

"अपनी अमृतमयी वाणी से प्रेमसुधा बरसाता था"

*–एकान्तवासी योगी (पं० श्रीधर पाठक)*

"जयति पतिप्रेमपनप्रानसीता।
नेहनिधि रामपद प्रेमअवलम्बिनी सततसहवास पतिव्रत पुनीता"

*–पं० श्रीधर पाठक*

"भृकुटी विकट मनोहर नासा"
"सोह नवल तन सुन्दर सारी"
"मोह नदी कहँ सुन्दर तरनी"
"सकल परमगति के अधिकारी"
पुनि देखी सुरसरी पुनीता"
"मम धामदा पुरी सुखरासी"
"नखनिर्गता सुरबन्दिता त्रयलोकपावन सुरसरी"

*–महात्मा तुलसीदास*

इस सर्वसम्मत प्रणाली पर दृष्टि रख कर ही इस ग्रन्थ में भी विशेषणों का प्रयोग उभय रीति से किया गया है।

## हिन्दी-प्रणाली प्रस्तुत शब्द

कुछ शब्द इसमें ऐसे भी प्रयुक्त हुए हैं, जो सर्वथा हिन्दी प्रणाली पर निर्मित हैं। संस्कृत-व्याकरण का उनसे कुछ सम्बन्ध नहीं है। यदि उसकी पद्धति के अनुसार उनके रूपों की मीमांसा की जावेगी तो वे अशुद्ध पाये जावेंगे, यद्यपि हिन्दी भाषा के नियम से वे शुद्ध हैं। ये शब्द मृगदृगी, दृगता इत्यादि हैं। मृगद्दगी का मृगदृषी, दृगता का दृक्ता शुद्ध रूप है; परन्तु कवितागत सौकर्य-सम्पादन के लिये उनका वही रूप

रखा गया है। हिन्दी भाषा के गद्य-पद्य दोनों में इसके उदाहरण मिलेंगे, एक यहाँ पर दिया जाता है–

"ऐसी रुचिर-दृगी मृगियों के आगे शोभित भले प्रकार।"

बाबू मैथिलीशरण गुप्त (सरस्वती भाग ८ संख्या ६ पृष्ठ २४४)

## शब्द-विन्यास विभिन्नता

शब्द-विन्यास में भी विभिन्नता इस ग्रन्थ में आप लोगों को मिलेगी; ऐसा अधिकतर पद्य की भाषा का विचार करके और कहीं-कहीं छन्द की अवस्था पर दृष्टि रख कर हुआ है। 'रोये बिना न छन भी मन मानता था', 'रोना महा अशुभ जान पयान बेला' यदि मैं इन चरणों में छन के स्थान पर क्षण, पयान के स्थान पर प्रयाण लिखता तो इनके लालित्य में कितना अन्तर पड़ जाता। इसी प्रकार यदि मैं 'सचेष्ट होते भर वे क्षणेक थे' इस चरण में क्षणेक के स्थान पर छनेक लिख देता तो इसके ओज और रस में कितना विभेद होता; और यही कारण है कि आप इस ग्रन्थ में कहीं छन कहीं क्षण, कहीं भाग कहीं भाग्य, कहीं पयान कहीं प्रयाण इत्यादि विभिन्न प्रयोग देखेंगे।

मैंने इस विषय का पूर्ण ध्यान रखा है कि ग्रन्थ की भाषा एक प्रकार की हो; और यथाशक्य मैंने ऐसा किया भी है, तथापि रस और अवसर के अनुसरण से आप इस ग्रन्थ की भाषा को स्थान-स्थान पर परिवर्तित पावेंगे। मैंने ऊपर कहा है कि जिस पद्य में मुझको जिस प्रकार का शब्द रखना उचित जान पड़ा, मैंने उसमें वैसे ही शब्द रखा है; परन्तु नहीं कह सकता कि मैंने अपने उद्देश्य में कहाँ तक कृतकार्य्य हुआ हूँ, और सहृदय कवि एवं विद्वानों को मेरी यह परिपाटी कहाँ तक उचित जान पड़ेगी। मेरा यह भी विचार हुआ था कि मैं ब्रजभाषा की प्रणाली के अनुसार ण, श इत्यादि को न, स इत्यादि से बदल कर इस ग्रंथ की भाषा को विशेष कोमल कर दूँ। रमणीय, श्रवण, शोभा, शक्ति इत्यादि को रमनीय, स्रवन, सोभा, सक्ति कर के लिखूँ। परन्तु ऐसा करने से प्रथम तो इस ग्रन्थ की भाषा वर्त्तमान-काल की भाषा से अधिक भिन्न हो जाती, दूसरे इसमें जो संस्कृत का यत्किंचित् रंग है वह न रहता और भद्दापन एवं अमनोहारित्व आ जाता। इस समय जितना 'रमणीय' शब्द श्रुतिसुखद और प्यारा ज्ञात होता है उतना रमनीय नहीं; जो 'शोभा' लिखने में सौन्दर्य्य और समादर है वह 'सोभा' लिखने में नहीं। अतएव कोई कारण

नहीं था कि मैं सामयिक प्रवृत्ति और प्रवाह पर दृष्टि न रख कर एक स्वतन्त्र पथ ग्रहण करता। किसी कवि ने कितना अच्छा कहा है–

"दधि मधुरं मधु मधुरं द्राक्षा मधुरा सितापि मधुरेंव।
तस्य तदेवहि मधुरं यस्य मनोवाति यत्र संलग्नम्।।

इस ग्रन्थ में आप कहीं-कहीं बहुवचन में भी यह और वह का प्रयोग देखेंगे, इसी प्रकार कहीं-कहीं यहाँ के स्थान पर याँ, वहाँ के स्थान पर वाँ, नहीं के स्थान पर न और वह के स्थान पर सो का प्रयोग भी आप को मिलेगा। उर्दू के कवि एक वचन और बहु वचन दोनों में यह और वह लिखते हैं; और यहाँ और वहाँ के स्थान पर प्रायः याँ और वाँ का प्रयोग करते हैं; पन्तु मैंने ऐसा संकीर्ण स्थलों पर ही किया है। हिन्दी भाषा के आधुनिक पद्य-लेखकों को भी ऐसा करते देखा जाता है। मेरा विचार है कि बहुवचन में ए और वे का प्रयोग ही उत्तम है और इसी प्रकार यहाँ और वहाँ लिखा जाना ही यथाशक्य अच्छा है; अन्यथा चरण संकीर्ण स्थलों पर अनुचित नहीं, परन्तु वहीं तक वह ग्राह्य है जहाँ तक कि मर्यादित हों। नहीं और वह के स्थान पर न और सो के विषय में भी मेरा यही विचार है। उक्त शब्दों के व्यवहार के उदाहरण स्वरूप कुछ पद्य और गद्य नीचे लिखे जाते हैं–

"जिन लोगों ने इस काम में महारत पैदा की है, वह लफ़जों को देखकर साफ पहचान लेते हैं"

"ख्यालात का मरतबा ज़बान से अव्वल है, लेकिन जब तक वह दिल में हैं, माँ के पेट में अधूरे बच्चे हैं"

"या यह दोनों ज़बानें एक ज़बान से इस तरह निकली होंगी, जिस तरह एक बाप की दो बेटियाँ जुदा हो गईं"

"वरना खाना-बदोशी के आलम में खुशबाश ज़िन्दगी बसर करते हैं, यह जंगलों के चरिन्द और पहाड़ों के परिन्द ऐसी बोलियाँ बोलते हैं"

*–सखुनदास फारस, सफहा २, ६, २५*

"वह झाड़ियाँ चमन की वह मेरा आशियाना।
वह बाग की बहारें वह सबका मिलके गाना।" (सरस्वती पत्रिका)

"तो वाँ जर्रा जर्रा यह करता है एलां।
हवा याँ की थी जिन्दगी बख्श दौरां।।

कि आती हो वाँ से नज़र सारी दुनिया।
ज़माना की गरदिश से है किसको चारा।
कभी यॉं सिकन्दर कभी याँ है दारा।" –मुसद्दसहाली
"है धन्य वही परमातमा जो याँ तक लाया हमें।"

*–सरस्वती पत्रिका भाग ८ संख्या १ पृष्ठ २४*

"जाइ न बरनि मनोहर जोरी। दरस लालसा सकुच न थोरी।।"

*–महात्मा तुलसीदास*

"रूप सुधा इकूली ही पियै पियहूँ को न आरसी देखन देत है"

*–भारतेन्दु हरिश्चंद*

"न स्वर्ग भी सुखद जो परतन्त्रता है" –पं० महावीर प्रसाद द्विवेदी
"सो तो कियो वायु सेवन को मानहुँ अपर प्रकारा है"
"सबै सो अहो एक तेरे निहोरे" –पंडित महावीरप्रसाद द्विवेदी
"और जो है सो है ही, किन्तु पाठक जरा इस कथन को ध्यान पूर्वक देखें"

–अभ्युदय, भाग ८ संख्या ३ पृष्ठ ३ कालम ३

## ब्रजभाषा-शब्द-प्रयोग

आज कल के कतिपय साहित्य-सेवियों का विचार है कि खड़ी बोली की कविता इतना उन्नत हो गई है और इस पद पर पहुँच गई है कि उसमें ब्रजभाषा के किसी शब्द का प्रयोग करना उसे अप्रतिष्ठित बनाना है। परन्तु मैं इस विचार से सहमत नहीं हूँ। ब्रजभाषा कोई पृथक् भाषा नहीं है; इसके अतिरिक्त उर्दू-शब्दों से उसके शब्दों का हिन्दी भाषा पर विशेष स्वत्व है। अतएव कोई कारण नहीं है कि उर्दू के शब्द तो निस्संकोच हिन्दी में गृहीत होते रहें और ब्रजभाषा के उपयुक्त और मनोहर शब्दों के लिये भी उसका द्वार बन्द कर दिया जावे। मेरा विचार है कि खड़ी बोल-चाल का रंग रखते हुए जहाँ तक उपयुक्त एवं मनोहर शब्द ब्रजभाषा के मिलें, उनके लेने में संकोच न करना चाहिये। जब उर्दू भाषा सर्वथा ब्रजभाषा के शब्दों से अब तक रहित नहीं हुई तो हिन्दी भाषा उससे अपना सम्बन्ध कैसे विच्छिन्न कर सकती है। इसके व्यतीत मैं यह भी कहूँगा कि उपयुक्त और आवश्यक शब्द किसी भाषा का ग्रहण करने के लिए सदा हिन्दी भाषा का द्वार उन्मुक्त रहना चाहिए; अन्यथा वह परिपुष्ट और विस्तृत होने के स्थान पर निर्बल और संकुचित हो

जावेगी। सहृदय कवि भिखारीदास कहते हैं–

तुलसी गंग दुवौ भये सुकविन के सरदार।
इनके काव्यन में मिली भाषा विविध प्रकार।।

इस सिद्धान्त द्वारा परिचालित होकर मैंने ब्रजभाषा के विलग, बगर इत्यादि शब्दों का प्रयोग भी कहीं-कहीं किया है, आशा है मेरा यह अनुचित साहस न समझा जायगा।

## ह्रस्व वर्णों का दीर्घ बनाना

संस्कृत का यह नियम है कि उसके पद्य में कहीं-कहीं ह्रस्व वर्ण का प्रयोग दीर्घ की भाँति किया जाता है। सहृदयवर बाबू मैथिलीशरण गुप्त के निम्नलिखित पद्य के उन शब्दों को देखिये जिनके नीचे लकीर खिंची हुई है। प्रथम चरण के घ, द्वितीय चरण के श, तृतीय चरण के त्र और चतुर्थ चरण के व तथा ति ह्रस्व वर्णों का उच्चारण इन पद्यों के पढ़ने में दीर्घ की भाँति होगा।

निदाघ ज्वाला से विचलित हुआ चातक अभी।
भुलाने जाता था निज विमल वश-व्रत सभी।।
दिया पत्र द्वारा नव बल मुझे आज तुमने।।
सुसाक्षी है मेरे विदित कुल-देव ग्रह पति।।

इस प्रकार के प्रयोगों का व्यवहार यद्यपि हिन्दी भाषा में आज कल सफलता से हो रहा है; और लोगों का विचार है कि यदि संस्कृत के वृत्तों की खड़ी बोली के पद्य के लिये आवश्यकता है, तो इस प्रणाली के ग्रहण की भी आवश्यकता है; अन्यथा बड़ी कठिनता का सामना करना पड़ेगा और एक सुविधा हाथ से जाती रहेगी। मैं इस विचार से सहमत हूँ; परन्तु इतना निवेदन करना चाहता हूँ कि जहाँ तक संभव हो, ऐसा प्रयोग कम किया जावे; क्योंकि इस प्रकार का प्रयोग हिन्दी-पद्य में एक प्रकार की जटिलता ला देता है। आप लोग देखेगें कि ऐसे प्रयोगों से बचने की इस ग्रन्थ में मैंने कितनी चेष्टा की है।

## दोषक्षालन चेष्टा

इस ग्रन्थ के लिखने में शब्दों के व्यवहार का जो पथ ग्रहण किया गया है, मैंने यहाँ पर थोड़े में उसका दिग्दर्शन मात्र किया है। इस ग्रन्थ के गुण-दोष के विषय में न तो मुझको कुछ कहने का अधिकार है और न मैं इतनी क्षमता ही रखता हूँ कि इस जटिल मार्ग में दो-चार डग भी उचित रीत्या चल सकूँ। शब्द-दोष, वाक्य-दोष

अर्थ-दोष और रस-दोष इतने गहन हैं और इतने सूक्ष्म इसके विचार एवं विभेद है कि प्रथम तो उनमें यथार्थ गति होना असम्भव है; और यदि गति हो जावे, तो उस पर दृष्टि रख कर काव्य करना नितान्त दुस्तर है। यह धुरन्धर और प्रगल्भ विद्वानों की बात है, मुझ-से अबोधों की तो इस पथ में कोई गणना ही नहीं "जेहि मारुत गिरि मेरु उड़ाहीं। कहहु तूल केहि लेखे माहीं"। श्रद्धेय स्वर्गीय पण्डित सुधाकर द्विवेदी, प्रथम हिन्दी साहित्य सम्मेलन के कार्य-विवरण के पृष्ठ ३७ में लिखते हैं–

"हिन्दी और संस्कृत काव्यों में जितने भेद हैं, उन सब पर ध्यान देकर जो काव्य बनाया जावे तो शायद एकाध दोहा या श्लोक काव्यलक्षण से निर्दोष ठहरे।"

जब यह अवस्था है, तो मुझ-से अल्पज्ञ का अपनी साधारण कविता को निर्दोष सिद्ध करने की चेष्टा करना मूर्खता छोड़ और कुछ नहीं हो सकता। अतएव मेरी इन कतिपय पंक्तियों को पढ़कर यह न समझना चाहिये कि मैंने इनको लिख कर अपने ग्रन्थ को निर्दोष सिद्ध करने की चेष्टा की है। प्रथम तो अपना दोष अपने को सूझता नहीं, दूसरे कवि-कर्म्म महा कठिन; ऐसी अवस्था में यदि कोई अलौकिक प्रतिभाशाली विद्वान् भी ऐसी चेष्टा करे तो उसे उपहासास्पद होना पड़ेगा। मुझ-से ज्ञानलव - दुर्विदग्ध की तो कुछ बात ही नहीं।

*विनीत*

**'हरिऔध'**

# सर्ग - सूची



--------------

# प्रथम सर्ग

## द्रुतविलम्बित छन्द

दिवस का अवसान समीप था।
गगन था कुछ लोहित हो चला।
तरु-शिखा पर थी अब राजती।
कमलिनी - कुल वल्लभ की प्रभा।।१।।

विपिन बीच विहंगम - वृन्द का।
कलनिनाद विवर्द्धित था हुआ।
ध्वनिमयी - विविधा विहगावली।
उड़ रही नभ - मण्डल मध्य थी।।२।।

अधिक और हुई नभ - लालिमा।
दश - दिशा अनुरंजित हो गई।
सकल - पादप - पुञ्ज हरीतिमा।
अरुणिमा विनिमज्जित सी हुई।।३।।

झलकने पुलिनों पर भी लगी।
गगन के तल की यह लालिमा।
सरि सरोवर के जल में पड़ी।
अरुणता अति ही रमणीय थी।।४।।

अचल के शिखरों पर जा चढ़ी।
किरण पादप-शीश-विहारिणी।
तरणि - विम्ब तिरोहित हो चला।
गगन - मण्डल मध्य शनैः शनैः।।५।।

ध्वनि - मयी कर के गिरि - कन्दरा।
कलित - कानन केलि निकुञ्ज को।
बज उठी मुरली इस काल ही।
तरणिजा - तट - राजित - कुञ्ज में।।६।।

क्वणित मंजु - विपाण हुए कई।
रणित श्रृंग हुए बहु साथ ही।
फिर समाहित - प्रान्तर - भाग में।
सुन पड़ा स्वर धावित - धेनु का।।७।।

निमिष में वन - व्यापित - वीथिका।
विविध - धेनु - विभूषित हो गई।
धवल - धूसर - वत्स - समूह भी।
विलसता जिनके दल साथ था।।८।।

जब हुए समवेत शनैः शनैः।
सकल गोप सधेनु समण्डली।
तब चले ब्रज - भूषण को लिये।
अति अलंकृत - गोकुल - ग्राम को।।९।।

गगन मण्डल में रज छा गई।
दश - दिशा बहु - शब्दमयी हुई।
विशद - गोकुल के प्रति - गेह में।
बह चला वर - स्रोत विनोद का।।१०।।

सकल वासर आकुल से रहे।
अखिल - मानव गोकुल - आम के।
अब दिनान्त विलोकत ही बढ़ी।
ब्रज - विभूषण - दर्शन - लालसा।।११।।

सुन पड़ा स्वर ज्यों कल वेणु का।
सकल - ग्राम समुत्सुक हो उठा।
हृदय - यंत्र निनादित हो गया।
तुरत ही अनियंत्रित भाव से।।१२।।

बहु युवा युवती गृह-बालिका।
विपुल-बालक वृद्ध वयस्क भी।
विवश से निकले निज गेह से।
स्वदृग का दुख-मोचन के लिये।।१३।।

इधर गोकुल से जनता कढ़ी।
उमगती पगती अति मोद में।
उधर आ पहुँची बलबीर की।
विपुल - धेनु - विमंडित मण्डली।१४।।

ककुभ - शोभित गोरज बीच से।
निकलते ब्रज - वल्लभ यों लसे।
कदन ज्यों करके दिशि कालिमा।
विलसता नभ में नलिनीश है।।१५।।

अतसि - पुष्प अलकृतकारिणी।
शरद नील - सरोरुह रंजिनी।
नवल - सुन्दर - श्याम - शरीर की।
सजल - नीरद सी कल - कान्ति थी।।१६।।

अति - समुत्तम अंग समूह था।
मुकुर - मंजुल और मनभावना।
सतत थी जिसमें सुकुमारता।
सरसता प्रतिविम्बित हो रही।।१७।।

बिलसता कटि में पट पीत था।
रुचिर - वस्त्र - विभूषित गात था।
लस रही उर में बनमाल थी।
कल - दुकूल - अलंकृत स्कंध था।।१८।।

मकर-केतन के कल-केतु से।
लसित थे वर-कुण्डल कान में।
घिर रही जिनकी सब ओर थी।
विविध - भावमयी अलकावली।।१९।।

मुकुट मस्तक का शिखि - पक्ष का।
मधुरिमामय था बहु मञ्जु था।
असित रत्न समान सुरंजिता।
सतत थी जिसकी वर - चन्द्रिका।।२०।।

विशद उज्ज्वल - उन्नत भाल में।
विलसती कल केसर - खौर थी।
असित - पंकज के दल में यथा।
रज - सुरंजित पीत - सरोज की।।२१।।

मधुरता - मय था मृदु - बोलना।
अमृत - सिंचित सी मुसकान थी।
समद थी जन - मानस मोहती।
कमल - लोचन की कमनीयता।।२२।।

सबल - जानु विलम्बित बाहु थी।
अति - सुपुष्ट - समुन्नत वक्ष था।
वय - किशोर - कला लसितांग था।
मुख प्रफुल्लित पद्म - समान था।।२३।।

सरस - राग - समूह सहेलिका।
सहचरी मन मोहन - मंत्र की।
रसिकता - जननी कल - नादिनी।
मुरलि थी कर में मधुवर्षिणी।।२४।।

छलकती मुख की छवि-पुंजता।
छिटिकती क्षिति छू तन की छटा।
बगरती बर दीप्ति दिगन्त में।
क्षितिज में क्षणदा - कर कान्ति सी।।२५।।

मुदित गोकुल की जन - मण्डली।
जब ब्रजाधिप सम्मुख जा पड़ी।
निरखने मुख की छवि यों लगी।
तृषित - चातक ज्यों घन की घटा।।२६।।

पलक लोचन की पड़ती न थी।
हिल नहीं सकता तन - लोम था।
छवि - रता बनिता सब यों बनीं।
उपल निर्मित पुत्तलिक यथा।।२७।।

उछलते शिशु थे अति हर्ष से।
युवक थे रस की निधि लूटते।
जरठ को फल लोचन का मिला।
निरख के सुषमा सुखमूल की।।२८।।

बहु - विनोदित थीं ब्रज - बालिका।
तरुणियाँ सब थीं तृण तोड़ती।
बलि गईं बहु बार वयोवती।
छवि विभूति विलोक ब्रजेन्दु की।।२९।।

मुरलिका कर - पंकज में लसी।
जब अचानक थी बजती कभी।
तब सुधारस मंजु-प्रवाह में।
जन-समागम था अवगाहता।।३०।।

ढिग सुशोभित श्रीबलराम थे।
निकट गोप - कुमार - समूह था।
विविध गातवती गरिमामयी।
सुरभि थीं सब ओर विराज़ती।।३१।।

बज रहे बहु - श्रृंग - विषाण थे।
क्वणित हो उठता वर - वेणु था।
सरस - राग - समूह अलाप से।
रसवती - बन थी मुदिता - दिशा।।३२।।

विविध - भाव - विमुग्ध बनी हुई।
मुदित थी बहु दर्शक - मण्डली।
अति मनोहर थी बनती कभी।
बज किसी कटि की कलकिंकिणी।।३३।।

इधर था इस भाँति समा बँधा।
उधर व्योम हुआ कुछ और ही।
अब न था उसमें रवि राजता।
किरण भी न सुशोभित थी कहीं।।३४।।

अरुणिमा - जगती - तल - रंजिनी।
वहन थी करती अब कालिमा।
मलिन थी नव राग - मयी - दिशा।
अवनि थी तमसावृत हो रही।।३५।।

तिमिर की यह भूतल - व्यापिनी।
तरल-धार विकाश विरोधिनी।
जन-समूह-विलोचन के लिये।
बन गई प्रति-गूर्ति विराग की।।३६

द्युतिमती उतनी जब थी नहीं।
नयन की अति दिव्य कनीनिका।
अब नहीं वह थी अवलोकती।
मधुमयी छवि श्रीघनश्याम की।।३७।।

यह अभावुकता तम - पुञ्ज की।
सह सकी न नभस्तल तारका।
वह विकाश - विवर्द्धन के लिये।
निकलने नभ - मण्डल में लगी।।३८।।

तदपि दर्शक - लोचन - लालसा।
फलवती न हुई तिलमात्र भी।
यह विलोक विलोचन दीनता।
सकुचने सरसीरुह भी लगे।।३९।।

खग - समूह न था अब बोलता।
विटप थे बहु नीरव हो गये।
मधुर मंजुल मत्त अलाप के।
अब न यंत्र बने तरु - वृन्द थे।।४०।।

विहग औ विटपी - कुल मौनता।
प्रकट थी करती इस मर्म्म को।
श्रवण को यह नीरव थे बने।
करुण अंतिम - वादन वेणु का।।४१।।

विहग - नीरवता - उपरांत ही।
रुक गया स्वर श्रृंग विषम का।
कल - अलाप समापित हो गया।
प रही बजती वर - वंशिका।।४२।।

विविध - मर्म्मभरी करुणामयी।
ध्वनि वियोग - विराग - विवोधिनी।
कुछ घड़ी रह व्याप्त दिगन्त में।
फिर समीरण में वह भी मिली।।४३।।

ब्रज - धरा - जन जीवन - यंत्रिका।
विटप - वेलि - विनोदित - कारिणी।
मुरलिका जन - मानस - मोहिनी।
अहह नीरवता निहिता हुई।।४४।।

प्रथम ही तम की करतूत से।
छवि न लोचन थे अवलोकते।
अब निनाद रुके कल - वेणु का!
श्रवण पान न था करता सुधा।।४५।।

इस लिय रसना - जन - वृन्द की।
सरस - भाव समुत्सुकता पगी।
ग्रथन गौरव से करने लगी।
ब्रज - विभूषण की गुण - मालिका।।४६।।

जब दशा यह थी जन - यूथ की।
जलज - लोचन थे तब जा रहे।
सहित गोगण गोप - समूह के।
अवनि - गौरव - गोकुल ग्राम में।।४७।।

कुछ घड़ी यह कान्त क्रिया हुई।
फिर हुआ इसका अवसान भी।
प्रथम थी बहु धूम मची जहाँ।
अब वहाँ बढ़ता सुनसान था।।४८।।

कर विदूरित लोचन लालसा।
स्वर प्रसूत सुधा श्रुति को पिला।
गुण - मयी रसनेन्द्रिय को बना।
गृह गये अब दर्शक - वृन्द भी।।४९।।

प्रथम थी स्वर की लहरी जहाँ।
पवन में अधिकाधिक गूँजती।
कल अलाप सुप्लावित था जहाँ।
अब वहाँ पर नीरवता हुई।।५०।।

विशद - चित्रपटी ब्रजभूमि की।
रहित आज हुई वर चित्र से।
छवि यहाँ पर अंकित जो हुई।
अहह लोप हुई सब-काल को।।५१।।

❑

# द्वितीय सर्ग
## द्रुतविलम्बित छन्द

गत हुई अब थी द्वि घटी निशा।
तिमिर - पूरित थी सब मेदिनी।
बहु विमुग्ध करी बन थी लसी।
गगन मण्डल तारक - मालिका।।१।।

तम ढके तरु थे दिखला रहे।
तमस - पादप से जन - वृन्द को।
सकल गोकुल गेह-समूह भी।
तिमिर-निर्मित सा इस काल था।।२।।

इस तमो-मय गेह-समूह का।
अति - प्रकाशित सर्व - सुकक्ष था।
विविध ज्योति - निधान - प्रदीप थे।
तिमिर - व्यापकता हरते जहाँ।।३।।

इस प्रभा - मय - मंजुल - कक्ष में।
सदन की करके सकला क्रिया।
कथन थीं करती कुल - कामिनी।
कलित कीर्ति ब्रजाधिप - तात की।।४।।

सदन - सम्मुख के कल ज्योति से।
ज्वलित थे जितने वर - बैठके।
पुरुष - जाति वहाँ समवेत हों।
सुगुण - वर्णन में अनुरक्त थीं।।५।।

रमणियाँ सब ले गृह-बालिका।
पुरुष लेकर बालक-मण्डली।
कथन थे करते कल-कंठ से।
ब्रज-विभूषण की विरदावली।।६।।

सब पड़ोस कहीं समवेत था।
सदन के सब थे इकठे कहीं।
मिलित थे नरनारि कहीं हुए।
चयन को कुसुमावलि कीर्ति की।।७।।

रसवती रसना बल से कहीं।
कथित थी कथनीय गुणावली।
मधुर राग सधे स्वर ताल में।
कलित कीर्ति अलापित थी कहीं।।८।।

बज रहे मृदु मंद मृदंग थे।
ध्वनित हो उठता करताल था।
सरस वादन से वर बीन के।
विपुल था मधु - वर्षण हो रहा।।९।।

प्रति निकेतन से कल - नाद का।
निकलती लहरी इस काल थी।
मधुमयी गलियाँ सब थीं बनी।
ध्वनित सा कुल गोकुल-ग्राम था।।१०।।

सुन पड़ी ध्वनि एक इसी घड़ी।
अति-अनर्थकरी इस ग्राम में।
विपुल वादित वाद्य-विशेष से।
निकलती अब जो अविराम थी।।११।।

मनुज एक विघोषक वाद्य की।
प्रथम था करता बहु ताड़ना।
फिर मुकुन्द - प्रवास - प्रसंग यों।
कथन था करता स्वर - तार से।।१२।।

अमित - विक्रम कंस नरेश ने।
धनुष - यज्ञ विलोकन के लिये।
कह समादर से ब्रज भूप को।।
कुँवर संग निमंत्रित है किया।।१३।।

यह निमंत्रण लेकर आज ही।
सुत-स्वफल्क समागत हैं हुए।
कल प्रभात हुए मथुरापुरी।
गमन भी अवधारित हो चुका।।१४।।

इस सुविस्तृत-गोकुल ग्राम में।
निवसते जितने वर - गोप हैं।
सकल को उपढौकन आदि ले।
उचित है चलना मथुरापुरी।।१५।।

इसलिये यह भूपनिदेश है।
सकल - गोप समाहित हो सुनो।
सब प्रबन्ध हुआ निशि में रहे।
कल प्रभात हुए न विलम्ब हो।।१६।।

निमिष में यह भीषण घोषणा।
रजनि - अंक - कलंकित - कारिणी।
मृदु - समीरण के सहकार से।
अखिल गोकुल - ग्राममयी हुई।।१७।।

कमल -लोचन कृष्ण-वियोग की।
अशनि-पात-समा यह सूचना।
परम-आकुल-गोकुल के लिये।
अति-अनिष्टकरी-घटना हुई।।१८।।

चकित भीत अचेतन सी बनी।
कँप उठी कुलमानव - मण्डली।
कुटिलता कर याद नृशंस की।
प्रबल और हुई उर वेदना।।१९।।

कुछ घड़ी पहले जिस भूमि में।
प्रवहमान प्रमोद - प्रवाह था।
अब उसी रस - प्लावित भूमि में।
बह चला खर स्रोत विषाद का।।२०।।

कर रहे जितने कल गान थे।
तुरत वे अति - कुण्ठित हो उठे।
अब अलाप अलौकिक कंठ के।
ध्वनित थे करते न दिगन्त को।।२१।।

उतर तार गये बहु बीन के।
मधुरता न रही मुरजादि में।
विवशता - वश वादक - वृन्द के।
गिर गये कर के करताल भी।।२२।।

सकल - ग्रामवधू कल कंठता।
परम - दारुण - कातरता बनी।
हृदय की उनकी प्रिय - लालसा;
विविध - तर्क वितर्क - मयी हुई।।२३।।

दुख भरी उर - कुत्सित भावना।
मथन मानस को करने लगी।
करुण - प्लावित लोचन कोण में।
झलकने जल के कण भी लगे।।२४।।

सब - उमंग - मयी पुर - बालिका।
मलिन और सशंकित हो गई।
अति - प्रफुल्लित बालक - वृन्द का।
वदन - मण्डल भी कुम्हला गया।।२५।।

ब्रज - धराधिप तात प्रभात ही।
कल हमें तज के मथुरा चले।
असहनीय जहाँ सुनिये वहीं।
बस यही चरचा इस काल थी।।२६।।

सब परस्पर थे कहते यही।
कमल - नेत्र निमंत्रित क्यों हुए।
कुछ स्वबन्धु समेत ब्रजेश का।
गगन ही, सब भाँति यथेष्ट था।।२७।।

पर निमंत्रित जो प्रिय हैं हुए।
कपट भी इसमें कुछ है सही।
दुरभिसंधि नृशंस-नृपाल की।
अब न है ब्रज-मण्डल में छिपी।।२८।।

विवश है करती विधि वामता।
कुछ बुरे दिन हैं ब्रज - भूमि के।
हम सभी अतिही - हतभाग्य हैं।
उपजती नित जो नव - व्याधि है।।२९।।

किस परिश्रम और प्रयत्न से।
कर सुरोत्तम की परिसेवना।
इस जराजित - जीवन - काल में।
महर को सुत का मुख है दिखा।।३०।।

सुअन भी सुर विप्र प्रसाद से।
अति अपूर्व अलौकिक, है मिला।
निज गुणावलि से इस काल जो।
ब्रज - धरा - जन जीवन - प्राण है।।३१।।

पर बड़े दुख की यह बात है।
विपद जो अब भी टलती नहीं।
अहह है कहते बनती नहीं।
परम - दग्धकरी उर की व्यथा।।३२।।

जनम की तिथि से बलबीर की।
बहु - उपद्रव हैं ब्रज में हुए।
बिकटता जिन की अब भी नहीं।
हृदय से अपसारित हो सकी।।३३।।

परम - पातक की प्रतिमूर्ति सी।
अति अपावनतामय - पूतना।
पय - अपेय पिलाकर श्याम को।
कर चुकी ब्रज - भूमि विनाश थी।।३४।।

पर किसी चिर - संचित - पुण्य से।
गरल अमृत अर्भक को हुआ।
विष-मयी वह हो कर आप ही।
कवल काल-भुजंगम का हुई।।३५।।

फिर अचानक धूलिमयी महा।
दिवस एक प्रचंड हवा चली।
श्रवण से जिसकी गुरु - गर्जना।
कँप उठा सहसा उर दिग्वधू।।३६।।

उपल वृष्टि हुई तम छा गया।
पट गई महि कंकर - पात से।
गड़गड़ाहट वारिद - व्यूह की।
ककुभ में परिपूरित हो गई।।३७।।

उखड़ पेड़ गये जड़ से कई।
गिर पड़ीं अवनी पर डालियाँ।
शिखर भग्न हुए उजड़ीं छतें।
हिल गये सब पुष्ट निकेत भी।।३८।।

बहु रजोमय आनन हो गया।
भर गये युग - लोचन धूलि से।
पवन - वाहित - पांशु - प्रहार से।
गत बुरी ब्रज - मानव की हुई।।३९।।

घिर गया इतना तम - तोम था।
दिवस था जिससे निशि हो गया।
पवन - गर्जन औ घन - नाद से।
कँप उठी ब्रज - सर्व वसुन्धरा।।४०।।

प्रकृति थी जब यों कुपिता महा।
हरि अदृश्य अचानक हो गये।
सदन में जिससे ब्रज - भूप के।
अति भयानक - क्रन्दन हो उठा।।४१।।

सकल - गोकुल था यक तो दुखी।
प्रबल - वेग प्रभंजन आदि से।
अब दशा सुन नन्द - निकेत की।
पवि - समाहत सा वह हो गया।।४२।।

पर व्यतीत हुए द्विघटी टली।
यह तृणावरतीय विडम्बना।
पवन - वेग रूका तम भी हटा।
जलद - जाल तिरोहित हो गया।।४३।।

प्रकृति शान्त हुई वर व्योम में।
चमकने रवि की किरणें लगीं।
निकट ही निज सुन्दर सद्म के।
किलकते हँसते हरि भी मिले।।४४।।

अति पुरातन - पुण्य ब्रजेश का।
उदय था इस काल स्वयं हुआ।
पतित हो खर वायु - प्रकोप में।
कुसुम - कोमल बालक जो बचा।।४५।।

शकट - पात ब्रजाधिप पास ही।
पतन अर्जुन से तरु राज का।
पकड़ना कुलिशोपम चञ्चु से।
खवल बकासुर का बलवीर को।।४६।।

वधन - उद्यम दुर्जय - वत्स का।
कुटिलता अघ संज्ञक - सर्प की।
विकट घोटक की अपकारिता।
हर निपातन यत्न अरिष्ट का।।४७।।

कपट - रूप - प्रलम्ब प्रवंचना।
खलपना - पशुपालक - व्योम का।
अहह ए सब घोर अनर्थ थे।
ब्रज - विभूषण हैं जिनसे बचे।।४८।।

पर दुरन्त नराधिप कंस ने।
अब कुचक्र भयंकर है रचा।
युगल-बालक संग ब्रजेश जो।
कल निमंत्रित हैं मख में हुए।।४९।।

गमन जो न करें बनती नहीं।
गमन से सब भाँति विपत्ति है।
जटिलता इस कौशल जाल की।
अहह है अति कष्ट - प्रदायिनी।।५०।।

प्रणतपाल कृपानिधि श्रीपते।
फलद है प्रभु का पद - पद्म ही।
दुख पयोनिधि मज्जित का वही।
जगत में परमोत्तम पोत है।।५१।।

विषम संकट में ब्रज है पड़ा।
पर हमें अवलम्बन है वही।
निबिड़ पामरता, तम हो चला।
पर प्रभो बल है नख - ज्योति का।।५२।।

विपद ज्यों बहुधा कितनी टली।
प्रभु कृपावल त्यों यह भी टले।
दुखित मानस का करुणानिधे।
अति विनीत निवेदन है यही।।५३।।

ब्रज - विभाकर ही अवलम्ब हैं।
हम सशंकित प्राणि - समूह के।
यदि हुआ कुछ भी प्रतिकूल तो
ब्रज - धरा तमसावृत हो चुकी।।५४।।

पुरुष यों करते, अनुताप थे।
अधिक थीं व्यथिता ब्रज - नारियाँ।
बन अपार विषाद - उपेत वे।
विलख थी दृग - वारि विमोचती।।५५।।

दुख प्रकाशन का क्रम नारि का।
अधिक था नर के अनुसार ही।
पर विलाप कलाप बिसूरना।
बिलखना उन में अतिरिक्त था।।५६।।

ब्रज-धरा-जन की निशि साथ ही।
विकलता परिवर्द्धित हो चली।
तिमिर साथ विमोहक-शोक भी।
प्रबल था पलही पल हो रहा।।५७।।

विशद-गोकुल बीच विषाद की।
अति - असंयत जो लहरें उठीं।
बहु विवर्द्धित हो निशि - मध्य ही।
ब्रज - धरातलव्यापित वे हुईं।।५८।।

विलसती अब थी न प्रफुल्लता।
न वह हास विलास विनोद था।
हृदय कम्पित थी करती महा।
दुखमयी ब्रज भूमि - विभीषिका।।५९।।

तिमिर था घिरता बहु नित्य ही।
पर घिरा तम जो निशि आज की।
उस विषाद - महातम से कभी।
रहित हो न सकी ब्रज की धरा।।६०।।

बहु - भयंकर थी यह यामिनी।
विलपते ब्रज भूतल के लिये।
तिमिर में जिसके उसका शशी।
बहु कला युत होकर खो चला।।६१।।

घहरती घिरती दुख की घटा
यह अचानक जो निशि में उठी।
वह ब्रजांगण में चिरकाल ही।
बरसती बन लोचनवारि थी।।६२।।

ब्रज - धारा - जन के उर मध्य जो।
विरह - जात लगी यह कालिमा।
तनिक धो न सका उसको कभी।
नयन का बहु - वारि - प्रवाह भी।।६३।।

सुखद थे बहु जो जन के लिये।
फिर नहीं ब्रज के दिन वे फिरे।
मलिनता न समुज्वलता हुई।
दुख-निशा न हुई सुख की निशा।।६४।।

# तृतीय सर्ग

## द्रुतविलम्बित छन्द

समय था सुनसान निशीथ का।
अटल भूतल में तम - राज्य था।
प्रलय - काल समान प्रसुप्त हो।
प्रकृति निश्चल, नीरव, शान्त थी।।१।।

परम - धीर समीर - प्रवाह था।
वह मनों कुछ निद्रित था हुआ।
गति हुई अथवा अति-धीर थी।
प्रकृति को सुप्रसुप्त विलोक के।।२।।

सकल-पादप नीरव थे खड़े।
हिल नहीं सकता यक पत्र था।
च्युत हुए पर भी वह मौन ही।
पतित था अवनी पर हो रहा।।३।।

विविध - शब्द - मयी वन की धरा।
अति - प्रशान्त हुई इस काल थी।
ककुभ औ नभ -मण्डल में नहीं।
रह गया रव का लवलेश था।।४।।

सकल - तारक भी चुपचाप ही।
बितरते अवनी पर ज्योति थे।
बिकटता जिस से तम-तोम की।
कियत थी अपसारित हो रही।।५।।

अवश तुल्य पड़ा निशि अंक में।
अखिल - प्राणि - समूह अवाक था।
तरु - लतादिक बीच प्रसुप्ति की।
प्रबलता प्रतिबिम्बित थी हुई।।६।।

रुक गया सब कार्य्य - कलाप था।
वसुमती - तल भी अति - मूक था।
सचलता अपनी तज के मनों।
जगत था थिर हो कर सो रहा।।७।।

सतत शब्दित गेह समूह में।
विजनता परिवर्द्धित थी हुई।
कुछ विनिद्रित हो जिनमें कहीं।
झनकता यक झींगुर भी न था।।८।।

वदन से तज के मिष धूम के।
शयन - सूचक श्वास - समूह को।
झलमलाहट - हीन - शिखा लिये।
परम - निद्रित सा गृह-दीप था।।९।।

भनक थी निशि - गर्भ तिरोहिता।
तम - निमज्जित आहट थी हुई।
निपट नीरवता सब ओर थी।
गुण - विहीन हुआ जनु व्योम था।।१०।।

इस तमोमय मौन निशीथ की।
सहज - नीरवता क्षिति - व्यामिनी।
कलुषिता ब्रज की महि के लिये।
तनिक थी न विरामप्रदायिनी।।११।।

दलन थी करती उस को कभी।
रुदन की ध्वनि दूर समागता।
वह कभी बहु थी प्रतिघातिता।
जन - विवोधक - कर्कश - शब्द से।।१२।।

कल प्रयाण निमित्त जहाँ तहाँ।
वहन जो करते बहु वस्तु थे।
श्रम सना उनका रव - प्रायशः।
कर रहा निशि - शान्ति विनाश था।।१३।।

प्रगटती बहु - भीषण मूर्ति थी।
कर रहा भय ताण्डव नृत्य था।
बिकट - दन्त भयंकर - प्रेत भी।
विचरते तरु - मूल - समीप थे।।१४।।

वदन व्यादन पूर्वक प्रेतिनी।
भय - प्रदर्शन थी करती महा।
निकलती जिससे अविराम थी।
अनल की अति त्रासकरी - शिखा।।१५।।

तिमिर - लीन - कलेवर को लिये।
विकट - दानव पादप थे बने।
भ्रममयी जिनकी विकरालता।
चलित थी करती पवि - चित्त को।।१६।।

अति - सशंकित और सभीत हो।
मन कभी यह था अनुमानता।
ब्रज समूल विनाशन को खड़े।
यह निशाचर हैं नृप - कंस के।।१७।।

अति - भयानक - भूमि मसान की।
वहन थी करती शव - राशि को।
बहु - विभीषणता जिनकी कभी।
दृग नहीं सकते अवलोक थे।।१८।।

विकट - दन्त दिखाकर खोपड़ी।
कर रही अति - भैरव - हास थी।
विपुल - अस्थि - समूह विभीषिका।
भर रही भय थी बन भैरवी।।१९।।

इस भयंकर - घोर - निशीथ में।
विकलता अति - कातरता - मयी।
विपुल थी परिवर्द्धित हो रही।
निपट - नीरव नन्द - निकेत में।।२०।।

सित हुए अपने मुख - लोम को।
कर गये दुखव्यंजक भाव से।
विषम - संकट बीच पड़े हुये।
बिलखते चुपचाप ब्रजेश थे।।२१।।

हृदय - निर्गत वाष्प - समूह से।
सजल थे युग - लोचन हो रहे।
वदन से उनके चुपचाप ही।
निकलती अति - तप्त उसास थी।।२२।।

शयित हो अति चंचल - नेत्र से,
छत कभी वह थे अवलोकते।
टहलते फिरते स विषाद थे।
यह कभी निज निर्जन कक्ष में।।२३।।

जब कभी बढ़ती उर की व्यथा।
निकट जा करके तब द्वार के।
वह रहे नभ नीरव देखते।
निशि - घटी अवधारण के लिये।।२४।।

सब प्रबन्ध प्रभात-प्रयाण के।
यदिच थे रव - वर्जित हो रहे।
तदपि रो पड़ती सहसा रहीं।
विविध-कार्य्य-रता गृहदासियाँ।।२५।।

जब कभी यह रोदन कान में।
ब्रज - धराधिप के पड़ता रहा।
तड़पते तब यों वह तल्प पै।
निशित - सायक - विद्धजनो यथा।।२६।।

ब्रज - धरा - पति कक्ष समीप ही।
निपट - नीरव कक्ष विशेष में।
समुद थे ब्रज - वल्लभ सो रहे।
अति - प्रफुल्ल मुखांबुज मंजु था।।२७।।

निकट कोमल तल्प मुकुन्द के।
कलपती जननी उपविष्ट थी।
अति - असंयत अश्रु - प्रवाह से।
वदन - मण्डल प्लावित था हुआ।।२८।।

हृदय में उनके उठती रही।
भय - भरी अति - कुत्सित - भावना।
विपुल - व्याकुल वे इस काल थीं।
जटिलता - वश कौशल - जाल की।।२९।।

परम चिन्तित वे बनतीं कभी।
सुअन प्रात प्रयाण प्रसंग से।
व्यथित था उनको करता कभी।
परम-त्रास महीपति - कंस का।।३०।।

पट हटा सुत के मुख कंज की।
विकचता जब थीं अवलोकती।
विवश सी जब थीं फिर देखती।
सरलता, मृदुता, सुकुमारता।।३१।।

तदुपरान्त नृपाधम - नीति की।
अति भयंकरता जब सोचतीं।
निपतिता तब हो कर भूमि में।
करुण क्रन्दन वे करती रहीं।।३२।।

हरि न जाग उठें इस शोच से।
सिसिकती तक भी वह थीं नहीं।
इसलिये उनका दुख - वेग से।
हृदय था शतधा अब हो रहा।।३३।।

महरि का यह कष्ट विलोक के।
धुन रहा शिर गेह - प्रदीप था।
सदन में परिपूरित दीप्ति भी।
सतत थी महि - लुंठित हो रही।।३४।।

पर बिना इस दीपक - दीप्ति के।
इस घड़ी इस नीरव - कक्ष में।
महरि का न प्रबोधक और था।
इसलिये अति पीड़ित वे रहीं।।३५।।

वरन कम्पित - शीश प्रदीप भी।
कह रहा उनको बहु - व्यग्र था।
अति - समुज्वल - सुन्दर - दीप्ति भी।
मलिन थी अतिही लगती उन्हें।।३६।।

जब कभी घटता दुख - वेग था।
तब नवा कर वे निज - शीश को।
महि विलम्बित हो कर जोड़ के।
विनय यों करती चुपचाप थीं।३७।।

सकल - मंगल - मूल कृपानिधे।
कुशलतालय हे कुल - देवता।
विपद संकुल है कुल हो रहा।
विपुल वांछित है अनुकूलता।।३८।।

परम कोमल - बालक श्याम ही।
कलपते कुल का यक चिन्ह है।
पर प्रभो ! उसके प्रतिकूल भी।
अति - प्रचंड - समीरण है उठा।।३९।।

यदि हुई न कृपा पद-कंज की।
टल नहीं सकती यह आपदा।
मुझ सशंकित को सब काल ही।
पद-सरोरुह का अवलम्ब है।।४०।।

कुल विवर्द्धन पालन ओर ही।
प्रभु रही भवदीय सुदृष्टि है।
यह सुमंगल मूल सुदृष्टि ही।
अति अपेक्षित है इस काल भी।।४१।।

समझ के पद - पंकज - सेविका।
कर सकी अपराध कभी नहीं।
पर शरीर मिले सब भाँति मैं।
निरपराध कहा सकती नहीं।।४२।।

इस लिये मुझसे अनजान में।
यदि हुआ कुछ भी अपराध हो।
वह सभी इस संकट - काल में।
कुलपते ! सब ही विधि क्षम्य है।।४३।।

प्रथम तो सब काल अबोध की।
सकल चूक उपेक्षित है हुई।
फिर सदाशय आशय सामने।
परम तुच्छ सभी अपराध हैं।।४४।।

सरलता - मय - बालक श्याम तो।
निरपराध, नितान्त - निरीह है।
इस लिये इस काल दयानिधे।
वह अतीव - अनुग्रह - पात्र हैं।।४५।।

## मालिनी छन्द

प्रमुदित मथुरा के मानवों को बना के।
सकुशल रह के औ विघ्नवाधा बचा के।
निज प्रिय सुत दोनों साथ लेके सुखी हो।
दिन पलटेंगे गेह स्वामी हमारे।।४६।।

प्रभु दिवस उसी मैं सात्त्विकी रीति द्वारा।
परम शुचि बड़े ही दिव्य आयोजनों से।
विधि - सहित करूँगी मंजु पादाब्ज-पूजा।
उपकृत अति होके आपकी सत्कृपा से।।४७।।

## द्रुतविलम्बित छन्द

यह प्रलोभन है न कृपानिधे।
यह अकोर प्रदान न है प्रभो।
वरन हैं यह कातर - चित्त की,
परम - शान्तिमयी - अवतारणा।।४८।।

कलुष - नाशिनि दुष्ट - निकंदिनी।
जगत की जननी भव - वल्लभे।
जननि के जिय की सकला व्यथा।
जननि ही जिय है कुछ जानता।।४९।।

अवनि में ललना जन जन्म को।
विफल है करती अनपत्यता।
सहज जीवन को उसके सदा।
वह संकटक है करती नहीं।।५०

उपजती पर जो उर - व्याधि है।
सतत संतति संकट - शोच से।,
वह सकंटक ही करती नहीं।
वरन जीवन है करती वृथा।।५१।।

बहुत चिन्तित थी पद-सेविका।
प्रथम भी यक संतति के लिए।
पर निरन्तर संतति-कष्ट से।
हृदय है अब जर्जर हो रहा।।५२।।

जननि जो उपजी उर में दया।
जरठता अवलोक - स्वदास की।
बन गई यदि मैं बड़भागिनी।
तव कृपाबल पा कर पुत्र को।।५३।।

किस लिये अब तो यह सेविका।
बहु निपीड़ित है नित हो रही।
किस लिये, तब बालक के लिये।
उमड़ है पड़ती दुख की घटा।।५४।।

'जन-विनाश' प्रयोजन के बिना।
प्रकृति से जिसका प्रिय कार्य्य है।
दलन को उसके भव - वल्लभे!
अब न क्या बल है तब बाहु में।।५५।।
स्वसुत रक्षण औ पर - पुत्र के।
दलन की यह निर्म्मम प्रार्थना।
बहुत संभव है यदि यों कहें।
सुन नहीं सकती 'जगदम्बिका'।।५६।।
पर निवेदन है यह ज्ञानदे।
अबल का बल केवल न्याय है।
नियम - शालिनि क्या अवमानना।
उचित है विधि - सम्मत न्याय की।।५७।।
परम क्रूर - महीपति - कंस की।
कुटिलता अब है अति कष्टदा।
कपट - कौशल से अब नित्य ही।
बहुत - पीड़ित है ब्रज की प्रजा।।५८।।
सरलता - मय - बालक के लिये।
जननि ! जो अब कौशल है हुआ।
सह नहीं सकता उसको कभी।
पवि विनिर्मित मानव - प्राण भी।।५९।।
कुबलया सम मत्त - गजेन्द्र से।
भिड़ नहीं सकते दनुजात भी।
वह महा सुकुमार कुमार से।
रण - निमित्त सुसज्जित है हुआ।।६०।।
बिकट - दर्शन कज्जल - मेरु सा।
सुर गजेन्द्र समान पराक्रमी।
द्विरद क्या जननी उपयुक्त है।
यक पयो - मुख बालक के लिये।।६१।।
व्यथित हो कर क्यो बिलखूँ नहीं।
अहह धीरज क्योंकर मैं धरूँ।
मृदु - कुरंगम शावक से कभी।
पतन हो न सका हिम शैल का।।६२।।

विदित है बल, वज्र - शरीरता।
बिकटता शल तोशल कूट की।
परम है पटु मुष्टि - प्रहार में।
प्रबल मुष्टिक संज्ञक मल्ल भी।।६३।।

पृथुल - भीम - शरीर भयावने।
अपर हैं जितने मल कंस के।
सब नियोजित हैं रण के लिये।
यक किशोरवयस्क कुमार से।।६४।।

विपुल वीर सजे बहु - अस्त्र से।
नृपति - कंस स्वयं निज शस्त्र ले।
विवुध- वृन्द विलोड़क शक्ति से।
शिशु विरुद्ध समुद्यत हैं हुये।।६५।।

जिस नराधिप की वशवर्तिनी।
सकल भाँति निरन्तर है प्रजा।
जननि यों उसका कटिबद्ध हो।
कुटिलता करना अविधेय है।।६६।।

जन प्रपीड़ित हो कर अन्य से।
शरण है गहता नरनाथ की।
यदि निपीड़न भूपति ही करे।
जगत में फिर रक्षक कौन है?।।६७।।

गगन में उड़ जा सकती नहीं।
गमन संभव है न पताल का।
अवनि - मध्य पलायित हो कहीं।
बच नहीं सकती नृप - कंस से।।६८।।

विवशता किस से अपनी कहूँ।
जननि ! क्यों न बनूँ बहु - कातरा।
प्रबल - हिंस्रक - जन्तु - समूह में।
विवश हो मृग - शावक है चला।।६९।।

सकल भाँति हमें अब अम्बिके!
चरण - पंकज ही अवलम्ब है।
शरण जो न यहाँ जन को मिली।
जननि, तो जगतीतल शून्य है।।७०।।

विधि अहो भवदीय - विधान की।
मति - अगोचरता बहु - रूपता।
परम युक्ति - मयी कृति भूति है।
पर कहीं वह है अति - कष्टदा।।७१।।

जगत में यक पुत्र बिना कहीं।
बिलटता सुर-वांछित राज्य है।
अधिक संतति है इतनी कहीं।
वसन भोजन दुर्लभ है जहाँ।।७२।।

कलप के कितने वसुयाम भी।
सुअन - आनन हैं न विलोकते।
विपुलता निज संतति की कहीं।
विकल है करती मनु जात को।।७३।।

सुअन का वदनांबुज देख के।
पुलकते कितने जन हैं सदा।
बिलखते कितने सब काल हैं।
सुत मुखांबुज देख मलीनता।।७४।।

सुखित हैं कितनी जननी सदा।
निज निरापद संतति देख के।
दुखित हैं मुझ सी कितनी प्रभो।
नित विलोक स्वसंतति आपदा।।७५।।

प्रभु, भी भवदीय विधान में।
तनिक अन्तर हो सकता नहीं।
यह निवेदन सादर नाथ से।
तदपि है करती तव सेविका।।७६।।

यदि कभी प्रभु - दृष्टि कृपामयी।
पतित हो सकती महि - मध्य हो।
इस घड़ी उसकी अधिकारिणी।
मुझ अभागिन तुल्य न अन्य है।।७७।।

प्रकृति प्राणस्वरूप जगत्पिता।
अखिल - लोकपते प्रभुता निधे।
सब क्रिया कब सांग हुई वहाँ।
प्रभु जहाँ न हुई पद - अर्चना।।७८।।

यदिच विश्व समस्त - प्रपंच से।
पृथक से रहते नित आप हैं।
पर कहाँ जन को अवलम्ब है।
प्रभु गहे पद - पंकज के बिना।।७९।।

विविध - निर्जर में बहु - रूप से।
यदिच है जगती प्रभु की कला।
यजन पूजन से प्रति - देव के।
यजित पूजित यद्यपि आप हैं।।८०।।

तदपि जो सुर - पादप के तले।
पहुँच पा सकता जन शान्ति है।
वह कभी दल फूल फलादि से।
मिल नहीं सकती जगतीपते।।८१।।

झलकती तब निर्मल ज्योति है।
तरणि में तृण में करुणामयी।
किरण एक इसी कल - ज्योति की।
तमनिवारण में क्षम है प्रभो।।८२।।

अवनि में जल में वर व्योम में।
उमड़ता प्रभु - प्रेम - समुद्र है।
कण इसी वरवारिधि बूँद का।
शमन में मम ताप समर्थ है।।८३।।

अधिक और निवेदन नाथ से,
कर नहीं सकती यह किंकरी।
गति न है करुणाकर से छिपी।
हृदय की मन की मम - प्राण की।।८४।।

विनय यों करतीं ब्रजपांगना।
नयन से बहती जलधार थी।
विकलतावश वस्त्र हटा हटा।
वदन थीं सुत का अवलोकती।।८५।।

## शार्दूलविक्रीड़ित छन्द

ज्यों ज्यों थीं रजनी व्यतीत करती ओ देखतीं व्योम को।
त्यों हीं त्यों उनका प्रगाढ़ दुख भी दुर्दान्त था हो रहा।
आँखों से अविराम अश्रु बह के था शान्ति देता नहीं।
बारम्बार अशक्त - कृष्ण - जननी थीं मूर्छिता हो रही।।८६।।

## द्रुतविलम्बित छन्द

विकलता उनकी अवलोक के।
रजनि भी करती अनुताप थी।
निपट नीरव ही मिष ओस के।
नयन से गिरता बहु - वारि था।।७७।।

विपुल - नीर बहा कर नेत्र से।
मिष कलिन्द - कुमारि - प्रवाह के।
परम - कातर हो रह मौन ही।
रुदन थी करती ब्रज की धरा।।८८।।

युग बने सकती न व्यतीत हो।
अप्रिय था उसका क्षण बीतना।
बिकट थी जननी धृति के लिये।
दुखभरी यह घोर विभावरी।।८९।

# चतुर्थ सर्ग

## द्रुतविलम्बित छन्द

विशद - गोकुल - ग्राम समीप ही।
बहु - बसे यक सुन्दर - ग्राम में।
स्वपरिवार समेत उपेन्द्र से।
निवसते वृषभानु - नरेश थे।।१।।

यह प्रतिष्ठित - गोप सुमेर थे।
अधिक - आदृत थे नृप - नन्द से।
ब्रज - धरा इनके धन - मान से।
अवनि में अति - गौरविता रही।।२।।

यक सुता उनकी अति - दिव्य थी।
रमणि - वृन्द - शिरोमणि राधिका।
सुयश - सौरभ से जिनके सदा।
ब्रज - धरा बहु - सौरभवान थी।।३।।

## शार्दूलविक्रीड़ित छन्द

रूपोद्यान प्रफुल्ल - प्राय - कलिका राकेन्दु - विम्बानना।
तन्वंगी कल - हासिनी सुरसिका क्रीड़ा - कला पुत्तली।
शोभा वारिधि की अमूल्य-मणि सी लावण्य लीला-मयी।
श्रीराधा-मृदुभाषिणी मृगदृगी-माधुर्य्य की मूर्त्ति थीं।।४।।

फूले कंज-समान मंजु-दृगता थी मत्तता कारिणी।
सोने की कमनीय - कान्ति तन की थी दृष्टि - उन्मेषिनी।
राधा की मुसकान की मधुरता थी मुग्धता-मूर्त्ति सी।
काली - कुंचित - लम्बमान - अलकेंथीं मानसोन्मादिनी।।५।।

नाना-भाव-विभाव-हाव-कुशला आमोद आपूरिता।
लीला-लोल-कटाक्ष-पात-निपुणा भ्रूभंगिमा-पंडिता।
वादित्रादि समोद - वादन - परा आभूषणाभूषिता।
राधा थीं सुमुखी विशाल-नयना आनन्द-आन्दोलिता।।६।।

लाली थी करती सरोज - पग की भूपृष्ठ को भूषिता।
विम्बा विद्रुम को अकान्त करती थी रक्तता ओष्ठ की।
हर्षोत्फुल्ल - मुखारविन्द - गरिमा सौंदर्य्य आधार थी।
राधा की कमनीय कान्त छवि थी कामांगना मोहिनी।।७।।

सद्वस्त्रा - सदलंकृता गुणयुता - सर्वत्र सम्मानिता।
रोगी वृद्ध जनोपकारनिरता सच्छास्त्र चिन्तापरा।
सद्भावातिरता अनन्य - हृदया - सत्प्रेम - संपोषिका।
राधा थीं सुमना प्रसन्नवदना स्त्रीजाति - रत्नोपमा।।८।।

## द्रुतविलम्बित छन्द

यह विचित्र - सुता वृषभानु की।
ब्रज - विभूषण में अनुरक्त थी।
सहृदया यह सुन्दर - बालिका।
परम - कृष्ण - समर्पित - चित्त थी।।९।।

ब्रज - धराधिप औ वृषभानु में।
अतुलनीय परस्पर - प्रीति थी।
इसलिए उनका परिवार भी।
बहु परस्पर प्रेम-निबद्ध था।।१०।।

जब नितान्त - अबोध मुकुन्द थे।
विलसते जब केवल अंक में।
वह तभी वृषभानु निकेत में।
अति समादर साथ गृहीत थे।।११।।

छविवती - दुहिता वृषभानु की।
निपट थी जिस काल पयोमुखी।
वह तभी ब्रज - भूप कुटुम्ब की।
परम - कौतुक - पुत्तलिका रही।।१२।।

यह अलौकिक - बालक-बालिका।
जब हुए कल - क्रीड़न - योग्य थे।
परम - तन्मय हो बहु प्रेम से।
तब परस्पर थे मिल खेलते।।१३।।

कलित - क्रीड़न से इनके कभी
ललित हो उठता
गृह - नन्द का।
उमड़ सी पड़ती छवि थी कभी।
वर - निकेतन में वृषभानु के।।१४।।

जब कभी कल - क्रीड़न - सूत्र से।
चरण - नूपुर और कटि - किंकिणी।
सदन में बजती अति - मंजु थी।
किलकती तब थी कल-वादिता।।१५।।

युगल का वय साथ सनेह भी।
निपट - नीरवता सह था बढ़ा।
फिर यही वर - बाल सनेह ही।
प्रणय में परिवर्तित था हुआ।।१६।।

बलवती कुछ थी इतनी हुई।
कुँवरि - प्रेम - लता उर - भूमि में।
शयन भोजन क्या, सब कालही।
वह बनी रहती छवि - मत्त थी।।१७।।

वचन की रचना रस से भरी।
प्रिय मुखांबुज की रमणीयता।
उतरती न कभी चित से रही।
सरलता, अतिप्रीति सुशीलता।१८।।

मधुपुरी बलवीर प्रयाण के।
हृदय - शैल -स्वरूप प्रसंग से।
न उबरी यह बेलि विनोद की।
विधि अहो भवदीय विडम्बना।।१९।।

## शार्दूलविक्रीड़ित छन्द

काले कुत्सित कीट का कुसुम में कोई नहीं काम था।
काँटे से कमनीय कंज कृति में क्या है न कोई कमी।
पोरों में कब ईख की विपुलता है ग्रंथियों की भली।
हा! दुर्दैव प्रगल्भते! अपटुता तू ने कहाँ की नहीं।।२०।।

## द्रुतविलम्बित छन्द

कमल का दल भी हिम - पात से।
दलित हो पड़ता सब काल है।
कल कलानिधि को खल राहु भी।
निगलता करता बहु क्लान्त है।।२१।।

कुसम सा सुप्रफुल्लित बालिका।
हृदय भी न रहा सुप्रफुल्ल ही।
वह मलीन सकल्मष हो गया।
प्रिय मुकुन्द प्रवास - प्रसंग से।।२२।।

सुख जहाँ निज दिव्य स्वरूप से।
विलसता करता कल - नृत्य है।
अहह सो अति - सुन्दर सद्म भी।
बच नहीं सकता दुखलेश से।।२३।।

सब सुखाकर श्रीवृषभानुजा।
सदन - सज्जित - शोभन - स्वर्ग सा।
तुरत ही दुख के लवलेश से।
मलिन शोक - निमज्जित हो गया।।२४।।

जब हुई श्रुति - गोचर सूचना।
ब्रज धराधिप तात प्रयाण की।
उस घड़ी ब्रज - वल्लभ प्रेमिका।
निकट थी प्रथिता ललिता सखी।।२५।।

विकसिता - कलिका हिमपात से।
तुरत ज्यों बनती अति म्लान है।
सुन प्रसंग मुकुन्द प्रवास का।
मलिन त्यों वृषभानुसुता हुईं।।२६।।

नयन से वरसा कर वारि को।
बन गईं पहले बहु बावली।
निज सखी ललिता मुख देख के।
दुखकथा फिर यों कहने लगीं।।२७।।

## मालिनी छन्द

कल कुवलय के से नेत्रवाले रसीले।
वररचित कबीले पीत कौशेय शोभी।
गुणगण मणिमाली मंजुभाषी सजीले।
वह परम छबीले लाडिले नन्दजी के।।२८।।

यदि कल मथुरा को प्रात ही जा रहे हैं।
बिन मुख अवलोके प्राण कैसे रहेंगे।
युग सम घटिकायें बार की बीतती थीं।
सखि ! दिवस हमारे बीत कैसे सकेंगे।।२९।।

जन मन कलपाना मैं बुरा जानती हूँ।
परदुख अवलोके मैं न होती सुखी हूँ।
कहकर कटु बातें जी न भूले जलाया।
फिर यह दुखदायी बात मैंने सुनी क्यों?।।३०।।

अयि सखि ! अवलोके खिन्नता तू कहेगी।
प्रिय स्वजन किसी के न जाते कहीं हैं।
पर हृदय न जाने दग्ध क्यों हो रहा है।
सब जगत हमें है शून्य होता दिखाता।।३१।।

यह सकल दिशायें आज रो सी रही हैं।
यह सदन हमारा, है हमें काट खाता।
मन उचट रहा है चैन पाता नहीं है।
विजन-विपिन में है भागता सा दिखाता।।३२।।

रुदनरत न जानें कौन क्यों है बुलाता।
गति पलट रही है भाग्य की क्यों हमारे।
उह ! कसक समाई जा रही है कहाँ की।
सखि ! हृदय हमारा दग्ध क्यों हो रहा है।।३३।।

मधुपुर-पति ने है प्यार ही से बुलाया।
पर कुशल हमें तो है न होती दिखाती।
प्रिय - विरह - घटायें घेरती आ रही हैं।
घहर घहर देखो हैं कलेजा कँपाती।।३४।।

हृदय चरण मैं तो चढ़ा ही चुकी हूँ,
सविधि - वरण की थी कामना और मेरी।
पर सफल हमें सो है न होती दिखाती।
वह कब टलता है भाल में जो लिखा है।।३५।।

सविधि भगवती को आज भी पूजती हूँ।
बहु व्रत रखती हूँ देवता हूँ मनाती।
मम - पति हरि होवें चाहती मैं यही हूँ।
पर विफल हमारे पुण्य भी हो चले हैं।।३६।।

करुण ध्वनि कहाँ की फैल सी क्यों गई है।
सब तरु मन मारे आज क्यों यों खड़े हैं।
अवनि अति - दुखीसी क्यों हमें है दिखाती।
नभ - पर दुख - छाया - पात क्यों हो रहा है।।३७।।

अहह सिसकती मैं क्यों किसे देखती हूँ।
मलिन-मुख किसी का क्यों मुझे है रुलाता।
जल जल किसका है छार होता कलेजा।
निकल निकल आहें क्यों किसे बेधती हैं।।३८।।

सखि, भय यह कैसा गेह में छा गया है।
पल पल जिससे मैं आज यों चौंकती हूँ।
कँप कर गृह में की ज्योति छाई हुई भी।
छन छन अति मैली क्यों हुई जा रही है।।३९।।

मनहरण हमारे प्रात जाने न पावें।
सखि ! जुगुत हमें तो सूझती है न ऐसी।
पर यदि यह काली यामिनी ही न बीते।
तब फिर ब्रज कैसे प्राणप्यारे तजेंगे।।४०।।

सब – नभ – तल – तारे जो उगे दीखते हैं।
यह कुछ ठिठके से सोच में क्यों पड़े हैं।
ब्रज – दुख अवलोके क्या हुए हैं दुखारी।
कुल व्यथित बने से या हमें देखते हैं।।४१।।

रह रह किरणें जो फूटती हैं दिखाती।
वह मिष इनके क्या बोध देते हमें हैं।
कर वह अथवा यों शान्ति का हैं बढ़ाते।
विपुल – व्यथित जीवों की व्यथा मोचने को।।४२।।

दुख – अनल – शिखायें व्योम में फूटती हैं।
यह किस दुखिया का हैं कलेजा जलाती।
अहह अहह देखो टूटता है न तारा।
पतन दिलजले के गात का हो रहा है।।४३।।

चमक चमक तारे धीर देते हमें हैं।
सखि ! मुझ दुखिया की बात भी क्या सुनेंगे?
पर – हित – रत – हो ए ठौर को जो न छोड़ें।
निशि विगत न होगी बात मेरी बनेगी।।४४।।

उडुगण थिर से क्यों हो गये दीखते हैं।
यह विनय हमारी कान में क्या पड़ी है?
रह रह इनमें क्यों रंग आ जा रहा है।
कुछ सखि ! इनको भी हो रही बेकली है।।४५।।

दिन फल जब खोटे हो चुके हैं हमारे।
तब फिर सखि! कैसे काम के वे बनेंगे।
पल पल अति फीके हो रहे हैं सितारे।
वह समफल न मेरी कामनायें करेंगे।।४६।।

यह नयन हमारे क्या हमें हैं सताते।
अहह निपट मैली ज्योति भी हो रही है।
मम दुख अवलोके या हुए मंद तारे।
कुछ समझ हमारी काम देती नहीं है।।४७।।

सखि ! मुख अब तारे क्यों छिपाने लगे हैं।
वह दुख लखने की ताव क्या हैं न लाते।
परम - विफल होके आपदा टालने में।
वह मुख अपना हैं लाज से या छिपाते।।४८।।

क्षितिज निकट कैसी लालिमा दीखती है।
बह रुधिर रहा है कौन सी कामिनी का।
बिहंग विकल हो हो बोलने क्यों लगे हैं।
सखि! सकल दिशा में आग सी क्यों लगी है।।४९।।

सब समझ गई मैं काल की क्रूरता को।
पल पल वह मेरा है कलेजा कँपाता।
अब नभ उगलेगा आग का एक गोला।
सकल-ब्रज-धरा का फूँक देता जलाता।।५०।।

## मन्दाक्रान्ता छन्द

हा ! हा ! आँखों मम - दुख - दशा देख ली औ न सोची।
बातें मेरी कमलिनिपते ! काम की भी न तू ने।
जो देवेगा अवनितल को नित्य का स, उँजाला।
तेरा होना उदय ब्रज में तो अँधेरा करेगा।।५१।।

नाना बातें दुख शमन को प्यार से थी सुनाती।
धीरे धीरे नयन - जल थी पोंछती राधिका का।
हा ! हा ! प्यारी दुखित मत हो यों कभी थी सुनाती।
रोती रोती विकल ललिता आप होती कभी थी।।५२।।

सूख जाता कमल - मुख था होंठ नीला हुआ था।
दोनों आँखें विपुल जल में डूबती जा रही थीं।
शंकायें थीं विकल करती काँपता था कलेजा।
खिन्ना दीना परम - मलिना उन्मना राधिका थी।।५३।।

# पञ्चम सर्ग

## मन्दाक्रान्ता छन्द

तारे डूबे तम टल गया छा गई व्योम-लाली।
पक्षी बोले तमचुर जगे ज्योति फैली दिशा में।
शाखा डोली तरु निचय को कंज फूले सरों में।
धीरे धीरे दिनकर कढ़े तामसी रात बीती।।१।।

फूली फैली लसित लतिका वायु में मन्द डोली।
प्यारी प्यारी ललित – लहरें भानुजा में विराजीं।
सोने की सी कलित किरणें मेदिनी ओर छूटीं।
कूलों कुंजों कुसुमित वनों में जगी ज्योति फैली।।२।।

प्रातः शोभा ब्रज अवनि में आज प्यारी नहीं थी।
मीठा मीठा विहग-रव भी कान को था न भाता।
फूले फूले कमल दब थे लोचनों में लगाते।
लाली सारे गगन – तल की काल – व्याली समा थी।।३।।

चिन्ता की सी कुटिल उठतीं अंक में जो तरंगें।
वे थीं मानों प्रकट करतीं भानुजा की व्यथायें।
धीरे धीरे मृदु पवन में चाव से थी न डोली।
शाखाओं के सहित लतिका शोक से कंपिता थी।।४।।

फूलों पत्तों सकल पर हैं वारि बूँदें दिखातीं।
रोते हैं या विटप सब यों आँसुओं को दिखा के।
रोई थी जो रजनि दुख से नंद की कामिनी के।
ये बूँदें हैं, निपतित हुईं या उसी के दृगों से।।५।।

पत्रों पुष्पों सहित तरु की डालियाँ औ लतायें।
भींगी सी थीं विपुल जल में वारि-बूँदों भरी थीं।
मानों फूटी सकल तन में शोक की अश्रुधारा।
सर्वांगों से निकल उनको सिक्तता दे बही थी।।६।।

धीरे-धीरे पवन ढिग जा फूलवाले द्रुमों के।
शाखाओं से कुसुम – चय को थी धरा पै गिराती।
मानों यों थी हरण करती फुल्लता पादपों की।
जो थी प्यारी न ब्रज – जन को आज न्यारी व्यथा से।।७।।

फूलों का यों अवनि - तल में देख के पात होना।
ऐसी भी थी हृदय तल में कल्पना आज होती।
फूले फूले कुसुम अपने अंक में से गिरा के।
बारी बारी सकल तरु भी खिन्नता हैं दिखाते।।८।।

नीची ऊँची सरित सर की बीचियाँ ओस बूँदें।
न्यारी आभा वहन करती भानु की अंक में थीं।
मानों यों वे हृदय तल के ताप को थीं दिखाती।
या दावा थी व्यथित उर में दीप्तिमाना दुखों की।।९।।

सारा नीला-सलिल सरि का शोक-छाया पगा था।
कंजों में से मधुप कढ़ के घूमते थे भ्रमे से।
मानों खोटी - विरह - घटिका सामने देख के ही।
कोईं भी थी अवनत - मुखी कान्तिहीना मलीना।।१०।।

## द्रुतविलम्बित छन्द

प्रगट चिन्ह हुए जब प्रात के।
सकल भूतल औ नभदेश में।
जब दिशा सितता-युत हो चली।
तममयी करके ब्रजभूमि को।।११।।

मुख-मलीन किये दुख में पगे।
अमित - मानव गोकुल ग्राम के।
तब स - दार स - बालक - बालिका।
व्यथित से निकले निज सद्म से।।१२।।

बिलखती दृग वारि विमोचती।
यह विषाद - मयी जन - मण्डली।
परम आकुलतावश थी बढ़ी।
सदन ओर नराधिप नन्द के।।१३।।

उदय भी न हुए जब भानु थे।
निकट नन्दनिकेतन के तभी।
जन समागम ही सब ओर था।
नयन गोचर था नरमुण्ड ही।।१४।।

## वसन्ततिलका छन्द

थे दीखते परम वृद्ध नितान्त रोगी।
या थी नवागत वधू गृह में दिखाती।
कोई न और इनको तज के कहीं था।
सूने सभी सदन गोकुल के हुए थे।।१५।।

जो अन्य ग्राम ढिग गोकुल ग्राम के थे।
नाना मनुष्य उन ग्राम-निवासियों के।
डूबे अपार - दुख - सागर में स - बामा।
आ के खड़े निकट नन्द - निकेत के थे।।१६।।

जो भूरि भूत जनता समवेत वाँ थी।
सो कंस भूप भय से बहु कातरा थी।
संचालिता विषमता करती उसे थी।
संताप की विविध - संशय की दुखों की।।१७।।

नाना प्रसंग उठते जन-संघ में थे।
जो थे सशंक सबको बहुशः बनाते।
था सूखता अधर औ कँपता कलेजा।
चिन्ता अपार चित में चिनगी लगाती।।१८।।

रोना महा - अशुभ जान प्रयाण - काल।
आँसू न ढाल सकती निज नेत्र से थी।
रोये बिना न छन भी मन मानता था।
डूबी द्विधा जलधि में जन-मण्डली थी।।१९।।

## मन्दाक्रान्ता छन्द

आई बेला हरि - गमन की छा गई खिन्नता सी।
थोड़े ऊँचे नलिनपति हो जा छिपे पादपों में।
आगे सारे स्वजन करके साथ अक्रूर को ले।
धीरे धीरे सजनक कढ़े सद्म में से मुरारी।।२०।।

आते आँसू अति कठिनता से सँभाले दृगों के।
होती खिन्ना हृदय-तल के सैकड़ों संशयों से।
थोड़ा पीछे प्रिय तनय के भूरि शोकाभिभूता।
नाना वामा सहित निकलीं गेह में से यशोदा।।२१।।

द्वारे आया ब्रज नृपति को देख यात्रा निमित्त।
भोला भोला निरख मुखड़ा फूल से लाडिलों का।
खिन्न दीना परम लख के नन्द की भामिनी को।
चिन्ता डूबी सकल जनता हो उठी कम्पमाना।।२२।।

कोई रोया सलिल न रुका लाख रोके दृगों का।
कोई आहें सदुख भरता हो गया बावला सा।
कोई बोला सकल-ब्रज के जीवनाधार प्यारे।
यों लोगों को व्यथित करके आज जाते कहाँ हो।।२३।।

रोता धोता विकल बनता एक आभीर बूढ़ा।
दीनों के से वचन कहता पास अक्रूर के आ।
बोला-कोई जतन जन को आप ऐसा बतावें।
मेरे प्यारे कुँवर मुझसे आज न्यारे न होवें।।२४।।

मैं बूढ़ा हूँ यदि कुछ कृपा आप चाहें दिखाना।
तो मेरी है विनय इतनी श्याम को छोड़ जावें।
हा ! हा ! सारी ब्रज अवनि का प्राण है लाल मेरा।
क्यों जीयेंगे हम सब उसे आप ले जायँगे जो।।२५।।

रत्नों की है न तनिक कमी आप लें रत्न ढेरों।
सोना चाँदी सहित धन भी गाड़ियों आप ले लें।
गायें ले लें गज तुरग भी आप ले लें अनेकों।
लेवें मेरे न निजधन को हाथ मैं जोड़ता हूँ।।२६।।

जो है प्यारी अवनि ब्रज की यामिनी के समाना।
तो तातों के सहित सब गोपाल हैं तारकों से।
मेरा प्यारा कुँवर उसका एक ही चन्द्रमा है।
छा जावेगा तिमिर वह जो दूर होगा दृगों से।।२७।।

सच्चा प्यारा सकल ब्रज का वंश का है उँजाला।
दीनों का है परमधन औ वृद्ध का नेत्रतारा।
बालाओं का प्रिय स्वजन औ बन्धु है बालकों का।
ले जाते हैं सुरतरु कहाँ आप ऐसा हमारा।।२८।।

बूढ़े के ए वचन सुनके नेत्र में नीर आया।
आँसू रोके परम मृदुता साथ अक्रूर बोले।
क्यों होते हैं दुखित इतने मानिये बात मेरी।
आ जावेंगे बिवि दिवस में आप के लाल दोनों।।२९।।

आई प्यारे निकट श्रम से एक वृद्धा - प्रवीणा।
हाथों से छू कमल - मुख को प्यार से ली बलायें।
पीछे बोली दुखित स्वर से तू कहीं जा न बेटा।
तेरी माता अहह कितनी बावली हो रही है।।३०।।
जो रूठेगा नृपति ब्रज का वास ही छोड़ दूँगी।
ऊँचे ऊँचे भवन तज के जंगलों में बसूँगी।
खाऊँगी फूल फल दल को व्यंजनों को तजूँगी।
मैं आँखों से अलग न तुझे लाल मेरे करूँगी।।३१।।
जाओगे क्या कुँवर मथुरा कंस का क्या ठिकाना।
मेरा जी है बहुत डरता क्या न जाने करेगा।
मानूँगी मैं न सुरपति को राज ले क्या करूँगी।
तेरा प्यारा - वदन लख के स्वर्ग को मैं तजूँगी।।३२।।
जो चाहेगा नृपति मुझ से दंड दूँगी करोड़ों।
लोटा थाली सहित तन के वज्र भी बेंच दूँगी।
जो माँगेगा हृदय वह तो काढ़ दूँगी उसे भी।
बेटा, तेरा गमन मथुरा मैं न आँखों लिखूँगी।।३३।।
कोई भी है न सुन सकता जा किसे मैं सुनाऊँ।
मैं हूँ मेरा हृदयतल है हैं व्यथायें अनेकों।
बेटा, तेरा सरल मुखड़ा शान्ति देता मुझे है।
क्यों जीऊँगी कुँवर, बतला जो चला जायगा तू।।३४।।
प्यारे तेरा गमन सुन के दूसरे रो रहे हैं।
मैं रोती हूँ कमल ब्रज है वारि लाता दृगों में।
सोचो बेटा, उस जननि की क्या दशा आज होगी।
तेरे जैसा सरल जिस का एक ही लाडिला है।।३५।।
प्राचीना की सदुख सुनके सर्व बातें मुरारी।
दोनों आँखें सजल करके प्यार के साथ बोले।
मैं आऊँगा कुछ दिन गये बाल होगा न बाँका।
क्यों माता तू विकल इतना आज यों हो रही है।।३६।।
दौड़ा ग्वाला ब्रज नृपति के सामने एक आया।
बोला गायें सकल वन को आप की हैं न जाती।
दाँतों से हैं न तृण गहती हैं न बच्चे पिलाती।
हा ! हा ! मेरी सुरभि सबको आज क्या हो गया है।।३७।।

देखो देखो सकल हरि की ओर ही आ रही हैं।
रोके भी हैं न रुक सकती बावली हो गई हैं।
यों ही बातें सदुख कह के फूट के ग्वाल रोया।
बोला मेरे कुँवर सब को यों रुला के न जाओ।।३८।।

रोता ही था जब वह तभी नन्द की सर्व गायें।
दौड़ी आई निकट हरि के पूँछ ऊँचा उठाये।
वे थीं खिन्ना विपुल विकला वारि था नेत्र लाता।
ऊँची आँखों कमल मुख थीं देखती शंकिता हो।।३९।।

काकातूआ महर-गृह के द्वार का भी दुखी था।
भूल जाता सकल - स्वर था उन्मना हो रहा था।
चिल्लाता था अति बिकल था औ यही बोलता था।
यों लोगों को व्यथित करके लाल जाते कहाँ हो।।४०।।

पक्षी की औ सुरभि सब को देख ऐसी दशायें।
थोड़ी जो थी अहह ! वह भी धीरता दूर भागी।
हा हा ! शब्दों सहित इतना फूट के लोग रोये।
हो जाती थी निरख जिसको भग्न छाती शिला की।।४१।।

आवेगों के सहित बढ़ता देख संताप - सिंधु।
धीरे धीरे ब्रज - नृपति से खिन्न अक्रूर बोले।
देखा जाता ब्रज दुख नहीं शोक है वृद्धि पाता।
आज्ञा देवें जननि पग छू यान पै श्याम बैठें।।४२।।

आज्ञा पाके निज जनक की, मान अक्रूर बातें।
जेठे भ्राता सहित जननी - पास गोपाल आये।
छू माता के पग कमल को धीरता साथ बोले।
जो आज्ञा हो जननि अब तो यान पै बैठ जाऊँ।।४३।।

दोनों प्यारे कुँवरवर के यों बिदा माँगते ही।
रोके आँसू जननि दृग में एक ही साथ आयें।
धीरे बोलीं परम दुख से जीवनाधार जाओ।
दोनों भैया विधुमुख हमें लौट आके दिखाओ।।४४।।

धीरे धीरे सु - पवन बहे स्निग्ध हों अंशुमाली।
प्यारी छाया विटप वितरें शान्ति फैले वनों में।
बाधायें हों शमन पथ की दूर हों आपदायें।
यात्रा तेरी सफल सुत हो क्षेम से गेह आओ।।४५।।

ले के माता - चरणरज को श्याम और राम दोनों।
आये विप्रों निकट उन के पाँव की वन्दना की।
भाई - बन्दों सहित मिलके हाथ जोड़ा बड़ों को।
पीछे बैठे विशद रथ में बोध दे के सबों को।।४६।।

दोनों प्यारे कुँवर वर को यान पै देख बैठा।
आवेगों से विपुल विवशा हो उठीं नन्दरानी।
आँसू आते युगल दृग से वारि धारा बहा के।
बोलीं दीना सदृश पति से दग्ध हो हो दुःखों से।।४७।।

## मालिनी छन्द

अहह दिवस ऐसा हाय ! क्यों आज आया।
निज प्रियसुत से जो मैं जुदा हो रही हूँ।
अगणित गुणवाली प्राण से नाथ प्यारी।
यह अनुपम थाती मैं तुम्हें सौंपती हूँ।।४८।।

सब पथ कठिनाई नाथ हैं जानते ही।
अब तक न कहीं भी लाडिले हैं पधारे।
मधुर फल खिलाना दृश्य नाना दिखाना।
कुछ पथ - दुख मेरे बालकों को न होवे।।४९।।

खर पवन सतावे लाडिलों को न मेरे।
दिनकर किरणों की ताप से भी बचाना।
यदि उचित जँचे तो छाँह में भी बिठाना।
मुख - सरसिज ऐसा म्लान होने न पावे।।५०।।

विमल जल मँगाना देख प्यासा मिलाना।
कुछ क्षुधित हुए ही व्यंजनों को खिलाना।
दिन वदन सुतों का देखते ही बिताना।
विलसित अधरों को सूखने भी न देना।।५१।।

युग तुरग सजीले वायु से वेग वाले।
अति अधिक न दौड़े यान धीरे चलाना।
बहु हिल कर हाहा कष्ट कोई न देवे।
परम मृदुल मेरे बालकों का कलेजा।।५२।।

प्रिय ! सब नगरों में वे कुबामा मिलेंगी।
न सुजन जिनकी हैं वामता बूझ पाते।
सकल समय ऐसी साँपिनों से बचाना।
वह निकट हमारे लाडिलों के न आवें।।५३।।

जब नगर दिखाने के लिये नाथ जाना।
निज सरल कुमारों को खलों से बचाना।
सँग सँग रखना और साथ ही गेह लाना।
छन सुअन दृगों से दूर होने न पावें।।५४।।

धनुष मख सभा में देख मेरे सुतों को।
तनिक भृकुटि टेढ़ी नाथ जो कंस की हो।
अवसर लख ऐसे यत्न तो सोच लेना।
न कुपित नृप होवें औ बचें लाल मेरे।।५५।।

यदि विधिवश सोचा भूप ने और ही हो।
यह विनय बड़ी ही दीनता से सुनाना।
हम बस न सकेंगे जो हुई दृष्टि मैली।
सुअन युगल ही हैं जीवनाधार मेरे।५६।।

लख कर मुख सूखा सूखता है कलेजा
उर विचलित होता है विलोके दुखों के।
शिर पर सुत के जो आपदा नाथ आई।
यह अवनि फटेगी औ समा जाउँगी मैं।।५७।।

जगकर कितनी ही रात मैंने बिताई।
यदि तनिक कुमारों को हुई बेकली थी।
यह हृदय हमारा भग्न कैसे न होगा।
यदि कुछ दुख होगा बालकों को हमारे।।५८।।

कब शिशिर निशा के शीत को शीत जाना।
थर थर कँपती थी औ लिये अंक में थी।
यदि सुखित न यों भी देखती लाल को थी
सब रजनि खड़े औ घूमते ही बिताती।।५९।।

निज सुख अपने मैं ध्यान में भी न लाई।
प्रिय सुत सुख ही से मैं सुखी हूँ कहाती।
मुख तक कुम्हलाया नाथ मैंने न देखा।
अहह दुखित कैसे लाडिले को लखूँगी।।६०।।

यह समझ रही हूँ और हूँ जानती ही।
हृदय धन तुमारा भी यही लाडिला है।
पर विवश हुई हूँ जी नहीं मानता है।
यह विनय इसी से नाथ मैंने सुनाई।।६१।।

अब अधिक कहूँगी आपसे और क्या मैं।
अनुचित मुझसे है नाथ होता बड़ा ही।
निज युग कर जोड़े ईश से हूँ मनाती।
सकुशल गृह लौटें आप ले लाडिलों को।।६२।।

## मन्दाक्रान्ता छन्द

सारी बातें अति दुखभरी नन्द-अर्द्धाङ्गिनी की।
लोगों को थीं व्यथित करती औ महा कष्ट देती।
ऐसा रोई सकल-जनता खो बची धीरता को।
भू में व्यापी विपुल जिस से शोक उच्छ्वासमात्रा।।६३।।

आविर्भूता गगन-तल में हो रही है निराशा।
आशाओं में प्रकट दुख की मूर्तियाँ हो रही हैं।
ऐसा जी में ब्रज - दुख - दशा देख के था समाता।
भू-छिद्रों से विपुल करुणा-धार है फूटती सी।।६४।।

सारी बातें सदुख सुन के नन्द ने कामिनी को।
प्यारे प्यारे वचन कह के धीरता से प्रबोधा।
आई थी जो सकल जनता धैर्य्य दे के उसे भी।
वे भी बैठे स्वरथ पर जा साथ अक्रूर को ले।।६५।।

घेरा आके सकल जन ने यान को देख जाता।
नाना बातें दुखमय कहीं पत्थरों को रुलाया।
हाहा खाया बहु विनय की और कहा खिन्न हो के।
जो जाते हो कुँवर मथुरा ले चलो तो सभी को।।६६।।

बीसों बैठे पकड़ रथ का चक्र दोनों करों से।
रासें ऊँचे तुरग युग की थाम लीं सैकड़ों ने।
सोये भू में चपल रथ के सामने आ अनेकों।
जाना होता अति अप्रिय था बालकों का सबों को।।६७।।

लोगों को यों परम-दुख से देख उन्मत्त होता।
नीचे आये उतर रथ के नन्द औ यो प्रबोधा।
क्यों होते हो विकल इतना यान क्यों रोकते हो।
मैं ले दोनों हृदय धन को दो दिनों में फिरूँगा।।६८।।

देखो लोगों, दिन चढ़ गया धूप भी हो रही है।
जो रोकोगे अधिक अब तो लाल को कष्ट होगा।
यों ही बातें मृदुल कह के औ हटा के सबों को।
वे जा बैठे तुरत रथ में औ उसे शीघ्र हाँका।।६९।।

दोनों तीखे तुरग उचके औ उड़े यान को ले।
आशाओं में गगन-तल में हो उठा शब्द हाहा।
रोये प्राणी सकल ब्रज के चेतनाशून्य से हो।
संज्ञा खो के निपतित हुईं मेदिनी में यशोदा।।७०।।

जो आती थी पथरज उड़ी सामने टाप द्वारा।
बोली जाके निकट उसके भ्रान्त सी एक बाला।
क्यों होती है भ्रमित इतनी धूलि क्यों क्षिप्त तू है।
क्या तू भी है विचलित हुई श्याम से भिन्न हो के।।७१।।

आ आ, आके लग हृदय में समाजा।
मेरे अंगों पर पतित हो बात मेरी बना जा।
मैं पाती हूँ सुख रज तुझे आज छूके करों से।
तू आती है प्रिय निकट से क्लान्ति मेरी मिटा जा।।७२।।

रत्नों वाले मुकुट पर जा बैठती दिव्य होती।
जो छा जाती अलक पर तू तो छटा मंजु पाती।
धूलि तू है निपट मुझ सी भाग्यहीना मलीना।
आभा वाले कमल-पग से जो नहीं जा लगी तू।।७३।।

जो तू जाके विशद रथ में बैठ जाती कहीं भी।
किम्वा तू जो युगल तुरगों के तनो में समाती।
तो तू जाती प्रिय स्वजन के साथ ही शान्ति पाती।
यों होहो के भ्रमित मुझ सी भ्रान्त कैसे दिखाती।।७४।।

हा ! मैं कैसे निज हृदय की वेदना को बताऊँ।
मेरे जी को मनुज तन से ग्लानि सी हो रही है।
जो मैं होती तुरग अथवा यान ही या ध्वजा ही।
तो मैं जाती कुँवर वर के साथ क्यों कष्ट पाती।।७५।।

बोली बाला अपर अकुला हा! सखी क्या कहूँ मैं।
आँखों से तो अब रथ ध्वजा भी नहीं है दिखाती।
है धूली ही गगन-तल में अल्प उड्डीयमाना।
हा! उन्मत्ते ! नयन भर तू देख ले धूलि ही को।।७६।।

जी होता है विकल मुँह को आ रहा है कलेजा।
ज्वाला सी है ज्वलित उर में ऊबती मैं महा हूँ।
मेरी आली अब रथ गया दूर ले साँवले को।
हा ! आँखों से न अब मुझको धूलि भी है दिखाती।।७७।।

टापों का नाद जब तक था कान में स्थान पाता।
देखी जाती जब तक रही यान ऊँची पताका।
थोड़ी से भी जब तक रही व्योम में धूलि छाती।
यों ही बातें विविध गहते लोग ऊबे खड़े थे।।७८।।

## द्रुतविलम्बित छन्द

तदुपरान्त महा दुख में पगी।
बहु विलोचन वारि विमोचती।
महरि को लख गेह सिधारती।
गृह गई व्यथिता जनमंडली।।७९।।

## मन्दाक्रान्ता छन्द

धाता द्वारा सृजित जग में हो धरा मध्य आके।
पाके खोये विभव कितने प्राणियों ने अनेकों।
जैसा प्यारा विभव ब्रज ने हाथ से आज खोया।
पाके ऐसा विभव वसुधा में न खोया किसी ने।।८०।।

# षष्ठ सर्ग

## मन्दाक्रान्ता छन्द

धीरे धीरे दिन गत हुआ पदिमनीनाथ डूबे।
दोषा आई फिर गत हुई दूसरा वार आया।
यों ही बीतीं विपुल घड़ियाँ औ कई बार बीते।
कोई आया न मधुपुर से औ न गोपाल आये।।१।।

ज्यों ज्यों जाते दिवस चित का क्लेश था वृद्धि पाता।
उत्कण्ठा थी अधिक बढ़ती व्यग्रता थी सताती।
होतीं आके उदय उर में घोर उद्विग्नतायें।
देखे जाते सकल ब्रज के लोग उद्भ्रान्त से थे।।२।।

खाते पीते गमन करते बैठते और सोते।
आते जाते वन अवनि में गोधनों को चराते।
देते लेते सकल ब्रज की गोपिका गोपजों के।
जी में होता उदय यह था क्यों नहीं श्याम आये।।३।।

दो प्राणी भी ब्रज - अवनि के साथ जो बैठते थे।
तो आने की न मधुवन से बात ही थे चलाते।
पूछा जाता प्रतिथल मिथ : व्यग्रता से यही था।
दोनों प्यारे कुँवर अब भी लौट के क्यों न आये।।४।।

आवासों में सुपरिसर में द्वार में बैठकों में।
बाजारों में विपणि सब में मंदिरों में मठों में।
आने ही की न ब्रजधन के बात फैली हुई थी।
कुंजों में औ पथ अ-पथ में बाग में औ बनों में।।५।।

आना प्यारे महरसुत का देखने के लिए ही।
कोसों जाती प्रतिदिन चली मंडली उत्सुकों की।
ऊँचे ऊँचे तरु पर चढ़े गोप ढोटे अनेकों।
घंटों बैठे तृषित दृग से पंथ को देखते थे।।६।।

आके बैठी निज सदन की मुक्त ऊँची छतों में।
मोखों में औ पथ पर बने दिव्य वातायनों में।
चिन्ता मग्ना विवश विकला उन्मना नारियों की।
दो ही आँखें सहस बन के देखती पंथ को थीं।।७।।

आके कागा यदि सदन में बैठता था कहीं भी।
तो तन्वंगी उस सदन की यों उसे थी सुनाती।
जो आते हो कुँवर उड़ के काक तो बैठ जा तू।
मैं खाने को प्रतिदिन तुझे दूध औ भात दूँगी।।८।।

आता कोई मनुज मथुरा ओर से जो दिखाता।
नाना बातें सदुख उससे पूछते तो सभी थे।
यों ही जाता पथिक मथुरा ओर भी जो जनाता।
तो लाखों ही सकल उससे भेजते थे सँदेसे।।९।।

फूलों पत्तों सकल तरुओं औ लता बेलियों से।
आवासों से ब्रज अवनि से पंथ की रेणुओं से।
होती सी थी यह ध्वनि सदा कुञ्ज से काननों से।,
मेरे प्यारे कुँवर अब भी क्यों नहीं गेह आये।।१०।।

## मालिनी छन्द

यदि दिन कट जाता बीतती थी न दोषा।
यदि निशि टलती थी वार था कल्प होता।
पल पल अकुलाती ऊबती थीं यशोदा।
रट यह रहती थी क्यों नहीं श्याम आये।।११।।

प्रति दिन कितनों को पंथ में भेजती थीं।
निज प्रिय सुत आना देखने के लिये हा।
नियत यह जत.। के लिये थे अनेकों।
सकुशल गृह दोनों लाडिले आ रहे हैं।।१२।।

दिन दिन भर वे आ द्वार पै बैठती थीं।
प्रिय पथ लखते ही वार को थीं बिताती।
यदि पथिक दिखाता तो यही पूछती थीं।
मम सुत गृह आता क्या कहीं था दिखाया।।१३।।

अति अनुपम मेवे औ रसीले फलों को।
बहु मधुर मिठाई दुग्ध को व्यञ्जनों को।
पथश्रम निज प्यारे पुत्र का मोचने को।
प्रतिदिन रखती थीं भाजनों में सजा के।।१४।।

जब कुँवर न आते वार भी बीत जाता।
तब बहु दुख पा के बाँट देती उन्हें थीं।
दिनदिन उर में थी वृद्धि पाती निराशा।
तम निबिड़ दृगों के सामने हो रहा था।।१५।।

जब पुरबनिता आ पूछती थी सँदेसा।
तब मुख उनका थीं देखती उन्मना हो।
यदि कुछ कहना भी वे कभी चाहती थीं।
न कथन कर पातीं कंठ था रुद्ध होता।।१६।।

यदि कुछ समझातीं गेह की सेविकायें।
बन विकल उसे थीं ध्यान में भी न लातीं।
तन सुधि तक खोती जा रही थीं यशोदा।
अतिशय बिमना औ चिन्तिता हो रही थीं।।१७।।

यदि दधि मथने को बैठती दासियाँ थीं।
मथन - रव उन्हें था चैन लेने न देता।
यह कह इसके ही रोक देतीं उन्हें वे।
तुम सब मिल के क्या कान को फोड़ दोगी।।१८।।

दुख वश सब धंधे बन्द से हो गये थे।
गृह जन मन मारे काल को थे बिताते।
हरि - जननि - व्यथा से मौन थीं शारिकायें।
सकल सदन में ही छा गई थी उदासी।।१९।।

प्रति दिन कितने ही देवता थीं मनाती।
बहु यजन कराती विप्र के वृन्द से थीं।
नित घर पर कोई ज्योतिषी थीं बुलाती।
निज प्रिय सुत आना पूछने को यशोदा।।२०।।

सदन ढिग कहीं जो डोलता पत्र भी था।
निज श्रवण उठाती थीं समुत्कण्ठिता हो।
कुछ रज उठती जो पंथ के मध्य योंही।
बन अयुत - दृगी तो वे उसे देखती थीं।।२१।।

गृह दिशि यदि कोई शीघ्रता साथ आता।
तब उभय करों से थामतीं वे कलेजा।
जब वह दिखलाता दूसरी ओर जाता।
तब हृदय करों से ढाँपती थीं दृगों को।।२२।।

मधुवन पथ से वे तीव्रता साथ आता।
यदि नभ - तल में थीं देख पाती पखेरू।
उस पर कुछ ऐसी दृष्टि तो डालती थीं।
लख कर जिसको था भग्न होता कलेजा।।२३।।

पथ पर लगी थी दृष्टि ही उत्सुका हो।
न हृदय तल ही की लालसा वर्द्धिता थी।
प्रतिपल करता था लाडिलों की प्रतीक्षा।
यक यक तन रोआँ नँद की कामिनी का।।२४।।

प्रतिपल दृग देखा चाहते श्याम को थे।
छनछन सुधि आती श्यामली मूर्ति की थी।
प्रति निमिष यही नहीं चाहती नन्दरानी।
निज वदन दिखावे मेघ सी कान्तिवाला।।२५।।

## मंदाक्रान्ता छन्द

रो रो चिन्ता-सहित दिन को राधिका थीं बिताती।
आँखों को थीं सजल रखतीं उन्मना थीं दिखाती।
शोभा वाले जलद - वपु की हो रही चातकी थीं।
उत्कण्ठा थी परम बला वेदना वर्द्धिता थी।।२६।।

बैठी खिन्ना यक दिवस वे गेह में थीं अकेली।
आके आँसू दृग - युगल में थे धरा को भिगोते।
आई धीरे इस सदन में पुष्प - सद्‌गंध को ले।
प्रातः वाली सुपवन इसी काल वातायनों से।।२७।।

आके पूरा सदन उसने सौर भीला बनाया।
चाहा सारा - कलुष तन का राधिका के मिटाना।
जो बूँदें थीं सजल दृग के पक्ष्म में विद्यमाना।
धीरे धीरे क्षिति पर उन्हें सौम्यता से गिराना।।२८।।

श्री राधा को यह पवन की प्यार वाली क्रियायें।
थोड़ी सी भी न सुखद हुई हो गई वैरिणी सी।
भीनी भीनी महँक मन की शान्ति को खो रही थी।
पीड़ा देती व्यथित चित को वायु की स्निग्धता थी।।२९।।

संतापों को विपुल बढ़ता देख के दुःखिता हो।
धीरे बोलीं सदुख उससे श्रीमती राधिका यों।
प्यारी प्रातः पवन इतना क्यों मुझे है सताती।
क्या तू भी है कलुषित हुई काल की क्रूरता से।।३०।।

कालिन्दी के कल पुलिन पै घूमती सिक्त होती।
प्यारे प्यारे कुसुम - चय को चूमती गंध लेती।
तू आती है वहन करती वारि के सीकरों को।
हा ! पापिष्ठे फिर किस लिये ताप देती मुझे है।।३५।।

क्योंकि होती है निठुर इतना क्यों बढ़ाती व्यथा है।
तू है मेरी चिर परिचिता तू हमारी प्रिया है।
मेरी बातें सुन मत सता छोड़ दे बामता को।
पीड़ा खो के प्रणतजन की है बड़ा पुण्य होता।।३२।।

मेरे प्यारे नव जलद से कंज से नेत्रवाले।
जाके आये न मधुवन से औ न भेजा सँदेसा।
मैं रो रो के प्रिय - विरह से बावली हो रही हूँ।
जाके मेरी सब दुःख-कथा श्याम को तू सुना दे।।३३।।

हो पाये जो न यह तुझसे तो क्रिया-चातुरी से।
जाके रोने विकल बनने आदि ही को दिखा दे।
चाहे ला दे प्रिय निकट से वस्तु कोई अनूठी।
हा हा ! मैं हूँ मृतक बनती प्राण मेरा बचा दे।।३४।।

तू जाती है सकल थल ही वेगवाली बड़ी है।
तू है सीधी तर हृदया ताप उन्मूलती है।
मैं हूँ जी में बहुत रखती वायु तेरा भरोसा।
जैसे हो ऐ भगिनि बिगड़ी बात मेरी बना दे।३५।।

कालिन्दी के तट पर घने रम्य उद्यानवाला।
ऊँचे ऊँचे धवल-गृह की पंक्तियों से प्रशोभी।
जो है न्यारा नगर मथुरा प्राणप्यारा वहीं है।
मेरा सूना सदन तज के तू वहाँ शीघ्र ही जा।।३६।।

ज्यों ही मेरा भवन तज तू अल्प आगे बढ़ेगी।
शोभावाली सुखद कितनी मंजु कुंजें मिलेंगी।
प्यारी छाया मृदुल स्वर से मोह लेंगी तुझे वे।
तो भी मेरा दुख लख वहाँ जा न विश्राम लेना।।३७।।

थोड़ा आगे सरस रव का धाम सत्पुष्पवाला।
अच्छे अच्छे बहु द्रुम लतावान सौन्दर्य्यशाली।
प्यारा वृन्दाविपिन मन को मुग्धकारी मिलेगा।
आना जाना इस विपिन से मुह्यमाना न होना।।३८।।

जाते जाते अगर पथ में क्लान्त कोई दिखावे।
तो जा के सन्निकट उसकी क्लान्तियों को मिटाना।
धीरे-धीरे परस करके गात उत्ताप खोना।
सद्गंधों से श्रमित जन को हर्षितों सा बनाना।।३९।।

संलग्ना हो सुखद जल के श्रान्तिहारी कणों से।
ले के नाना कुसुम कुल का गंध आमोदकारी।
निर्धूली हो गमन करना उद्धता भी न होना।
आते जाते पथिक जिससे पंथ में शान्ति पावें।।४०।।

लज्जा शीला पथिक महिला जो कहीं दृष्टि आये।
होने देना विकृत - वासना तो न तू सुन्दरी को।
जो थोड़ी भी श्रमित वह हो गोद ले श्रान्ति खोना।
होठों की औ कमल-मुख की म्लानतायें मिटाना।।४१।।

जो पुष्पों के मधुर - रस को साथ सानन्द बैठे।
पाते होवें भ्रम भ्रमरी सौम्यता तो दिखाना।
थोड़ा सा भी न कुसुम हिले औ न उद्विग्न वे हों।
क्रीड़ा होवे न कलुषमयी केलि में हो न बाधा।।४२।।

कालिन्दी के पुलिन पर हो जो कहीं भी कढ़े तू।
छू के नीला सलील उसका अंग उत्ताप खोना।
जी चाहे तो कुछ समय वाँ खेलना पंकजों से।
छोटी छोटी सु-लहर उठा क्रीड़ितों को नचाता।।४३।।

प्यारे प्यारे तरु किशलयों को कभी जो हिलाना।
तो हो जाना मृदुल इतनी टूटने वे न पावें।
शाखापत्रों सहित जब तू केलि में लग्न हो तो।
थोड़ा सा भी न दुख पहुँचे शावकों को खगों के।।४४।।

तेरी जैसी मृदु पवन से सर्वथा शान्ति - कामी।
कोई रोगी पथिक पथ में जो पड़ा हो कहीं तो।
मेरी सारी दुखमय दशा भूल उत्कण्ठ होके।
खोना सारा कलुष उसका शान्ति सर्वाङ्ग होना।।४५।।

कोई क्लान्ता कृषक ललना खेत में जो दिखावे।
धीरे धीरे परस उसकी क्लान्तियों को मिटाना।
जाता कोई जलद यदि हो व्योम में तो उसे ला।
छाया द्वारा सुखित करना, तप्त भूतांगना को।।४६।।

उद्यानों में सु-उपवन में वापिका में सरों में।
फूलोंवाले नवल तरु में पत्र शोभी द्रुमों में।
आते जाते न रम रहना औ न आसक्त होना।
कुंजों में औ कमल - कुल में वीथिका में वनों में।।४७।।

जाते जाते पहुँच मथुरा - धाम में उत्सुका हो।
न्यारी - शोभा वर नगर की देखना मुग्ध होना।
त होवेगी चकित लख के मेरु से मन्दिरों को।
आभा वाले कलश जिनके दूसरे अर्क से हैं।।४८।।

जी चाहे तो शिखर सम जो सद्म के हैं मुँडेरे।
वाँ जा ऊँची अनुपम - ध्वजा अङ्क में ले उड़ाना।
प्रासादों में अटन करना घूमना प्रांगणों में।
उद्युक्ता हो सकल सुर से गेह को देख जाना।।४९।।

कुंजों बागों विपिन यमुना कूल या आलयों में।
सद्‌गंधों से भरित मुख की वास सम्बन्ध से आ।
कोई भौंरा विकल करता हो किसी कामिनी को।
तो सद्भावों सहित उसको ताड़ना दे भगाना।।५०।।

तू पावेगी कुसुम गहने कान्तता साथ पैन्हे।
उद्यानों में वर नगर के सुन्दरी मालिनों को।
वे कार्य्यों में स्वप्रियतम के तुल्य ही लग्न होंगी।
जो श्रान्ता हों सरस गति से तो उन्हें मोह लेना।।५१।।

जो इच्छा हो सुरभि तन के पुष्प संभार से ले।
आते जाते स-रुचि उनके प्रीतमों को रिझाना।
ऐ मर्मज्ञे रहित उससे युक्तियाँ सोच होना।
जैसे जाना निकट प्रिय के व्योम-चुम्बी गृहों के।।५२।।

देखे पूजा समय मथुरा मन्दिरों मध्य जाना।
नाना वाद्यों मधुर - स्वर की मुग्धता को बढ़ाना।
किम्वा ले के रुचिर तरु के शब्दकारी फलों को।
धीरे धीरे मधुर-रव से मुग्ध हो हो बजाना।।५३।।

नीचे फूले कुसुम तरु के जो खड़े भक्त होवें।
किम्वा कोई उपल-गठिता-मूर्ति हो देवता की।
तो डालों को परम मृदुता मंजुता से हिलाना।
औ यों वर्षा कर कुसुम की पूजना पूजितों को।।५४।।

तू पावेगी वर नगर में एक भूखण्ड न्यारा।
शोभा देते अमित जिसमें राज प्रासाद होंगे।
उद्यानों में परम - सुषमा है जहाँ संचिता सी।
छीने लेते सरवर जहाँ वज्र की स्वच्छता हैं।।५५।।

तू देखेगी जलद - तन को जा वहीं तद्गता हो।
होंगे लोने नयन उनके ज्योति - उत्कीर्णकारी।
मुद्रा होगी वर - वदन की मूर्ति सी सौम्यता की।
सीधे साधे वचन उनके सिक्त होंगे सुधा से।।५६।।

नीले फूल कमल दल सी गात की श्यामता है।
पीला प्यारा वसन कटि में पैन्हते हैं फबीला।
छूटी काली अलक मुख की कान्ति को हैं बढ़ाती।
सद्वस्त्रों में नवल-तन की फूटती सी प्रभा है।।५७।।

साँचे ढाला सकल वपु है दिव्य सौंदर्य्यशाली।
सत्पुष्पों सी सुरभि उस की प्राण संपोषिका है।
दोनों कंधे वृषभ - वर से हैं बड़े ही सजीले।
लम्बी बाँहें कलभ - कर सी शक्ति की पेटिका हैं।।५८।।

राजाओं सा शिर पर लसा दिव्य आपीड़ होगा।
शोभा होगी उभय श्रुति में स्वर्ण के कुण्डलों की।
नाना रत्नाकलित भुज में मंजु केयूर होंगे।
मोतीमाला लसित उनका कम्बु सा कंठ होगा।।५९।।

प्यारे ऐसे अपर जन भी जो वहाँ दृष्टि आवें।
देवों के से प्रथित गुण से तो उन्हें चीन्ह लेना।
थोड़ी ही है वय तदपि वे तेजशाली बड़े हैं।
तारों में है न छिप सकता कंत राका निशा का।।६०।।

बैठे होंगे जिस थल वहाँ भव्यता भूरि होगी।
सारे प्राणी वदन लखते प्यारे के साथ होंगे।
पाते होंगे परम निधियाँ लूटते रत्न होंगे।
होती होंगी हृदयतल की क्यारियाँ पुष्पिता सी।।६१।।

बैठे होंगे निकट जितने शान्त औ शिष्ट होंगे।
मर्य्यादा का प्रति पुरुष को ध्यान होगा बड़ा ही।
कोई होगा न कह सकता बात दुर्वृत्तता की।
पूरा पूरा प्रति हृदय में श्याम आतंक होगा।।६२।।

प्यारे प्यारे वचन उनसे बोलते श्याम होंगे।
फैली जाती हृदय - तल में हर्ष की बेलि होगी।
देते होंगे प्रथित गुण वे देख सद्दृष्टि द्वारा।
लोहा को छू कलित कर से स्वर्ण होंगे बनाते।।६३।।

सीधे जाके प्रथम गृह के मंजु उद्यान में ही।
जो थोड़ी भी तन-तपन हो सिक्त हो के मिटाना।
निर्धूली हो सरस रज से पुष्प के लिप्त होना।
पीछे जाना प्रियसदन में स्निग्धता से बड़ी ही।।६४।।

जो प्यारे के निकट बजती बीन हो मंजुता से।
किम्बा कोई मुरज - मुरली आदि को हो बजाता।
या गाती हो मधुर स्वर से मण्डली गायकों की।
होने पावे न स्वर लहरी अल्प भी तो विपन्ना।।६५।।

जाते ही छू कमलदल से पाँव को पूत होना।
काली काली कलित अलकें गण्ड शोभी हिलाना।
क्रीड़ायें भी ललित करना ले दुकूलादिकों को।
धीरे धीरे परस तन को प्यार की बेलि बोना।।६६।।

तेरे में है न यह गुण जो तू व्यथायें सुनाये।
व्यापारों को प्रखर मति और युक्तियों से चलाना।
बैठे जो हों निज सदन में मेघ सी कान्तिवाले।
तो चित्रों को इस भवन के ध्यान से देख जाना।।६७।।

जो चित्रों में विरह-विधुरा का मिले चित्र कोई।
तो जा जाके निकट उसको भाव से यों हिलाना।
प्यारे हो के चकित जिससे चित्र की ओर देखें।
आशा है यों सुरति उनको हो सकेगी हमारी।।६८।।

जो कोई भी इस सदन में चित्र उद्यान का हो।
औ हों प्राणी विपुल उसमें घूमते बावले से।
तो जाके संनिकट उसके औ हिला के उसे भी।
देवात्मा को सुरति ब्रज के व्याकुलों की करना।।६९।।

कोई प्यारा - कुसुम कुम्हला गेह में जो पड़ा हो।
तो प्यारे के चरण पर ला डाल देना उसीको।
यों देना ऐ पवन बतला फूल सी एक बाला।
म्लाना ही हो कमल पग को चूमना चाहती है।।७०।।

जो प्यारे मंजु - उपवन या वाटिका में खड़े हों।
छिद्रों में जा क्वणित करना वेणु सा कीचकों को।
यों होवेगी सुरति उनको सर्व गोपांगना की।
जो हैं वंशी श्रवण रुचि से दीर्घ उत्कण्ठ होतीं।।७१।।

ला के फूले कमलदल को श्याम के सामने ही।
थोड़ा थोड़ा विपुल जल में व्यग्र हो हो डुबाना।
यों देना ऐ भगिनि जतला एक अंभोजनेत्रा।
आँखों को हो विरह-विधुरा वारि में बोरती है।।७२।।

धीरे लाना वहन कर के नीप का पुष्प कोई।
औ प्यारे के चपल दृग के सामने डाल देना।
ऐसे देना प्रकट दिखला नित्य आशंकिता हो।
कैसी होती विरहवश मैं नित्य रोमांचिता हूँ।।७३।।

बैठे नीचे जिस विटप के श्याम होंवें उसीका।
कोई पत्ता निकट उनके नेत्र के ले हिलाना।
यों प्यारे को विदित करना चातुरी से दिखाना।
मेरे चिन्ता-विजित चित का क्लान्त हो काँप जाना।।७४।।

सूखी जाती मलिन लतिका जो धरा में पड़ी हो।
तो पाँवों के निकट उसको श्याम के ला गिराना।
यों सीधे से प्रकट करना प्रीति से वंचिता हो।
मेरा होना अति मलिन औ सूखते नित्य जाना।।७५।।

कोई पत्ता नवल तरु का पीत जो हो रहा हो।
तो प्यारे के दृग युगल के सामने ला उसे ही।
धीरे धीरे सँभल रखना औ उन्हें यों बताना।
पीला होना प्रबल दुख से प्रोषिता सा हमारा।।७६।।

यो प्यारे को विदित करके सर्व मेरी व्यथायें।
धीरे धीरे वहन कर के पाँव की धूलि लाना।
थोड़ी सी भी चरणरज जो ला न देगी हमें तू।
हा ! कैसे तो व्यथित चित को बोध मैं दे सकूँगी।।७७।।

जो ला देगी चरणरज तो तू बड़ा पुण्य लेगी।
पूता हूँगी भगिनि उसको अंग में मैं लगाके।
पोतूँगी जो हृदय तल में वेदना दूर होगी।
डालूँगी मैं शिर पर उसे आँख में ले मलूँगी।।७८।।

तू प्यारे का मृदुल स्वर ला मिष्ट जो है बड़ा ही।
जो यों भी है क्षरण करती स्वर्ग की सी सुधा को।।
थोड़ा भी ला श्रवणपुट में जो उसे डाल देगी।
मेरा सूखा हृदयतल तो पूर्ण उत्फुल्ल होगा।।७९।।

भीनी भीनी सुरभि सरसे पुष्प की पोषिका सी।
मूलीभूता अवनितल में कीर्ति कस्तूरिका की।
तू प्यारे के नवलतन की वास ला दे निराली।
मेरे ऊबे व्यथित चित में शान्तिधारा बहा दे।।८०।।

होते होवे पतित कण जो अंगरागादिकों के।
धीरे धीरे वहन कर के तू उन्हीं को उड़ा ला।
कोई माला कलकुसुम की कंठसंलग्न जो हो।
तो यत्नों से विकच उसका पुष्प ही एक ला दे।।८१।।

पूरी होवें न यदि तुझसे अन्य बातें हमारी।
तो तू मेरी विनय इतनी मान ले औ चली जा।
छू के प्यारे कमलपग को प्यार के साथ आ जा।
जी जाऊँगी हृदयतल में मैं तुझी को लगाके।।८२।।

भ्राता हो के परम दुख औ भूरि उद्विग्नता से।
ले के प्रातः मृदुपवन को या सखी आदिकों को।
यों ही राधा प्रगट करतीं नित्य ही वेदनायें।
चिन्तायें थीं चलित करती वर्द्धिता थीं व्यथायें।।८३।।

# सप्तम सर्ग

## मन्दाक्रान्ता छन्द

ऐसा आया यक दिवस जो था महा मर्म्मभेदी।
धाता ने हो दुखित भव के चित्रितों को विलोका।
धीरे धीरे तरणि निकला काँपता दग्ध होता।
काला काला ब्रज-अवनि में शोक का मेघ छाया।।१।।

देखा जाता पथ जिन दिनों नित्य ही श्याम का था।
ऐसा खोटा यक दिन उन्हीं वासरों मध्य आया।
आँखें निची जिस दिन किये शोक में मग्न होते।
देखा आते सकल-ब्रज ने नन्द गोपादिकों को।।२।।

खो के होवे विकल जितना आत्म-सर्वस्व कोई।
होती हैं खो स्वमणि जितनी सर्प को वेदनायें।
दोनों प्यारे कुँवर तज के ग्राम में आज आते।
पीड़ा होती अधिक उससे गोकुलाधीश को थी।।३।।

लज्जा से वे प्रथित-पथ में पाँव भी थे न देते।
जी होता था व्यथित हरि का पूछते ही सँदेसा।
वृक्षों में हो विपथ चल वे आ रहे ग्राम में था।
ज्यों ज्यों आते निकट महि के मध्य जाते गड़े थे।।४।।

पाँवों को वे सँभल बल के साथ ही थे उठाते।
तो भी वे थे न उठ सकते हो गये थे मनों के।
मानों यों वे गृह गमन से नन्द को रोकते थे।
संक्षुब्धा हो सबल बहती थी जहाँ शोक-धारा।।५।।

यानों से हो पृथक तज के संग भी साथियों का।
थोड़े लोगों सहित गृह की ओर वे आ रहे थे।
विक्षिप्तों सा वदन उनका आज जो देख लेता।
हो जाता था वह व्यथित औ था महा कष्ट पाता।।६।।

आँसू लाते कृशित दृग से फूटती थी निराशा।
छाई जाती वदन पर भी शोक की कालिमा थी।
सीधे जो थे न पग पड़ते भूमि में वे बताते।
चिन्ता द्वारा चलित उनके चित्त की वेदनायें।।७।।

भादोंवाली भयद रजनी सूचि - भेद्या अमा की।
ज्यों होती है परम असिता छा गये मेघ-माला।
त्योंही सारे ब्रज-सदन का हो गया शोक गाढ़ा।
तातों वाले ब्रज नृपति को देख आता अकेले।।८।।

एकाकी ही श्रवण करके कंत को गेह आता।
दोड़ी द्वारे जननि हरि की क्षिप्त की भाँति आईं।
दोहीं आयें ब्रज अधिप भी सामने शोक-मग्न।
दोनों ही के हृदयतल की वेदना थी समाना।।९।।

आते ही वे निपतित हुईं छिन्न मूला लता सी।
पाँवों के सन्निकट पति के हो महा खिद्यमाना।
संज्ञा आई फिर जब उन्हें यत्न द्वारा जनों के।
रो रो हो हो विकल पति से यों व्यथा साथ बोलीं।।१०।।

## मालिनी छन्द

प्रिय-पति वह मेरा प्राणप्यारा कहाँ है।
दुख - जलधि निमग्ना का सहारा कहाँ है।
अब तक जिसको मैं देख के जी सकी हूँ।
वह हृदय हमारा नेत्र - तारा कहाँ है।।११।।

पल पल जिसके मैं पंथ को देखती थी।
निशि दिन जिसके ही ध्यान में थी बिताती।
उर पर जिसके है सोहती मंजुमाला।
वह नवनलिनी से नेत्रवाला कहाँ है।।१२।।

मुझ विजित - जरा का एक आधार जो है।
वह परम अनूठा रत्न सर्वस्व मेरा।
धन मुझ निधनी का लोचनों का उँजाला।
सजल जलद की सी कान्तिवाला कहाँ है।।१३।।

प्रति दिन जिसको मैं अंक में नाथ ले के।
विधि लिखित कुअंकों की क्रिया कीलती थी।
अति प्रिय जिसको हैं वस्त्र पीला निराला।
वह किशलय के से अंगवाला कहाँ है।।१४।।

वर - वदन विलोके फुल्ल अंभोज ऐसा।
करतल - गत होता व्योम का चंद्रमा था।
मृदु - रव जिसका है रक्त सूखी नसोंका।
वह मधु - मय - कारी मानसों का कहाँ है।।१५।।

रस - मय वचनों से नाथ जो गेह मध्य।
प्रति दिवस बहाता स्वर्ग-मंदाकिनी था।
मम सुकृति धरा का स्त्रोत जो था सुधा का।
वह नव - घन न्यारी श्यामता का कहाँ है।।१६।।

स्वकुल जलज का है जो समुत्फुल्लकारी।
मम परम - निराशा - यामिनी का विनाशी।
ब्रज - जन विहगों के वृन्द का मोद-दाता।
वह दिनकर शोभी रामभ्राता कहाँ है।।१७।।

मुख पर जिसके है सौम्यता खेलती सी।
अनुपम जिसका हूँ शील सौजन्य पाती।
परदुख लख के है जो समुद्विग्न होता।
वह कृति सरसी का स्वच्छ सोता कहाँ है।।१८।।

निविड़तम निराशा का भरा गेह में था।
वह किस विधु मुख की कान्ति को देख भागा।
सुखकर जिससे है कामिनी जन्म मेरा।
वह रुचिकर चित्रों का चितेरा कहाँ है।।१९।।

सह कर कितने ही कष्ट औ संकटों को।
बहु यजन कराके पूज के निर्जरों को।
यक सुअन मिला है जो मुझे यत्न द्वारा।
प्रियतम ! वह मेरा कृष्ण प्यारा कहाँ है।।२०।।

मुखरित करता जो सद्म को था शुकों सा।
कलरव करता था जो खगों सा वनों में।
सुध्वनित पिक सा जो वाटिका को बनाता।
वह बहु विध कंठों का विधाता कहाँ है।।२१।।

सुन स्वर जिसका थे मत्त होते मृगादि।
तरुगण - हरियाली थी महा दिव्य होती।
पुलकित बन जाती थी लसी पुष्प - क्यारी।
उस कल मुरली का नादकारी कहाँ है।।२२।।

जिस प्रिय वर को खो ग्राम सूना हुआ है।
सदन सदन में हा ! छा गई है उदासी।
तम वलित मही में है न होता उँजाला।
वह निपट निराली कान्ति वाला कहाँ है।।२३।।

वन वन फिरती हैं खिन्न गायें अनेकों।
शुक भर भर आँखें गेह को देखता है।
सुधि कर जिसकी है शारिका नित्य रोती।
वह श्रुचि रुचि स्वाती मंजु मोती कहाँ है।।२४।।

गृह गृह अकुलाती गोप की पत्नियाँ हैं।
पथ पथ फिरते हैं ग्वाल भी उन्मना हो।
जिस कुँवर बिना मैं हो रही हूँ अधीरा।
वह छवि खनि शोभी स्वच्छ हीरा कहाँ है।।२५।।

मम उर कँपता था कंस - आतंक ही से।
पल पल डरती थी क्या न जाने करेगा।
पर परम - पिता ने की बड़ी ही कृपा है।
वह निज कृत पापों से पिसा आप ही जो।।२६।।

अतुलित बलवाले मल्ल कूटादि जो थे।
वह गज गिरि ऐसा लोक - आतंक-कारी।
अनु दिन उपजाते भीति थोड़ी नहीं थे।
पर यमपुर - वासी आज वे हो चुके हैं।।२७।।

भयप्रद जितनी थीं आपदायें अनेकों।
यक यक कर के वे हो गईं दूर यों ही।
प्रियतम ! अनसोची ध्यान में भी न आई।
यह अभिनव कैसी आपदा आ पड़ी है।।२८।।

मृदु किशलय ऐसा पंकजों के दलों सा।
वह नवल सलोने गात का तात मेरा।
इन सब पवि ऐसे देह के दानवों का।
कब कर सकता था नाथ कल्पान्त में भी।।२९।।

पर हृदय हमारा ही हमें है बताता।
सब शुभ फल पाती हूँ किसी पुण्य ही का।
वह परम अनूठा पुण्य ही पापनाशी।
इस कुसमय में है क्यों नहीं काम आता।३०।।

प्रिय - सुअन हमारा क्यों नहीं गेह आया।
वर नगर छटायें देख के क्या लुभाया?।
वह कुटिल जनों के जाल में जा पड़ा है।
प्रियतम ! उसको या राज्य का भोग भाया।।३१।।

मधुर वचन से औ भक्ति भावादिकों से।
अनुनय विनयों से प्यार की उक्तियों से।
सब मधुपुर - वासी बुद्धिशाली जनों ने।
अतिशय अपनाया क्या ब्रजाभूषणों को?।।३२।।

बहु विभव वहाँ का देख के श्याम भूला।
वह बिलम गया या वृन्द में बालकों के।
फँस कर जिस में हा ! लाल छूटा न मेरा।
सुफलक - सुत ने क्या जाल कोई बिछाया।।३३।।

परम शिथिल हो के पंथ की क्लान्तियों से।
वह ठहर गया है क्या किसी वाटिका में।
प्रियतम ! तुम से या दूसरों से जुदा हो।
वह भटक रहा है क्या कहीं मार्ग ही में।।३४।।

विपुल कलित कुंजें भानुजा कूलवाली।
अतुलित जिनमें थी प्रीति मेरे प्रियों की।
पुलकित चित से वे क्या उन्हीं में गये हैं।
कतिपय दिवसों की श्रान्ति उन्मोचने को।।३५।।

विविध सुरभिवाली मण्डली बालकों की।
मम युगल सुतों ने क्या कहीं देख पाई।
निज सुहृद जनों में वत्स में धेनुओं में।
बहु बिलम गये वे क्या इसी से न आये?।।३६।।

निकट अति अनूठे नीप फूले फले के।
कलकल बहती जो धार है भानजा की।
अति - प्रिय सुत को है दृश्य न्यारा वहाँ का।
वह समुद उसे ही देखने क्या गया है?।।३७।।

सित सरसिज ऐसे गात के श्याम भ्राता।
यदुकुल जन हैं औ वंश के हैं उँजाले।
यदि वह कुलवालों के कुटुम्बी बने तो।
सुत सदन अकेले ही चला क्यों न आया।।३८।।

यदि वह अति स्नेही शील सौजन्य शाली।
तज कर निज भ्राता को नहीं गेह आया।
ब्रजअवनि बता दो नाथ तो क्यों बसेगी।
यदि बदन विलोकोंगी न मैं क्यों बचूँगी।।३९।।

प्रियतम ! अब मेरा कंठ में प्राण आया।
सच सच बतला दो प्राण प्यारा कहाँ है?।
यदि मिल न सकेगा जीवनाधार मेरा।
तब फिर निज पापी प्राण मैं क्यों रखूँगी।।४०।।

विपुल धन अनेकों रत्न हो साथ लाये।
प्रियतम ! बतला दो लाल मेरा कहाँ है।
अगणित अनचाहे रत्न ले क्या करूँगी।
मम परम अनूठा लाल ही नाथ ला दो।।४१।।

उस वर - धन को मैं माँगती चाहती हूँ।
उपचित जिससे है बंश की बेलि होती।
सकल जगत प्राणी मात्र का बीज जो है।
भव-विभव जिसे खो है वृथा ज्ञात होता।।४२।।

इन अरुण प्रभा के रंग के पाहनों की।
प्रियतम ! घर मेरे कौन सी न्यूनता है।
प्रति पल उर में है लालसा वर्द्धमाना।
उस परम निराले लाल के लाभ ही की।।४३।।

युग दृग जिससे हैं स्वर्ग सी ज्योति पाते।
उर तिमिर भगाता जो प्रभापुंज से है।
कल द्युति जिसकी है चित्त उत्ताप खोती।
वह अनुपम हीरा नाथ मैं चाहती हूँ।।४४।।

कटि-पट लख पीले रत्न दूँगी लुटा मैं।
तन पर सब नीले रत्न को वार दूँगी।
सुत-मुख-छवि न्यारी आज जो देख पाऊँ।
बहु अपर अनूठे रत्न भी बाँट दूँगी।।४५।।

धन विभव सहस्त्रों रत्न संतान देखे।
रज कण सम हैं औ तुच्छ हैं वे तृणों से।
पति इन सब को त्यों पुत्र को त्याग लाये।
मणि-गण तज लावे गेह ज्यों काँच कोई।।४६।।

परम - सुयश वाले कोशलाधीश ही हैं।
प्रिय - सुत बन जाते ही नहीं जी सके जो।
यह हृदय हमारा बज्र से ही बना है।
वह तुरंत नहीं जो सैकड़ों खंड होता।।४७।।

निज प्रिय मणि को जो सर्प खोता कभी है।
तड़प तड़प के तो प्राण है त्याग देता।
मम सदृश मही में कौन पापीयसी है।
हृदय - मणि गँवा के नाथ जो जीविता हूँ।४८।।

लघुतर - सफरी भी भाग्य वाली बड़ी है।
अलग सलिल से हो प्राण जो त्यागती है।
अह अवमि में मैं हूँ महा भाग्यहीना।
अब तक बिछुड़े जो लाल के जी सकी हूँ।।४९।।

परम पतित मेरे पातकी - प्राण ए हैं।
यदि तुरत नहीं हैं गात को त्याग देते।
अहह दिन न जानें कौन सा देखने को।
दुखमय तन में ए निर्म्ममों से रुके हैं।।५०।।

विधिवश इन में हा ! शक्ति बाकी नहीं है।
तन तज सकने की हो गये क्षीण ऐसे।
वह इस अवनी में भाग्यवाली बड़ी है।
अवसर पर सोवे मृत्यु के अंक में जो।।५१।।

बहु कलप चुकी हूँ दग्ध भी हो चुकी हूँ।
जग कर कितनी ही रात में रो चुकी हूँ।
अब न हृदय में है रक्त का लेश बाकी।
तन बल सुख आशा मैं सभी खो चुकी हूँ।।५२।।

विधु मुख अवलोके मुग्ध होगा न कोई।
न सुखित ब्रजवासी कान्ति को देख होंगे।
यह अवगत होता है सुनी बात द्वारा।
अब बह न सकेगी शान्ति - पीयूष धारा।।५३।।

सब दिन अति-सूना ग्राम सारा लगेगा।
निशि दिवस बड़ी ही खिन्नता से कटेंगे।
समधिक ब्रज में जो छा गई है उदासी।
अब वह न टलेगी औ सदा ही खलेगी।।५४।।

बहुत सह चुकी हूँ और कैसे सहूँगी।
पवि सदृश कलेजा मैं कहाँ पा सकूँगी।
इस कृशित हमारे गात को प्राण त्यागो।
बन विवश नहीं तो नित्य रो रो मरूँगी।।५५।।

हा ! वृद्धा के अतुल धन हा ! वृद्धता के सहारे।
हा ! प्राणों के परम - प्रिय हा ! एक मेरे दुलारे।
हा ! शोभा के सदन सम हा ! रूप लावण्यवाले।
हा ! बेटा हा ! हृदय - धन हा ! नेत्र-तारे हमारे।।५६।।

कैसे होके अलग तुझसे आज भी मैं बची हूँ।
जो मैं ही हूँ समझ न सकी तो तुझे क्यों बताऊँ।
हाँ जीऊँगी न अब, पर है वेदना एक होती।
तेरा प्यारा वदन मरती बार मैंने न देखा।।५७।।

यों ही बातें स-दुख कहते अश्रुधारा बहाते।
धीरे-धीरे यशुमति लगीं चेतना - शून्य होने।
जो प्राणी थे निकट उनके या वहाँ, भीत होके।
नाना यत्नों सहित उनको वे लगे बोध देने।।५८।।

आवेगों से बहु विकल तो नन्द थे पूर्व ही से।
कान्ता को यों व्यथित लख के शोक में और डूबे।
बोले ऐसे वचन जिनसे चित्त में शान्ति आवे।
आशा होवे उदय उर में नाश पावे निराशा।।५९।।

धीरे-धीरे श्रवण करके नन्द की बात प्यारी।
जाते जो थे वपुष तज के प्राण वे लौट आये।
आँखें खोलीं हरि - जननि ने कष्ट से, और बोलीं।
क्या आवेगा कुँवर ब्रज में नाथ दो ही दिनों में।।६०।।

सारी बातें व्यथित उर की भूल के नन्द बोले।
हाँ आवेगा प्रिय - सुत प्रिये गेह दो ही दिनों में।
ऐसी बातें कथन कितनी और भी नन्द ने कीं।
जैसे तैसे हरि - जननि को धीरता से प्रबोधा।।६१।।

जैसे स्वाती-सलिल-कण पा वृष्टि का काल बीते।
थोड़ी सी है परम तृषिता चातकी शान्ति पाती।
वैसे आना श्रवण करके पुत्र का दो दिनों में।
संज्ञा खोती यशुमति हुई स्वल्प आश्वासिता सी।।६२।।

पीछे बातें कलप कहती काँपती कष्ट पाती।
आईं लेके स्वप्रिय पति को सद्म में नंद-वामा।
आशा की है अमित महिमा धन्य है दिव्य आशा।
जो छू के है मृतक बनते प्राणियों को जिलाती।।६३।।

# अष्टम सर्ग

## मन्दाक्रान्ता छन्द

यात्रा पूरी स - दुख करके गोप जो गेह आये।
सारी-बातें प्रकट ब्रज में कष्ट से कीं उन्होंने।
जो आने की विवि दिवस में बात थी खोजियों ने,
धीरे धीरे सकल उसका भेद भी जान पाया।।१।।

आती बेला वदन सबने नन्द का था विलोका।
आँखों में भी सतत उसकी म्लानता घूमती थी।
सारी - बातें श्रवणगत थीं हो चुकीं आगतों से।
कैसे कोई न फिर असली बात को जान जाता।।२।।

दोनों प्यारे न अब ब्रज में आ सकेंगे कभी भी।
आँखें होंगी न अब सफला देखके कान्ति प्यारी।
कानों में भी न अब मुरली की सु-तानें पड़ेंगी।
प्रायः चर्चा प्रति सदन में आज होती यही थी।।३।।

गो गोपी के सकल ब्रज के श्याम थे प्राणप्यारे।
प्यारी आशा सकल पुर की लग्न भी थी उन्हीं में।
चावों से था वदन उनका देखता ग्राम सारा।
क्यों हो जाता न उर - शतधा आज खोके उन्हीं को।।४।।

बैठे नाना जगह कहते लोग थे वृत्त नाना।
आवेगों का सकल पुर में स्रोत था वृद्धि पाता।
देखो कैसे करुण - स्वर से एक आभीर बैठा।
लोंगों को है सकल अपनी वेदनायें सुनाता।।५।।

## द्रुतविलम्बित छन्द

जब हुआ ब्रजजीवन-जन्म था।
ब्रज प्रफुल्लित था कितना हुआ।
उमगती कितनी कृति मूर्ति थीं।
पुलकते कितने नृप नंद थे।।६।।

विपुल सुन्दर - बन्दनवार से।
सकल द्वार बने अभिराम थे।
विहँसते ब्रज - सद्म - समूह के।
वदन में सदनावलि थी लसी।।७।।

नव रसाल - सुपल्लव के बने।
अजिर में वर - तोरण थे बँधे।
विपुल - जीह विभूषित था हुआ।
वह मनो रस - लेहन के लिये।।८।।

गृह गली मग मंदिर चौरहों।
तरुवरों पर थी लसती ध्वजा।
समुद सूचित थी करती मनो।
वह कथा ब्रज की सुरलोक को।।९।।

विपणि हो वर - वस्तु विभूषिता।
मणि मयी अलका सम थी लसी।
पर - वितान विमंडित ग्राम की।
सु - छवि थी अमरावति - रंजिनी।।१०।।

सजल कुंभ सुशोभित द्वार थे।
सुमन - संकुल थीं सब वीथियाँ
अति - सु - चर्चित थे सब चौरहे।
रस प्रवाहित सा सब ठौर था।।११।।

सकल गोधने सज्जित था हुआ।
वसन भूषण औ शिखिपुच्छ से।
विविध - भाँति अलंकृत थी हुई।
वपुल - ग्वाल मनोरम मण्डली।।१२।।

मधुर मंजुल मंगल गान की।
मच गई ब्रज में बहु धूम थी।
सरस औ अति ही मधुसिक्त थी।
पुलकिता नवला कलकंठता।।१३।।

सदन उत्सव की कमनीयता।
विपुलता बहु याचक-वृन्द की।
प्रचुरता धन रत्न प्रदान की।
अति मनोरम औ रमणीय थी।।१४।।

विविध भूषण वस्त्र विभूषिता।
बहु विनोदित ग्राम - बधूटियाँ।
विहँसती, नृप गेह - पधारती।
सुखद थीं कितना जनवृन्द को।।१५।।

ध्वनित भूषण की मधु मानता।
अति अलौकिकता कलतान की।
मधुर वादन वाद्य समूह का।
हृदय के कितना अनुकूल था।।१६।।

## मन्दाक्रान्ता छन्द

या मैंने था दिवस अति ही दिव्य ऐसा विलोका।
या आँखों से मलिन इतना देखता वार मैं हूँ।
जो ऐसा ही दिवस मुझको अन्त में था दिखाना।
तो क्यों तू ने निठुर विधना ! बार वैसा दिखाता।।१७।।

हा ! क्यों देखा मुदित उतना नन्द - नन्दांगना को।
जो दोनों को दुखित इतना आज मैं देखता हूँ।
वैसा फूला सुखित ब्रज क्यों म्लान है नित्य होता।
हा ! क्यों ऐसी दुखमय दशा देखने को बचा मैं।।१८।।

या देखा था अनुपम सजे द्वार औ प्रांगणों को।
आवासों को विपणि सबको मार्ग को मंदिरों को।
या रोते से विषम जड़ता मग्न से आज ए हैं।
देखा जाता अटल जिनमें राज्य मालिन्य का है।।१९।।

मैंने हो हो सुखित जिनको सज्जिता था विलोका।
क्यों वे गायें अहह ! दुख के सिंधु में मज्जिता हैं।
जो ग्वाले थे मुदित अति ही मग्न आमोद में हो।
हा ! आहों से मथित अब मैं क्यों उन्हें देखता हूँ।।२०।।

भोलीभाली बहु विध सजी वस्त्र आभूषणों से।
गानेवाली मधुर स्वर से सुन्दरी बालिकायें।
जो प्राणी के परम मुद की मूर्तियाँ थीं उन्हें क्यों।
खिन्ना-दीना मलिन-वसना देखने को बचा मैं।।२१।।

हा ! वाद्यों की मधुरध्वनि भी धूल में जा मिली क्या।
हा ! कीला है किस कुटिल ने कामिनी - कण्ठ प्यारा।
सारी शोभा सकल ब्रज की लूटता कौन क्यों है?।
हा ! हा ! मेरे हृदय पर यों साँप क्यों लोटता है।।२२।।

आगे आओ सहृदय जनों, वृद्ध का संग छोड़ो।
देखो बैठी सदन कहती क्या कई नारियाँ हैं।
रोते रोते अधिकतर की लाल आँखें हुई हैं।
जो ऊबी है कथन पहले हूँ उसी का सुनाता।।२३।।

## द्रुतविलम्बित छन्द

जब रहे ब्रजचन्द छ मास के।
दसन दो मुख में जब थे लसे।
तब पड़े कुसुमोपमं तल्प पै।
वह उछाल रहे पद कंज थे।।२४।।

महरि पास खड़ी इस तल्प के।
छवि अनुत्तम थीं अवलोकती।
अति मनोहर कोमल कंठ से
कलित गान कभी करती रहीं।।२५।।

जब कभी जननी मुख चूमतीं।
कल कथा कहतीं चुमकारतीं।
उमँगना हँसना उस काल का।
अति अलौकिक था ब्रजचन्द का।।२६।।

कुछ खुले मुख की सुषमा - मयी।
यह हँसी जननी-मन-रंजिनी।
लसित यों मुखमण्डल पै रही।
विकच पंकज ऊपर ज्यों कला।।२७।।

दसन दो हँसत मुख मंजु में।
दरसते अति ही कमनीय थे।
नवल कोमल पंकज कोष में।
विलसते बिवि मौक्तिक हों यथा।।२८।।

जननि के अति वत्सलता पगे।
ललकते विवि लोचन के लिये।
दसन थे रस के युग बीज से।
सरस धार सुधा सम थी हँसी।।२९।

जब सुव्यंजक भाव विचित्र के।
निकलते मुख - अस्फुट शब्द थे।
तब कढ़े अधरांबुधि से कई।
जननि को मिलते वर रत्न थे।।३०।।

अधर सांध्य सु-व्योम समान थे।
दसन थे युगतारक से लसे।
मृदु हँसी वर ज्योति समान थी।
जननि मानस की अभिनन्दिनी।।३१।।

विमल चन्द विनिन्दक माधुरी।
विकच वारिज की कमनीयता।
वदन में जननी बलवीर के।
निरखती बहु विश्व विभूति थीं।।३२।।

**मन्दाक्रान्ता छन्द**

मैने आँखों यह सब महा मोद नन्दांगना का।
देखा है औ सहस मुख से भाग को है सराहा।
छा जाती थी वदन पर जो हर्ष की कान्त लाली।
सो आँखो को अकथ रस से सिंचिता थी बनाती।।३३।।

हा ! मैं ऐसी प्रमुद-प्रतिमा मोद-आन्दोलिता को।
जो पाती हूँ मलिन वदना शोक में मज्जिता सी।
तो है मेरा हृदय मलता वारि है नेत्र लाता।
दावा सी है दहक उठती गात-रोमावली में।।३४।।

जो प्यारे का वदन लख के स्वर्ग - सम्पत्ति पाती।
लूटे लेती सकल निधियाँ श्यामली - मूर्ति देखे।
हा ! सो सारे अवनितल में देखती हैं अँधेरा।
थोड़ी आशा झलक जिसमें है नहीं दृष्टि आती।।३५।।

हा ! भद्रे ! हा ! सरलहृदये ! हा ! सुशीला यशोदे।
हा ! सद्वृत्ते ! सुरद्विजरते ! हा ! सदाचार - रूपे।
हा ! शान्ते ! हा परम सुव्रते ! है महा कष्ट देता।
तेरा होना नियति कर से विश्व में वंचिता यों।।३६।।

बोली बाला अपर विधि की चाल ही है निराली।
ऐसी ही है मम हृदय में वेदना आज होती।
मैं भी बीती भगिनि, अपनी आह ! देती सुना दूँ।
संतप्ता ने फिर बिलख के बात आरंभ यों की।।३७।।

## द्रुतविलम्बित छन्द

जननि - मानस पुण्य - पयोधि में।
लहर एक उठी सुख - मूल थी।
वह सु-वासर था ब्रज के किये।
जब चले घुटनों ब्रज - चन्द थे।।३८।।

उमगते जननी मुख देखते।
किलकते हँसते जब लाड़िले।
अजिर में घुटनों चलते रहे।
बितरते तब भूरि विनोद थे।।३९।।

विमल व्योम - विराजित चंद्रमा।
सदन शोभित दीपक की शिखा।
जननि अंक विभूषण के लिये।
परम कौतुक की प्रिय वस्तु थी।।४०।।

नयन रंजन अंजन मंजु सी।
छविमयी रज श्यामल गात की।
जननि थीं कर से जब पोंछतीं।
उलहती तब वेलि विनोद की।।४१।।

जब कभी कुछ लेकर पाणि में।
वदन में ब्रजनन्दन डालते।
चकित - लोचन से अथवा कभी।
निरखते जब वस्तु विशेष को।।४२।।

प्रकृत के नख थे तब खोलते।
विविध ज्ञान मनोहर ग्रन्थि को।
दमकती तब थी द्विगुणी शिखा।
महरि मानस मंजु प्रदीप की।।४३।।

कुछ दिनों उपरान्त ब्रजेश के।
चरण भूपर भी पड़ने लगे।
नवल नूपुर औ कटिकिंकिणी।
ध्वनित हो उठने गृह में लगी।।४४।।

ठुमुकते गिरते पड़ते हुए।
जननि के कर की उँगली गहे।
सदन में चलते जब श्याम थे।
उमड़ता तब हर्ष - पयोधि था।।४५।।

कणित हो करके कटिकिंकिणी।
विदित थी करती इस बात को।
चकितकारक पण्डित मण्डली।
परम अद्भुत बालक है यही।।४६।।

कलित नूपुर की कल - वादिता।
जगत को यह थी जतला रही।
कब भूला न अजीव सजीवता।
जस के पद पंकज पा सके।।४७।।

## मन्दाक्रान्ता छन्द

ऐसा प्यारा विधु छवि जयी आलयों का उँजाला।
शोभावाला अतुल - सुख का धाम माधुर्य्यशाली।
जो पाया था सुअन सुभगा नन्द-अर्द्धांगिनी ने।
तो यत्नों के बल न उनका कौन था पुण्य जागा।।४८।।

देखा होगा जिस सु - तिय ने नन्द के गेह जाके।
प्यारी लीला जलद - तन की मोद नन्दांगना का।
कैसे पाते विशद फल हैं पुण्यकारी मही में।
जाना होगा इस विषय को तद्गता हो उसी ने।।४९।।

प्रायः जाके कुँवर-छवि मैं मत्त हो देखती थी।
मोदोन्मत्ता महिषि-मुख को देख थी स्वर्ग छूती।
दौड़े माँ के निकट जब थे श्याम उत्फुल्ल जाते।
तो वे भी थीं ललक उनको अंक ले मुग्ध होती।।५०

मैं देवी की इस अनुपमा मुग्धता में रसों की।
नाना धारें समुद लख थी सिक्त होती सुधा से।
आँखों में है भगिनि, अब भी दृश्य न्यारा समाया।
हा ! भूली हूँ न अब तक मैं आत्म-उत्फुल्लता को।।५१।।

जाना जाता सखि यह नहीं कौन सा पाप जागा।
सोने ऐसा सुख-सदन जो आज है ध्वंस होता।
अंगों में जो परम सुभगा थी न फूली समाती।
हा ! पाती हूँ विरह - दव में दग्ध होती उसी को।।५२।।

हा ! क्या सारे दिवस सुख के हो गये स्वर्गगामी।
या डूबे जा सलिल - निधि के गर्भ में वे दुखी हो।
आके छाई महिषि-मुख में म्लानता है कहाँ की।
हा ! देखूँगी न अब उसको क्या खिले पद्म सा मैं।।५३।।

सारी बातें दुखित बनिता की भरी दुःख-गाथा।
धीरे धीरे श्रवण करके एक बाला प्रवीणा।
हो हो खिन्ना विपुल पहले धीरता - त्याग रोई।
पीछे आहें भर विकल हो यों व्यथा - साथ बोली।।५४।।

## द्रुतबिलम्बित छन्द

निकल के निज सुन्दर सद्म से।
जब लगे ब्रज में हरि घूमने।
जब लगी करने अनुरंजिता।
स्वपथ को पद पंकज लालिमा।।५५।।

तब हुई मुदिता शिशु - मण्डली।
पुर - वधू सुखिता बहु हर्षिता।
विविध कौतुक और विनोद की।
विपुलता ब्रज - मंडल में हुई।।५६।।

पहुँचते जब थे गृह में किसी।
ब्रज - लला हसते मृदु बोलते।
ग्रहण थीं करती अति - चाव से।
तब उन्हें सब सद्म - निवासिनी।।५७।।

मधुर भाषण से गृह - बालिका।
अति समादर थी करती सदा।
सरस माखन औ दधि दान से।
मुदित थी करती गृह-स्वामिनी।।५८।।

कमल लोचन भी कल उक्ति से।
सकल को करते अति मुग्ध थे।
कलित क्रीड़न नूपुर नाद से।
भवन भी बनता अति भव्य था।।५९।।

स - बलराम स - बालक मण्डली।
विरहते बहु मंदिर में रहे।
विचरते हरि थे अकले कभी।
रुचिर वस्त्र विभूषण से सजे।।६०।।

**मन्दाक्रान्ता छन्द**

ऐसे सारी ब्रज - अवनि के एक ही लाडिले को।
छीना कैसे किस कुटिल ने क्यों कहाँ कौन बेला।
हा ! क्यों घोला गरल उसने स्निग्धकारी रसों में।
कैसे छींटा सरस कुसुमोद्यान में कंटकों को।।६१।।

लीलाकारी, ललित - गलियों, लोभनीयालयों में।
क्रीड़ाकारों कलित कितने केलिवाले थलों में।
कैसे भूला ब्रज अवनि को कूल को भानुजा के।
क्या थोड़ा भी हृदय मलता लाडिले का न होगा।।६२।।

क्या देखूँगी न अब कढ़ता, इंदु को आलयों में।
क्या फूलेगा न अब गृह में पद्म सौंदर्य्यशाली।
मेरे खोटे दिवस अब क्या मुग्धकारी न होंगे।
क्या प्यारे का अब न मुखड़ा मंदिरों में दिखेगा।।६३।।

हाथों में ले मधुर दधि को दीर्घ उत्कण्ठता से।
घंटों बैठी कुँवर - पथ जो आज भी देखती हैं।
हा ! क्या ऐसी सरल हृदया सद्म की स्वामिनी की।
वांछा होगी न अब सफला श्याम को देख आँखों।।६४।।

भोली भाली सुख सदन की सुन्दरी बालिकायें।
जो प्यारे के कल कथन की आज भी उत्सुका हैं।
क्रीड़ाकांक्षी सकल शिशु जो आज भी हैं स-आशा।
हा ! धाता, क्या न अब उनकी कामना सिद्ध होगी।।६५।।

प्रातः बेला यक दिन गई नन्द के सद्म मैं थी।
बैठी लीला महरि अपने लाल की देखती थीं।
न्यारी क्रीड़ा समुद करके श्याम थे मोद देते।
होठों में भी विलसित सिता सी हँसी सोहती थी।।६६।।

ज्योंही आँखें मुझ पर पड़ीं प्यार के साथ बोलीं।
देखो कैसा सँभल चलता लाडिला है तुम्हारा।
क्रीड़ा में है निपुण कितना है कलावान कैसा।
पाके ऐसा वर सुअन मैं भाग्यमाना हुई हूँ।।६७।।

होवेगा सो सुदिन जब मैं आँख से देख लूँगी।
पूरी होती सकल अपने चित्त की कामनायें।
ब्याहूँगी मैं जब सुअन को औ मिलेगी वधूटी।
तो जानूँगी अमरपुर की सिद्धि है सद्म आई।।६८।।

ऐसी बातें उमग कहती प्यार से थीं यशोदा।
होता जाता हृदय उनका उत्स आनंद का था।
हा ! ऐसे ही हृदय - तल में शोक है आज छाया।
रोऊँ मैं या यह सब कहूँ या मरूँ क्या करूँ मैं।।६९।।

यों ही बातें विविध कह के कष्ट के साथ रो के।
आवेगों से व्यथित बन के दुःख से दग्ध हो के।
सारे प्राणी ब्रज - अवनि के दर्शनाशा सहारे।
प्यारे से हो पृथक अपने वार को थे बिताते।।७०।।

# नवम सर्ग

## शार्दूलविक्रीड़ित छन्द

एकाकी ब्रजदेव एक दिन थे बैठे हुए गेह में।
उत्सन्ना ब्रजभूमि के स्मरण से उद्विग्नता थी बड़ी।
ऊधो - संज्ञक - ज्ञान - वृद्ध उनके जो एक सन्मित्र थे।
वे आये इस काल ही सदन में आनन्द में मग्न से।।१।।

आते ही मुख - म्लान देख हरि का वे दीर्घ - उत्कण्ठ हो।
बोले क्यों इतने मलीन प्रभु हैं?। है वेदना कौन सी।
फूले - पुष्प - विमोहिनी - विचकता क्या हो गई आपकी।
क्यों है नीरसता प्रसार करती उत्फुल्ल - अंभोज में।।२।।

बोले वारिद - गात पास बिठला सम्मान से बन्धु को।
प्यारे सर्व - विधान की नियति का व्यामोह से है भरा।
मेरे जीवन का प्रवाह पहले अत्यन्त - उन्मुक्त था।
पाता हूँ अब मैं नितान्त उसको आवद्ध कर्तव्य में।।३।।

शोभा - संभ्रभ-शालिनी - ब्रज - धरा प्रेमास्पदा - गोपिका
माता - प्रीतिमयी प्रतीति-प्रतिमा, वात्सल्य - धाता-पिता,
प्यारे गोप - कुमार, प्रेम - मणि के पाथोधि से गोप वे।
भूले हैं न, सदैव याद उनकी देती व्यथा है हमें।।४।।

जी ये बात अनेक बार यह थी मेरे उठी मैं चलूँ।
प्यारी भावमयी सु - भूमि ब्रज में दो दिनों के लिये।
बीते मास कई परन्तु अब भी इच्छा न पूरी हुई।
नाना कार्य - कलाप की जटिलता होती गई वाधिका।।५।।

पेचीले नव राजनीति पचड़े जो वृद्धि है पा रहे।
यात्रा में ब्रज-भूमि की अहह वे हैं विघ्नकारी बड़े।
आते वासर हैं नवीन जितने लाते नये प्रश्न हैं।
होता है उनका दुरूहपन भी व्याघातकारी महा।।६।।

प्राणी है यह सोचता समझता मैं पूर्ण स्वाधीन हूँ।
इच्छा के अनुकूल कार्य्य सब मैं हूँ साध लेता सदा।
ज्ञाता हैं कहते मनुष्य वश में है काल कर्म्मादि के।
होती है घटना -प्रवाह - पतति - स्वाधीनता यंत्रिता।।७।।

देखो यद्यपि है अपार, ब्रज के प्रस्थान की कामना।
होता मैं तब भी निरस्त नति हूँ व्यापी द्विधा में पड़ा।
ऊधो दग्ध वियोग से ब्रज - धरा है हो रही नित्यशः।
जाओ सिक्त करो उसे सदय हो आमूल ज्ञानाम्बु से।।८।।

मेरे हो तुम बंधु विज्ञ - वर हो आनन्द की मूर्ति हो।
क्यों मैं जा ब्रज में सका न अब भी हो जानते भी इसे।
कैसी हैं अनुरागिनी हृदय से माता, पिता गोपिका।
प्यारे है यह भी छिपी न तुमसे जाओ अतः प्रात ही।।९।।

जैसे हो लघु वेदना हृदय की औ दूर होवे व्यथा।
पावें शान्ति समस्त - लोग न जलें मेरे वियोगाग्नि में।
ऐसे ही वर - ज्ञान तात ब्रज को देना बताना किया।
माता का स - विशेष तोष करना औ वृद्ध - गोपेश का।।१०।।

जो राधा वृष - भानु - भूप - तनया स्वर्गीय दिव्यांगना।
शोभा है ब्रज प्रान्त की अवनि की स्त्री-जाति की वंश की।
होगी हा ! वह मजबूत अति ही मेरे वियोगाब्धि में।
जो हो संभव तात पोत बन के तो त्राण देना उसे।।११।।

योंही आत्म प्रसंग श्याम - वपु ने प्यारे सखा से कहा।
मर्य्यादा व्यवहार आदि ब्रज का पूरा बताया उन्हें।
ऊधो ने सब को स आदर सुना स्वीकार जाना किया।
पीछे हो कर के बिदा सुहृद से आये निजागार वे।।१२।।

प्रातःकाल अपूर्व -त यान मँगवा औ साथ ले सूत को।
ऊधो गोकुल को चले सदय हो स्नेहाम्बु से भींगते।
वे आये जिस काल कान्त-ब्रज में देखा महा-मुग्ध हो।
श्री वृन्दावन की मनोज्ञ - मधुरा श्यामायमाना - मही।।१३।।

चूड़ा ड़ाये जिसकी प्रशान्त - नभ में थीं दीखती दूर से।
ऊधो को सु - पयोद के पटल सी सद्धूम की राशि सी।
सो गोवर्धन श्रेष्ठ - शैल अधुना था सामने दृष्टि के।
सत्पुष्पों सुफलों प्रशंसित द्रुमों से दिव्य सर्वाङ्ग हो।।१४।।

ऊँचा शीश सहर्ष शैल कर के था देखता व्योम को।
या होता अति ही स-गर्व वह था सर्वोच्चता दर्प से।
या वार्ता यह था प्रसिद्ध करता सामोद संसार में।
मैं हूँ सुन्दर मान दण्ड ब्रज की शोभा-मयी-भूमि का।।१५।।

पुष्पों से परिशोभमान बहुशः जो वृक्ष अंकसस्थ थे।
वे उद्घोषित थे सदर्प करते उत्फुल्लता मेरु की।
या ऊँचा कर के स-पुष्प कर को फूले द्रुमों ब्याज से।
श्री - पद्मा - पति के सरोज - पग को शैलेश था पूजता।।१६।।

नाना - निर्झर हो प्रसूत गिरि के संसिक्त उत्संग से।
हो हो शब्दित थे सवेग गिरते अत्यन्त - सौंदर्य्य से।
जो छीटें उड़तीं अतन्त पथ में थीं दृष्टि को मोहती।
शोभा थी अति ही अपूर्व उनके उत्थान की, 'पात' की।।१७।।

प्यारा था शुचि था प्रवाह उनका सद्वारि-सम्पन्न हो।
जो प्रायः बहता विचित्र-गति से गम्य-स्थलों-मध्य था।
सीधे ही वह था कहीं विहरता होता कहीं वक्र था।
नाना-प्रस्तर खंड साथ टकरा, था घूम जाता कहीं।।१८।।

होता निर्झर का प्रवाह जब था सावर्त्त उद्धिनन्न हो।
तो होती उसमें अपूर्व - ध्वनि थी उन्मादिनी कर्ण की।
मानों यों वह था सहर्ष कहता सत्कीर्ति शैलेश की।
या गाता गुण था अचिन्त्य-गति का सानन्द सत्कण्ठ से।।१९।।

गर्तों में गिरि कन्दरा निचय में, जो वारि था दीखता।
सो निर्जीव, मलीन, तेजहत था, उच्छवास से शून्य था।
पानी निर्झर का समुज्वल तथा उल्लास की मूर्ति था।
देता था गति-शील-वस्तु गरिमा यों प्राणियों को बता।।२०।।

देता था उसका प्रवाह उर में ऐसी उठा कल्पना।
धारा है यह मेरु से निकलती स्वर्गीय आनन्द की।
या है भूधर सानुराग द्रवता अंकस्थितों के लिये।
आँसू है वह ढालता विरह से किम्वा व्रजाधीश के।।२१।।

ऊधो को पथ में पयोद - स्वन सी गंभीरता पूरिता।
हो जाती ध्वनि एक कर्ण - गत थी प्रायः सुदूरागता।
होती थी श्रुति - गोचरा अब वही प्राबल्य पास ही।
व्यक्ता हो गिरि के किसी विवर से सद्वायु-संसर्गतः।।२२।।

सद्भावाश्रयता अचिन्त्य - दृढ़ता निर्भीकता उच्चता।
नाना - कौशल-मूलता अटलता न्यारी - क्षमाशीलता।
होता था यह ज्ञात देख उसकी शास्ता-समा-भंगिमा।
मानों शासन है गिरीन्द्र करता निम्नस्थ-भूभाग का।।२३।।

देतीं मुग्ध बना किसे न जिनको ऊँची शिखायें हिले।
शाखायें जिनकी विहंग - कुल से थीं शोभिता शब्दिता।
चारों ओर विशाल - शैल - वर के थे राजते कोटिशः।
ऊँचे श्यामल पत्र - मान - विटपी पुष्पोपशोभी महा।।२४।।

जम्मू अम्ब कदम्ब निम्ब फलसा जम्बीर औ आँवला।
लीची दाड़िम नारिकेल इमिली औ शिंशपा इंदुगी।
नारंगी अमरुद बिल्व वदरी सागौन शालादि भी।
श्रेणी-बद्ध तमाल ताल कदली औ शाल्मली थे खड़े।।२५।।

ऊँचे दाड़िम से रसाल - तरु थे और आम्र से शिंशपा।
यों निम्नोच्च असंख्य-पादप कसे वृन्दावटी मध्य थे।
मानों वे अवलोकते पथ रहे वृन्दावनाधीश का।
ऊँचा शीश उठा अपार - जनता के तुल्य उत्कण्ठ हो।।२६।।

## वंशस्थ छन्द

गिरीन्द्र में व्याप विलोकनीय थी।
वनस्थली मध्य प्रशंसनीय थी।
अपूर्व शोभा अवलोकनीय थी।
असेत जम्मालिनी - कूल जम्बु की।।२७।।

सुपक्वता पेशलता अपूर्वता।
फलादि की मुग्धकरी विभूति थी।
रसाप्लुता सी बन मंजु भूमि को।
रसालता थी करती रसाल की।।२८।।

सु - वर्त्तुलाकार विलोकनीय था।
विनम्र - शाखा नयनाभिराम थी।
अपूर्व थी श्यामल - पत्र - राशि में।
कदम्ब के पुष्प - कदम्ब की छटा।।२९।।

स्वकीय - पंचांग प्रभाव से सदा।
सदैव नीरोग वनान्त को बना।
किसी गुणी - वैद्य समान था खड़ा।
स्वनिम्बता - गर्वित वृक्ष - निम्ब का।।३०।।

लिये हथेली सम गात - पत्र में।
बड़े अनूठे - फल श्यामरंग के।
सदा खड़ा स्वागत के निमित्त था।
प्रफुल्लितों सा फलवान - फालसा।।३१।।

सुरम्य - शाखाकल - पल्लवादि में।
न डोलते थे फल मंजु - भाव से।
प्रकाश वे थे करते शनैः शनैः।
सदम्बु - निम्बू - तरु की सदम्बुता।।३२।।

दिखा फलों की बहुधा अपक्वता।
स्वपत्तियों की स्थिरता - विहीनता।
बता रहा था चलचित्त वृत्ति के
उतावलों की करतूत आँवला।।३३।।

रसाल - गूदा छिलका कदंश में।
कु - बीज गुदा मधुमान - अंक में।
दिखा फलों, में, वर - पोच - वंश का।
रहस्य लीची - तरु था बता रहा।।३४।।

विलोल - जिह्वा - युत रक्त - पुष्प से।
सुदन्त शोभी फल भग्न - अंक से।
बढ़ा रही थी वन की विचित्रता।
समाद्रिता दाड़िम की द्रुमावली।।३५।।

हिला स्व - शाखा नव - पुष्प को खिला।
नचा सु - पत्रावलि औ फलादि ला।
नितान्त था मानस पान्थ मोहता।
सुकेलि - कारी तरु - नारिकेल का।।३६।।

नितान्त लघ्वी घनता विवर्द्धिनी।
असंख्य - पत्रावलि अंकधारिणी।
प्रगाढ़ - छाया - मय पुष्पशोभिनी।
अम्लान काया - इमिली सुमौलि थी।।३७।।

सु-चातुरी से किसके न चित्त को।
निमग्न सा था करता विनोद में।
स्वकीय न्यारी - रचना विमुग्ध हो।
स्व - शीश - संचालन - मग्न शिंशपा।।३८।।

सु - पत्र संचालित थे न हो रहे।
नहीं स - शाखा हिलते फलादि थे।
जता रही थी निज स्नेह - शीलता।
स्व - इङ्गितों से रुचिरांग इंगुदी।।३९।।

सुवर्ण - ढाले - तमगे कई लगा।
हरे सजीले निज - वस्त्र को सजे।
बड़े अनूठेपन साथ था खड़ा।
महा रँगीला तरु - नागरंग का।।४०।।

अनेक - आकार - प्रकार - रंग के।
सुधा - समोये फल - पुंज से सजा।
विराजता अन्य रसाल तुल्य था।
समोदकारी अमरूद रोदसी।।४१।।

स्व - अंक में पत्र प्रसून मध्य में।
लिये फलों ब्याज सु - मूर्ति शंभु की।
सदैव पूजा - रत सानुराग था।
विलोलता - वर्जित - वृक्ष - बिल्व का।।४२।।

कु - अंगजों की बहु - कष्टदायिता।
बता रही थथी उन - नेत्र - वान को।
स्व - कंटकों से स्वयमेव सर्वदा।
विदारिता हो बदरी - द्रुमावली।।४३।।

समस्त-शाखा फल फूल मूल की।
सु - पल्लवों की मृदुता मनोज्ञता।
प्रफुल्ल होता चित था नितान्त ही।
विलोक सागौन सुगीत सांगता।।४४।।

नितान्त ही थी नभ - चुम्बनोत्सुका।
द्रुमोच्चता की महनीय - मूर्ति थी।
खगादि की थी अनुराग - वर्द्धिनी।
विशालता - शाल - विशाल काय की।।४५।।

स्वगात की श्यामलता विभूति से।
हरीतिमा से घन - पत्र - पुंज की।
अछिद्र छायादिक से तमोमयी।
वनस्थली को करता तमाल था।।४६।।

विचित्रता दर्शक - वृन्द - दृष्टि में।
सदा समुत्पादन में समर्थ था।
स - दर्प नीचा तरु - पुंज को दिखा।
स्व - शीश उत्तोलन ताल वृन्द का।।४७।।

सु - पक्व पीले फल - पुंज ब्याज से।
अनेक बालेंदु स्वअङ्क में उगा।
उड़ा दलों ब्याज हरी हरी ध्वजा।
नितांत केला कल-केलि-लग्न था।।४८।।

स्वकीय आरक्त प्रसून - पुंज से।
विहंग भृङ्गादिक को भ्रमा भ्रमा।
अशंकितों सा वन - मध्य था खड़ा।
प्रवंचना शील विशाल - शाल्मली।।४९।।

बड़ा स्व - शाखा मिष हस्त प्यार का।
दिखा घने - पल्लव की हरीतिमा।
परोपकारी - जन - तुल्य सर्वदा।
सशोक का शोक अ-शोक मोचता।।५०।।

विमुग्धकारी - सित - पीत वर्ण के।
सुगंध - शाली बहुशः सु पुष्प से।
असंख्य - पत्रावलि की हरीतिमा।
सुरंजिता थी प्रिय - पारिजात की।।५१।।

समीर - संचालित - पत्र - पुंज में।
स्वगात की मत्तकरी - विभूति से।
विमुग्ध हो विह्वलताभिमृत था।
मधूक शाखी - मधुपान - मत्त सा।।५२।।

प्रकाण्डता थी विभु कीर्ति - वर्द्धिनी।
अनंत - शाखा - बहु - व्यापमान थी।
प्रकाशिका थी पवन प्रवाह की।
विलोलता - पीपल - पल्लवोद्भवा।।५३।।

असंख्य - न्यारे - फल - पुंज से सजा।
प्रभूत - पत्रावलि में निमग्न सा।
प्रगाढ़ - छायाप्रद औ जटा-प्रसू।
विटानुकारी - वट था विराजता।।५४।।

महा - फलों से सजके वनस्थली।
जता रही थी यह बुद्धि-मंत को।
महान-सौभाग्य प्रदान के लिये।
प्रयोगिता है पनसोपयोगिता।।५५।।

सदैव देके विष बीज - व्याज से।
स्वकीय - मीठे - फल के समूह को।
दिखा रहा था तरु वृन्द में खड़ा।
स्व - आततायीपन पेड़ आत का।।५६।।

## मन्दाक्रान्ता छन्द

प्यारे-प्यारे कुसुम - कुल से शोभमाना अनूठी।
काली नीली हरित रुचि की पत्तियों से सजीली।
फैली सारी वन अवनि में वायु से डोलती थीं।
नाना-लीला निलय सरसा लोभनीया - लतायें।।५७।।

## वंशस्थ छन्द

स्व - सेत - आभा-मय दिव्य-पुष्प से।
वसुन्धरा में अति-मुक्त संज्ञका।
विराजती थी वन में विनोदिता।
महान - मेधाविनी - माधवी - लता।।५८।।

ललामता कोमलकान्ति - मानता।
रसालता से निज पत्र - पुंज की।
स्वलोचनों को करती प्रलुब्ध थी।
प्रलोभनीया - लतिका लवंग की।।५९।।

स - मान थी भूतल में विलुण्ठिता।
प्रवंचिता हो प्रिय चारु - अंक से।
तमाल के से असितावदात की।
प्रियोपमा श्यामलता प्रियांशु की।।६०।।

कहीं शयाना महि में स - चाव थी।
विलम्बिता थी तरु - वृन्द में कहीं।
सु - वर्ण - मापी - फल लाभ कामुका।
तपोरता कानन रत्तिका लता।।६१।।

सु - लालिमा में फलकी लगी दिखा।
विलोकनीया - कमनीय - श्यामता।
कहीं भली है बनती कु - वस्तु भी।
बता रही थी यह मंजु - गुंजिका।।६२।।

## द्रुतविलम्बित छन्द

नव निकेतन कान्त - हरीतिमा।
जनपिता मुरली - मधु - सिक्त का।
सरसता लसता बन मध्य था।
भरित भावुकता तरु वेणुका।।६३।।

बहु - प्रलुब्ध बना पशु - वृन्द को।
विपिन के तृण - खादक - जंतु को।
तृण - समा कर नीलम नीलिमा।
मसृण थी तृण-राजि विराजती।।६४।।

तरु अनेक - उपस्कर सज्जिता।
अति - मनोरम - काय अकंटका।
विपिन को करती छविधाम थीं।
कुसुमिता - फलिता - बहु - झाड़ियाँ।।६५।।

## शिखरणी छन्द

अनूठी आभा से सरस - सुषमा से सुरस से।
बना जो देती थी बहु गुणमयी भू विपिन को।
निराले फूलों की विविध दलवाली अनुपमा।
जड़ी बूटी हो हो बहु फलवती थीं विलसती।।६६।।

## द्रुतविलम्बित छन्द

सरसतालय सुन्दरता सने।
मुकुर - मंजुल से तरु - पुंज के।
विपिन में सर थे बहु सोहते।
सलिल से लसते मन मोहते।।६७।।

लसित थीं रस - सिंचित वीचियाँ।
सर समूह मनोरम अंक में।
प्रकृति के कर थे लिखते मनों।
कल - कथा जल केलि कलाप की।।६८।।

द्युतिमती दिननायक दीप्ति से।
स द्युति वारि सरोवर का बना।
अति - अनुत्तम कांति निकेत था।
कुलिश सा कल - उज्ज्वल - काँच सा।।६९।।

परम - स्निग्ध मनोरम - पत्र में।
सु - विकसे जलजात - समूह से।
सर अतीव अलंकृत थे हुए।
लसित थीं दल पैं कमलासना।।७०।।

विकच - वारिज - पुंज विलोक के।
उपजती उर में यह कल्पना।
सरस भूत प्रफुल्लित नेत्र से।
वन - छटा सर हैं अवलोकते।।७१।।

## वंशस्थ छन्द

सुकूल - वाली कलि - कालिमापहा।
विचित्र - लीला - मय वीचि-संकुला।
विराजमाना बन एक ओर थी।
कलामयी केलिवती - कलिंदजा।।७२।।

अश्वेत साभा सरिता प्रवाह में।
सु - श्वेतता हो मिलिता प्रदीप्ति की।
दिखा रही थी मणि नील - कांति में।
मिली हुई हीरक - ज्योति - पुंज सी।।७३।।

विलोकनीया नभ नीलिमा समा।
नवाम्बुदों की कल - कालिमोपमा।
नवीन तीसी कुसुमोपमेय थी?
कलिंदजा की कमनीय श्यामता।।७४।।

न वास किम्बा विष से फणीश के।
प्रभाव से भूधर के न भूमि के।
नितांत ही केशव - ध्यान - मग्न हो।
पतंगजा थी असितांगिनी बनी।।७५।।

स - बुद्बुदा फेन - युता सु - शब्दिता।
अनन्त - आवर्त्त - मयी प्रफुल्लिता।
अपूर्वता अंकित सी प्रवाहिता।
तरंगमालाकुलिता - कलिंदजा।।७६।।

प्रसूनवाले, फल - भार से नये।
अनेक थे पादप कुल पै लसे।
स्वछायया जो करते प्रगाढ़ थे।
दिनेशजा - अंक, प्रसूत - श्यामता।।७७।।

कभी खिले-फूल गिरा प्रवाह में।
कलिन्दजा को करता स - पुष्प था।
गिरे फलों से फल शोभिनी उसे।
कभी बनाता तरु का समूह था।।७८।।

विलोक ऐसी तरुवृंद की क्रिया।
विचार होता यह था स्वभावतः।
कृतज्ञता से नत हो स - प्रेम वे।
पतंगजा -पूजन में प्रवृत्त हैं।।७९।।

प्रवाह होता जब वीचि - हीन था।
हरा दिखाता वन - अन्य अंक में।
परंतु होते सरिता तरंगिता।
स - वृक्ष होता वन था सहस्रधा।।८०।।

न कालिमा है मिटती कपाथाल की।
न बाप को है पड़ती कुमारिका।
प्रतीति होती यह थी विलोक के।
तमोमयी सी तनया - तमारि को।।८१।।

## मालिनी छन्द

कलित-किरण-माला, बिम्ब-सौंदर्य्य - शाली।
सु - गगन तल - शोभी सूर्य का, या शशी का।
जब रवितनया ले केलि में लग्न होती।
छविमय करती थी दर्शकों के दृगों को।।८२।।

हरीतिमा का सु - विशाल - सिंधु सा।
मनोज्ञता की रमणीय - भूमि सा।
विचित्रता का शुभ - सिद्ध - पीठ सा।
प्रशान्त वृन्दावन दर्शनीय था।।८३।।

कलोलकारी खग - बृनद - कूजिता।
सदैव सानन्द मिलिन्द गुंजिता।
रहीं सुकुंजें वन में विराजिता।
प्रफुल्लिता पल्लविता लतामयी।।८४।।

प्रशस्त - शाखा न समान हस्त के।
प्रसारिता थी उपपत्ति के बिना।
प्रलुब्ध थी पादप को बना रही।
लता समालिंगन लाभ लालसा।।८५।।

कई निराले तरु चारु - अंक में।
लुभावने लोहित पत्र थे लसे।
सदैव जो थे करते विवर्द्धिता।
स्व - लालिमा से वन की ललामता।।८६।।

प्रसून - शोभी तरु - पुंज - अंक में।
लसी ललामा लतिका प्रफुल्लिता।
जहाँ तहाँ थी वन में विराजिता।
स्मिता - समालिंगित कामिनी समा।।८७।।

सुदूलिता थी अति कान्त भाव से।
कहीं स - एलालतिका - लवंग की।
कहीं लसी थी महि मंजु अंक में।
सु-लालता सी नव माधवी - लता।।८८।।

समीर संचालित मंद - मंद हो।
कहीं दलों से करता सु - केलि था।
प्रसून - वर्षा - रत था, कहीं हिला।
स-पुष्प-शाखा सु-लता-प्रफुल्लिता।।८९।।

कही उठाता बहु-मंजु वीचियाँ।
कहीं खिलाता कलिका प्रसून की।
बड़े अनूठेपन साथ पास जा।
कहीं हिलाता कमनीय - कंज था।।९०।।

अश्वेत ऊदे अरुणाभ बैंगनी।
हरे अबीरी सित पीत संदली।
विचित्र - वेशी बहु अन्य वर्ण के।
विहंग से थी लसिता वनस्थली।।९१।।

विभिन्न - आभा तरु रंग रूप के।
विहंगमों का दल व्योम - पंथ हो।
स - मोद आता जब था दिगंत से।
विशेष होता वन का विनोद था।।९२।।

स - मोद जाते जब एक पेड़ से।
द्वितीय को तो करते विमुग्ध थे।
कलोल में हो रत मंजु - बोलते।
विहंग नाना रमणीय रंग के।।९३।।

छटामयी कान्तिमती मनोहरा।
सु चन्द्रिका से निज-नील पुच्छ के।
सदा बनाता वन को मनोज्ञ था।
कलापियों का कुल केकिनी लिये।।९४।।

कहीं शुकों का दल बैठ पेड़ की।
फली - सु - शाखा पर केलि - मत्त हो।
अनेक - मीठे - फल खा कदंश को।
गिरा रहा भू पर था प्रफुल्ल हो।।९५।।

कहीं कपोती स्व - कपोत को लिये।
विनोदिता हो करती विहार थी।
कहीं सुनाती निज - कंत साथ थी।
स्व - काकली को कल कंठ-कोकिला।।९६।।

कहीं महा - प्रेमिक था पपीहरा।
कथा - मयी थी नव शारिका कहीं।
कहीं कला - लोलुप थी चकोरिका।
ललामता - आलय - लाल थे कहीं।।९७।।

महा - कदाकार बड़े-भयावने।
सुहावने सुन्दरता - निकेत से।
वनस्थली में पशु वृन्द थे घने।
अनेक लीला - मय औ लुभावने।।९८।।

नितान्त - सारल्य - मयी - सुमूत्ति में।
मिली हुई कोमलता सु- लोमता।
किसे नहीं थी करती विमोहिता।
सदंगता - सुन्दरता - कुरंग की।।९९।।

अमेत - आँखें खनि - भूरि भाव की।
सुगीत न्यारी - गति की मनोज्ञता।
मनोहरा थी मृग - गात - माधुरी।
सुधारियों अंकित नाति - पीतता।।१००।।

असेत - रक्तानन - वान ऊधमी।
प्रलम्ब - लांगूल विभिन्न - लोम के।
कहीं महा - चंचल क्रूर कौशली।
असंख्य - शाखा - मृग का समूह था।।१०१।।

कहीं गठीले - अरने अनेक थे।
स - शंक भूरे - शशकादि थे कहीं।
बड़े घने निर्जन - वन्य - भूमि में।
विचित्र - चीते चल-चक्षु थे कहीं।।१०२।।

सुहावने पीवर - ग्रीव साहसी।
प्रमत्त - गामी पृथुलांग - गौरवी।
वनस्थली मध्य विशाल - बैल थे।
बड़े - बली उन्नत - वक्ष विक्रमी।।१०३।।

दयावती पुण्य भरी पयोमयी।
सु - आनना सौम्य - दृगी समोदरा।
वनान्त में थीं सुरभी सुशोभिता।
सधी सवत्सा - सरलातिसुन्दरी।।१०४।।

अतीव - प्यारे मृदुता - सुमूर्ति से।
नितान्त भोले चपलांग ऊधमी।
वनान्त में थे बहु वत्स कूदते।
लुभावने कोमल - काय कौतुकी।।१०५।।

### बसन्ततिलका छन्द

जो राज पंथ वन-भूतल में बना था।
धीरे उसी पर सधा रथ जा रहा था।
हो हो विमुग्ध रुचि से अवलोकते थे।
ऊधो छटा विपिन की अति ही अनूठी।।१०६।।

### वंशस्थ छन्द

परन्तु वे पादप में प्रसून में।
फलों दलों वेलि - लता समूह में।
सरोवरों में सरि में सु - मेरु में।
खगों मृगों में वन में निकुञ्ज में।।१०७।।

बसी हुई एक निगूढ़ - खिन्नता।
विलोकते थे निज - सूक्ष्म - दृष्टि से।
शनैः शनैः जो बहु गुप्त रीति से।
रही बढ़ाती उर की विरक्ति को।।१०८।।

प्रशस्त शाखा तरु - वृन्द की उन्हें।
प्रतीत होती उस हस्त तुल्य थी।
स - कामना जो नभ ओर हो उठा।
विपन्न - पाता - परमेश के लिए।।१०९।।

कलिन्दजा के सु - प्रवाह की छटा।
विहंग - क्रीड़ा कल नाद - माधुरी।
उन्हें बनाती न अतीव मुग्ध थी।
ललामता - कुंज - लता - वितान की।।११०।।

सरोवरों की सुषमा स - कंजता।
सु - मेरु औ निर्झर आदि रम्यता।
न थी यथातथ्य उन्हें विमोहती।
अनन्त - सौंदर्य्य - मयी वनस्थली।।१११।।

### मन्दाक्रान्ता छन्द

कोई कोई विटप फल थे बारहो मास लाते।
आँखों द्वारा असमय फले देख ऐसे द्रुमों को।
ऊधो होते भ्रम पतित थे किन्तु तत्काल ही वे।
शंकाओं को स्व-मति बल औ ज्ञान से थे हटाते।।११२।।

## वंशस्थ छन्द

उसी दिशा से जिस ओर दृष्टि थी।
विलोक आता रथ में स - सारथी।
किसी किरीटी पट - पीत - गौरवी।
सु-कुण्डली श्यामल-काय पान्थ को।।११३।।

अतीव - उत्कण्ठित ग्वालबाल हो।
स - वेग जाते रथ के समीप थे।
परन्तु होते अति ही मलीन थे।
न देखते थे जब वे मुकुन्द को।।११४।।

अनेक गायें तृण त्याग दौड़ती।
सवत्स जाती वर - यान पास थीं।
परन्तु पाती जब थीं न श्याम को।
विषादिता हो पड़ती नितान्त थीं।।११५।।

अनेक - गायों बहु - गोप - बाल की।
विलोक ऐसी करुणामयी - दशा।
बड़े - सुधी - ऊधव चित्त मध्य भी।
स - खेद थी अंकुरिता अधीरता।।११६।।

समीप ज्यों ज्यों हरि - बंधु यान के।
सगोष्ठ था गोकुल ग्राम आ रहा।
उन्हें दिखाता निज - गूढ़ रूप था।
विषाद त्यों त्यों बहु - मूर्त्ति - मन्त हो।।११७।।

दिनान्त था थे दिननाथ डूबते।
स - धेनु आते गृह ग्वाल - बाल थे।
दिगन्त में गोरज थी विराजिता।
विषाण नाना बजते स - वेणु थे।।११८।।

खड़ हुए थे पथ गोप देखते।
स्वकीय - नाना - पशु - वृन्द का कहीं।
कहीं उन्हें थे गृह - मध्य बाँधते।
बुला बुला प्यार उपेत कंठ से।।११९।।

घड़े लिये कामिनियाँ, कुमारियाँ।
अनेक - कूपों पर थीं सुशोभिता।
पधारती जो जल ले स्व - गेह थीं।
बजा बजा के निज नूपुरादि को।।१२०।।

कहीं जलाते जन गेह - दीप थे।
कहीं खिलाते पशु को स - प्यार थे।
पिला पिला चंचल - वत्स को कहीं।
पयस्विनी से पय थे निकालते।।१२१।।

मुकुन्द की मंजुल कीर्ति गान की।
मची हुई गोकुल मध्य धूम थी।
स - प्रेम गाती जिसको सदैव थी।
अनेक - कर्माकुल प्राणि - मण्डली।।१२२।।

हुआ इसी काल प्रवेश ग्राम में।
शनैः शनैः ऊधव - दिव्य यान का।
विलोक आता जिसको, समुत्सुका।
वियोग - दग्धा - जन - मण्डली हुई।।१२३।।

जहाँ लगा जो जिस कार्य्य में रहा।
उसे वहाँ ही वह छोड़ दौड़ता।
समीप आया रथ के प्रमत्त सा।
विलोकने को घन - श्याम - माधुरी।।१२४।।

विलोकते जो पशु - वृन्द पन्थ थे।
तजा उन्होंने पथ का विलोकना।
अनेक दौड़े तज धेनु बाँधना।
अवाधिता पावस आपगोपमा।।१२५।।

रहे खिलाते पशु धेनु - दूहते।
प्रदीप जो थे गृह - मध्य बालते।
अधीर हो वे निज - कार्य्य त्याग के।
स - वेग दौड़े वदनेन्दु देखने।।१२६।।

निकालती जो जल कूप से रही।
स रज्जु सो भी तज कूप में घड़ा।
अतीव हो आतुर दौड़ती गई।
ब्रजांगना - वल्लभ को विलोकने।।१२७।।

तजा किसीने जल से भरा घड़ा।
उसे किसीने शिर से गिरा दिया।
अनेक दौड़ीं सुधि गात की गँवा।
सरोज सा सुन्दर श्याम देखने।।१२८।।

वयस्क बूढ़े पुर - बाल बालिका।
सभी समुत्कण्ठित औ अधीर हो।
स - वेग आये ढिग मंजु यान के।
स्व - लोचनों की निधि - चारु लूटने।।१२९।।

उमंग - डूबी अनुराग से भरी।
विलोक आती जनता समुत्सुका।
पुनः उसे देख हुई प्रवंचिता।
महा - मलीना विमनाति - कष्टिता।।१३०।।

अधीर होने हरि - बन्धु भी लगे।
तथापि वे छोड़ सके न धीर को।
स्व - यान को त्याग लगे प्रबोधने।
समागतों को अति - शांत भाव से।।१३१।।

## वसंततिलका छन्द

यों ही प्रबोध करते पुरवासियों का।
प्यारी-कथा परम-शांत-करी सुनाते।
आये ब्रजाधिप-निकेतन पास ऊधो।
पूरा प्रसार करती करुणा जहाँ थी।।१३२।।

## मालिनी छन्द

करुण-नयन वाले खिन्न उद्विग्न ऊबे।
नृपति सहित प्यारे बंधु औ सेवकों के।
सुअन-सुहृद-ऊधो पास आये यहाँ ही।
फिर सनद सिधारे वे उन्हें साथ लेके।।१३३।।

सुफलक सुत ऐसा ग्राम में देख आया।
यक जन मथुरा ही से बड़ा-बुद्धिशाली।
समधिक चित-चिंता गोपजों में समाई।
सब-पुर-उर शंका से लगा व्यग्र होने।।१३४।।

पल पल अकुला के दीर्घ - संदिग्ध होके।
विचलित-चित से थे सोचते ग्रामवासी।
वह परम अनूठे - रत्न आ ले गया था।
अब यह ब्रज आया कौन सा रत्न लेने।।१३५।।

# दशम सर्ग

## द्रुतविलम्बित छन्द

त्रि - घटिका रजनी गत थी हुई।
सकल गोकुल नीरव - प्राय था।
ककुभ व्योम समेत शनैः शनैः।
तमवती बनती ब्रज-भूमि थी।।१।।

ब्रज - धराधिप मौन - निकेत भी,
बन रहा अधिकाधिक - शान्त था।
तिमिर भी उसके प्रति - भाग में।
स्व - विभुता करता विधि - बद्ध था।।२।

हरि - सखा अवलोकन - सूत्र से।
ब्रज - रसापति - द्वार - समागता।
अब नहीं दिखला पड़ती रही।
गृह - गता - जनता अति शंकिता।।३।।

सकल - श्रांति गँवा कर पंथ की।
कर समापन भोजन की क्रिया।
हरि सखा अधुना उपनीत थे।
द्युति - भरे - सुथरे - यक - सद्म में।।४।।

कृश - कलेवर चिन्तित व्यस्त धी।
मलिन आन खिन्नमना दुखी।
निकट ही उनके ब्रज - भूप थे।
विकलताकुलता - अभिभूत से।।५।।

## मन्दाक्रान्ता छन्द

आवेगों से विपुल विकला शीर्ण काया कृशांगी।
चिन्ता-दग्धा व्यथित-हृदया शुष्क-ओष्ठा अधीरा।
आसीना थीं निकट पति के अम्बु - नेत्रा यशोदा।
खिन्ना दीना विनत - वदना मोह - मग्ना मलीना।।६।।

## द्रुतविलम्बित छन्द

अति - जरा - विजिता बहु - चिन्तिता।
विकलता - ग्रसिता सुख - वंचिता।
सदन में कुछ थीं परिचारिका।
अधिकृता - कृशता - अवसन्नता।।७।।

मुकुर उज्ज्वल - मंजु निकेत में।
मलिनता - अति थी प्रतिविम्बिता।
परम - नीरसता - सह - आवृता।
सरसता - शुचिता - युत - वस्तु थी।।८।।

परम - आदर - पूर्वक प्रेम से।
विपुल - बात वियोग - व्यथा - हरी।
हरि - सखा कहते इस काल थे।
बहु दुखी अ-सुखी ब्रज-भूप से।।९।।

विनय से नय से भय से भरा।
कथन ऊधव का मधु में पगा।
श्रवण थीं करती वन उत्सुका।
कलपती - कँपती ब्रजपांगना।।१०।।

निपट - नीरव - गेह न था हुआ।
वरन हो वह भी बहु - मौन ही।
श्रवण था करता बलवीर की।
सुखकरी कथनीय गुणावली।।११।।

## मालिनी छन्द

निज मथित - कलेजे को व्यथा साथ थामे।
कुछ समय यशोदा ने सुनी सर्व - बातें।
फिर बहु विमना हो व्यस्त हो कंपिता हो।
निज - सुअन - सखा से यों व्यथा - साथ बोलीं।।२१।।

## मन्दाक्रान्ता छन्द

प्यासा - प्राणी श्रवण करके वारि के नाम ही को।
क्या होता है पुलकित कभी जो उसे पी न पावे।
हो पाता है कब तरणि का नाम ही त्राण-कारी।
नौका ही है शरण जल में मग्न होते जनों की।।१३।।

रोते रोते कुँवर - पथ को देखते देखते ही।
मेरी आँखें अहह अति ही ज्योति - हीना हुई हैं।
कैसे ऊधो भव - तम - हरी - ज्योति वे पा सकेंगी।
जो देखेंगी न मृदु - मुखड़ा इन्दु - उन्माद - कारी।।१४।।

सम्वादों से श्रवण - पुट भी पूर्ण से हो गये हैं।
थोड़ा छूटा न अब उनमें स्थान सन्देश का है।
सायं प्रायः प्रति - पल यही एक - वांछा उन्हें है।
प्यारी - बातें मधुर - मुख की मुग्ध हो क्यों सुनें वे।।१५।।

ऐसे भी थे दिवस जब थी चित्त में वृद्धि पाती।
सम्वादों को श्रवण करके कष्ट उन्मूलनेच्छा।
ऊधो बीते दिवस अब वे, कामना है विलीना।
भोले भाले विकच मुख की दर्शनोत्कण्ठता में।।१६।।

प्यासे की है न जल - कण से दूर होती पिपासा।
बातों से है न अभिलषिता शान्ति पाता वियोगी।
कष्टों में अल्प उपशम भी क्लेश को है घटाता।
जो होती है तदुपरि व्यथा सो महा दुर्भगा है।।१७।।

## मालिनी छन्द

सुत सुखमय स्नेहों का समाधार सा है।
सदय हृदय है औ सिंधु सौजन्य का है।
सरल प्रकृति का है शिष्ट है शान्त धी है।
वह बहु विनयी, है 'मूर्ति' आत्मीयता की।।१८।।

तुम सम मृदुभाषी धीर सद्‌बंधु ज्ञानी।
उस गुण - मय का है दिव्य सम्वाद लाया।
पर मुझ दुख - दग्धा भाग्यहीनांगना की।
यह दुख - मय-दोषा वैसि ही है स-दोषा।।१९।।

हृदय - तल दया के उत्स-सा श्याम का है।
वह पर - दुख को था देख उन्मत्त होता।
प्रिय - जननि उसी की आज है शोक-मग्ना।
वह मुख दिखला भी क्यों न जाता उसे है।।२०।।

मृदुल - कुसुम - सा है औ तुने तूल-सा है।
नव - किशलय - सा है स्नेह के उत्स - सा है।
सदय - हृदय ऊधो श्याम का है बड़ा ही।
अहह हृदय माँ - सा स्निग्ध तो भी नहीं है।।२१।।

कर-निकर सुधा से सिक्त राका शशी के।
प्रतपित कितने ही लोक को हैं बनाते।
विधि - वश दुख - दाई काल के कौशलों से।
कलुषित बनती है स्वच्छ - पीयूष - धारा।।२२।।

## मन्दाक्रान्ता छन्द

मेरे प्यारे स - कुशल सुखी और सानन्द तो हैं।
कोई चिन्ता मलिन उनको तो नहीं है बनाती।
ऊधो छाती वदन पर है म्लानता भी नहीं तो?।
जी जाती है हृदयतल में तो नहीं वेदनायें?।।२३।।

मीठे - मेवे मृदुल नवनी और पक्वान्न नाना।
उत्कण्ठा के सहित सुत को कौन होगी खिलाती।
प्रातः पीता सु - पथ कजरी गाय का चाव से था।
हा ! पाता है न अब उसको प्राण - प्यारा हमारा।।२४।।

संकोची है अति सर है धीर है लाल मेरा।
होती लज्जा अमित उसको माँगने में सदा थी।
जैसे ले के स - रुन्नि सुत को अंक में मैं खिलाती।
हा ! वैसी ही अब नित खिला कौन माता सकेगी।।२५।।

मैं थी सारा - दिवस मुख को देखते ही बिताती।
हो जाती थी व्यथित उसको म्लान जो देखती थी।
हा ! ऐसे ही अब वदन को देखती कौन होगी।
ऊधो माता - सदृश ममता अन्य की है न होती।।२६।।

खाने पीने शयन करने आदि की एक - बेला।
जो जाती थी कुछ टल कभी तो बड़ा खेद होता।
ऊधो ऐसी दुखित उसके हेतु क्यों अन्य होगी।
माता की सी अवनितल में है अ - माता न होती।।२७।।

जो पाती हूँ कुँवर - मुख के जोग मैं भोग - प्यारा।
तो होती हैं हृदय - तल में वेदनायें - बड़ी ही।
जो कोई भी सु - फल सुत के योग्य मैं देखती हूँ।
हो जाती हूँ परम व्यथिता, हूँ महादग्ध होती।।२०।।

जो लाती थीं विविध - रँग के मुग्धकारी खिलौने।
वे आती हैं सदन अब भी कामना में पगी सी।
हा ! जाती हैं पलट जब वे हो निराशा - निमग्ना।
तो उन्मत्ता - सदृश पथ की ओर मैं देखती हूँ।।२९।।

आते लीला निपुण - नट हैं आज भी बाँध आशा।
कोई यों भी न अब उनके खेल को देखता है।
प्यारे होते मुदित जितने कौतुकों से सदा ही।
वे आँखों में विषम - दव हैं दर्शकों के लगाते।।३०।।

प्यारा खाता रुचिर नवनी को बड़े चाव से था।
खाते खाते पुलक पड़ता नाचता कूदता था।
ए बातें हैं सरस नवनी देखते याद आती।
हो जाता है मधुरतर औ स्निग्ध भी दग्धकारी।।३१।।

हा ! जो वंशी सरस रव से विश्व को मोहती थी।
सो आले में मलिन बन औ मूक हो के पड़ी है।
जो छिद्रों से अमृत बरसा मूर्ति ती मुग्धता की।
सो उन्मत्ता परम - विकला उन्मना है बनाती।।३२।।

**प्यारे ऊधो** सुरत करता लाल मेरी कभी है?।
**क्या** होता है न अब उसको ध्यान बूढ़े - पिता का।
रो रो, हो हो विकल अपने वार जो हैं बिताते।
हा ! वे सीधे सरल - शिशु हैं क्या नहीं याद आते।।३३।

कैसे भूलीं सरस - खनि सी प्रीति की गोपिकायें।
कैसे भूले सुहृदपन के सेतु से गोपग्वाले।
शान्ता धीरा मधुरहृदया प्रेम - रूपा रसज्ञा।
कैसे भूली प्रणय - प्रतिमा - राधिका मोहमग्ना।।३४।।

कैसे वृन्दा - विपिन बिसरा क्यों लता - वेलि भूलि।
कैसे जी से उतर ब्रज की कुञ्ज - पुंजे गई हैं।
कैसे फूले विपुल - फल से नम्र भूजात भूले।
कैसे भूला किवच - तरु सो अर्कजा - कूल वाला।।३५।।

सोती सोती चिहुँक कर जो श्याम को है बुलाती।
ऊधो मेरी यह सदन की शारिका कान्त - कण्ठा।
पाला पोसा प्रति - दिन जिसे श्याम ने प्यार से है।
हा ! कैसे सो हृदय - तल से दूर यों हो गई है।।३६।।

जा कुञ्जों में प्रति - दिन जिन्हें चाव से था चराया।
जो प्यारी थीं ब्रज - अवनि के लाडिले को सदा ही।
खिन्ना, दीना, विकल वन में आज जो घूमती है।
ऊधो कैसे हृदय - धन को हाय ! वे धेनु भूलीं।।३७।।

ऐसा प्राय: अब तक मुझे नित्य ही है जनाता।
गो गोपों के सहित वन से सद्म है श्याम आता।
यों ही आ के हृदय - तल को वेधता मोह लेता।
मीठा - वंशी - सरस - रव है कान में गूँज जाता।।३८।।

रोते - रोते तनिक लग जो आँख जाती कभी है।
हा ! त्योंही मैं दृग - युगल को चौंक के खोलती हूँ।
प्राय: ऐसा प्रति - रजनि में ध्यान होता मुझे है।
जैसे आ के सुअन मुझको प्यार से है जगाता।।३९।।

ऐसा ऊधो प्रति - दिन कई बार है ज्ञात होता।
कोई यों है कथन करता लाल आया तुम्हारा।
भ्रान्ता सी मै अब तक गई द्वार पै बार लाखों।
हा ! आँखों से न वह बिछुड़ी-श्यामली-मूर्त्ति देखी।।४०।।

फूले - अंभोज सम दृग से मोहते मानसों को।
प्यारे - प्यारे वचन कहते खेलते मोद देते।
ऊधो ऐसी अनुमिति सदा हाय । होती मुझे हैं।
जैसे आता निकल अब ही लाल है मंदिरों से।।४१।।

आ के मेरे निकट नवनी लालची लाल मेरा।
लीलायें था विविध करता धूम भी था मचाता।
ऊधो बातें न यक पल भी हाय ! वे भूलती हैं।
हा ! छा जाता दृग - युगल में आज भी सो समाँ है।।४२।।

मैं हाथों से कुटिल - अलकें लाल की थी बनाती।
पुष्पों को थी श्रुति - युगल के कुण्डलों में सजाती।
मुक्ताओं को शिर मुकुट में मुग्ध हो थी लगाती।
पीछे शोभा निरख मुख की थी न फूले समाती।।४३।।

मैं प्राय: ले कुरु कलिका चाव से थी बनाती।
शोभा-वाले विविध गजरे क्रीट औ कुण्डलों को।
पीछे हो हो सुखित उनको श्याम को थी पिन्हाती।
औ उत्फुल्ला ग्रथित - कलिका तुल्य थी पूर्ण होती।।४४।।

पैन्हे प्यारे - वसन कितने दिव्य - आभूषणों को।
प्यारी - वाणी बिहँस कहते पूर्ण - उत्फुल्ल होते।
शोभा - शाली - सुअन जब था खेलता मन्दिरो में।
तो पा जाती अमरपुर की सर्व सम्पत्ति मैं थी।।४५।।

होता राका - शशि उदय था फूलता पद्म भी था।
प्यारी - धारा उमग बहती चारु-पीयूष की थी।
मेरा प्यारा तनय जब था, गेह में नित्य ही तो।
वंशी - द्वारा मधुर - तर था स्वर्ग - संगीत होता।।४६।।

ऊधो मेरे दिवस अब वे हाय ! क्या हो गये हैं।
हा ! यों मेरे सुख - सदन को कौन क्यों है गिराता।
वैसे प्यारे - दिवस अब मैं क्या नहीं पा सकूँगी।
हा ! क्या मेरी न अब दुख की यामिनी दूर होगी।।४७।।

उधो मेरा हृदय - तल था एक उद्यान - न्यारा।
शोभा देती अमित उसमें कल्पना - क्यारियाँ थीं।
न्यारे - प्यारे - कुसुम कितने भाव के थे अनेकों।
उत्साहों के विपुल - विटपी थे महा मुग्धकारी।।४८।।

सच्चिन्ता की सरस - लहरी - संकुला - वापिका थी।
नाना चाहें कलित - कलियाँ थीं लतायें उमंगें।
धीरे-धीरे मधुर हिलती वासना - वेलियाँ थीं।
सद्वीछा के विहग उसके मंजु - भाषी बड़े थे।।४९।।

भोला - भाला - मुख सुत - वधू - भाविनी का सलोना।
प्रायः होता प्रकट उसमें फुल्ल - अम्भोज - सा था।
बेटे द्वारा सहज - सुख के लाभ की लालसायें।
हो जाती थीं विकच बहुधा माधवी - पुष्पिता सी।।५०।।

प्यारी - आशा - पवन जब थी डोलती स्निग्ध हो के।
तो होती थीं अनुपम - छटा बाग के पादपों की।
हो जाती थीं सकल लतिका - वेलियाँ शोभनीया।
सद्भावों के सुमन बनते थे बड़े सौरभीले।।५१।।

राका-स्वामी सरस-सुख की दिव्य-न्यारी-कलायें।
धीरे-धीरे पतित जब थीं स्निग्धता साथ होतीं।
तो आभा में अतुल - छवि में औ मनोहारिता में।
हो जाता सो अधिकतर था नन्दनोद्यान से भी।।५२।।

ऐसा प्यारा - रुचिर रस से सिक्त उद्यान मेरा।
मैं होती हूँ व्यथित कहते आज है ध्वंस होता।
सूखे जाते सकल - तरु हैं, नष्ट होती लता है।
निष्पुष्पा हो विपुल - मलिना वेलियाँ हो रही हैं।।५३।।

प्यारे - पौधे कुसुम - कुल के पुष्प ही हैं न लाते।
भूले जाते विहग अपनी बोलियाँ हैं अनूठी।
हा ! जावेगा उजड़ अति ही मंजु - उद्यान मेरा।
जो सींचेगा न घन - तन स्नेह - सद्वारि-द्वारा।।५४।।

ऊधो आदौ तिमिर - मय था भाग्य - आकाश मेरा।
धीरे-धीरे फिर वह हुआ स्वच्छ सत्कान्ति - शाली।
ज्योतिर्माला - बलित उसमें चन्द्रमा एक न्यारा।
राका श्री ले समुदित हुआ चित्त - उत्फुल्ल - कारी।।५५।।

आभा - वाले उस गगन में भाग्य दुर्वृत्तता की।
काली काली अब फिर घटा है महा - घोर छाई।
हा ! आँखों से सु - विधु जिससे हो गया दूर मेरा।
ऊधो कैसे यह दुख - मयी मेघ - माला टलेगी।।५६।।

फूले - नीले - वनज - दल सा गात का रंग - प्यारा।
मीठी -मीठी मलिन मन की मोदिनी मंजु - बातें।
सोंधे - डूबी - अलक यदि है श्याम की याद आती।
उधो मेरे हृदय पर तो साँप है लोट जाता।।५७।।

पीड़ा - कारी - करुण - स्वर से हो महा - उन्मना सी।
हा, रो रो के स - दुख जब यों शारिका पूछती है।
बंशीवाला हृदय - धन सो श्याम मेरा कहाँ है।
तो है मेरे हृदय - तल में शूल सा विद्ध होता।।५८।।

त्यौहारों को अपर कितने पर्व औ उत्सवों को।
मेरा प्यारा - तनय अति ही भव्य देता बना था।
आते हैं वे ब्रज-अवनि में आज भी किन्तु ऊधो।
दे जाते हैं परम दुख औ वेदना है बढ़ाते।।५९।।

कैसा - प्यारा जनम - दिन था धूम कैसी मची थी।
संस्कारों के समय सुत के रंग कैसा जमा था।
मेरे जी में उदय जब वे दृश्य हैं आज होते।
हो जाती तो प्रबल - दुख से मूर्ति मै हूँ शिला की।।६०।।

कालिंदी के पुलिन पर की मंजु - वृंदाटवी की।
फूले नीले - तरु निकर की कुंज की आलयों की।
प्यारी - लीला - सकल जब हैं लाल की याद आती।
तो कैसा है हृदय मलता मैं उसे क्यों बताऊँ।।६१।।

मारा मल्लों - सहित गज को कंस से पातकी को।
मेटीं सारी नगर वर की दानवी - आपदायें।
छाया सच्चा - सुयश जग में पुण्य की वेलि बोई।।
जो प्यारे ने स - पति दुखिया - देवकी को छुड़ाया।।६२।।

जो होती है सुरत उनके कम्प - कारी दुखों की।
तो आँसू है विपुल बहता आज भी लोचनों से।
ऐसी दग्धा परम दुखिता जो हुई मोदिता है।
ऊधो तो हूँ परम सुखिता हर्षिता आज मैं भी।।६३।।

तो भी पीड़ा - परम इतनी बात से हो रही है।
काढ़े लेती मम - हृदय क्यों स्नेह - शीला सखी है।
हो जाती हूँ मृतक सुनती हाय ! जो यों कभी हूँ।
होता जाता मम तनय भी अपय का लाडिला है।।६४।।

मैं रोती हूँ हृदय अपना कूटती हूँ सदा ही।
हा ! ऐसी ही व्यथित अब क्यों देवकी को करूँगी।
प्यारे जीवें पुलकित रहें औ बनें भी उन्हींके।
धाई नाते वदन दिखला एकदा और देवें।।६५।।

नाना यत्नों अपर कितनी युक्तियों से जरा में।
मैंने ऊधो ! सुकृति बल से एक ही पुत्र पाया।
सो जा बैटा अरि - नगर में हो गया अन्य का है।
मेरी कैसी, अहह कितनी, मर्म्म-वेधी व्यथा है।।६६।।

पत्रों पुष्पों रहित विटपी विश्व में हो न कोई।
कैसी ही हो सरस सरिता वारि-शून्या न होवे।
ऊधो सीपी - सदृश न कभी भाग फूटे किसी का।
मोती ऐसा रतन अपना आह ! कोई न खोवे।।६७।।

अंभोजों से रहित न कभी अंक हो वापिका का।
कैसी ही हो कलित - लतिका पुष्प - हीना न होवे।
जो प्यारा है परम - धन है जीवनाधार जो है।
ऊधो ऐसे रुचिर - विटपी शून्य वाटी न होवे।।६८।।

छीना जावे लकुट न कभी वृद्धता में किसी का।
ऊधो कोई न कल - छल से लाल ले ले किसी का।
पूँजी कोई जनम भर की गाँठ से खो न देवे।
सोने का भी सदन न बिना दीप के हो किसी का।।६९।।

उद्विग्ना औ विपुल - विकला क्यों न सो धेनु होगी।
प्यारा लैरू अलग जिसकी आँख से हो गया है।
ऊधो कैसे व्यथित - अहि सो जी सकेगा बता दो।
जीवोन्मेषी रतन जिसके शीश का खो गया है।।७०।।

कोई देखे न सब - जग के बीच छाया अँधेरा।
ऊधो कोई न निज - दृग की ज्योति - न्यारी गँवावे।
रो रो हो हो विकल न सभी बार बीतें किसी के।
पीड़ायें हों सकल न कभी मर्म्म - वेधी व्यथा हो।।७१।।

ऊधो होता समय पर जो चारु चिन्ता - मणी है।
खो देता है तिमिर उर का जो स्वकीया प्रभा से।
जो जी में है सुरसरित सी स्निग्ध - धारा बहाता।
बेटा ही है अवनि - तल में रत्न ऐसा निराला।।७२।।

ऐसा प्यारा रतन जिसका हो गया है पराया।
सो होवेगी व्यथित कितना सोच जी में तुम्हीं लो।
जो आती हो मुझ पर दया अल्प भी तो हमारे।
रूखे जाते हृदय - तल में शान्ति - धारा बहा दो।।७३।।

छाया जाता ब्रज - अवनि में नित्य ही है अँधेरा।
जी में आशा न अब यह है मैं सुखी हो सकूँगी।
हाँ, इच्छा है तदपि इतनी एकदा और आके।
न्यारा - प्यारा - वदन अपना लाल मेरा दिखा दे।।५४।।

मैंने बातें यदिच कितनी भूल से की बुरी है।
ऊधो बाँधा सुअन कर है आँख भी है दिखाई।
मारा भी है कुसुम - कलिका से कभी लाडिले को।
तो भी मैं हूँ निकट सुत के सर्वथा मार्जनीया।।७५।।

जो चूके हैं विविध मुझसे हो चुकीं वे सदा ही।
पीड़ा दे दे मथित चित को प्रायशः हैं सताती।
प्यारे से यों विनय करना वे उन्हें भूल जावें।
मेरे जी को व्यथित न करें क्षोभ आ के मिटावें।।७६।।

खेलें आ के दृग युगल के सामने मंजु - बोलें।
प्यारी लीला पुनरपि करें गान मीठा सुनावें।
मेरे जी में अब रह गई एक ही कामना है।
आ के प्यारे कुँवर उजड़ा गेह मेरा बसावें।।७७।।

जो आँखें हैं उमग खुलती ढूँढ़ती श्याम को हैं।
लौ कानों को मुरलिधर की तान ही की लगी है।
आती सी है यह ध्वनि सदा गात - रोमावली से।
मेरा प्यार सुअन ब्रज में एकदा और आवे।।७८।।

मेरी आशा नवल - लतिका थी बड़ी ही मनोज्ञा।
नीले - पत्ते सकल उसके नीलमों के बने थे।
हीरे के थे कुसुम फल थे लाल गोमेदकों के।
पत्रों द्वारा रचित उसकी सुन्दरी डंठियाँ थीं।।७९।।

ऐसी आशा - ललित - लतिका हो गई शुष्क - प्राया।
सारी शोभा सु - छवि - जनिता नित्य है नष्ट होती।
जो आवेगा न अब ब्रज में श्याम - सत्कान्ति - शाली।
होगी हो के विरस वह तो सर्वथा छिन्न - मूला।।८०।।

लोहू मेरे दृग - युगल से अश्रु की ठौर आता।
रोयें रोयें सकल - तन के दग्ध हो छार होते।
आशा होती न यदि मुझको श्याम के लौटने की।
मेरा सूखा - हृदयतल तो सैकड़ों खंड होता।।८१।।

चिंता - रूपी मलिन निशि की कौमुदी है अनूठी।
मेरी जैसी मृतक बनती हेतु संजीवनी है।
नाना - पीड़ा - मथित - मन के अर्थ है शांति - धारा।
आशा मेरे हृदय - मरु की मंजु - मंदाकिनी है।।८२।।

ऐसी आशा सफल जिससे हो सके शांति पाऊँ।
ऊधो मेरी सब - दुख - हरी - युक्ति - न्यारी वही है।
प्राणाधारा अवनि - तल में है यही एक आशा।
मैं देखूँगी पुनरपि वही श्यामली मूर्ति आँखों।।८३।।

पीड़ा होती अधिकतर है बोध देते जभी हो।
संदेशों से व्यथित चित है और भी दग्ध होता।
जैसे प्यारा - वदन सुत का देख पाऊँ पुनः मैं।
ऊधो हो के सदय मुझको यज्ञ वे ही बता दो।।८४।।

प्यारे - ऊधो कब तक तुम्हें वेदनायें सुनाऊँ।
मैं होती हूँ विरत यह हूँ किन्तु तो भी बताती।
जो टूटेगी कुँवर - वर के लौटने की सु - आशा।
तो जावेगा उजड़ ब्रज औ मैं न जीती बचूँगी।।८५।।

सारी बातें श्रवण करके स्वीय - अर्द्धांगिनी की।
धीरे बोले ब्रज - अवनि के नाथ उद्विग्न हो के।
जैसी मेरे हृदय - तल में वेदना हो रही है।
ऊधो कैसे कथन उसको मैं करूँ क्यों बताऊँ।।८६।।

छाया भू में निविड़ - तम था रात्रि थी अर्द्ध बीती।
ऐसे बेले भ्रम - वश गया भानुजा के किनारे।
जैसे पैठा तरल - जल में स्नान की कामना से।
वैसे ही मैं तरणि - तनया - धार के मध्य डूबा।।८७।।

साथी रोये विपुल - जनता ग्राम से दौड़ आई।
तो भी कोई सदय बन के अर्कजा में न कूदा।
जो क्रीड़ा में परम - उमड़ी आपगा पैर जाते।
वे भी सारा - हृदय - बल खो त्याग वीरत्व बैठे।।८८।।

जो स्नेही थे परम - प्रिय थे प्राण जो वार देते।
वे भी हो के त्रसित विविधा - तर्कना मध्य डूबे।
राजा हो के न असमय में पा सका मैं सु - साथी।
कैसे ऊधो कु - दिन अवनी - मध्य होते बुरे है।।८९।।

मेरे प्यारे कुँवर - वर ने ज्यों सुनी कष्ट-गाथा।
दौड़े आये तरणि - तनया - मध्य तत्काल कूदे।
यत्नों - द्वारा पुलिन पर ला प्राण मेरा बचाया।
कर्त्तव्यों से चकित करके कूल के मानवों को।।९०।

पूजा का था दिवस जनता थी महोत्साह - मग्ना।
ऐसी बेला मम - निकट आ एक मोटे फणी ने।
मेरा दायाँ - चरण पकड़ा मैं कँपा लोग दौड़े।
तो भी कोई न मम-हित की युक्ति सूझी किसी को।।९१।।

दौड़े आये कुँवर सहसा औ कई - उल्मुकों से।
नाना ठौरों वपुष - अहि का कौशलों से जलाया।
ज्योंहीं छोड़ा चरण उसने त्यों उसे मार डाला।
पीछे नाना - जतन करके प्राण मेरा बचाया।।९२।।

जैसे जैसे कुँवर - वर ने हैं किये कार्य्य - न्यारे।
वैसे ऊधो न कर सकते हैं महा - विक्रमी भी।
जैसी मैंने गहन उनमें बुद्धि - मत्ता विलोकी।
वैसी वृद्धों प्रथित - विवुधों मंत्रदों में न देखी।।९३।।

मैं ही होता चकित न रहा देख कार्य्यावली को।
जो प्यारे के चरित लखता, मुग्ध होता वही था।
मैं जैसा ही अति - सुखित था लाल पा दिव्य ऐसा।
वैसा ही हूँ दुखित अब मैं काल - कौतूहलों से।।९४।।

क्यों प्यारे ने सदय बन के डूबने से बचाया।
जो यों गाढ़े-विरह-दुख के सिन्धु में था डुबोना।
तो यत्नों से उरग-मुख के मध्य से क्यों निकाला।
चिन्ताओं से ग्रसित यदि मैं आज यों हो रहा हूँ।।९५।।

## वंशस्थ छन्द

निशान्त देखे नभ स्वेत हो गया।
तथापि पूरी न व्यथा - कथा हुई।
परन्तु फैली अवलोक लालिमा।
स - नन्द ऊधो उठ सद्म से गये।।९६।।

## द्रुतविलम्बित छन्द

विवुध ऊधव के गृह - त्याग से।
परि-समाप्त हुई दुख की कथा।
पर सदा वह अंकित सी रही।
हृदय-मंदिर में हरि-मित्र के।।९७।।

# एकादश सर्ग

## मालिनी छन्द

यक दिन छवि-शाली अर्कजा-कूल-वाली।
नव-तरु-चय-शोभी-कुंज के मध्य बैठे।
कतिपय ब्रज - भू के भावुकों को विलोक।
बहु - पुलकित ऊधो भी वहीं जा विराजे।।१।।

प्रथम सकल - गोपों ने उन्हें भक्ति द्वारा।
स - विधि शिर नवाया प्रेम के साथ पूजा।
भर भर निज - आँखों में कई बार आँसू।
फिर कह मृदु - बातें श्याम - सन्देश पूछा।।२।।

परम-सरसता से स्नेह से स्निग्धता से।
तब जन-सुख-दानी का सु-सम्वाद प्यारा।
प्रवचन-पटु ऊधो ने सबों को सुनाया।
कह कह हत - बातें शान्ति दे दे प्रबोधा।।३।।

सुन कर निज - प्यारे का समाचार सारा।
अतिशय - सुख पाया गोप की मंडली ने।
पर प्रिय - सुधि आये प्रेम - प्राबल्य द्वारा।
कुछ समय रही सो मौन हो उन्मना सी।।४।।

फिर बहु मृदुता से स्नेह से धीरता से।
उन स - हृदय गोपों में बड़ा - वृद्ध जो था।
वह ब्रज - धन प्यारे - बन्धु को मुग्ध - सा हो।
निज सु - ललित बातों को सुनाने लगा यों।।५।।

## वंशस्थ छन्द

प्रसून यों ही न मिलिन्द वृन्द को।
विमोहता औ करता प्रलुब्ध है।
वरंच प्यारा उसका सु - गंध ही।
उसे बनाता बहु - प्रीति - पात्र है।।६।।

विचित्र ऐसे गुण हैं ब्रजेन्दु के।
स्वभाव ऐसा उनका अपूर्व है।
निवद्ध सी है जिनमें नितान्त ही।
ब्रजानुरागीजन की विमुग्धता।।७।।

स्वरूप होता जिसका न भव्य है।
न वाक्य होते जिसके मनोज्ञ हैं।
मिली उसे भी भव - प्रीति सर्वदा।
प्रभूत प्यारे गुण के प्रभाव से।।८।।

अपूर्व जैसा घन - श्याम - रूप है।
तथैव वाणी उनकी रसाल है।
निकेत वे हैं गुण के, विनीत हैं।
विशेष होगी उनमें न प्रीति क्यों।।९।।

सरोज है दिव्य - सुगंध से भरा।
नृलोक में सौरभवान स्वर्ण है।
सु - पुष्प से सज्जित पारिजात है।
मयंक है श्याम बिना कलंक का।।१०।।

कलिन्दजा की कमनीय - धार जो।
प्रवाहता है भवदीय - सामने।
उसे बनाता पहले विषाक्त था।
विनाश - करी विष - कालिनाग का।।११।।

जहाँ सुकल्लोलित उक्त धार है।
वहीं बड़ा - विस्तृत एक कुण्ड है।
सदा उसी में रहता भुजंग था।
भुजंगिनी संग लिये सहस्रशः।।१२।।

मुहुर्मुहुः सर्प - समूह - श्वास से।
कलिन्दजा का कँपता प्रवाह था।
असंख्य फूत्कार प्रभाव से सदा।
विषाक्त होता सरिता सदम्बु था।।१३।।

दिखा रहा सम्मुख जो कदम्ब है।
कहीं इसे छोड़ न एक वृक्ष था।
द्वि - कोस पर्यंत द्वि - कूल भानुजा।
हरा भरा था न प्रशंसनीय था।।१४।।

कभी यहाँ का भ्रम या प्रमाद से।
कदम्बु पीता यदि था विहंग भी।
नितान्त तो व्याकुल औ विपन्न हो।
तुरन्त ही था प्रिय - प्राण त्यागता।।१५।।

बुरा यहाँ का जल पी, सहस्रशः।
मनुष्य होते प्रति - वर्ष नष्ट थे।
कु - मृत्यु पात इस ठौर नित्य ही।
अनेकशः गो, मृग, कीट कोटिशः।।१६।।

रही न जानें किस काल से लगी।
ब्रजापगा में यह व्याधि - दुर्भगा।
किया उसे दूर मुकुन्द देव ने।
विमुक्ति सर्वस्व - कृपा - कटाक्ष से।।१७।।

बढ़े दिवानायक की दुरन्तता।
अनेक - ग्वाले सुरभी समूह ले।
महा पिपासातुर एक बार हो।
दिनेशजा वर्जित कूल पै गये।।१८।।

परन्तु पी के जल ज्यों स - धेनु के।
कलिन्दजा के उपकूल से बढ़े।
अचेत त्योंही सुरभी समेत हो।
जहाँ तहाँ भूतल -' अंक में गिरे।।१९।।

कढ़े इसी ओर स्वयं इसी घड़ी।
ब्रजांगना - वल्लभ दैव - योग से।
बचा जिन्होंने अति - यत्न से लिया।
विनष्ट होते बहु - प्राणि - पुंज को।।२०।।

दिनेशजा दूषित - वारि - पान से।
विडम्बना थी यह हो गई यतः।
अतः इसी काल यथार्थ - रूप से।
ब्रजेन्द्र को ज्ञान हुआ फणीन्द्र का।।२१।।

स्व - जाति की देख अतीव दुर्दशा।
विगर्हणा देख मनुष्य - मात्र को।
विचार के प्राणि - समूह - कष्ट की।
हुए समुत्तेजित वीर - केशरी।।२२।।

हितैषणा से निज - जन्म - भूमि की।
अपार - आवेश हुआ ब्रजेश को।
बनीं महा बंक गँठी हुई भवें।
नितान्त - विस्फारित नेत्र हो गये।।२३।।

इसी घड़ी निश्चित श्याम - ने किया।
सशंकता त्याग अशंक - चित्त से।
अवश्य निर्वासन ही विधेय है।
भुजंग का भानु - कुमारिकांक से।।२४।।

अतः करूँगा यह कार्य्य मैं स्वयं।
स्व - हस्त मैं दुर्लभ प्राण को लिये।
स्व - जाति औ जन्म-धरा निमित्त मैं।
न भीत हूँगा विकराल - व्याल से।।२५।।

सदा करूँगा अपमृत्यु सामना।
स - भीत हूँगा न सुरेन्द्र - वज्र से।
कभी करूँगा अवहेलना न मैं।
प्रधान - धर्माङ्ग - परोपकार की।।२६।।

प्रवाह होते तक शेष - श्वास के।
स - रक्त होते तक एक भी शिरा।
स - शक्त होते तक एक लोम के।
किया करूँगा हित सर्वभूत का।।२७।।

निदान न्यारे - पण सूत्र में बँधे।
ब्रजेन्दु आये दिन दूसरे यहीं।
दिनेश - आभा इस काल भूमि को।
बना रही थी महती - प्रभावती।।२८।।

मनोज्ञ था काल द्वितीय याम था।
प्रसन्न था व्योम दिशा प्रफुल्ल थी।
उमंगिता थी सित - ज्योति - संकुला।
तरंग - माला - मय - भानु - नन्दिनी।।२९।।

विलोक सानन्द सु - व्योम मेदिनी।
खिले हुए - पंकज पुष्पिता लता।
अतीव - उल्लासित हो स्व - वेणु ले।
कदम्ब के ऊपर श्याम जा चढ़े।।३०।।

कँपा सु - शाखा बहु पुष्प को गिरा।
पुनः पड़े कूद प्रसिद्ध कुण्ड में।
हुआ समुद्भिन्न प्रवाह वारि का।
प्रकम्प - कारी रव व्योम में उठा।।३१।।

अपार - कोलाहल ग्राम में मचा।
विषाद फैला ब्रज सद्म - सद्म में।
ब्रजेश हो व्यस्त - समस्त दौड़ते।
खड़े हुए आ कर उक्त कुण्ड पै।।३२।।

असंख्य - प्राणी ब्रज - भूप साथ ही।
स - वेग आये दृग - बारि मोचते।
ब्रजांगना साथ लिये सहस्रशः।
बिसूरती आ पहुँचीं ब्रजेश्वरी।।३३।।

द्वि - दंड में ही जनता - समूह से।
तमारिजा का तट पूर्ण हो गया।
प्रकम्पिता को बन मेदिनी उठी।
विषादितों के बहु - आर्त्त - नाद से।।३४।।

कभी-कभी क्रन्दन - घोर - नाद को।
विभेद होती श्रुति - गोचरा रही।
महा - सुरीली - ध्वनि श्याम - वेणु की।
प्रदायिनी शान्ति विषाद - मर्दिनी।।३५।।

व्यतीत यों ही घड़ियाँ कई हुईं।
पुनः स - हिल्लोल हुई पतंगजा।
प्रवाह उद्भेदित अंत में हुआ।
दिखा महा अद्भुत - दृश्य सामने।।३६।।

कई फनों का अति ही भयावना।
महा - कदाकार अश्वेत शैल सा।
बड़ा - बली एक फणीश अंक से।
कलिन्दजा के कढ़ता दिखा पड़ा।।३७।।

विभीषणाकार - प्रचण्ड - पन्नगी।
कई बड़े - पन्नग, नाग साथ ही।
विदार के वक्ष विषाक्त - कुण्ड का।
प्रमत्त से थे कढ़ते शनैः शनैः।।३८।।

फणीश शीशोपरि राजती रही।
सु - मूर्ति शोभा - मय श्री मुकुन्द की।
विकीर्णकारी कल - ज्योति - चक्षु थे।
अतीव - उत्फुल्ल मुखारविन्द था।।३९।।

विचित्र थी शीश किरीट की प्रभा।
कसी हुई थी कटि में सु - काछनी।
दुकूल से शोभित कान्त कन्ध था।
विलम्बिता थी बन - माल कण्ठ में।।४०।।

अहीश को नाथ विचित्र - रीति से।
स्व - हस्त में थे वर - रज्जु को लिये।
बजा रहे थे मुरली मुहुर्मुहुः।
प्रबोधिनी - मुग्धकरी - विमोहिनी।।४१।।

समस्त - प्यारा - पट सिक्त था हुआ।
न भींगने से वन - माल थी बची।
गिरा रही थीं अलकें नितान्त ही।
विचित्रता से वर - बूँद वारि की।।४२।।

लिये हुए सर्प - समूह श्याम ज्यों।
कलिन्दजा कम्पित अंक से कढ़े।
खड़े किनारे जितने मनुष्य थे।
सभी महा शंकित - भीत हो उठे।।४३।।

हुए कई मूर्छित घोर - त्रास से।
कई भगे भतूल में गिरे कई।
हुईं यशोदा अति ही प्रकम्पिता।
ब्रजेश भी व्यस्त - समस्त हो गये।।४४।।

विलोक सारी - जनता भयातुरा।
मुकुन्द ने एक विभिन्न - मार्ग से।
चढ़ा किनारे पर सर्प - यूथ को।
उसे बढ़ाया वन - ओर वेग से।।४५।।

ब्रजेन्द्र के अद्‌भुत - वेणु - नाद से।
सतर्क - संचालन से सु - युक्ति से।
हुए वशीभूत समस्त सर्प थे।
न अल्प होते प्रतिकूल थे कभी।।४६।।

अगम्य - अत्यन्त समीप शैल के।
जहाँ हुआ कानन था, ब्रजेन्द्र ने।
कुटुम्ब के साथ वहीं अहीश को।
सदर्प दे के यम - यातना तजा।।४७।।

न नाग काली तब से दिखा पड़ा।
हुई तभी से यमुनाति निर्मला।
समोद लौटे सब लोग सद्म को।
प्रमोद सारे - ब्रज - मध्य छा गया।।४८।।

अनेक यों हैं कहते फणीश को।
स - वंश मारा वन में मुकुन्द ने।
कई मनीषी यह हैं विचारते।
छिपा पड़ा है वह गर्त्त में किसी।।४९।।

सुना गया है यह भी अनेक से,।
पवित्र - भूता - ब्रज - भूमि त्याग के।
चला गया है वह और ही कहीं।
जनोपघाती विष - दन्त - हीन हो।।५०।।

प्रवाद जो हो यह किन्तु सत्य है।
स - गर्व मैं हूँ कहता प्रफुल्ल हो।
ब्रजेन्दु से ही ब्रज - व्याधि है टली।
बनी फणी - हीन पतंग - नन्दिनी।।५१।।

वही महा - धीर असीम - साहसी।
सु - कौशली मानव - रत्न दिव्य - धी।
अभाग्य से है ब्रज से जुदा हुआ।
सदैव होगी न व्यथा - अतीव क्यों।।५२।।

मुकुन्द का है हित चित्त में भरा।
पगा हुआ है प्रति - रोम प्रेम में।
भलाइयाँ हैं उनकी बड़ी-बड़ी।
भला उन्हें क्यों ब्रज भूल जायगा।।५३।।

जहाँ रहें श्याम सदा सुखी रहें।
न भूल जावें निज - तात - मात को।
कभी-कभी आ मुख - मंजु को दिखा।
रहें जिलाते ब्रज - पाणि - पुंज को।।५४।।

## द्रुतविलम्बित छन्द

निज मनोहर भाषण वृद्ध ने।
जब समाप्त किया बहु - मुग्ध हो।
अपर एक प्रतिष्ठित - गोप यों।
तब लगाना कहने सु - गुणावली।।५५।।

## वंशस्थ छन्द

निदाघ का काल महा - दुरन्त था।
भयावनी थी रवि - रश्मि हो गयी।
तवा समा थी तपती वसुंधरा।
स्फुलिंग वर्षारत तप्त व्योम था।।५६।।

प्रदीप्त थी अग्नि हुई दिगन्त में।
ज्वलन्त था आतप ज्वाल - माल - सा।
पतंग को देख महा - प्रचण्डता।
प्रकम्पिता पादप - पुंज - पंक्ति थी।।५७।।

रजाक्त आकाश दिगन्त को बना।
असंख्य वृक्षावलि मर्दनोद्यता।
मुहुर्मुहुः उद्धत हो निनादिता।
प्रवाहिता थी पवनाति - भीषणा।।५८।।

विदग्ध हो के कण - धूलि राशि का।
हुआ तपे लौह कणा समान था।
प्रतप्त - बालू - इव दग्ध - भाड़ की।
भयंकरी थी महि - रेणु हो गई।।५९।।

असह्य उत्ताप दुरंत था हुआ।
महा समुद्विग्न मनुष्य मात्र था।
शरीरियों की प्रिय - शान्ति - नाशिनी।
निदाघ की थी अति - उग्र - ऊष्मता।।६०।।

किसी घने - पल्लववान - पेड़ की -
प्रगाढ़ - छाया अथवा सुकुंज में।
अनेक प्राणी करते व्यतीत थे।
स - व्यग्रता ग्रीष्म दुरन्त - काल को।।६१।।

अचेत सा निद्रित हो स्व - गेह में।
पड़ा हुआ मानव का समूह था।
न जा रहा था जन एक भी कहीं।
अपार निस्तब्ध समस्त - ग्राम था।।६२।।

स्व - शावकों साथ स्वकीय - नीड़ में।
अबोल हो के खग - वृंद था पड़ा।
स - भीत मानों बन दीर्घ दाघ से।
नहीं गिरा भी तजती स्व - गेह थी।।६३।।

सु - कुंज में या वर - वृक्ष के तले।
अशक्त हो थे पशु पंगु से पड़े।
प्रतप्त - भू में गमनाभिशंकया।
पदांक को थी गति त्याग के भगी।।६४।।

प्रचंड लू थी अति - तीव्र घाम था।
मुहुर्मुहुः गर्जन था समीर का।
विलुप्त हो सर्व - प्रभाव - अन्य का।
निदाघ का एक अखंड - राज्य था।।६५।।

अनेक गो - पालक वत्स धेनु ले।
बिता रहे थे बहु शान्ति - भाव से।
मुकुन्द ऐसे अ - मनोज्ञ - काल को।
वनस्थिता - एक - विराम कुञ्ज में।।६६।।

परंतु प्यारी यह शान्ति श्याम की।
विनष्ट औ भंग हुई तुरन्त ही।
अचिन्त्य - दूरागत - भूरि - शब्द से।
अजस्र जो था अति घोर हो रहा।।६७।।

पुनः पुनः कान लगा लगा सुना।
ब्रजेन्द्र ने उत्थित घोर - शब्द को।
अतः उन्हें ज्ञात तुरन्त हो गया।
प्रचंड - दावा वन - मध्य है लगी।।६८।।

गये उसी ओर अनेक - गोप थे।
गवादि ले के कुछ - काल - पूर्व ही।
हुई इसी से निज बंधु - वर्ग की।
अपार चिन्ता ब्रज - व्योम - चंद्र को।।६९।।

अतः बिना ध्यान किये प्रचंडता।
निदाघ की पूषण की समीर की।
ब्रजेन्द्र दौड़े तज शान्ति - कुंज को।
सु - साहसी गोप समूह संग ले।।७०।।

निकुंज से बाहर श्याम ज्यों कढ़े।
उन्हें महा पर्वत धूमपुंज का।
दिखा पड़ा दक्षिण ओर सामने।
मलीन जो था करता दिगन्त को।।७१।।

अभी गये वे कुछ दूर मात्र थे।
लगीं दिखाने लपटें भयावनी।
वनस्थली बीच प्रदीप्त - वह्नि की।
मुहुर्मुहुः व्योम - दिगन्त - व्यापिनी।।७२।।

प्रवाहिता उद्धत तीव्र वायु से।
विधूनिता हो लपटें दवाग्नि की।
नितान्त ही थी बनती भयंकरी।
प्रचंड - दावा - प्रलयंकारी - समा।।७३।।

अनन्त थे पादप दग्ध हो रहे।
असंख्य गाठें फटतीं स - शब्द थीं।
विशेषतः वंश - अपार - वक्ष की।
बनी महा - शब्दित थी वनस्थळी।।७४।।

अपार पक्षी पशु त्रस्त हो महा।
स - व्यग्रता थे सब ओर दौड़ते।
नितान्त हो भीत सरीसृपादि थी।
बने महा - व्याकुल भाग थे रहे।।७५

समीप जा के बलभद्र - बंधु ने।
वहाँ महा - भीषण - काण्ड जो लखा।
प्रवीर है कौन त्रि - लोक मध्य जो।
स्व - नेत्र से देख उसे न काँपता।।७६।।

प्रचंडता में रवि की दवाग्नि की।
दुरन्तता थी अति ही विवर्द्धिता।
प्रतीति होती उसको विलोक के।
विदग्ध होगी ब्रज की वसुंधरा।।७७।।

पहाड़ से पादप तूल पुंज से।
स - मूल होते पल मध्य भस्म थे।
बड़े - बड़े प्रस्तर खंड वह्नि से।
तुरन्त होते तृण - तुल्य दग्ध थे।।७८।।

अनेक पक्षी उड़ व्योम - मध्य भी।
न त्राण थे पा सकते शिखाग्नि से।
सहस्रशः थे पशु प्राण त्यागते।
पतंक के तुल्य पलायनेच्छु हो।।७९।।

जला किसी का पग पूँछ आदि था।
पड़ा किसी का जलता शरीर था।
जले अनेकों जलते असंख्य थे।
दिगन्त था आर्त्त - निनाद से भरा।।८०।।

भयंकरी - प्रज्वलिताग्नि की शिखा।
दिवांधता - कारिणी राशि धूम की।
वनस्थली में बहु - दूर - व्याप्त थी।
नितान्त घोरा ध्वनि त्रास - वर्द्धिनी।।८१।।

यहीं विलोका करुणा - निकेत ने।
गवादिके साथ स्व - बन्धु - वर्ग को।
शिखाग्नि द्वारा जिनकी शनैः शनैः।
विनष्ट संज्ञा अधिकांश थी हुई।।८२।।

निरर्थ चेष्टा करते विलोक के।
उन्हें स्व - रक्षार्थ दवाग्नि गर्भ से।
दया बड़ी ही ब्रज - देव को हुई।
विशेषतः देख उन्हें अशक्त - सा।।८३।।

अतः सबों से यह श्याम ने कहा।
स्व - जाति - उद्धार महान - धर्म है।
चलों करें पावक में प्रवेश औ।
स - धेनु लेवें निज - जाति को बचा।।८४।।

विपत्ति से रक्षण सर्व - भूत का।
सहाय होना अ - सहाय जीव का।
उबारना संकट से स्व - जाति का।
मनुष्य का सर्व - प्रधान धर्म है।।८५।।

बिना न त्यागे ममता स्व - प्राण की।
बिना न जोखों ज्वलदग्नि में पड़े।
न हो सका विश्व - महान - कार्य्य है।
न सिद्ध होता भव - जन्म हेतु है।।८६।।

बढ़ो करो वीर स्व - जाति का भला।
अपार दोनों विध लाभ है हमें।
किया स्व - कर्तव्य उबार जो लिया।
सु - कीर्ति पाई यदि भस्म हो गये।।८७।।

शिखाग्नि से वे सब ओर हैं घिरे।
बचा हुआ एक दुरूह - पंथ है।
परन्तु होगी यदि स्वल्प - देर तो।
अगम्य होगा वह शेष - पंथ भी।।८८।

अतः न है और विलम्ब में भला।
प्रवृत्त हो शीघ्र स्व - कार्य में लगो।
स - धेनु के जो न इन्हें बचा सके।
बनी रहेगी अपकीर्ति तो सदा।।८९।।

ब्रजेन्दु ने यद्यपि तीव्र - शब्द में।
किया समुत्तेजित गोप - वृन्द को।
तथापि साथी उनके स्व - कार्य में।
न हो सके लग्न यथार्थ - रीति से।।९०।।

निदाघ के भीषण उग्र - ताप से।
स्व - धैर्य्य थें वे अधिकांश खो चुके।
रहे - सहे साहस को दवाग्नि ने।
किया समुन्मूलन सर्व - भाँति था।।९१।।

असह्य होती उनको अतीव थी।
कराल - ज्वाला तन - दग्ध - कारिणी।
विपत्ति से संकुल उक्त - पंथ भी।
उन्हें बनाता भय - भीत भूरिशः।।९२।।

अतः हुए लोग नितान्त भ्रान्त थे।
विलोप होती सुधि थी शनैः शनैः।
ब्रजांगना - वल्लभ के निदेश से।
स - चेष्ट होते भर वे क्षणेक थे।।९३।।

स्व - साथियों की यह देख दुर्दशा।
प्रचंड - दावानल में प्रवीर से।
स्वयं धँसे श्याम दुरन्त - वेग से।
चमत्कृता सी वन - भूमि को बना।।९४।।

प्रवेश के बाद स - वेग ही कढ़े।
समस्त - गोपालक - धेनु संग वे।
अलौकिक-स्फूर्ति दिखा त्रि-लोक को।
वसुंधरा में कल - कीर्त्ति वेलि बो।।९५।।

बचा सबों को बलवीर ज्यों कढ़े।
प्रचंड - ज्वाला - मय - पंथ त्यों हुआ।
विलोकते ही यह काण्ड श्याम को।
सभी लगे आदर दे सराहने।।९६।।

अभागिनी है ब्रज की वसुन्धरा।
बड़े अभागे हम गोप लोग हैं।
हरा गया कौस्तुभ जो ब्रजेश का।
छिना करों से ब्रज - भूमि रत्न जो।।९७।।

न वित्त होता धन रत्न डूबता।
असंख्य गो - वंश - स - भूमि छूटता।
समस्त जाता तब भी न शोक था।
सरोज का आनन जो विलोकता।।९८।।

अतीव - उत्कण्ठित सर्व - काल हूँ।
विलोकने को यक - बार और भी।
मनोज्ञ - वृन्दावन - व्योम - अंक में।
उगे हुए आनन - कृष्णचन्द्र को।।९९।।

# द्वादश सर्ग

## मन्दाक्रान्ता छन्द

ऊधो को यों स - दुख जब थे गोप बातें सुनाते।
आभीरों का यक - दल नया वाँ उसी - काल आया।
नाना - बातें विलख उसने भी कहीं खिन्न हो हो।
पीछे प्यारा - सुयश स्वर से श्याम का यों सुनाया।।१।।

## द्रुतविलम्बित छन्द

सरस - सुन्दर - सावन - मास था।
घन रहे नभ में घिर - घूमते।
वलसती बहुधा जिनमें रही।
छविवती - उड़ती - बक - मालिका।।२।।

घहरता गिरि - सानु समीप था।
बरसता छिति - छू नव - वारि था।
घन कभी रवि - अंतिम - अंशु ले।
गगन में रचता बहु - चित्र था।।३।।

नव - प्रभा परमोज्वल - लीक सी।
गति - मती कुटिला - फणिनी - समा।
दमकती दुरती घन - अंक में।
विपुल केलि - कला - खनि दामिनी।।४।।

विविध - रूप धरे नभ में कभी।
विहरता वर - वारिद - व्यूह था।
वह कभी करता रस सेक था।
बन सके जिससे सरसा - रसा।।५।।

सलिल - पूरत थी सरसी हुई।
उमड़ते पड़ते सर - वृन्द थे।
कर - सुप्लावित कूल प्रदेश को।
सरित थी स - प्रमोद प्रवाहिता।।६।।

वसुमती पर थी अति - शोभिता।
नवल कोमल - श्याम - तृणावली।
नयन - रंजनता मृदु - मूर्त थी।
अनुपमा - तरु - राजि - हरीतिमा।।७।।

हिल, लगे मृदु - मन्द - समीर के।
सलिल - विन्दु, गिरा सुठि अंक से।
मन रहे किसका न विमोहते।
जल - धुले दल - पादप पुंज के।।८।।

विपुल मोर लिये बहु - मोरिनी।
विहरते सुख से स - विनोद थे।
मरकतोपम पुच्छ - प्रभाव से।
मणि - मयी कर कानन कुंज को।।९।।

बन प्रमत्त - समान पपीहरा।
पुलक के उठता कह पी कहाँ।
लख वसंत - विमोहक - मंजुता।
उमग कूक रहा पिक - पुंज था।।१०।।

स - रव पावस - भूप - प्रताप जो।
सलिल में कहते हुए भेक थे।
विपुल - झींगुर तो थल में उसे।
धुन लगा करते नित गान थे।।११।।

सुखद - पावस के प्रति सर्व की।
प्रकट सी करती अति - प्रीति थीं।
वसुमती - अनुराग - स्वरूपिणी।
विलसती - बहु - बीर बहूटियाँ।।१२।।

परम - म्लान हुई बहु - वेलि को।
निरख के फलिता अति - पुष्पिता।
सकल के उर में रम सी गई।
सुखद - शासन की उपकारिता।।१३।।

विविध - आकृति औ फल फूल की।
उपजती अवलोक सु - बूटियाँ।
प्रकट थी महि - मण्डल में हुई।
प्रियकरी - प्रतिपत्ति - पयोद की।।१४।।

रस - मयी भव - वस्तु विलोक के।
सरसता लख भूतल-व्यापिनी।
समझ है पड़ता बरसात में।
ददक का रस नाम यथार्थ है।।१५।।

मृतक - प्राय हुई तृण - राजि भी।
सलिल से फिर जीवित हो गई।
फिर सु- जीवन जीवन को मिला।
बुध न जीवन क्यों उसको कहें।।१६।।

ब्रज - धरा यक बार इन्हीं दिनों।
पतित थी दुख - वारिधि में हुई।
पर उसे अवलम्बन था मिला।
ब्रज - विभूषण के भुज - पोत के।।१७।।

दिवस एक प्रभंजन का हुआ।
अति - प्रकोप, घटा नभ में घिरी।
बहु - भयावह - गाढ़ - मसी - समा।
सकल - लोक प्रकंपित - कारिणी।।१८।।

अशनि - पात - समान दिगन्त में।
तब महा - रव था बहु व्यापता।
कर विदारण वायु प्रवाह का।
दमकती नभ में जब दामिनी।।१९।।

मथित चालित ताड़ित हो महा।
अति - प्रचंड - प्रभंजन - वेग से।
जलद थे दल के दल आ रहे।
घुमड़ते घिरते ब्रज - घेरते।।२०।।

तरल - तोयधि - तुंग - तरंग से।
निविड़ - नीरद थे घिर घूमते।
प्रबल हो जिनकी बढ़ती रही।
असितता - घनता - रवकारिता।।२१।।

उपजती उस काल प्रतीति थी।
प्रलय के घन आ ब्रज में घिरे।
गगन - मण्डल में अथवा जमे।
सजल कज्जल के गिरि कोटिशः।।२२।

पतित थी ब्रज - भू पर हो रही।
प्रति - घटी उर - दारक - दामिनी।
असह थी इतनी गुरु - गर्जना।
सह न था सकता पवि - कर्ण भी।।२३।।

तिमिर की वह थी प्रभुता बढ़ी।
सब तमोमय था दृग देखता।
चमकता वर - वासर था बना।
असितता - खनि - भाद्र - कुहू - निशा।।२४।।

प्रथम बूँद पड़ी ध्वनि - बाँध के।
फिर लगा पड़ने जल वेग से।
प्रलय कालिक - सर्व - समाँ दिखा।
बरसता जल मूसल - धार था।२५।।

जलद - नाद प्रभंजन - गर्जना।
विकट - शब्द महा - जलपात का।
कर प्रकम्पित पीवर - प्राण को।
भर गया ब्रज - भूतल मध्य था।।२६।।

स - बल भग्न हुई गुरु - डालियाँ।
पतित हो करती बहु - शब्द थीं।
पतन हो कर पादप - पुंज को।
क्षण - पभा करती शत - खंड थी।।२७।।

सदन थे सब खंडित हो रहे।
परम - संकट में जन - प्राण था।
स - बल विज्जु प्रकोप - प्रमाद से।
बहु - विचूर्णित पर्वत - श्रृंग थे।।२८।।

दिवस बीत गया रजनी हुई।
फिर हुआ दिन किन्तु न अल्प भी।
कम हुई तम - तोम - प्रगाढ़ता।
न जलपात रुका न हवा थमी।।२९।।

सब - जलाशय थे जल से भरे।
इस लिये निशि वासर मध्य ही।
जल - मयी ब्रज की वसुधा बनी।
सलिल - मग्न हुए पुर - ग्राम भी।।३०।।

सर - बने बहु विस्तृत - ताल से।
बन गया सर था लघु - गर्त्त भी।
बहु तरंग - मयी गुरु - नादिनी।
जलधि तुल्य बनी रविनन्दिनी।।३१।।

तदपि था पड़ता जल पूर्व सा।
इस लिए अति - व्याकुलता बढ़ी।
विपुल - लोक गये ब्रज - भूप के -
निकट व्यस्त - समस्त अधीर हो।।३२।।

प्रकृति को कुपिता अवलोक के।
प्रथम से ब्रज - भूपति व्यग्र थे।
विपुल - लोक समागत देख के।
बढ़ गई उनकी वह व्यग्रता।।३३।।

पर न सोच सके नृप एक भी।
उचित यत्न विपत्ति - विनाश का।
अपर जो उस ठौर बहुज्ञ थे।
न वह भी शुभ - सम्मति दे सके।।३४।।

तड़ित सी कछनी कटि में कसे।
सु - विलसे नव - नीरद - कान्ति का।
नवल - बालक एक इसी घड़ी।
जन - समागम - मध्य दिखा पड़ा।।३५।।

ब्रज - विभूषण को अवलोक के।
जन - समूह प्रफुल्लित हो उठा।
परम - उत्सुकता - वश प्यार से।
फिर लगा वदनांबुज देखने।।३६।।

सब उपस्थित - प्राणि - समूह को।
निरख के निज - आनन देखता।
बन विशेष विनीत मुकुन्द ने।
यह कहा ब्रज - भूतल - भूप से।।३७।।

जिस प्रकार घिरे घन व्योम में।
प्रकृति है जितनी कुपिता हुई।
प्रकट है उससे यह हो रहा।
विपद का टलना बहु - दूर है।।३८।।

इसलिये तज के गिरि - कन्दरा।
अपर यत्न न है अब त्राण का।
उचित है इस काल सयत्न हो।
शरण में चलना गिरि - राज की।।३९।।

बहुत सी दरियाँ अति - दिव्य हैं।
बृहत कन्दर हैं उसमें कई।
निकट भी वह है पुर - ग्राम के।
इस लिये गमन - स्थल है वही।।४०।।

सुन गिरा यह वारिद - गात की।
प्रथम तर्क - वितर्क बड़ा हुआ।
फिर यही अवधारित हो गया।
गिरि बिना 'अवलम्ब' न अन्य है।।४१।।

पर विलोक तमिस्त्र - प्रगाढ़ता।
तड़ित - पात प्रभंजन - भीमता।
सलिल - प्लावन वर्षण - वारि का।
विफल थी बनती सब - मंत्रणा।।४२।।

इस लिये फिर पंकज - नेत्र ने।
यह स - ओज कहा ज़न - वृन्द से।
रह अचेष्टित जीवन त्याग से।
मरण है अति - चारु सचेष्ट हो।।४३।।

विपद - संकुल विश्व - प्रपंच है।
बहु - छिपा भवितव्य रहस्य है।
प्रति घटी पल है भय प्राण का।
शिथिलता इस हेतु अ - श्रेय है।।४४।।

विपद से वर - वीर - समान जो।
समर - अर्थ समुद्यत हो सका।
विजय - भूति उसे सब काल ही।
वरण है करती सु - प्रसन्न हो।।४५।।

पर विपत्ति विलोक स - शंक हो।
शिथिल जो करता पग - हस्त है।
अवनि में अवमानित शीघ्र हो।
कवल है बनाता वह काल का।।४६।।

कब कहाँ न हुई प्रतिद्वंद्विता।
जब उपस्थित संकट - काल हो।
उचित - यत्न स - धैर्य्य विधेय है।
उस घड़ी सब - मानव - मात्र को।।४७।।

सु - फल जो मिलता इस काल है।
समझना न उसे लघु चाहिये।
बहुत हैं, पड़ संकट-स्रोत में।
सहस में जन जो शत भी बचें।।४८।।

इस लिए तज निंद्य - विमूढ़ता।
उठ पड़ो सब लोग स - यत्न हो।
इस महा - भय - संकुल काल में।
बहु - सहायक जान ब्रजेश को।।४९।।

सुन स - ओज सु - भाषण श्याम का।
बहु - प्रबोधित हो जन - मण्डली।
गृह गई पढ़ मंत्र - प्रयत्न का।
लग गई गिरि ओर प्रयाण में।।५०।।

बहु - चुने - दृढ़ - वीर सु - साहसी।
सबल - गोप लिये बलबीर भी।
समुचित स्थल में करने लगे।
सकल की उपयुक्त सहायता।।५१।।

सलिल प्लावन से अब थे बचे।
लघु - बड़े बहु - उन्नत पंथ जो।
सब उन्हीं पर हो स - सतर्कता।
गमन थे करते गिरि - अंक में।।५२।।

यदि ब्रजाधिप के प्रिय - लाडिले।
पतित का कर थे गहते कहीं।
उदक में घुस तो करते रहे।
वह कहीं जल - बाहर मग्न को।।५३।।

पहुँचते बहुधा उस भाग में।
बहु अकिंचन थे रहते जहाँ।
कर सभी सुविधा सब - भाँति की
वह उन्हें रखते गिरि - अंक में।।५४।।

परम - वृद्ध असम्बल लोक को।
दुख - मयी - विधवा रुज - ग्रस्त को।
बन सहायक थे पहुँचा रहे।
गिरि सु - गह्वर में कर यत्न वे।।५५।।

यदि दिखा पड़ती जनता कहीं।
कु - पथ में पड़ के दुख भोगती।
पथ - प्रदर्शन थे करते उसे।
तुरत तो उस ठौर ब्रजेन्द्र जा।।५६।।

जटिलता - पथ की तम गाढ़ता।
उदक - पात प्रभंजन भीमता।
मिलित थीं सब साथ, अतः घटी।
दुख - मयी - घटना प्रति - पंथ में।।५७।।

पर सु - साहस से सु - प्रबंध से।
ब्रज - विभूषण के जन एक भी।
तन न त्याग सका जल - मग्न हो।
मर सका गिर के न गिरीन्द्र से।।५८।।

फलद - सम्बल लोचन के लिये।
क्षणप्रभा अतिरिक्त न अन्य था।
तदपि साधन में प्रति - कार्य्य के।
सफलता ब्रज - वल्लभ को मिली।।५९।।

परम - सिक्त हुआ वपु - वस्त्र था।
गिर रहा शिर ऊपर वारि था।
लग रहा अति उग्र - समीर था।
पर विराम न था ब्रज - बन्धु को।।६०।।

पहुँचते वह थे शर - वेग से।
विपद - संकुल आकुल - ओक में।
तुरत थे करते वह नाश भी।
परम - वीर - समान विपत्ति का।।६१।।

लख अलौकिक - स्फूर्त्ति - सु - दक्षता।
चकित - स्तंभित गोप - समूह था।
अधिकतः बँधता यह ध्यान था।
ब्रज - विभूषण हैं शतशः बने।।६२।।

स - धन गोधन को पुर ग्राम को।
जलज - लोचन ने कुछ काल में।
कुशल से गिरि - मध्य बसा दिया।
लघु बना पवनादि - प्रमाद को।।६३।।

प्रकृति क्रुद्ध छ सात दिनों रही।
कुछ प्रभेद हुआ न प्रकोप में।
पर स - यत्न रहे वह सर्वथा।
तनिक - क्लान्ति हुई न ब्रजेन्द्र को।।६४।।

प्रति - दरी प्रति - पर्वत - कन्दरा।
निवसते जिनमें ब्रज - लोग थे।
बहु - सु - रक्षित थी ब्रज - देव के।
परम - यत्न सु - चारु प्रबन्ध से।।६५।।

भ्रमण ही करते सबने उन्हें।
सकल - काल लखा स - प्रसन्नता।
रजनि भी उनकी कटती रही।
स - विधि - रक्षण में ब्रज - लोक के।।६६।।

लख अपार प्रसार गिरीन्द्र में।
ब्रज - धराधिप के प्रिय - पुत्र का।
सकल लोग लगे कहने उसे।
रख लिया उँगली पर श्याम ने।।६७।।

जब व्यतीत हुए दुख - वार ए।
मिट गया पवनादि प्रकोप भी।
तब बसा फिर से ब्रज - प्रान्त, औ।
परम - कीर्ति हुई बलवीर की।।६८।।

अहह ऊधव सो ब्रज - भूमि का।
परम - प्राण - स्वरूप सु - साहसी।
अब हुआ दृग से बहु - दूर है।
फिर कहो बिलपे ब्रज क्यों नहीं।।६९।।

कथन में अब शक्ति न शेष है।
विनय हूँ करता बन दीन मैं।
ब्रज - विभूषण आ निज - नेत्र से।
दुख - दशा निरखें ब्रज - भूमि की।।७०।।

सलिल - प्लावन से जिस भूमि का।
सदय हो कर रक्षण था किया।
अहह आज वही ब्रज की धरा।
नयन - नीर - प्रवाह - निमग्न है।।७१।।

## वंशस्थ छन्द

समाप्त ज्योंही इस यूथ ने किया।
अतीव - प्यारे अपने प्रसंग को।
लगा सुनाने उस काल ही उन्हें।
स्वकीय बातें फिर अन्य गोप यों।।७२।।

## वसन्ततिलका छन्द

बातें बड़ी-मधुर औ अति ही मनोज्ञा।
नाना मनोरम रहस्य - मयी अनूठी।
जो हैं प्रसूत भवदीय मुखाब्ज द्वारा।
हैं वांछनीय वह, सर्व सुखेच्छुकों की।।७३।।

सौभाग्य है व्यथित-गोकुल के जनों का।
जो पाद - पंकज यहाँ भवदीय आया।
है भाग्य की कुटिलता वचनोपयोगी।
होता यथोचित नहीं यदि कार्य्यकारी।।७४।।

प्रायः विचार उठता उर - मध्य होगा।
ए क्यों नहीं वचन हैं सुनते हितों के।
है मुख्य - हेतु इसका न कदापि अन्य।
लौ एक श्याम-घन की ब्रज को लगी है।।७५।।

न्यारी - छटा निरखना दृग चाहते हैं।
है कान को सु-यश भी प्रिय श्याम ही का।
गा के सदा सु - गुण है रसना अघाती।
सर्वत्र रोम तक में हरि ही रमा है।।७६।।

जो हैं प्रवंचित कभी दृग - कर्ण होते।
तो गान है सु - गुण को करती रसज्ञा।
हो हो प्रमत्त ब्रज - लोग इसी लिए ही।
गा श्याम का सुगुण वासर हैं बिताते।।७७।।

संसार में सकल - काल नृ - रत्न ऐसे।
हैं हो गये अवनि है जिनकी कृतज्ञा।
सारे अपूर्व - गुण हैं उनके बताते।
सच्चे - नृ - रत्न हरि भी इस काल के हैं।।७८।।

जो कार्य्य श्याम - घन ने करके दिखाये।
कोई उन्हें न सकता कर था कभी भी।
वे कार्य्य औ द्विदश - वत्सर की अवस्था।
ऊधो न क्यों फिर नृ - रत्न मुकुन्द होंगे।।७९।।

बातें बड़ी सरस थे कहते बिहारी।
छोए बड़े सकल का हित चाहते थे।
अत्यन्त प्यार दिखला मिलते सबों से।
वे थे सहायक बड़े दुख के दिनों में।।८०।।

वे थे विनम्र बन के मिलते बड़ों से।
थे बात - चीत करते बहु - शिष्टता से।
बातें विरोधकर थीं उनको न प्यारी।
वे थे न भूल कर भी अप्रसन्न होते।।८१।।

थे प्रीति - साथ मिलते सब बालकों से।
थे खेलते सकल - खेल विनोद - कारी।
नाना - अपूर्व - फल - फूल खिला खिला के।
वे थे विनोदित सदा उनको बनाते।।८२।।

जो देखते कलह शुष्क - विवाद होता।
तो शान्त श्याम उसको करते सदा थे।
कोई बली नि - बल को यदि था सताता।
तो वे तिरस्कृत किया करते उसे थे।।८३।।

होते प्रसन्न यदि वे यह देखते थे।
कोई स्व - कृत्य करता अति - प्रीति से है।
यों ही विशिष्ट - पद गौरव की उपेक्षा।
देती नितान्त उनके चित को व्यथा थी।।८४।।

माता पिता गुरुजनों वय में बड़ों को।
होते निराद्रित कहीं यदि देखते थे।
तो खिन्न हो दुखित हो लघु को सुतों को।
शिक्षा समेत बहुधा बहु - शास्ति देते।।८५।।

थे राज पुत्र उनमें मद था न तो भी।
वे दीन के सदन थे अधिकांश जाते।
बातें - मनोरम सुना दुख जानते थे।
औ थे विमोचन उसे करते कृपा से।।८६।।

रोगी दुखी विपद - आपद में पड़ों की।
सेवा सदैव करते निज - हस्त से थे।
ऐसा निकेत ब्रज में न मुझे दिखाया।
कोई जहाँ दुखित हो पर वे न होवें।।८७।।

संतान - हीन - जन तो ब्रज - बंधु को पा।
संतान - वान निज को कहते रहे ही।
संतान - वान जन भी ब्रज - रत्न ही का।
संतान से अधिक थे रखते भरोसा।।८८।।

जो थे किसी सदन में बलवीर जाते।
तो मान वे अधिक पा सकते सुतों से।
थे राज - पुत्र इस हेतु नहीं; सदा वे।
होते सुपूजित रहे शुभ - कर्म्म द्वारा।।८९।।

भू में सदा मनुज है बहु - मान पाता।
राज्याधिकार अथवा धन - द्रव्य - द्वारा।
होता परन्तु वह पूजित विश्व में है।
निस्स्वार्थ भूत - हित औ कर लोक - सेवा।।९०।।

थोड़ी अभी यदिच है उनकी अवस्था।
तो भी नितान्त - रत वे शुभ - कर्म्म में हैं।
ऐसा विलोक वर - बोध स्वभाव से ही।
होता सु - सिद्ध यह है वह हैं महात्मा।।९१।।

विद्या सु- संगति समस्त - सु - नीति शिक्षा।
ये तो विकास भर की अधिकारिणी हैं।
अच्छा - बुरा मलिन - दिव्य स्वभाव भू में।
पाता निसर्ग कर से नर सर्वदा है।।९२।।

ऐसे सु - बोध मतिमान कृपालु ज्ञानी।
जो आज भी न मथुरा - तज गेह आये।
तो वे न भूल ब्रज - भूतल को गये हैं।
है अन्य - हेतु इसका अति - गूढ़ कोई।।९३।।

पूरी नहीं कर सके उचिताभिलाषा।
नाना महान जन भी इस मोदिनी में।
होने निरस्त बहुधा नृप - नीतियों से।
लोकोपकार - व्रत में अवलोक बाधा।।९४।।

जी में यही समझ सोच - विमूढ़ - सा हो।
मैं क्या कहूँ न यह है मुझको जनाता।
हाँ, एक ही विनय हूँ करता स - आशा।
कोई सु - युक्ति ब्रज के हित की करें वे।।९५।।

हैं रोम - रोम कहता घनश्याम आवें।
आ के मनोहर - प्रभा मुख की दिखावें।
डालें प्रकाश उर, के तम को भगावें।
ज्योतिर्विहीन - द्रग की द्युति को बढ़ावें।।९६।।

तो भी सदैव चित से यह चाहता हूँ।
है रोम - कूप तक से यह नाद होता।
संभावना यदि किसी कु - प्रपंच की हो।
तो श्याम - मूर्ति ब्रज में न कदापि आवें।।९७।।

कैसे भला स्व - हित की कर चिन्तनायें।
कोई मुकुन्द - हित - और न दृष्टि देगा।
कैसे अश्रेय उसका प्रिय हो सकेगा।
जो प्राण से अधिक है ब्रज - प्राणियों का।।९८।।

यों सर्व - वृत्त कहके बहु - उन्मना हो।
आभीर ने वदन ऊधव का विलोका।
उद्विग्नता सु - दृढ़ता अ - विमुक्त - वांछा।
होती प्रसूत उसकी खर - दृष्टि से था।।९९।।

ऊधो विलोक करके उसकी अवस्था।
औ देख गोपगण को बहु - खिन्न होता।
बोले गिरा मधुर शान्ति - करी विचारी।
होवे प्रबोध जिससे दुख - दग्धितों का।।१००।।

## द्रुतविलम्बित छन्द

तदुपरान्त गये गृह को सभी।
ब्रज विभूषण - कीर्त्ति बखानते।
विवुध पुंगव ऊधव को बना।
विपुल चार विमोहित पंथ में।।१०१।।

# त्रयोदश सर्ग

## वंशस्थ छन्द

विशाल - वृन्दावन भव्य - अंक में।
रही धरा एक अतीव - उर्वरा।
नितान्त - रम्या तृण - राजि - संकुला।
प्रसादिनी प्राणी - समूह, दृष्टि की।।१।।

कहीं कहीं थे विकसे प्रसून भी।
उसे बनाते रमणीय जो रहे।
हरीतिमा में तृण - राजि - मंजु की।
बड़ी छटा थी सित - रक्त - पुष्प की।।२।।

विलोक शोभा उसकी समुत्तमा।
समोद होती यह कान्त - कल्पना।
सजा - बिछौना हरिताभ है बिछा।
वनस्थली बीच विचित्र - वस्त्र का।।३।।

स - चारुता हो कर भूरि - रंजिता।
सु - श्वेतता रक्तिमता - विभूति से।
विराजती है अथवा हरीतिमा।
स्वकीय वैचित्र्य विकाश के लिये।।४।।

विलोकनीया इस मंजु - भूमि में।
जहाँ तहाँ पादप थे हरे - भरे।
अपूर्व - छाया जिनके सु - पत्र की।
हरीतिमा को करती प्रगाढ़ थी।।५।।

कहीं कहीं था विमलाम्बु भी भरा।
सुधा समासादित संत - चित्त सा।
विचित्र - क्रीड़ा जिसके सु - अंक में।
अनेक - पक्षी करते स - मत्स्य थे।।६।।

इसी धरा में बहु - वत्स वृन्द ले।
अनेक - गायें चरती समोद थीं।
अनेक बैठी वट - वृक्ष के तले।
शनैः शनैः थीं करती जुगालियाँ।।७।।

स - गर्व गंभीर - निनाद को सुना।
जहाँ तहाँ थे वृष मत्त घूमते।
विमोहिता धेनु - समूह को बना।
स्व - गात की पीवरता प्रभाव से।।८।।

बड़े - सधे - गोप - कुमार सैकड़ों।
गवादि के रक्षण में प्रवृत्त थे।
बजा रहे थे कितने विषाण को।
अनेक गाते गुण थे मुकुन्द का।।९।।

कई अनूठे - फल तोड़ तोड़ खा।
विनोदिता थे रसना बना रहे।
कई किसी सुन्दर वृक्ष के तले।
स - बन्धु बैठे करते प्रमोद थे।।१०।।

इसी घड़ी कानन - कुंज देखते।
वहाँ पधारे बलवीर - बन्धु भी।
विलोक आता उनको सुखी बनी।
प्रफुल्लिता गोपकुमार - मण्डली।।११।।

बिठा बड़े आदर - भाव से उन्हें।
सभी लगे माधव - वृत्त पूछने।
बड़े - सुधी ऊधव भी प्रसन्न हो।
लगे सुनाने ब्रज - देव की कथा।।१२।।

मुकुन्द की लोक ललाम - कीर्ति को।
सुना सबों ने पहले विमुग्ध हो।
पुनः बड़े व्याकुल एक ग्वाल ने।
व्यथा बढ़े यों हरि - बंधु से कहा।।१३।।

मुकुन्द चाहे वसुदेव - पुत्र हों।
कुमार होवें अथवा ब्रजेश के।
बिके उन्हींके कर सर्व - गोप हैं।
बसे हुए हैं मन प्राण में वही।।१४।।

अहो यही है ब्रज - भूमि जानती।
ब्रजेश्वरी हैं जननी मुकुन्द की।
परन्तु तो भी ब्रज - प्राण हैं वही।
यथार्थ माँ है यदि देवकांगजा।।१५।।

मुकुन्द चाहे यदु - वंश के बनें।
सदा रहें या वह गोप - वंश के।
न तो सकेंगे ब्रज - भूमि भूल वे।
न भूल देगी ब्रज - मेदिनी उन्हें।।१६।।

वरंच न्यारी उनकी गुणावली।
बता रही है यह, तत्त्व तुल्य ही।
न एक का किन्तु मनुष्य - मात्र का।
समान है स्वत्व मुकुन्द - देव में।।१७।।

बिना विलोके मुख - चन्द श्याम का।
अवश्य है भू ब्रज की विषादिता।
परन्तु सो है अधिकांश - पीड़िता।
न लौटने से बलदेव - बंधु के।।१८।।

दयालुता - सज्जनता - सुशीलता।
बढ़ी हुई है घनश्याम मूर्ति की।
द्वि - दंड भी वे मथुरा न बैठते।
न फैलता व्यर्थ प्रपंच - जाल जो।।१९।।

सदा बुरा हो उस कूट - नीति का।
जले महापावक में प्रपंच सो।
मनुष्य लोकोत्तर - श्याम सा जिन्हें।
सका नहीं रोक अकान्त कृत्य से।।२०।।

विडम्बना है विधी की बलीयसी।
अखण्डनीया - लिपि है ललाट की।
भला नहीं तो तुहिनाभिभूत हो।
विनष्ट होता रवि - बंधु - कंज क्यों।।२१।।

'विभूतिशाली - ब्रज, श्री मुकुन्द का
निवास भू द्वादश - वर्ष जो रहा।
बड़ी - प्रतिष्ठा इससे उसे मिली।
हुआ महा - गौरव गोप - वंश का।।२२।।

चरित्र ऐसा उनका विचित्र है।
प्रविष्ट होती जिसमें न बुद्धि है।
सदा बनाती मन को विमुग्ध है।
अलौकिकालोकमयी गुणावली।।२३।।

अपूर्व - आदर्श दिखा नरत्त्व का।
प्रदान की है पशु को मनुष्यता।
सिखा उन्होंने चित की समुच्चता।
बना दिया मानव गोप - वृन्द को।।२४।।

मुकुन्द थे पुत्र ब्रजेश - नन्द के।
गऊ चराना उनका न कार्य था।
रहे जहाँ सेवक सैकड़ों वहाँ।
उन्हें भला कानन कौन भेजता।।२५।।

परन्तु आते वन में स - मोद वे।
अनन्त - ज्ञानार्जन के लिये स्वयं।
तथा उन्हें वांछित थी नितान्त ही।
वनान्त में हिंस्रक - जन्तु - हीनता।।२६।।

मुकुन्द आते जब थे अरण्य में।
प्रफुल्ल हो तो करते विहार थे।
विलोकते थे सु - विलास वारि का।
कलिन्दजा के कल कूल पै खड़े।।२७।।

स - मोद बैठे गिरि - सानु पै कभी।
अनेक थे सुन्दर - दृश्य देखते।
बने महा - उत्सुक वे कभी छटा।
विलोकते निर्झर - नीर की रहे।।२८।।

सु - वीथिका में कल - कुंज - पुंज में।
शनैः शनैः वे स - विनोद घूमते।
विमुग्ध हो हो कर थे विलोकते।
लता - सपुष्पा मृदु - मन्द - दूलिता।।२९।।

पतंगजा - सुन्दर स्वच्छ - वारि में।
स - बन्धु थे मोहन तैरते कभी।
कदम्ब - शाखा पर बैठ मत्त हो।
कभी बजाते निज - मंजु - वेणु वे।।३०।।

वनस्थली उर्वर - अंक उद्भवा।
अनेक बूटी उपयोगिनी - जड़ी।
रही परिज्ञात मुकुन्द - देव को।
स्वकीय - संधान - करी सु - बुद्धि से।।३१।।

वनस्थली में यदि थे विलोकते।
किसी परीक्षा - रत - धीर - व्यक्ति को।
सु - बूटियों का उससे मुकुंद तो।
स - मर्म्म थे सर्व - रहस्य जानते।।३२।।

नवीन - दूर्वा फल - फल - मूल क्या।
वरंच वे लौकिक तुच्छ - वस्तु को।
विलोकते थे खर - दृष्टि से सदा।
स्व - ज्ञान - मात्रा - अभिवृद्धि के लिये।।३३।।

तृणाति साधारण को उन्हें कभी।
विलोकते देख निविष्ट चित्त से।
विरक्त होती यदि ग्वाल - मण्डली।
उसे बताते यह तो मुकुन्द थे।।३४।।

रहस्य से शून्य न एक पत्र है।
न विश्व में व्यर्थ बना तृणेक है।
करो न संकीर्ण विचार - दृष्टि को।
न धूलि की भी कणिका निरर्थ है।।३५।।

वनस्थली में यदि थे विलोकते।
कहीं बड़ा भीषण - दुष्ट - जन्तु तो।
उसे मिले घात मुकुन्द मारते।
स्व - वीर्य से साहस से सु-युक्ति से।।३६।।

यही बड़ा - भीषण एक व्याल था।
स्वरूप जो था विकराल - काल का।
विशाल काले उसके शरीर की।
करालता थी मति - लोप - कारिणी।।३७।।

कभी फणी जो पथ मध्य वक्र हो।
कँपा स्व - काया चलता स - वेग तो।
वनस्थली में उस काल त्रास का।
प्रकाश पाता अति - उग्र - रूप था।।३८।।

समेट के स्वीय विशालकाय को।
फणा उठा, था जब व्याल बैठता।
विलोचनों को उस काल दूर से।
प्रतीत होता वह स्तूप - तुल्य था।।३९।।

विलोल जिह्वा मुख से मुहुर्मुहुः।
निकालता था जब सर्प क्रुद्ध हो।
निपात होता तब भूत - प्राण था।
विभीषिका - गर्त्त नितान्त गूढ़ में।।४०।।

प्रलम्ब आतंक - प्रसू, उपद्रवी।
अतीव मोटा यम - दीर्घ - दण्ड सा।
कराल आरक्तिम - नेत्रवान औ।
विषाक्त - फूत्कार - निकेत सर्प था।।४१।।

विलोकते ही उसको वराह की।
विलोप होती वर - वीरता रही।
अधीर हो के बनता अ - शक्त था।
बड़ा - बली वज्र - शरीर केशरी।।४२।।

असह्य होतीं तरु - वृन्द को सदा।
विषाक्त - साँसें दल दग्ध - कारिणी।
विचूर्ण होती बहुशः शिला रहीं।
कठोर - उद्‌बन्धन - सर्प - गात्र से।।४३।।

अनेक कीड़े खग औ मृगादि भी।
विदग्ध होते नित थे पतंग से।
भयंकरी प्राणि - समूह - ध्वंसिनी।
महादुरात्मा अहि - कोप - वह्नि थी।।४४।।

अगम्य कान्तार गिरीन्द्र खोह में।
निवास प्रायः करता भुजंग था।
परन्तु आता वह था कभी कभी।
यहाँ बुभुक्षा - वश उग्र - वेग से।।४५।

विराजता सम्मुख जो सु - वृक्ष है।
बड़े - अनूठे जिसके प्रसून हैं।
प्रफुल्ल बैठे दिवसेक श्याम थे।
तले इसी पादप के स - मण्डली।।४६।।

दिनेश ऊँचा वर - व्योम मध्य हो।
वनस्थली को करता प्रदीप्त था।
इतस्ततः थे बहु गोप घूमते।
असंख्य - गायें चरती समोद थीं।।४७।।

इसी अनूठे - अनुकूल - काल में।
अपार - कोलाहल आर्त्त - नाद से।
मुकुन्द की शान्ति हुई विदूरिता।
स - मण्डली वे शश - व्यस्त हो गये।।४८।।

विशाल जो है वट - वृक्ष सामने।
स्वयं उसीकी गिरि - श्रृंग - स्पर्द्धिनी।
समुच्च - शाखा पर श्याम जा चढ़े।
तुरन्त ही संयत औ सतर्क हो।।४९।।

उन्हें वहीं से दिखला पड़ा वही।
भयावना - सर्प दुरन्त - काल सा।
दिखा बड़ी निष्ठुरता विभीषिका।
मृगादि का जो करता विनाश था।।५०।।

उसे लखे पा भय भाग थे रहे।
असंख्य - प्राणी वन में इतस्ततः।
गिरे हुए थे महि में अचेत हो।
समीप के गोप स - धेनु - मण्डली।।५१।।

स्व - लोचनों से इस क्रूर - काण्ड को।
विलोक उत्तेजित श्याम हो गये।
तुरन्त आ, पादप - निम्न, दर्प से।
स - वेग दौड़े खल - सर्प ओर वे।।५२।।

समीप जा के निज मंजु - वेणु को।
बजा उठे वे इस दिव्य - रीति से।
विमुग्ध होने जिससे लगा फणी।
अचेत - आभीर सचेत हो उठे।।५३।।

मुहुर्मुहुः अद्भुत - वेणु - नाद से।
बना वशीभूत विमूढ़ - सर्प को।
सु - कौशलों से वर - अस्त्र - शस्त्र से।
उसे वधा नन्द नृपाल नन्द ने।।५४।।

विचित्र है शक्ति मुकुन्द देव में।
प्रभाव ऐसा उनका अपूर्व है।
सदैव होता जिससे सजीव है।
नितान्त - निर्जीव बना मनुष्य भी।।५५।।

अचेत हो भू पर जो गिरे रहे।
उन्हीं सबों ने विविधा - सहायता।
अशंक की थी बलभद्र - बंधु की।
विनाश होता अवलोक व्याल का।।५६।।

कई महीने तक थी पड़ी रही।
विशाल - काया उसकी वनान्त में।
विलोप पीछे यह चिह्न भी हुआ।
अघोपनामी उस क्रूर - सर्प का।।५७।।

बड़ा - बली एक विशाल - अश्व था।
वनस्थली में अपमृत्यु - मूर्ति सा।
दुरन्तता से उसकी, निपीड़िता।
नितान्त होती पशु - मण्डली रही।।५८।।

प्रमत्त हो, था जब अश्व दौड़ता।
प्रचंडता - साथ प्रभूत - वेग से।
अरण्य - भू थी तब भूरि - काँपती।
अतीव होती ध्वनिता दिशा रही।।५९।।

विनष्ट होते शतशः शशादि थे।
सु - पुष्ट - मोटे सुम के प्रहार से।
हुए पदाघात बलिष्ठ - अश्व का।
विदीर्ण होता वपु वारणादि का।।६०।।

बड़ा - बली उन्नत - काय - बैल भी।
विलोक होता उसको विपन्न सा।
नितान्त - उत्पीड़न - दंशनादि से।
न त्राण पाता सुरभी - समूह था।।६१।।

पराक्रमी वीर बलिष्ठ - गोप भी।
न सामना थे करते तुरंग का।
वरंच वे थे बनते विमूढ़ से।
उसे कहीं देख भयाभिभूत हो।।६२।।

समुच्च - शाखा पर वृक्ष की किसी।
तुरन्त जाते चढ़ थे स - व्यग्रता।
सुने कठोरा - ध्वनि अश्व - टाप की।
समस्त - आभीर अतीव - भीत हो।।६३।।

मनुष्य आ सम्मुख स्वीय - प्राण को।
बचा नहीं था सकता प्रयत्न से।
दुरन्तता थी उसकी भयावनी।
विमूढ़कारी रव था तरंग का।।६४।।

मुकुन्द ने एक विशाल - दण्ड ले।
स - दर्प घेरा यक बार बाजि को।
अनन्तराघात अजस्त्र से उसे।
प्रदान की वांछित प्राण - हीनता।।६५।।

विलोक ऐसी बलवीर - वीरता।
अशंकता साहस कार्य्य - दक्षता।
समस्त - आभीर विमुग्ध हो गये।
चमत्कृता हो जन - मण्डली उठी।।६६।।

वनस्थली कण्टक रूप अन्य भी।
कई बड़े - क्रूर बलिष्ठ - जन्तु थे।
हटा उन्हें भी निज कौशलादि से।
किया उन्होंने उसको अकण्टका।।६७।।

बड़ा - बली - बालिश व्योम नाम का।
वनस्थली में पशु - पाल एक था।
अपार होता उसको विनोद था।
बना महा - पीड़ित प्राणि - पंज को।।६८।।

प्रवंचना से उसकी प्रवंचिता।
विशेष होती ब्रज की वसुंधरा।
अनेक - उत्पाद पवित्र - भूमि में।
सदा मचाता यह दुष्ट - व्यक्ति था।।६९।।

कभी चुराता वृष - वत्स - धेनु था।
कभी उन्हें था जल - बीच बोरता।
प्रहार - द्वारा गुरु - यष्टि के कभी।
उन्हें बनाता वह अंग - हीन था।।७०।।

दुरात्मता थी उसकी भयंकरी।
न खेद होता उसको कदापि था।
निरीह गो - वत्स - समूह को जला।
वृथा लगा पावक कुंज - पुंज में।।७१।।

अबोध - सीधे बहु - गोप - बाल को।
अनेक देता वन - मध्य कष्ट था।
कभी कभी था वह डालता उन्हें।
डरावना मेरु - गुहा समूह में।।७२।।

विदार देता शिर था प्रहार से।
कँपा कलेजा दृग फोड़ डालता।
कभी दिखा दानव सी दुरन्तता।
निकाल लेता बहु - मूल्य - प्राण था।।७३।।

प्रयत्न नाना ब्रज - देव ने किये।
सुधार चेष्टा हित - दृष्टि साथ की।
परन्तु छूटी उसकी न दुष्टता।
न दूर कोई कु - प्रवृत्ति हो सकी।।७४।।

विशुद्ध होती, सु प्रयत्न से नहीं।
प्रभूत - शिक्षा उपदेश आदि से।
प्रभाव - द्वारा बहु - पूर्व पाप के।
मनुष्य - आत्मा स - विशेष दूषिता।।७५।।

निपीड़िता देख स्व - जन्मभूमि को।
अतीव उत्पीड़न से खलेन्द्र के।
समीप आता लख एकदा उसे।
स - क्रोध बोले बलभद्र - बन्धु यों।।७६।।

सुधार - चेष्टा बहु - व्यर्थ हो गई।
न त्याग तू ने कु - प्रवृत्ति को किया।
अतः यही है अब युक्ति उत्तमा।
तुझे वधूँ मैं भव - श्रेय - दृष्टि से।।७७।।

अवश्य हिंसा अति - निंद्य - कर्म है।
तथापि कर्त्तव्य - प्रधान है यही।
न सद्म हो पूरित सर्प आदि से।
वसुंधरा में पनपें न पातकी।।७८।।

मनुष्य क्या एक पिपीलिका कभी।
न वध्य है जो न अश्रेय हेतु हो।
न पाप है किंच पुनीत - कार्य्य है।
पिशाच - कर्म्मी - नर की वध - क्रिया।।७९।।

समाज - उत्पीड़क धर्म्म - विप्लवी।
स्व - जाति का शत्रु दुरन्त पातकी।
मनुष्य - द्रोही भव - प्राणि - पुंज का।
न है क्षमा - योग्य वरंच वध्य है।।८०।।

क्षमा नहीं है खल के लिये भली।
समाज - उत्सादक दण्ड योग्य है।
कु - कर्म - कारी नर का उबारना।
सु - कर्मियों को करता विपन्न है।।८१।।

अतः अरे पामर सावधान हो।
समीप तेरे अब काल आ गया।
न पा सकेगा खल आज त्राण तू।
सम्हाल तेरा वध वांछनीय है।।८२।।

स - दर्प बातें सुन श्याम - मूर्त्ति की
हुआ महा क्रोधित व्योम विक्रमी।
उठा स्वकीया - गुरु - दीर्घ यष्टि को।
तुरन्त मारा उसने ब्रजेन्द्र को।।८३।।

अपूर्व - आस्फालन साथ श्याम ने।
अतीव - लांबी वह यष्टि छीन ली।
पुनः उसीके प्रबल - प्रहार से।
निपात उत्पात - निकेत का किया।।८४।।

गुणावली है गरिमा विभूषिता।
गरीयसी गौरव - मूर्ति - कीर्त्ति है।
उसे सदा संयत - भाव साथ गा।
अतीव होती चित - बीच शान्ति है।।८५।।

वनस्थली में पुर मध्य ग्राम में।
अनेक ऐसे थल हैं सुहावने।
अपूर्व - लीला ब्रत - देव ने जहाँ।
स - मोद की है मन - मुग्धकारिणी।।८६।।

उन्हीं थलों को जनता शनैः शनैः।
बना रही है ब्रज - सिद्ध पीठ सा।
उन्हीं थलों की रज श्याम - मूर्त्ति के।
वियोग में हैं बहु - बोध - दायिनी।।८७।।

अपार होगा उपकार लाडिले।
यहाँ पधारें यक बार और जो।
प्रफुल्ल होगी ब्रज - गोप - मण्डली।
विलोक आँखों वदनारविन्द को।।८८।

## मन्दाक्रान्ता छन्द

श्रीदामा जो अति - प्रिय सखा श्यामली मूर्त्ति का था।
मेधावी जो सकल ब्रज के बाबकों में बड़ा था।
पूरा ज्योंही कथन उसका हो गया मुग्ध सा हो।
बोला त्योंही मधुर - स्वर से दूसरा एक ग्वाला।।८९।।

## मालिनी छन्द

विपुल - ललित - लीला - धाम आमोद - प्याले।
सकल - कलित - क्रीड़ा कौशलों में निराले।
अनुपम - वनमाला को गले बीच डाले।
कब उमग मिलेंगे लोक - लावण्य - वाले।।९०।।

कब कुसुमित - कुंजों में बजेगी बता दो।
वह मधु - मय - प्यारी - बासुरी लाडिले की।
कब कल - यमुना के कूल वृन्दाटवी में।
चित - पुलकितकारी चारु आलाप होगा।।९१।।

कब प्रिय विहरेंगे आ पुनः काननों में।
कब वह फिर खेलेंगे चुने - खेल - नाना।
विविध - रस - निमग्ना भाव सौंदर्य्य - सिक्ता।
कब वर - मुख - मुद्रा लोचनों में लसेगी।।९२।।

यदि ब्रज - धन छोटा खेल भी खेलते थे।
क्षण भर न गँवाते चित्त - एकाग्रता थे।
बहु चकित सदा थीं बालकों को बनाती।
अनुमत - मृदुता में छिप्रता की कलायें।।९३।।

चकितकर अनूठी - शक्तियाँ श्याम में हैं।
वर सब - विषयों में जो उन्हें हैं बनाती।
अति - कठिन - कला में केलि - क्रीड़ादि में भी।
वह मुकुट सबों के थे मनोनीत होते।।९४।।

सबल कुशल क्रीड़ावान भी लाडिले को।
निज छल बल - द्वारा था नहीं जीत पाता।
बहु अवसर ऐसे आँख से हैं विलोके।
जब कुँवर अकेले जीतते थे शर्तों को।।९५।।

तदपि चित बना है श्याम का चारु ऐसा।
वह निज - सुहृयों से थे स्वयं हार खाते।
वह कतिपय जीते - खेल को थे जिताते।
सफलित करने को बालकों की उमंगें।।९६।।

वह अतिशय - भूखा देख के बालकों को।
तरु पर चढ़ जाते थे बड़ी-शीघ्रता से।
निज - कमल - करों से तोड़ मीठे - फलों को।
वह स - मुद खिलाते थे उन्हें यत्न - द्वारा।।९७।।

सरस - फल अनूठे - व्यंजनों को यशोदा।
प्रति - दिन वन में थीं भेजती सेवकों से।
कह कह मृदु - बातें प्यार से पास बैठे।
ब्रज - रमण खिलाते थे उन्हें गोपजों को।।९८।।

नव किशलय किम्बा पीन - प्यारे - दलों से।
वह ललित - खिलौने थे अनेकों बनाते।
वितरण कर पीछे भूरि - सम्मान द्वारा।
वह मुदित बनाते ग्वाल की मंडली को।।९९।।

अभिनव - कलिका से पुष्प से पंकजों से।
रच अनुपम - माला भव्य - आभूषणों को।
वह निज - कर से थे बालकों को पिन्हाते।
बहु - सुखित बनाते यों सखा - वृन्द को थे।।१००।।

वह विविध - कथायें देवता - दानवों की।
अनु दिन कहते थे मिष्टता मंजुता से।
वह हँस - हँस बातें थे अनूठी सुनाते।
सुखकर - तरु - छाया में समासीन हो के।।१०१।।

ब्रज - धन जब क्रीड़ा - काल में मत्त होते।
तब अभि मुख होती मूर्ति तल्लीनता की।
बहु थल लगती थीं बोलने कोकिलायें।
यदि वह पिक का सा कुंज में कूकते थे।।१०२।।

यदि वह पपीहा की शारिका या शुकी की।
श्रुति - सुखकर - बोली प्यार से बोलते थे।
कलरव करते तो भूरि - जातीय - पक्षी।
ढिग - तरु पर आ के मत्त हो बैठते थे।।१०३।।

यदि वह चलते थे हंस की चाल प्यारी।
लख अनुपमता तो चित्त था मुग्ध होता।
यदि कलित कलापी - तुल्य वे नाचते थे।
निरुपम पटुता तो मोहती थी मनों को।।१०४।।

यदि वह भरते थे चौकड़ी एण की सी।
मृग - गण समता की तो न थे ताब लाते।
यदि वह वन में थे गर्जते केशरी सा।
थर - थर कँपता तो मत्त - मातङ्ग भी था।।१०५।।

नवल - फल - दलों औ पुष्प - संभार - द्वारा।
विरचित कर के वे राजसी - वस्तुओं को।
यदि बन कर राजा बैठ जाते कहीं तो।
वह छवि बन आती थी विलोके दृगों से।।१०६।।

यह अवगत होता है वहाँ - बन्धु मेरे।
कल कनक बनाये दिव्य - आभूषणों को।
स - मुकुट मन - हारी सर्वदा पैन्हते हैं।
सु - जटित जिनमें हैं रत्न आलोकशाली।।१०७।।

शिर पर उनके है राजता छत्र - न्यारा।
सु - चमर ढुलते हैं, पाट हैं रत्न शोभी।
परिकर - शतशः हैं वस्त्र औ वेशवाले।
वरचित नभ चुम्बी सद्म हैं स्वर्ण द्वारा।।१०८।।

इन सब विभवों की न्यूनता थी न याँ भी।
पर वह अनुरागी पुष्प ही के बड़े थे।
यह हरित - तृणों से शोभिता भूमि रम्या।
प्रिय - तर उनको थी स्वर्ण - पर्यङ्क से भी।।१०९।।

यह अनुपम - नीला - व्योंम प्यारा उन्हें था।
अतुलित छविवाले चारु - चन्द्रातपों से।
यह कलित निकुंजें थीं उन्हें भूरि - प्यारी।
मयहृदय - विमोही - दिव्य - प्रासाद से भी।।११०।।

समधिक मणि - मोती आदि से चाहते थे।
विकसित - कुसुमों को मोहिनी मूर्ति मेरे।
सुखकर गिनते थे स्वर्ण - आभूषणों से।
वह सुललित पुष्पों के अलंकार ही को।।१११।।

अब हृदय हुआ है और मेरे सखा का।
अहह वह नहीं तो क्यों सभी भूल जाते।
यह नित - नव कुंजें भूमि शोभा - निधाना।
प्रति - दिवस उन्हें तो क्यों नहीं याद आतीं।।११२।।

सुन कर वह प्रायः गोप के बालकों से।
दुखमय कितने ही गेह की कष्ट - गाथा।
वन तज उन गेहों मध्य थे शीघ्र जाते।
नियमन करने को सर्ग - संभूत - वाधा।।११३।।

यदि अनशन होता अन्न औ द्रव्य देते।
रुज - ग्रसित दिखाता औषधी तो खिलाते।
यदि कलह वितण्डावाद की वृद्धि होती।
वह मृदु - वचनों से तो उसे भी भगाते।।११४।।

'बहु नयन, दुखी हो वारि - धारा बहा के।
पथ प्रियवर का ही आज भी देखते हैं।
पर सुधि उनकी भी हा ! उन्होंने नहीं ली।
वह प्रथित दया का धाम भूला उन्हें क्यों।।११५।।

पद - रज ब्रज - भू है चाहती उत्सुका हो।
कर परस प्रलोभी वृन्द है पादपों का।
अधिक बढ़ गई है लोक के लोचनों की।
सरसिज मुख - शोभा देखने की पिपासा।।११६।।

प्रतपित - रवि तीखी - रश्मियों से शिखी हो।
प्रतिपल चित से ज्यों मेघ को चाहता है।
ब्रज - जन बहु तापों से महा तप्त हो के।
बन घन - तन स्नेही हैं समुत्कण्ठ त्योंही।।११७।।

नव - जल - धर - धारा ज्यों समुत्सन्न होते।
कतिपय तरु का है जीवनाधार होती।
हितकर दुख - दग्धों का उसी भाँति होगा।
नव - जलद शरीरी श्याम का सघ्न आना।।११८।।

## द्रुतविलम्बित छन्द

कथन यों करते ब्रज की व्यथा।
गगन - मण्डल लोहित हो गया।
इस लिये बुध - ऊधव को लिये।
सकल ग्वाल गये निज - गेह को।।११९।।

# चतुर्दश सर्ग

## मन्दाक्रान्ता छन्द

कालिन्दी के पुलिन पर थी एक कुंजातिरम्या।
छोटे - छोटे सु - द्रुम उसके मुग्ध - कारी बड़े थे।
ऐसे न्यारे प्रति - विटप के अंक में शोभिता थी।
लीला - शीला - ललित - लतिका पुष्पाभारावनम्रा।।१।।

बैठे ऊधो मुदित - चित से एकदा थे इसीमें।
लीलाकारी सलिल सरि का सामने सोहता था।
धीरे - धीरे तपन - किरणें फैलती थीं दिशा में।
न्यारी - क्रीड़ा उमंग करती वायु थी पल्लवों।।२।।

बालाओं का एक दल इसी काल आता दिखाया।
आशाओं को ध्वनित करके मंजु - मंजीरकों से।
देखी जाती इस छविमयी मण्डली संग में थीं।
भोली - भाली कतिपय बड़ी - सुन्दरी - बालिकायें।।३।।

नीला - प्यारा उदक सरि का देख के एक श्यामा।
बोली हो के विरस - वदना अन्य - गोपांगना से।
कालिन्दी का पुलिन मुझको उन्मना है बनाता।
लीला - मग्ना जलद - तन की मूर्त्ति है याद आती।।४।।

श्यामा - बातें श्रवण कर के बालिका एक रोई।
रोते - रोते अरुण उसके हो गये नेत्र दोनों।
ज्यों ज्यों लज्जा - विविश वह थी रोकती वारि - धारा।
त्यों त्यों आँसू अधिकतर थे लोचनों मध्य आते।।५।।

ऐसा रोता निरख उसको एक मर्म्मज्ञ बोली।
यों रोवेगी भगिनि यदि तू बात कैसे बनेगी।
कैसे तेरे युगल - दृग ए ज्योति - शाली रहेंगे।
तू देखेगी वह छविमयी - श्यामली - मूर्ति कैसे।।६।।

जो यों ही तू बहु - व्यथित हो दग्ध होती रहेगी।
तेरे सूखे - कृशित - तन में प्राण कैसे रहेंगे।
जी से प्यारा - मुदित - मुखड़ा जो न तू देख लेगी।
तो वे होगे सुखित न कभी स्वर्ग में भी सिधा के।।७।।

मर्म्मज्ञा का कथन सुन के कामिनी एक बोली।
तू रोने दे अयि मम सखी खेदिता - बालिका को।
जो बालायें विरह - दव में दग्धिता हो रही हैं।
आँखों का ही उदक उनकी शान्ति की औषधी है।।८।।

वाष्प - द्वारा बहु - विथ - दुखों वर्द्धिता - वेदना के।
बालाओं का हृदय - नभ जो है समाच्छन्न होता।
तो निर्द्धूता तनिक उसकी म्लानता है न होती।
पर्जन्यों सा न यदि बरसें वारि हो, वे दृगों से।।९।।

प्यारी - बातें श्रवण जिसने की किसी काल में भी।
न्यारा - प्यारा - वदन जिसने था कभी देख पाया।
वे होती हैं बहु - व्यथित जो श्याम हैं याद आते।
क्यों रोवेगी न वह जिसके जीवनाधार वे हैं।।१०।।

प्यारे - भ्राता - सुत - स्वजन सा श्याम को चाहती हैं।
जो बालायें व्यथित वह भी आज हैं उन्मना हो।
प्यारा - न्यारा - निज - हृदय जो श्याम को दे चुकी हैं।
हा ! क्यों बाला न वह दुख से दग्ध हो रो मरेगी ।।११।।

ज्यों ए बातें व्यथित - चित से गोपिका ने सुनाई।
त्यों सारी ही करुण - स्वर से रो उठीं कम्पिता हो।
ऐसा न्यारा - विरह उनका देख उन्माद - कारी।
धीरे ऊधो निकट उनके कुंज को त्याग आये।।१२।।

ज्यों पाते ही सम - तल धरा वारि - उन्मुक्त - धारा।
पा जाती है प्रमित - थिरता त्याग तेजस्विता को।
त्योंही होता प्रबल दुख का वेग विभ्रान्तकारी।
पा ऊधो को प्रशमित हुआ सर्व - गोपी - जनों का।।१३।।

प्यारी - बातें स - विध कह के मान - सम्मान - सिक्ता।
ऊधो जी को निकट सबने नम्रता से बिठाया।
पूछा मेरे कुँवर अब भी क्यों नहीं गेह आये।
क्या वे भूले कमल - पग की प्रेमिका गोपियों को।।१४।।

ऊधो बोले समय - गति है गूढ - अज्ञात बेंड़ी।
क्या होवेगा कब यह नहीं जीव है जान पाता।
आवेंगे या न अब ब्रज में आ सकेंगे बिहारी।
हा ! मीमांसा इस दुख - पग प्रश्न की क्यों करूँ मैं।।१५।।

प्यारा वृन्दा - विपिन उनको आज भी पूर्व - सा है।
वे भूले हैं न प्रिय - जननी औ न प्यारे - पिता को।
वैसी ही हैं सुरति करते श्याम गोपांगना की।
वैसी ही है प्रणय - प्रतिमा -बालिका याद आती।।१६।।

प्यारी - बातें कथन करके बालिका - बालकों की।
माता की औ प्रिय - जनक की गोप - गोपांगना की।
मैंने देखा अधिकतर है श्याम को मुग्ध होते।
उच्छ्वासों से व्यथित - उर के नेत्र में वारि लाते।।१७।।

सायं - प्रातः प्रति - पल - घटी है उन्हें याद आती।
सोते में भी ब्रज - अवनि का स्वप्न वे देखते हैं।
कुंजों में ही मन मधुप सा सर्वदा घूमता है।
देखा जाता तन भर वहाँ मोहिनी - मूर्त्ति का है।।१८।।

हो के भी वे ब्रज - अवनि के चित्त से यों सनेही।
क्यों आते हैं न प्रति - जन का प्रश्न होता यही है।
कोई यों है कथन करता तीन ही कोस आना।
क्यों है मेरे कुँवर - वर को कोटिशः कोस होता।।१९।।

दोनों आँखें सतत जिनकी दर्शनोत्कण्ठिता हों।
जो वारों को कुँवर - पथ को देखते हैं बिताते।
वे हो - हो के विकल यदि हैं पूछते बात ऐसी।
तो कोई है न अतिशयता औ न आश्चर्य्य ही है।।२०।।

ऐ संतप्ता - विरह - विधुरा गोपियों किन्तु कोई।
थोड़ा सा भी कुँवर - वर के मर्म का है न ज्ञाता।
वे जी से हैं अवनिजन के प्राणियों के हितैषी।
प्राणों से है अधिक उनको विश्व का प्रेम प्यारा।।२१।।

स्वार्थों को औ विपुल - सुख को तुच्छ देते बना हैं।
जो आ जाता जगत - हित है सामने लोचनों के।
हैं योगी सा दमन करते लोक - सेवा निमित्त।
लिप्साओं से भरित उर की सैकड़ों लालसायें।।२२।।

ऐस - ऐसे जगत - हित के कार्य्य हैं चक्षु आगे।
हैं सारे ही विषय जिनके सामने श्याम भूले।
सच्चे जी से परम - व्रत के वे व्रती हो चुके हैं।
निष्कामी से अपर - कृति के कूल - वर्ती अतः हैं।।२३।।

मीमांसा हैं प्रथम करते स्वीय कर्त्तव्य ही की।
पीछे वे हैं निरत उसमें धीरता साथ होते।
हो के वांछा - विवश अथवा लिप्त हो वासना से।
प्यारे होते न च्युत अपने मुख्य - कर्त्तव्य से हैं।।२४।।

घूमूँ जा के कुसुम - वन में वायु - आनन्द मैं लूँ।
देखूँ प्यारी सुमन - लतिका चित्त यों चाहता है।
रोता कोई व्यथित उनको जो तभी दीख जावे।
तो जावेंगे न उपवन में शान्ति देंगे उसे वे।।२५।।

जो सेवा हों कुँवर करत स्वीय - माता - पिता की।
या वे होवें स्व - गुरुजन को बैठ सम्मान देते।
ऐसे बेले यदि सुन पड़े आर्त - वाणी उन्हें तो।
वे देवेंगे शरण उसको त्याग सेवा बड़ों की।।२६।।

जो वे बैठे सदन करते कार्य्य होवें अनेकों।
औ कोई आ कथन उनसे यों करे व्यग्र हो के।
गेहों को है दहन करती वर्धिता - ज्वाल - माला।
तो दौड़ेंगे तुरंत तज वे कार्य्य प्यारे - सहस्रों।।२७।।

कोई प्यारा - सुहृद उनका या स्व - जातीय - प्राणी।
दुष्टात्मा हो, मनुज - कुल का शत्रु हो, पातकी हो।
तो वे सारी हृदय - तल की भूल के वेदनायें।
शास्ता हो के उचित उसको दण्ड औ शास्ति देंगे।।२८।।

हाथों में जो प्रिय - कुँवर के न्यस्त हो कार्य्य कोई।
पीड़ाकारी सकल - कुल का जाति का बांधवों का।
तो हो के भी दुखित उसको वे सुखी हो करेंगे।
जो देखेंगे निहित उसमें लोक का लाभ कोई।।२९।।

अच्छे-अच्छे बहु - फलद औ सर्व - लोकोपकारी।
कार्य्यों की है अवलि अधुना सामने लोचनों के।
पूरे - पूरे निरत उनमें सर्वदा हैं बिहारी।
जी से प्यारी ब्रज - अवनि में हैं इसी से न आते।।३०।।

हो जावेंगी बहु - दुखद जो स्वल्प शैथिल्य द्वारा।
जो देवेंगी सु - फल मति के साथ सम्पन्न हो के।
ऐसी नाना - परम - जटिला राज की नीतियाँ भी।
बाधाकारी कुँवर चित की वृत्ति में हो रही हैं।।३१।।

तो भी मैं हूँ न यह कहता नन्द के प्राण - प्यारे।
आवेंगे ही न अब ब्रज में औ उसे भूल देंगे।
जो है प्यारा परम उनका चाहते वे जिसे हैं।
निर्मोही हो अहह उसको श्याम कैसे तजेंगे।।३२।।

हाँ ! भावी है परम - प्रबला दैव - इच्छा बली है।
होते होते जगत कितने काम ही हैं न होते।
जो ऐसा ही कु - दिन ब्रज की मेदिनी मध्य आये।
तो थोड़ा भी हृदय - बल को गोपियों ! खो न देना।।३३।।

जो संतप्ता - सलिल - नयना - बालिकायें कई हैं।
ऐ प्राचीना - तरल - हृदया - गोपियों स्नेह - द्वारा।
शिक्षा देना समुचित इन्हें कार्य्य होगा तुमारा।
होने पावें न वह जिससे मोह - माया - निमग्ना।।३४।।

जो बूझेगा न ब्रज कहते लोक - सेवा किसे हैं।
जो जानेगा न वह, भव के श्रेय का मर्म क्या है।
जो सोचेगा न गुरु - गरिमा लोक के प्रेमिकों की।
कर्त्तव्यों में कुँवर - वर को तो बड़ा - क्लेश होगा।।३५।।

प्रायः होता हृदय - तल है एक ही मानवों का।
जो पाता है न सुख यक तो अन्य भी है न पाता।
जो पीड़ायें - प्रबल बन के एक को हैं सताती।
तो होने से व्यथित बचता दूसरा भी नहीं है।।३६।।

जो ऐसी ही रुदन करती बलिकायें रहेंगी।
पीड़ायें भी विविध उनको जो इसी भाँति होंगी।
यों ही रो - रो सकल ब्रज जो दग्ध होता रहेगा।
तो आवेगा ब्रज - अधिप के चित्त को चैन कैसे।।३७।।

जो होवेगा न चित उनका शान्त स्वच्छन्दचारी।
तो वे कैसे जगत - हित को चारुता से करेंगे।
सत्कार्य्यों में परम - प्रिय के अल्प भी विघ्न - करेंगे।
कैसे होगी उचित, चित में गोपियों, सोच देखो।।३८।।

धीरे - धीरे भ्रमित - मन को योग - द्वारा सम्हालो।
स्वार्थों को भी जगत - हित के अर्थ सानन्द त्यागो।
भूलो मोहो न तुम लख के वासना - मूर्तियों को।
यों होवेगा दुख शमन औ शान्ति न्यारी मिलेगी।।३९।।

ऊधो बातें, हृदय - तल की वेधिनी गूढ़ प्यारी।
खिन्ना ही हो स - विनय सुना सर्व - गोपी - जनों ने।
पीछे बोलीं अति - चकित हो म्लान हो उन्मना हो।
कैसे मूर्खा अधम हम सी आपकी बात बूझें।।४०।।

हो ज़ाते हैं भ्रमित जिसमें भूरि - ज्ञानी - मनीषी।
कैसे होगा सुगम - पथ सो मंद - धी नारियों को।
छोटे-छोटे सरित - सर में डूबती जो तरी है।
सो भू - व्यापी सलिल - निधि के मध्य कैसे तिरेगी।।४१।।

वे त्यागेंगी सकल - सुख औ स्वार्थ - सारा तजेंगी।
औ रक्खेंगी निज - हृदय में वासना भी न कोई।
ज्ञानी - ऊधो जतन इतनी बात ही का बता दो।
कैसे त्यागें हृदय - धन को प्रेमिका - गोपिकायें।।४२।।

भोगों को औ भुवि - विभव को लोक की लालसा को।
माता - भ्राता स्वप्रिय - जन को बन्धु को बांधवों को।
वे भूलेंगी स्व - तन - मन को स्वर्ग की सम्पदा को।
हा ! भूलेंगी जलद - तन की श्यामली मूर्त्ति कैसे।।४३।।

जो प्यारा है अखिल - ब्रज के प्राणियों का बड़ा ही।
रोमों की भी अवलि जिसके रंग ही में रँगी है।
कोई देही बन अवनि में भूल कैसे उसे दे।
जो प्राणों में हृदय - तल में लोचनों में रमा हो।।४४।।

भूला जाता वह स्वजन है चित्त में जो बसा हो।
देखी जा के सु - छवि जिसकी लोचनों में रमी हो।
कैसे भूलें कुँवर जिनमें चित्त ही जा बसा है।
प्यारी - शोभा निरख जिसकी आप आँखें रमी हैं।।४५।।

कोई ऊधो यदि यह कहे काढ़ दें गोपिकायें।
प्यारा - न्यारा निज- हृदय तो वे उसे काढ़ देंगी।
हो पावेगा न यह उनसे देह में प्राण होते।
उद्योगी को हृदय - तल से श्याम को काढ़ देवें।।४६।।

मीठे -मीठे वचन जिसके नित्य ही मोहते थे।
हा ! कानों से श्रवण करती हूँ उसीकी कहानी।
भूले से भी न छवि उसकी आज हूँ देख पाती।
जो निर्मोही कुँवर बसते लोच में सदा थे।।४७।।

मैं रोती हूँ व्यथित बन के कूटती हूँ कलेजा।
या आँखों से पग - युगल की माधुरी देखती थी।
या है ऐसा कु - दिन इतना हो गया भाग्य खोटा।
मैं प्यारे के चरण - तल की धूलि भी हूँ न पाती।।४८।।

ऐसी कुंजें ब्रज - अवनि में हैं अनेकों जहाँ जा।
आ जाती है दृग - युगल के सामने मूर्ति - न्यारी।
प्यारी - लीला उमग जसुदा - लाल ने है जहाँ की।
ऐसी ठौरों ललक दृग हैं आज भी लग्न होते।।४९।।

फूली डालें सु - कुसुममयी नीप की देख आँखों।
आ जाती है हृदय - धन की मोहनी मूर्त्ति आगे।
कालिन्दी के पुलिस पर आ देख नीलाम्बु न्यारा।
हो जाती है उदय उर में माधुरी अम्बुदों सी।।५०।।

सूखे न्यारा सलिल सरि का दग्ध हों कुंज - पुंजें।
फूटें आँखें, हृदय - तल भी ध्वंस हो गोपियों का।
सारा वृन्दा - विपिन उजड़े नीप निर्मूल होवे।
तो भूलेंगे प्रथित - गुण के पुण्य - पाथोधि माधो।।५१।।

आसीना जो मलिन - वदना बालिकायें कई हैं।
ऐसी ही हैं ब्रज - अवनि में बालिकायें अनेकों।
जी होता है व्यथित जिनका देख उद्विग्न हो हो।
रोना - धोना विकल बनना दग्ध होना न सोना।।५२।।

पूजायें त्यों विविध - व्रत औ सैकड़ों ही क्रियायें।
सालों की हैं परम - श्रम से भक्ति - द्वारा उन्होंने।
ब्याही जाऊँ कुँवर - वर से एक बांछा यही थी।
सो वांछा है विफल बनती दग्ध वे क्यों न होंगी।।५३।।

जो वे जी से कमल - दृग की प्रेमिका हो चुकी हैं।
भोला - भाला निज - हृदय जो श्याम को दे चुकी हैं।
जो आँखों में सु - छवि बसती मोहिनी - मूर्ति की है।
प्रेमोन्मत्ता न तब फिर क्यों वे धरा - मध्य होंगी।।५४।।

नीला प्यारा - जलद जिनके लोचनों में रमा है।
कैसे होंगी अनुरत कभी धूम के पुंज में वे।
जो आसक्ता स्व - प्रियवर में वस्तुतः हो चुकी ह ऐं।
वे देवेंगी हृदय - तल में अन्य को स्थान कैसे।।५५।।

सोचो ऊधो यदि रह गईं बालिकायें कुमारी।
कैसे होगी ब्रज - अवनि के प्राणियों को व्यथायें।
वे होवेंगीं दुखित कितनी और कैसी विपन्ना।
हो जावेंगे दिवस उनके कंटकाकीर्ण कैसे!।।५६।।

सर्वांगों में लहर उठती यौवनाम्भोधि की है।
जो है घोरा परम - प्रबला औ महोछ्वास - शीला।
तोड़े देती प्रबल - तरि जो ज्ञान औ बुद्धि की है।
घातों से है दलित जिसके धैर्य का शैल होता।।५७।।

ऐसे ओखे - उदक - निधि में हैं पड़ी बालिकायें।
झोंके से है पवन बहती काल की वामता की।
आवर्तों में तरि - पतति है नौ - धनी है न कोई।
हा ! कैसी है विपद कितनी संकटापन्न व हैं।।५८।।

शोभा देता सतत उनकी दृष्टि के सामने था।
वांछा पुष्पाकलित सुख का एक उद्यान फूला।
हा ! सो शोभा - सदन अब है नित्य उत्सव होता।
सारे प्यारे कुसुम - कुल भी हैं न उत्फुल्ल होते।।५९।।

जो मर्य्यादा सुमति, कुल की लाज को है जलाती।
फूँके देती परम - तप से प्राप्त सं - सिद्धि को है।
ए बालायें परम - सरला सर्वथा अप्रगल्भा।
कैसे ऐसी मदन - दव की तीव्र - ज्वाला सहेंगी।।६०।।

चक्री होते चकित जिससे काँपते हैं पिनाकी।
जो वज्री के हृदय - तल को क्षुब्ध देता बना है।
जो है पूरा व्यथित करता विश्व के देहियों को।
कैसे ऐसे रति - रमण के वाण से वे बचेंगी।।६१।।

जो हो के भी परम - मृदु है वज्र का काम देता।
जो हो के भी कुसुम, करता शेल की सी क्रिया है।
जो हो के भी मधुर बनता है महा - दग्ध - कारी।
कैसे ऐसे मदन - शर से रक्षिता वे रहेंगी।।६२।।

प्रत्यंगों में प्रचुर जिसकी व्याप जाती कला है।
जो हो जाता अति विषम है काल - कूटादिकों सा।
मद्यों से भी अधिक जिसमें शक्ति उन्मादिनी है।
कैसे ऐसे मदन - मद से वे न उन्मत्त होंगी।।६३।।

कैसे कोई अहह उनको देख आँखों सकेगा।
वे होवेंगी विकटतम औ घोर रोमांच - कारी।
पीड़ायें जो 'मदन' हिम के पात के तुल्य देगा।
स्नेहोत्फुल्ला - विकच - वदना बालिकांभोजिनी को।।६४।।

मेरी बातें श्रवण करके आप जो पूछ बैठें।
कैसे प्यारे - कुँवर अकले ब्याहते सैकड़ों को।
तो है मेरी विनय इतनी आप सा उच्च - ज्ञानी।
क्या ज्ञाता है न वुध - विदिता प्रेम की अंधता का।।६५।।

आसक्ता हैं विमल - विधु की तारिकायें अनेकों।
हैं लाखों ही कमल - कलियाँ भानु की प्रेमिकायें।
जो बालायें विपुल हरि में रक्त हैं चित्र क्या है?
प्रेमी का ही हृदय गरिमा जानता प्रेम की है।।६६।।

जो धाता ने अवनि - तल में रूप की सृष्टि की है।
तो क्यों ऊधो न वह नर के मोह का हेतु होगा।
माधो जैसे रुचिर जन के रूप की कान्ति देखे।
क्यों मोहेंगी न बहु - सुमना - सुन्दरी - बाइलिकायें।।६७।।

जो मोहेंगी जतन मिलने का न कैसे करेंगी।
वे होवेंगी न यदि सफला क्यों न उद्‌भ्रान्त होंगी।
ऊधो पूरी जटिल इनकी हो गई है समस्या।
यों तो सारी ब्रज - अवनि ही है महा शोक - मग्ना।।६८।।

जो वे आते न ब्रज बरसों, टूट जाती न आशा।
चोटें खाता न उर उतना जी न यों ऊब जाता।
जो वे जा के न मधुपुर में वृष्णि - वंशी कहाते।
प्यारे बेटे न यदि बनते श्रीमती देवकी के।।६९।।

ऊधो वे हैं परम सुकृती भाग्यवाले बड़े हैं।
ऐसा न्यारा - रतन जिनको आज यों हाथ आया।
सारे प्राणी ब्रज - अवनि के हैं बड़े ही अभागे।
जो पाते ही न अब अपना चारु चिन्तामणी हैं।।७०।।

भोली - भाली ब्रज - अवनि क्या योग की रीति जाने।
कैसे बूझें अ - वुध अबला ज्ञान - विज्ञान बातें।
देते क्यों हो कथन कर के बात ऐसी व्यथायें।
देखूँ प्यारा वदन जिनसे यत्न ऐसे बता दो।।७१।।

न्यारी - क्रीड़ा ब्रज - अनि में आ पुनः वे करेंगे।
आँखें होंगी सुखित फिर भी गोप - गोपांगना की।
वंशी होगी ध्वनित फिर भी कुंज में काननों में।
आवेंगे वे दिवस फिर भी जो अनूठे बड़े हैं।।७२।।

श्रेयःकारी सकल ब्रज की है यही एक आशा।
थोड़ा किम्बा अधिक इससे शान्ति पाता सभी है।
ऊधो तोड़ो न तुम कृपया ईदृशी चारु आशा।
क्या पाओगे अवनि ब्रज की जो समुत्सन्न होगी।।७३।।

देखो सोचो दुखमय - दशा श्याम - माता - पिता की।
प्रेमोन्मत्ता विपुल व्यथिता बालिका को विलोको।
गोपों को औ विकल लख के गोपियों को पसीजो।
ऊधो होती मृतक ब्रज की मेदिनी को जिला दो।।७४।।

## वसन्ततिलका छन्द

बोली स - शोक अपरा यक गोपिका यों।
ऊधो अवश्य कृपया ब्रज को जिलाओ।
जाओ तुरन्त मथुरा करुणा दिखाओ।
लौटाल श्याम - घन को ब्रज - मध्य लाओ।।७५।।

अत्यन्त - लोक-प्रिय विश्व - विमुग्ध - कारी।
जैसा तुम्हें चरित मैं अब हूँ सुनाती।
ऐसी करो ब्रज लखे फिर कृत्य वैसा।
लावण्य - धाम फिर दिव्य - कला दिखावें।।७६।।

भू में रमी सरद की कमनीयता थी।
नीला अनन्त - नभ निर्मल हो गया था।
थी छा गई ककुभ में अमिता सिताभा।
उत्फुल्ल सी प्रकृति थी प्रतिभात होती।।७७।।

होता सतोगुण प्रसार दिगन्त में है।
है विश्व - मध्य सितता अभिवृद्धि पाती।
सारे स - नेत्र जन को यह थे बताते।
कान्तार - काश, विकसे सित - पुष्प - द्वारा।।७८।।

शोभा - निकेत अति - उज्ज्वल कान्तिशाली।
था वारि - विन्दु जिसका नव मौक्तिकों सा।
स्वच्छोदका विपुल - मंजुल - वीचि - शीला।
थी मन्द - मन्द बहती सरितातिभव्या।।७९।।

उच्छ्वास था न अब कूल विलीनकारी।
था वेग भी न अति - उत्कट कर्ण - भेदी।
आवर्त्त - जाल अब था न धरा - विलोपी।
धीरा, प्रशान्त, विमलाम्बुवती, नदी थी।।८०।।

था मेघ शून्य नभ उज्ज्वल - कान्ति वाला।
मालिन्य - हीन मुदिता नव - दिग्वधू थी।
थी भव्य - भूमि गत - कर्दम स्वच्छ रम्या।
सर्वत्र धौत जल निर्मलता लसी थी।।८१।।

कान्तार में सरित - तीर सुगह्वरों में।
थे मंद - मंद बहते जल स्वच्छ - सोते।
होती अजस्र उनमें ध्वनि थी अनूठी।
वे थे कृती शरद की कल - कीर्त्ति गाते।।८२।।

नाना नवागत - विहंग - वरूथ - द्वारा।
वापी तड़ाग सर शोभित हो रहे थे।
फूले सरोज मिष हर्षित लोचनों से।
वे हो विमुग्ध जिनको अवलोकते थे।।८३।।

नाना सरोवर खिले - नव - पंकजों को।
ले अंक में विलसते मन - मोहते थे।
मानों पसार अपने शतशः करों को।
वे माँगते शरद से सु - विभूतियाँ थे।।८४।।

प्यारे सु - चित्रित सितासित रंगवाले।
थे दीखते चपल - खंजन प्रान्तरों में।
बैठी मनोरम सरों पर सोहती थी।
आई स - मोद ब्रज - मध्य मराल - माला।।८५।।

प्रायः निरम्बु कर पावस - नीरदों को।
पानी सुखा प्रचुर - प्रान्तर औ पथों का।
न्यारे - असीम - नभ में मुदिता मही में।
व्यापी नवोदित - अगस्त नई विभा थी।।८६।।

था क्वार - मास निशि थी अति - रम्णय - राका।
पूरी कला - सहित शोभित चन्द्रमा था।
ज्योतिर्मयी विमलभूत दिशा बना के।
सौंदर्य्य साथ लसती क्षिति में सिता थी।।८७।।

शोभा - मयी शरद को ऋतु पा दिशा में।
निर्मेघ - व्योम - तल में सु - वसुंधरा में।
होती सु - संगति अतीव मनोहरा थी।
न्यारी कलाकर - कला नव स्वच्छता की।।८८।।

प्यारी - प्रभा रजनी - रंजन की नगों को।
जो थी असंख्य नव - हीरक से लसाती।
तो वीचि में तपन की प्रिय - कन्यका के।
थी चारु - चूर्ण मणि मौक्तिक के मिलाती।।८९।।

थे स्नात से सकल - पादप चन्द्रिका से।
प्रत्येक - पल्लव प्रभा - मय दीखता था।
फैली लता विकच - वेलि प्रफुल्ल - शाखा।
डूबी विचित्र - तर निर्मल - ज्योति में थी।।९०।।

जो मेदिनी रजत - पत्र मयी हुई थी।
किम्वा पयोधि - पय से यदि प्लाविता थी।
तो पत्र - पत्र पर पादप - वेलियों के।
पूरी हुई प्रथित - पारद - प्रक्रिया थी।।९१।।

था मंद - मंद हँसता विधु व्योम शोभी।
होती प्रवाहित धरातल में सुधा थी।
जो पा प्रवेश दृग में प्रिय अंशु - द्वारा।
थी मत्त - प्राय करती मन - मानवों का।।९२।।

अत्युज्वला पहन तारक - मुक्त - माला।
दिव्यांबरा बन अलौकिक कौमुदी से।
शोभा - भरी परम - मुग्धकरी हुई थी।
राका कलाकर - मुखी रजनी - पुरंध्री।।९३।।

पूरी समुज्वल हुई सित - यामिनी थी।
होता प्रतीत रजनी - पति भानु सा था।
पीती कभी परम - मुग्ध बनी सुधा थी।
होती कभी चकित थी चतुरा - चकोरी।।९४।।

ले पुष्प - सौरभ तथा पय - सीकरों को।
थी मन्द मन्द बहती पवनाति प्यारी।
जो थी मनोरम अतीव - प्रफुल्ल - कारी।
हो सिक्त सुन्दर सुधाकर की सुधा से।।९५।।

चन्द्रोज्वला रजत - पत्र - वती मनोज्ञा।
शान्ता नितान्त - सरसा सु - मयूख सिक्ता।
शुभ्रांगिनी - सु - पवना सुजला सु - कूला।
सत्पुष्पसौरभवती वन - मेदिनी थी।।९६।।

ऐसी अलौकिक अपूर्व वसुंधरा में।
ऐसे मनोरम - अलंकृत - काल को पा।
वंशी अचानक बजी अति ही रसीली।
आनन्द - कन्द ब्रज - गोप - गणाग्रणी की।।९७।।

भावाश्रयी मुरलिका स्वर मुग्ध - कारी।
आदौ हुआ मरुत साथ दिगन्त - व्यापी।
पीछे पड़ा श्रवण में बहु - भावकों के।
पीयूष के प्रमुद - वर्द्धक - बिन्दुओं सा।।९८।।

पूरी विमोहित हुई यदि गोपिकायें।
तो गोप - वृन्द अति - मुग्ध हुए स्वरों से।
फैलीं विनोद - लहरें ब्रज - मेदिनी में।
आनन्द - अंकुर उगा उर में जनों के।।९९।।

वंशी - निनाद सुन त्याग निकेतनों को।
दौड़ी अपार जनताति उमंगिता हो।
गोपी - समेत बहु गोप तथांगनायें।
आईं विहार - रुचि से वन - मेदिनी में।।१००।।

उत्साहिता विलसिता बहु - मुग्ध - भूता।
आई विलोक जनता अनुराग - मग्ना।
की श्याम ने रुचिरक क्रीड़न की व्यवस्था।
कान्तार में पुलिन पै तपनांगजा के।।१०१।।

हो हो विभक्त बहुशः दल में सबों ने।
प्रारंभ की विपिन में कमनीय - क्रीड़ा।
बाजे बजा अति - मनोहर - कण्ठ से गा।
उन्मत्त - प्राय बन चित्त - प्रमत्तता से।।१०२।।

मंजीर नूपुर मनोहर - किंकिणी की।
फैली मनोज्ञ - ध्वनि मंजुल वाद्य की सी।
छेड़ी गई फिर स - मोद गई बजाई।
अत्यन्त कान्त कर से कमनीय - वीणा।।१०३।

थापें मृदंग पर जो पड़ती सधी थीं।
वे थीं स - जीव स्वर - सप्तक को बनाती।
माधुर्य - सार बहु - कौशल से मिला के।
नींद नाद को श्रुति मनोहरता सिखाती।।१०४।।

मीठे - मनोरम - स्वरांकित वेणु नाना।
हो के निनादित विनोदित थे बनाते।
थी सर्व में अधिक - मंजुल - मुग्धकारी।
वंशी महा - मधुर केशव कौशली की।।१०५।।

हो - हो सुवादित मुकुन्द सदंगुली से।
कान्तार में मुरलिका जब गूँजती थी।
तो पत्र - पत्र पर था कल - नृत्य होता।
रागांगना - विधु - मुखी चपलांगिनी का।।१०६।।

भू - व्योम - व्यापित कलाधर की सुधा में।
न्यारी - सुधा मिलित हो मुरली - स्वरों की।
धारा अपूर्व रस की महि में बहा के।
सर्वत्र थी अति - अलौकिकता लसाती।।१०७।।

उत्फुल्ल थे विटप - वृन्द विशेष होते।
माधुर्य्य था विकच, पुष्प - समूह पाता।
होती विकाश - मय मंजुल बेलियाँ थीं।
लालित्य - धाम बनती नवला लता थी।।१०८।।

क्रीड़ा - मयी ध्वनि - मयी कल - ज्योतिवाली।
धारा अश्वेत सरि की अति तद्‌गता थी।
थी नाचती उमगती अनुरक्त होती।
उल्लासिता विहसितातिा प्रफुल्लिता थी।।१०९।।

पाई अपूर्व - स्थिरता मृदु - वायु ने थी।
मानों अचंचल विमोहित हो बनी थी।
वंशी मनोज्ञ - स्वर से बहु - मोदिता हो।
माधुर्य्य - साथ हँसती सित - चन्द्रिका थी।।११०।।

सत्कण्ठ साथ नर - नारि - समूह - गाना।
उत्कण्ठ था न किसको महि में बनाता।
तानें उमंगित - करी कल - कण्ठ जाता।
तंत्री रहीं जन - उरस्थल की बजाती।।१११।।

ले वायु कण्ठ - स्वर, वेणु - निनाद - न्यारा।
प्यारी मृदंग - ध्वनि, मंजुल बीन - मीड़ें।
सामोद घूम बहु - पान्थ खगों मृगों को।
थीं मत्तप्राय नर - किन्नर को बनाती।।११२।।

हीरा समान बहु - स्वर्ण - विभूषणों में।
नाना विहंग - रव में पिक - काकली सी।
होती नहीं मिलित थीं अति थी निराली।
नाना - सुवाद्य - स्वन में हरि - वेणु - तानें।।११३।।

ज्यों ज्यों हुई अधिकता कल - वादिता की।
ज्यों ज्यों रही सरसता अभिवृद्धि पाती।
त्यों - त्यों कला विवशता सु - विमुग्धता की।
होती गई समुदिता उर में सबों के।।११४।।

गोपी समेत अतएव समस्त - ग्वाले।
भूले स्व - गात - सुधि हो मुरली - रसार्द्र।
गाना रुका सकल - वाद्य रुके स - वीण।
वंशी - विचित्र स्वर केवल गूँजता था।।११५।।

होती प्रतीति उर में उस काल यों थी।
है मंत्र साथ मुरली अभीमंत्रिता सी।
उन्माद - मोहन - वशीकरणादिकों के।
हैं मंजु - धाम उसके ऋजु - रंध्र - सातों।।११६।।

पुत्र - प्रिया - सहित मंजुल - राग गा - गा।
ला - ला स्वरूप उनका जन - नेत्र आगे।
ले - ले अनेक उर - वेधक - चारु - तानें।
कीं श्याम ने परम - मुग्धकरी क्रियायें।।११७।।

पीछे अचानक रुकीं वर - वेणु तानें।
चावों समेत सबकी सुधि लौट आई।
आनंद - नादमय कंठ - समूह - द्वारा।
हो - हो पड़ीं ध्वनित बार कई दिशाएँ।।११८।।

माधो विलोक सबको मुद - मत्त बोले।
देखो छटा - विपिन की कल - कौमुदी में।
आना करो सफल कानन में गृहों से।
शोभामयी - प्रकृति की गरिमा विलोको।।११९।।

बीसों विचित्र - दल केवल नारि का था।
यों ही अनेक दल केवल थे नरों के।
नारी तथा नर मिले दल थे सहस्रों।
उत्कण्ठ हो सब उठे सुन श्याम - बातें।।१२०।।

सानन्द सर्व - दल कानन - मध्य फैला।
होने लगा सुखित दृश्य विलोक नाना।
देने लगा उर कभी नवला - लता को।
गाने लगा कलित - कीर्ति कभी कला की।।१२१।।

आभा - अलौकिक दिखा निज - वल्लभा को।
पीछे कला - कर - मुखी कहता उसे था।
तोभी तिरस्कृत हुए छवि - गर्विता से।
होता प्रफुल्ल तम था दल - भावुकों का।।१२२।।

जा कूल स्वच्छ - सर के नलिनी दलों में।
आबद्ध देख दृग से अलि - दारु - वेधी।
उत्फुल्ल हो समझता अवधारता था।
उद्दाम - प्रेम - महिमा दल - प्रेमिकों का।।१२३।।

विच्छिन्न हो स्व - दल से बहु - गोपिकायें।
स्वच्छन्द थीं विचरती रुचिर - स्थलों में।
या बैठ चन्द्र - कर - धौत - धरातलों में।
वे थीं स - मोद करती मधु - सिक्त बातें।।१२४।।

कोई प्रफुल्ल - लतिका कर से हिला के।
वर्षा - प्रसून चय की कर मुग्ध होता।
कोई स - पल्लव स - पुष्प मनोज्ञ - शाखा।
था प्रेम साथ रखता कर में प्रिया के।।१२५।।

आ मंद-मंद मन - मोहन मण्डली में।
बातें बड़ी - सरस थे सबको सुनाते।
हो भाव - मत्त - स्वर में मृदुता मिला के।
या थे महा - मधु - मयी - मुरली बजाते।।१२६।।

आलोक – उज्ज्वल दिखा गिरि – श्रृंग – माला।
थे यों मुकुन्द कहते छवि – दर्शकों से।
देखो गिरीन्द्र – शिर पै महती – प्रभा का।
है चन्द्र कान्त – मणि – मण्डित – क्रीट कैसा।।१२७।।

धारा – मयी अमल श्यामल – अर्कजा में।
प्राय: स – तारक विलोक मयंक – छाया।
थे सोचते खचित – रत्न असेत शाटी।
है पैन्ह ली प्रमुदिता वन – भू – वधू ने।।१२८।।

ज्योतिर्मयी – विकसिता – हसिता लता को।
लालित्य साथ लपटी तरु से दिखा के।
थे भाखते पति – रता – अवलम्बिता का।
कैसा प्रमोदमय जीवन है दिखाता।।१२९।।

आलोक से लसित पादप – वृन्द नीचे।
छाये हुए तिमिर को कर से दिखा के।
थे यों मुकुन्द कहते मलिनान्तरों का।
है वाह्य रूप बहु – उज्वल दृष्टि आता।।१३०।।

ऐसे मनोरम – प्रभामय – काल में भी।
म्लाना नितान्त अवलोक सरोजिनी को।
थे यों ब्रजेन्दु कहते कुल – कामिनी को।
स्वामी बिना सब तमोमय है दिखाता।।१३१।।

फूले हुए कुमुद देख सरोवरों में।
माध सु – उक्ति यह थे सबको सुनाते।
उत्कर्ष देख निज – अंकपले – शशी का।
है वारि – राशि कुमुदों मिष हृष्ट होता।।१३२।।

फैली विलोक सब ओर मयंक – आभा।
आनन्द साथ कहते यह थे बिहारी।
है कीर्त्ति, भू ककुभ में अति – कान्त छाई।
प्रत्येक धूलि – कणरंजन – कारिणी की।।१३३।।

फूलों दलों पर विराजित ओस – बूँदें।
जो श्याम को दमकती द्युति से दिखातीं।
की है कला पर निछावर मंजु – मुक्ता।।१३४।।

आपाद - मस्तक खिले कमनीय पौधे।
जो देखते मुदित होकर तो बताते।
होके सु - रंजित सुधा - निधि की कला से।
फूले नहीं नवल - पादप हैं समाते।।१३५।।

यों थे कलाकर दिखा कहते बहारी।
है स्वर्ण - मेरु यह मंजुलता - धरा का।
है कल्प - पादप मनोहरताटवी का।
आनन्द - अंबुधि महामणि है मृगांक।।१३६।।

है ज्योति - आकर पयोनिधि है सुधा का।
शोभा ऋ निकेत प्रिय वल्लभ है निशा का।
है भाल का प्रकृति के अभिराम भूषा।
सर्वस्व है परम - रूपवती कला का।।१३७।।

जैसी मनोहर हुई यह यामिनी थी।
वैसी कभी न जन - लोचन ने विलोकी।
जैसी बही रससरी इस शर्वरी में।
वैसी कभी न ब्रज - भूतल में बही थी।।१३८।।

जैसी बजी मधुर - बीन मृदंग - वंशी।
जैसा हुआ रुचिर नृत्य विचित्र गाना।
जैसा बँधा इस महा - निशि में समाँ था।
होगी न कोटि मुख से उसकी प्रशंसा।।१३९।।

न्यारी छटा वदन की जिसने विलोकी।
वंशी - निनाद मन दे जिसने सुना है।
देखा विहार जिसने इस यामिनी में।
कैसे मुकुन्द उसके डर से कढ़ेंगे।।१४०।।

हो के विभिन्न, रवि का कर, आप त्यागे।
देवे मयंक - कर को तज माधुरी भी।
तो भी नहीं ब्रज - धरा - जन के उरों से।
उत्फुल्ल - मूर्त्ति मनमोहन की कढ़ेगी।।१४१।।

धारा वही जल वही यमुना वही है।
है कुंज - वैभव वही वन - भू वही है।
हैं पुष्प - पल्लव वही ब्रज भी वही है।
ए हैं वही न घनश्याम बिना जनाते।।१४२।।

कोई दुखी - जन विलोक पसीजता है।
कोई विषाद - वश रो पड़ता दिखाया।
कोई प्रबोध कर, 'है, परितोष देता।
है किन्तु सत्य हित - कारक व्यक्ति कोई।।१४३।।

सच्चे हितू तुम बनो ब्रज की धरा के।
ऊधो यही विनय है मुझ सेविका की।
कोई दुखी न ब्रज के जन - तुल्य होगा।
ए हैं अनाथ - सम भूरि - कृपाधिकारी।।१४४।।

### मन्दाक्रान्ता छन्द

बातों ही में दिन गत हुआ किन्तु गोपी न ऊबीं।
वैसे ही थीं कथन करती वे व्यथायें स्वकीया।
पीछे आई पुलिन पर जो सैकड़ों गोपिकायें।
वे कष्टों को अधिकतर हो उत्सुका थी सुनाती।।१४५।।

### वंशस्थ छन्द

परन्तु संध्या अवलोक आगता।
मुकुन्द के बुद्धि - निधान बंधु ने।
समस्त गोपी - जन को प्रबोध दे।
समाप्त आलोचित - वृत्त को किया।।१४६।।

### द्रुतविलम्बित छन्द

तदुपरान्त अतीव सराहना।
कर अलौकिक - पावन प्रेम की।
ब्रज - वधू - जन की कर सान्त्वना।
ब्रज - विभूषण - बंधु बिदा हुए।।१४७।।

# पंचदश सर्ग

## मन्दाक्रान्ता छन्द

छाई प्रातः - सरस छवि थी पुष्प औ पल्लवों में।
कुंजों में थे भ्रमण करते हो महा - मुग्ध ऊधो।
आभा - वाले अनुपम इसी काल में एक बाला।
भावों - द्वारा - भ्रमित उनको सामने दृष्टि आई।।१।।

नाना बातें कथन करते देख पुष्पादिकों से।
उन्मत्ता की तरह करते देख न्यारी - क्रियायें।
उत्कण्ठा के सहित उसको वे लगे भेद लेने।
कुंजों में या विटपचय की ओट में मौन बैठे।।२।।

थे बाला के दृग - युगल के सामने पुष्प नाना।
जो हो - हो के विकच, कर में भानु के सोहते थे।
शोभा पाता यक कुसुम था लालिमा पा निराली।
सो यों बोली निकट उसके जा बड़ी ही व्यथा से।।३।।

आहा कैसी तुझ पर लसी माधुरी है अनूठी।
तू ने कैसी सरस - सुषमा आज है पुष्प पाई।
चूमूँ चाटूँ नयन भर मैं रूप तेरा विलोकूँ।
जी होता है हृदय - तल से मैं तुझे ले लगा लूँ।।४।।

क्या बातें हैं मधुर इतना आज तू जो बना है।
क्या आते हैं ब्रज - अवनि में मेघ सी कान्तिवाले?।
या कुंजों में अटन करते देख पाया उन्हें है।
या आ के है स - मुद परसा हस्त - द्वारा उन्होंने।।५।।

तेरी प्यारी मधुर - सरसा - लालिमा है बताती।
डूबा तेरा हृदय - तल है लाल के रंग ही में।
मैं होती हूँ विकल पर तू बोलता भी नहीं है।
कैसे तेरी सरस - रसना कुंठिता हो गई है।।६।।

हा ! कैसी मैं निठुर तुझसे कंचिता हो रही हूँ।
जो जिह्वा हूँ कथन - रहिता - पंखड़ी को बनाती।
तू क्यों होगा सदय दुख क्यों दूर मेरा करेगा।
तू काँटों से जनित यदि है काठ का जो सगा है।।७।।

आ के जूही - निकट फिर यों बालिका व्यग्र बोली।
मेरी बातें तनिक न सुनी पातकी - पाटलों ने।
पीड़ा नारी - हृदय - तल की नारि हो जानती है।
जूही तू है विकच - वदना शान्ति तू ही मुझे दे।।८।।
तेरी भीनी - महँक मुझको मोह लेती सदा थी।
क्यों है प्यारी न वह लगती 'आज, सच्ची बता दे।
क्या तेरी है महँक बदली या हुई और ही तू।
या तेरा भी सरबस गया साथ ऊधो - सखा के।।९।।
छोटी - छोटी रुधिर अपनी श्याम - पत्रावली में।
तू शोभा से विकच जब थी भूरिता साथ होती।
ताराओं से खचित नभ सी भव्य तो थी दिखाती।
हा ! क्यों वैसी सरस - छवि से वंचिता आज तू है।।१०।।
वैसी ही है सकल दल में श्यामता दृष्टि आती।
तू वैसी ही अधिकतर है वेलियों - मध्य फूली।
क्यों पाती हूँ न अब तुझमें चारुता पूर्व जैसी।
क्यों है तेरी यह गत हुई क्या न देगी बता तू।।११।।
मैं पाती हूँ अधिक तुझसे क्यों कई एक बातें।
क्यों देती है व्यथित कर क्यों वेदना है बढ़ाती।
क्यों होता है न दुख तुझको वंचना देख मेरी।
क्या तू भी है निठुरपन के रंग ही बीच डूबी।।१२।।
हो - हो पूरी चकित सुनती वेदना है हमारी।
या तू खोले वदन हँसती है दशा देख मेरी।
मैं तो तेरा सुमुखि ! इतना मर्म्म भी हूँ न पाती।
क्या आशा है अपर तुझसे है निराशामयी तू।।१३।।
जो होता है सुखित, उसको अन्य की वेदनायें।
क्यो होती हैं विदित वह जो भुक्त-भोगी न होवे।
तू फूली है हरित - दल में बैठ के सोहती है।
क्या जानेगी मलिन बनते पुष्प की यातनायें।।१४।।
तू कोरी है न, कुछ तुझ में प्यार का रंग भी है।
क्या देखेगी न फिर मुझको प्यार की आँख से तू।
मैं पूछूँगी भगिनि! तुझसे आज दो - एक बातें।
तू क्या हो के सदस्य बतला ऐ चमेली न देगी।।१५।।

थोड़ी लाली पुलकित - करी पंखड़ी - मध्य जो है।
क्या सो वृन्दा - विपिन - पति की प्रीति की व्यंजिका है।
जो है तो तू सरस - रसना खोल ले औ बता दे।
क्या तू भी है प्रिय - गमन से यों महा-शोक-मग्ना।।१६।।

मेरी जी तो व्यथित बन के बावला हो रहा है।
व्यापीं सारे हृदय - तल में वेदनायें सहस्त्रों।
मैं पाती हूँ न कल दिन में, रात में ऊबती हूँ।
भींगा जाता सब वदन है वारि - द्वारा दृगों के।।१७।।

क्या तू भी है रुदन करती यामिनी - मध्य यों ही।
जो पत्तों में पतित इतनी वारि की बूँदियाँ हैं।
पीड़ा द्वारा मथित - उर के प्रायशः काँपती है।
या तू होती मृदु - पवन से मन्द आन्दोलिता है।।१८।।

तेरे पत्ते अति - रुझिर है कोमला तू बड़ी है।
तेरा पौधा कुसुम - कुल में है बड़ा ही अनूठा।
मेरी आँखें ललक पड़ती हैं तुझे देखने को।
हा ! क्यों तो भी व्यथित चित की तू न आमोदिका है।।१९।।

हा ! बोली तू न कुछ मुझसे औ बताईं न बातें।
मेरा जी है कथन करता तू हुई तद्‌गता है।
मेरे प्यारे - कुँवर तुझको चित्त से चाहते थे।
तेरी होगी न फिर दयिते ! आज ऐसी दशा क्यों।।२०।।

जूही बोली न कुछ जतला प्यार बोली चमेली।
मैंने देखा दृग - युगल से रंग भी पाटलों का।
तू बोलेगा सदय बन के ईदृशी है न आशा।
पूरा कोरा निठुरपन की मूर्त्ति ऐ पुष्प बेला।।२१।।

मै पूछूँगी तदपि तुझसे आज बातें स्वकीया।
तेरा होगा सुयश मुझसे सत्य जो तू कहेगा।
क्यों होते हैं पुरुष कितने, प्यार से शून्य कोरे।
क्यों होता है न उर उनका सिक्त स्नेहाम्बु द्वारा।।२२।।

आ के तेरे निकट कुछ भी मोद पाती न मैं हूँ।
तेरी तीखी महँक मुझको कष्टिता है बनाती।
क्यों होती है सुरभि सुखदा माधवी मल्लिका की।
क्यों तेरी है दुखद मुझको पुष्प बेला बता तू।।२३।।

तेरी सारे सुमन - चय से श्वेतता उत्तमा है।
अच्छा होता अधिक यदि तू सात्विकी वृत्ति पाता।
हा ! होती है प्रकृति रुचि में अन्यथा कारिता भी।
तेरा एरे निठुर नतुवा साँवला रँग होता।।२४।।

नाना पीड़ा निठुर-कर से नित्य मैं पा रही हूँ।
तेरे में भी निठुरपन का भाव पूरा भरा है।
हो - हो खिन्ना परम तुझसे मैं अतः पूछती हूँ।
क्यों देते हैं निठुर जन यों दूसरों को व्यथायें।।२५।।

हा ! तू बोला न कुछ अब भी तू बड़ा निर्दयी है।
मैं कैसी हूँ विवश तुझसे जो वृथा बोलती हूँ।
खोटे होते दिवस जब हैं भाग्य जो फूटता है।
कोई साथी अवनि - तल में है किसी का न होता।।२६।।

जो प्रमांगी सुमन बन के औ तदाकार हो के।
पीड़ा मेरे हृदय - तल की पाटलों ने न जानी।
तो तू हो के धवल - तन औ कुन्त - आकार - अंगी।
क्यों बोलेगा व्यथित चित की क्यों व्यथा जान लेगा।।२७।।

चम्पा तू है विकसित मुखी रूप औ रंगवाली।
पाई जाती सुरभि तुझमें एक सत्पुष्प - सी है।
तो भी तेरे निकट न कभी भूल है भृङ्ग आता।
क्या है ऐसी कसर तुझमें न्यूनता कौन सी है।।२८।।

क्या पीड़ा है न कुछ इसकी चित्त के मध्य तेरे।
क्या तू ने है मरम इसका अल्प भी जान पाया।
तू ने की है सुमुखि ! अलि का कौन सा दोष ऐसा।
जो तू मेरे सदृश प्रिय के प्रेम से वंचिता है।।२९।।

सर्वागों में सरस - रज औ धूलियों को लपेटे।
आ पुष्पों में स - विधि करता गर्भ-आधान जो है।
जो ज्ञाता है मधुर - रस का मंजु जो गूँजता है।
ऐसे प्यारे रसिक - अलि से तू असम्मानिता है।।३०।।

जो आँखों में मधुर - छवि की मूर्ति सी आँकता है।
जो हो जाता उदधि उर के हेतु राका-शशी है।
जो वंशी के सरस - स्वर से है सुधा सी बहाता।
ऐसे माधो - विरह - दव से मैं महादग्धिता हूँ।।३१।।

मेरी तेरी बहुत मिलती वेदनायें कई हैं।
आ रोऊँ ऐ भगिनि तुझको मैं गले से लगा के।
जो रोती हैं दिस - रजनी दोष जाने बिना ही।
ऐसी भी हैं अवनि - तल में जन्म लेती अनेकों।।३२।।

मैंने देखा अवनि - तल में श्वेत ही रंग ऐसा।
जैसा चाह जतन करके रंग वैसा उसे दे।
तेरे ऐसी रुचिर - सितता कुन्द मैंने न देखी।
क्या तू मेरे हृदय - तल के रंग में भी रँगेगा।।३३।।

क्या है होना विकच इसको पुष्प ही जानते हैं।
तू कैसा है रुचिर लगता पत्तियों - मध्य फूला।
तो भी कैसी व्यथित - कर है सो कली हाय ! होती।
हो जाती है विधि - कुमति से म्लान फूले बिना जो।।३४।।

मेरे जी की मृदुल - कलिमा प्रेम के रंग राती।
म्लाना होती अहह नित है अल्प भी जो न फूली।
क्या देवेगा विकच इसको स्वीय जैसा बना तू।
या हो शोकोपहत इसके तुल्य तू म्लान होगा।।३५।।

वे हैं मेरे दिन अब कहाँ स्वीय उत्फुल्लता को।
जो तू मेरे हृदय - तल में अल्प भी ला सकेगा।
हाँ, थोड़ा भी यदि उर मुझे देख तेरा द्रवेगा।
तो तू मेरे मलिन - मन की म्लानता पा सकेगा।।३६।।

हो जावेगी प्रथित - मृदुता पुष्प संदिग्ध तेरी।
जो तू होगा व्यथित न किसी कष्टिता की व्यथा से।
कैसे तेरी सुमन - अभिधा सार्थ ऐ कुन्द होगी।
जो होवेगा न अ - विकच तू म्लान होते चितों से।।३७।।

सोने जैसा बरन जिसने गात का है बनाया।
चित्तामोदी सुरभि जिसने केतकी दी तुझे है।
यों काँटों से भरित तुझको क्यों उसीने किया है।
दी है धूली अलि अवलि की दृष्टि-विध्वंसिनी क्यों।।३८।।

कालिन्दी सी कलित - सरिता दर्शनीया - निकुंजें।
प्यारा - वृन्दा - विपिन विटपी चारु न्यारी - लतायें।
शोभावाले - विहग जिसने हैं दिये हा ! उसीने।
कैसे माधो रहित ब्रज की मेदनी को बनाया।।३९।।

क्या थोड़ा भी सजनि ! इसका मर्म्म तू पा सकी है।
क्या धाता की प्रकट इससे मूढ़ता है न होती।
कैसा होता जगत सुख आ धाम औ मुग्धकारी।
निर्माता की मिलित इसमें वामता जो न होती।।४०।।

मैंने देखा अधिकतर है भृंग आ पास तेरे।
अच्छा पाता न फल अपनी मुग्धता का कभी है।
आ जाती है दृग - युगल में अंधता धूलि - द्वारा।
काँटों से हैं उभय उसके पक्ष भी छिन्न होते।।४१।।

क्यों होती है अहह इतनी यातना प्रेमिकाओं की।
क्यों वाधा औ विपदमय है प्रेम का पंथ होता।
जो प्यारा और रुचिर - विटपी जीवनोद्यान का है।
सो क्यों तीखे कुटिल उभरे कंटकों से भरा है।।४२।।

पूरा रागी हृदय - तल है पुष्प बन्धूक तेरा।
मर्य्यादा तू समझ सकता प्रेम के पंथ की है।
तेरी गाढ़ी नवल तन की लालिमा है बताती।
पूरा - पूरा दिवस - पति के प्रेम में तू पगा है।।४३।।

तेरे जैसे प्रणय - पथ के पान्थ उत्पन्न हो के।
प्रेमी की हैं प्रकट करते पक्वता मेदनी में।
मैं पाती हूँ परम - सुख जो देख लेती तुझे हूँ।
क्या तू मेरी उचित कितनी प्रार्थनायें सुनेगा।।४४।।

मैं गोरी हूँ कुँवर - वर की कान्ति है मेघ की सी।
कैसे मेरा, महर - सुत का, भेद निर्मूल होगा।
जैसे तू है परम - प्रिय के रंग में पुष्प डूबा।
कैसे वैसे जलद - तन के रंग में मैं रँगूँगी।।४५।।

पूरा ज्ञाता समझ तुझको प्रेम की नीतियों का।
मैं ऐ प्यारे कुसुम तुझसे युक्तियाँ पूछती हूँ।,
मैं पाऊँगी हृदय - तल में उत्तमा - शांति कैसे।
जो डूबेगा न मन तन भी श्याम के रंग ही में।।४६।।

'ऐसी, हो के कुसुम तुझमें प्रेम की पक्वता है।
मैं हो के भी मनुज - कुल की, न्यूनता से भरी हूँ।
कैसी लज्जा परम - दुख की बात मेरे लिये है।
छा जावेगा न प्रियतम का रंग सर्वांग में जो।।४७।।

## वंशस्थ छन्द

खिला हुआ सुन्दर - वेलि - अंक में।
मुझे बता श्याम - घटा प्रसून तू।
तुझे मिलि क्यों किस पूर्व - पुण्य से।
अतीव - प्यारी - कमनीय - श्यामता।।४८।।

हरीतिमा वृन्त समीप की भली।
मनोहरा मध्य विभाग श्वेतता।
लसी हुई श्यामलताग्रभाग में।
नितान्त है दृष्टि विनोद - वर्द्धिनी।।४९।।

परन्तु तेरा बहु - रंग देख के।
अतीव होती उर - मध्य है व्यथा।
अपूर्व होता भव में प्रसून तू।
निमग्न होता यदि श्याम - रंग में।।५०।।

तथापि तू अल्प न भाग्यवान है।
चढ़ा हुआ है कुछ श्याम रंग तो।
अभागिनी है वह, श्यामता नहीं
विराजती है जिसके शरीर में।।५१।।

न स्वल्प होती तुझमें सुगंधि है।
तथापि सम्मानित सर्व - काल में।
तुझे रखेगा ब्रज - लोक दृष्टि में।
प्रसून तेरी यह श्यामलांगता।।५२।।

निवास होगा जिस ओर सूर्य का।
उसी दिशा और तुरंत घूम तू।
विलोकती है जिस चाव से उसे।
सदैव ऐ सूर्यमुखी सु - आनना।।५३।।

अपूर्व ऐसे दिन थे मदीय भी।
अतीव मैं भी तुझ सी प्रफुल्ल थी।
विलोकती थी जब हो विनोदिता।
मुकुन्द के मंजु - मुखारविन्द को।।५४।।

परन्तु मेरे अब वे न वार हैं।
न पूर्व की सी वह है प्रफुल्लता।
तथैव मैं हूँ मलिना यथैव तू।
विभावरी में बनती मलीन है।।५५।।

निशान्त में तू प्रिय स्वीय कान्त से।
पुनः सदा है मिलती प्रफुल्ल हो।
परन्तु होगी न व्यतीत ऐ प्रिये।
मदीय घोरा रजनी - वियोग की।।५६।।

नृलोक में है वह भाग्य - शालिनी।
सुखी बने जो विपदावसान में।
अभागिनी है वह विश्व में बड़ी।
न अन्त होवे जिसकी विपत्ति का।।५७।।

## मालिनी छन्द

कुवलय - कुल में से तो अभी तू कढ़ा है।
बहु - विकसित प्यारे - पुष्प में भी रमा है।
अलि अब मत जा तू कुंज में मालती की।
सुन मुझ अकुलाती ऊबती की व्यथायें।।५८।।

यह समझ प्रसूनों पास में आज आई।
क्षिति - तल पर हैं ए मूर्त्ति - उत्फुल्लता की।
पर सुखित करेंगे ए मुझे आह ! कैसे।
जब विविध दुखों में मग्न होते स्वयं हैं।।५९।।

कतिपय - कुसुमों को म्लान होते विलोका।
कतिपय बहु कीटों के पड़े पेच में हैं।
मुख पर कितने हैं वायु की धौल खाते।
कतिपय - सुमनों की पंखड़ी भू पड़ी है।।६०।।

तदपि इन सबों में ऐंठ देखी बड़ी ही।
लख दुखित - जनों को ए नहीं म्लान होते।
चित व्यथित न होता है किसी की व्यथा से।
बहु भव - जनितों की वृत्ति ही ईदृशी है।।६१।।

अयि अलि तुझमें भी सौम्यता हूँ न पाती।
मम दुख सुनता है चित्त दे के नहीं तू।
अति - चपल बड़ा ही ढीठ औ कौतुकी है।
थिर तनक न होता है किसी पुष्प में भी।।६२।।

यदि तज कर के तू गूँजना धैर्य्य - द्वारा।
कुछ समय सुनेगा बात मेरी व्यथा की।
तब अवगत होगा बालिका एक भू में।
विचलित कितनी है प्रेम से वंचिता हो।।६३।।

अलि यदि मन दे के भी नहीं तू सुनेगा।
निज दुख तुझसे मैं आज तो भी कहूँगी।
कुछ कह उनसे, है चित्त में मोद होता।
क्षिति पर जिनकी हूँ श्यामली - मूर्त्ति पाती।।६४।।

इस क्षिति - तल में क्या व्योम के अंक में भी।
प्रिय वपु छवि शोभी मेघ जो घूमते हैं।
इक टक पहरों मैं तो उन्हें देखती हूँ।
कह निज मुख द्वारा बात क्या-क्या न जानें।।६५।।

मधुकर सुन तेरी श्यामता है न वैसी।
अति अनुपम जैसी श्याम के गात की है।
पर जब - जब आँखें देख लेती तुझे है।
तब - तब सुधि आती श्यामली - मूर्ति की है।।६६।।

तब तन पर जैसी पीत - आभा लसी है।
प्रियतम कटि में है सोहता वस्त्र वैसा।
गुन - गुन करना औ गूँजना देख तेरा।
रस - मय - मुरली का नाद है याद आता।।६७।।

जब विरह विधाता ने सृजा विश्व में था।
तब स्मृति रचने में कौन सी चातुरी थी।
यदि स्मृति विरचा तो क्यों उसे है बनाया।
वपन - पटु कु - पीड़ा बीज प्राणी - उरों में।।६८।।

अलि पड़कर हाथों में इसी प्रेम के ही।
लघु - गुरु कितनी तू यातना भोगता है।
विधि - वश बँधता है कोष में पंकजों के।
बहु - दुख सहता है विद्ध हो कंटकों से।।६९।।

पर नित जितनी मैं वेदना पा रही हूँ।
अति लघु उससे है यातना भृङ्ग तेरी।
मम - दुख यदि तेरे गात की श्यामता है।
तब दुख उसकी ही पीतता तुल्य तो है।।७०।।

बहु बुध कहते हैं पुष्प के रूप द्वारा।
अपहृत चित होता है अनायास तेरा।
कतिपय - मति - शाली हेतु आसक्तता का।
अनुपम - मधु किम्बा गंध को हैं बताते।।७१।।

यदि इन विषयों को खप गंधादिकों को।
मधुकर हम तेरे मोह का हेतु मानें।
यह अवगत होना चाहिये भृङ्ग तो भी।
दुख - प्रद तुझको, तो तीन ही इन्द्रियाँ हैं।।७२।।

पर मुझ अबला की वेदना - दायिनी हा।
समधिक गुण - वाली पाँच ज्ञानन्द्रियाँ हैं।
तदुपरि कितनी हैं मानवी - वंचनायें।
विचलित - कर होंगी क्यों न मेरी व्यथायें।।७३।।

जब हम व्यथिता हैं ईदृशी तो तुझे क्या।
कुछ सदय न होना चाहिये श्याम - बन्धो।
प्रिय निठुर हुए हैं दूर हो के दृगों से।
मत निठुर बने तू सामने लोचनों के।।७४।।

नव - नव - कुसुमों के पास जा मुग्ध हो - हो।
गुन - गुन करता है चाव से बैठता है।
पर कुछ सुनता है तू न मेरी व्यथायें।
मधुकर इतना क्यों हो गया निर्दयी है।।७५।।

कब टल सकता था श्याम के टालने से।
मुख पर मँडलाता था स्वयं मत्त हो के।
यक दिन वह था औ एक है आज का भी।
जब भ्रमर न मेरी ओर तू ताकता है।।७६।।

कब पर दुख कोई है कभी बाँट लेता।
सब - परिचय - वाले प्यार ही हैं दिखाते।
अहह न इतना भी हो सका तो कहूँगी।
मधुकर यह सारा दोष है श्यामता का।।७७।।

## द्रुतविलम्बित छन्द

कमल - लोचन क्या कल आ गये।
पलट क्या कु - कपाल - क्रिया गई।
मुरलिका फिर क्यों वन में बजी।
बन रसा तरसा बरसा सुधा।।७८।।

किस तपोबल से किस काल में।
सच बता मुरली कल - नादिनी।
अवनि में तुझको इतनी मिली।
मदिरता, मृदुता, मधुमानता।।७९।।

चकित है किसको करती नहीं।
अवनि को करती अनुरक्त है।
विलसती तब सुन्दर अंक में।
सरसता, शुचिता, रुचिकारिता।।८०।।

निरख व्यापकता प्रतिपत्ति की।
कथन क्यों न करूँ अयि वंशिके।
निहित है तब मोहक पोर में।
सफलता, कलता, अनुकूलता।।८१।।

मुरलिके कह क्यों तव - नाद से।
विकल हैं बनती ब्रज - गोपिका।
किस लिये कल पा सकती नहीं।
पुलकती, हँसती, मृदु बोलती।।८२।।

स्वर फूँका तब है किस मंत्र से।
सुन जिसे परमाकुल मत्त हो।
सदन है तजती ब्रज - बालिका।
उमगती, ठगती, अनुरागती।।८३।।

तब प्रवंचित है बन छानती।
विवश सी नवला ब्रज - कामिनी।
युग विलोचन से जल मोचती।
ललकती, कँपती, अवलोकती।।८४।।

यदि बजी फिर, तो बज ऐ प्रिये।
अपर है तुझ सी न मनोहरा।
पर कृपा कर के कर दूर तू।
कुटिलता, कटुता, मदशालिता।।८५।।

वपुल छिद्र - वती बन के तुझे।
यदि समादर का अनुराग है।
तज न तो अयि गौरव - शालिनी।
सरलता, शुचिता, कुल - शीलता।।८६।।

लसित है कर में ब्रज - देव के।
मुरलिके तप के बल आज तू।
इस लिये अबलाजन को वृथा।
मत सता, न जता मति - हीनता।।८७।।

## वंशस्थ छन्द

मदीय प्यारी अयि कुंज - कोकिला।
मुझे बता तू ढिग कूक क्यों उठी।
विलोक मेरी चित भ्रान्ति क्या बनी।
विषादिता, संकुचिता, निपीड़िता।।८८।

प्रवंचना है यह पुष्प कुंज की।
भला नहीं तो ब्रज - मध्य श्याम की।
कभी बजेगी अब क्यों सु - बाँसुरी।
सुधाभरी, मुग्धकरी, रसोदरी।।य८९।।

विषादिता तू यदि कोकिला बनी।
विलोक मेरी गति तो कहीं न जा।
समीप बैठी - सुन गूढ़ - वेदना।
कुसंगजा, मानसजा, मदंगजा।।९०।।

यथैव हो पालित काक - अंक में।
त्वदीय बच्चे बनते त्वदीय हैं।
तथैव माधो यदु - वंश में मिले।
अशोभना, खिन्न मना मुझे बना।।९१।।

तथापि होती उतनी न वेदना।
न श्याम को जो ब्रज - भूमि भूलती।
नितान्त ही है दुखदा, कपाल की।
कुशीलता, आविलता, करालता।।९२।।

कभी न होगी मथुरा - प्रवासिनी।
गरीबिनी गोकुल - ग्राम - गोपिका।
भला करे लेकर राज - भोग क्या।
यथोचिता, श्यामरता, विमोहिता।।९३।।

जहाँ न वृन्दावन है विराजता।
जहाँ नहीं है ब्रज - भू मनोहरा।
न स्वर्ग है वांछित, है जहाँ नहीं।
प्रवाहिता भानु - सुता प्रफुल्लिता।।९४।।

करील हैं कामद कल्प - वृक्ष से।
गवादि हैं काम - दुधा गरीयसी।
सुरेश क्या है जब नेत्र में रमा
महामना, श्यामघना लुभावना।।९५।।

जहाँ न वंशी - वट है न कुंज है।
जहाँ न केकी - पिक है न शारिका।
न चाह वैकुण्ठ रखें, न है जहाँ।
बड़ी भली, गोप - लली, समाअली।।९६।।

न कामुका हैं हम राज - वेश की।
न नाम प्यारा यदु - नाथ है हमें।
अन्यता से हम हैं ब्रजेश की।
विरागिनी, पागलिनी, वियोगिनी।।९७।।

विरक्ति बातें सुन वेदना - भरी।
पिकी हुई तू दुखिता नितान्त ही।
बना रहा है तब बोलना मुझे।
व्यथामयी, दाहमयी, द्विधामयी।।९८।।

नहीं - नहीं है मुझको बता रही।
नितान्त तेरे स्वर की अधीरता।
वियोग से है प्रिय के तुझे मिली।
अवांछिता, कातरता, मलीनता।।९९।।

अतः प्रिये तू मथुरा तुरन्त जा।
सुना स्व - वेधी - स्वर जीवितेश को।
अभिज्ञ वे हों जिससे वियोग की।
कठोरता, व्यापकता, गंभीरता।।१००।।

परन्तु तू तो अब भी उड़ी नहीं।
प्रिये पिकी क्या मथुरा न जायगी?
न जा, वहाँ है न पधारना भला।
उलाहना है सुनना जहाँ मना।।१०१।।

## वसंततिलका छन्द

पा के तुझे परम - पूत - पदार्थ पाया।
आई प्रभा प्रवह मान दुखी दृगों में।
होती विवर्द्धिता घटीं उर - वेदनायें।
ऐ पद्म-तुल्य पद - पावन चिन्ह प्यारा।।१०२।।

कैसे बहे न दृग से नित वारि - धारा।
कैसे विदग्ध दुख से बहुधा न होऊँ।
तू भी मिला न मुझको ब्रज में कहीं था।
कैसे प्रमोद अ–प्रमोदित प्राण पावे।।१०३।।

माथे चढ़ा मुदित हो उर में लगाऊँ।
है चित चाह सु - विभूति उसे बनाऊँ।
तेरी पुनीत रज ले कर के करूँ मैं।
सानन्द अंजित सुरंजित - लोचनों में।।१०४।।

लाली ललाम मृदुता अवलोकनीया।
तीसी - प्रसून - सम श्यामलता सलोनी।
कैसे पदांक तुझको पद सी मिलेगी।
तो भी विमुग्ध करती तब माधुरी है।।१०५।।

संयोग से पृथक हो पद - कंज से तू।
जैसे अचेत अवनी - तल में पड़ा है।
त्योंहीं मुकुन्द - पद - पंकज से जुदा हो।
मैं भी अचिन्तित - अचेतनतामयी हूँ।।१०६।।

होती विदूर कुछ व्यापकता दुखों की।
पाती अलौकिक - पदार्थ वसुंधरा में।
होता स - शान्ति मम जीवन शेष भूत।
लेती पदांक तुझको यदि अंक में मैं।।१०७।।

हूँ मैं अतीव - रुचि से तुझको उठाती।
प्यारे पदांक अब तू मम - अंक में आ।
हा ! दैव क्या यह हुआ ? उह ! क्या करूँ मैं।
कैसे हुआ प्रिय पदांक विलोप भू में।।१०८।।

क्या हैं कलंकित बने युग - हस्त मेरे।
क्या छू पदांक सकता इनको नहीं था।
ए हैं अवश्य अति - निंद्य महा - कलंकी।
जो हैं प्रवंचित हुए पद - अर्चना से।।१०९।।

मैं भी नितान्त जड़ हूँ यदि हाय! मैंने।
अत्यन्त भ्रान्त बन के इतना न जाना।
जो हो विदेह बन मध्य कहीं पड़े हैं।
वे हैं किसी अपर के कब हाथ आते।।११०।।

पादांक पूत अयि धूलि प्रशंसनीया।
मैं बाँधती सरुचि अंचल में तुझे हूँ।
होगी मुझे सतत तू बहु शान्ति - दाता।
देगी प्रकाश तम में फिरते दृगों को।।१११।।

## मालिनी छन्द

कुछ कथन करूँगी मैं स्वकीया व्यथायें।
बन सदय सुनेगी क्या नहीं स्नेह द्वारा।
प्रति - पल बहती ही क्या चली जायगी तू।
कल - कल करती ऐ अर्कजा केलि शीला।।११२।।

कल - मुरलि - निनादी लोभनीयांग - शोभी।
अलि - कुल - मति - लोपी कुन्तली कांतिशाली।
अयि पुलकित अंके आज भी क्यों न आया।
वह कलित - कपोलों कान्त आलापवाला।।११३।।

अब अप्रिय हुआ है क्यों उसे गेह आना।
प्रति - दिन जिस प्यारे के लिये हूँ बिछाती।
पुलकित - पलकों के पाँवड़े प्यार - द्वारा।।११४।।

मम उर जिसके ही हेतु है मोम जैसा।
निज उर वह क्यों है संग जैसा बनाता।
विलसित जिसमें है चारु - चिन्ता उसीकी।
वह उस चित की है चेतना क्यों चुराता।।११५।।

जिस पर निज प्राणों को दिया वार मैंने।
वह प्रियतम कैसे हो गया निर्दयी है।
जिस कुँवर बिना हैं याम होते युगों से।
वह छवि दिखलाता क्यों नहीं लोचनों को।।११६।।

सब तज हमने है एक पाया जिसे ही।
अयि अलि ! उसने है क्या हमें त्याग पाया।
हम मुख जिसका ही सर्वदा देखती हैं।
वह प्रिय न हमारी ओर क्यों ताक पाया।।११७।।

विलसित उर में है जो सदा देवता सा।
वह निज उर में है ठौर भी क्यों न देता।
नित वह कलपाता है मुझे कान्त हो क्यों।
जिस बिन 'कल, पाते हैं नहीं प्राण मेरे।।११८।।

मम दृग जिसके ही रूप में हैं रमे से।
अहह वह उन्हे है निर्ममों सा रुलाता।
यह मन जिनके ही प्रेम में मग्न सा है।
वह मद उसको क्यों मोह का है पिलाता।।११९।।

जब अब अपने ए अंग ही हैं न आली।
तब प्रियतम में मैं क्या करूँ तर्कनायें।
जब निज तन का ही भेद मैं हूँ न पाती।
तब कुछ कहना ही कान्त को अज्ञता है।।१२०।।

दृग अति अनुरागी श्यामली - मूर्ति के हैं।
युग श्रुति सुनना है चाहते चारु - तानें।
प्रियतम मिलने की चौगुनी लालसा से।
प्रति - पल अधिकाती चित्त की आतुरी है।।१२१।।

उर विदलित होता मत्तता वृद्धि पाती।
बहु विलख न जो मैं यामिनी - मध्य होती।
विरह - दव सताता, गात सारा जलाता।
यदि मम नयनों में वारि - धारा न होती।।१२२।।

कब तक मन मारूँ दग्ध हो जी जलाऊँ।
निज - मृदुल - कलेजे में शिला क्यों लगाऊँ।
वन - वन विलपूँ या मैं धँ धूँ मेदिनी में।
निज - प्रियतम प्यारी मूर्त्ति क्यों देख पाऊँ।।१२३।।

तव तट पर आ के नित्य ही कान्त मेरे।
पुलकित बन भावों में पगे घूमते हैं।
यक दिन उनको पा प्रीत जी से सुनाना।
कल - कल - ध्वनि - द्वारा सर्व मेरी व्यथायें।।१२४।।

विधि वश यदि तेरी धार में आ गिरूँ मैं।
मम तन ब्रज की ही मेदिनी में मिलाना।
उस पर अनुकूला हो, बड़ी मंजुता से।
कल - कुसुम अनूठी - श्यामता के उगाना।।१२५।।

घन - तन - रत मैं हूँ तू असेतांगिनी है।
तरलित - उर तू है चैन मैं हूँ न पाती।
अयि अलि बन जा तू शान्ति - दाता हमारी।
अति - प्रतपित मैं हूँ ताप तू है भगाती।।१२६।।

## मन्दाक्रान्ता छन्द

रोई आ के कुसुम - ढिग औ भृङ्ग के साथ बोली।
वंशी - द्वारा - भ्रमित बन के बात की कोकिला से।
देखा प्यारे कमल - पग के अंक को उन्मना हो।
पीछे आयी तरणि - तनय - तीर उत्कण्ठिता सी।।१२७।।

## द्रुतविलम्बित छन्द

तदुपरान्त गई गृह - बालिका।
व्यथित ऊधव को अति ही बना।
सब सुना सब ठौर छिपे गये।
पर न बोल सके वह अल्प भी।।१२८।।

# षोडश सर्ग

## वंशस्थ छन्द

विमुग्ध - कारी मधु मंजु मास था।
वसुन्धरा थी कमनीयता - मयी।
विचित्रता - साथ विराजिता रही।
वसंत वासंतिकता वनान्त में।।१।।

नवीन भूता वन की विभूति में।
विनोदिता - वेलि विहंग - वृन्द में।
अनूपता व्यापित थी वसंत की।
निकुंज में कूजित - कुंज - पुंज में।।२।।

प्रफुल्लिता कोमल - पल्लवान्विता।
मनोज्ञता - मूर्त्ति नितान्त - रंजिता।
वनस्थली थी मकरंद - मोदिता।
अकीलिता कोकिल - काकली - मयी।।३।।

निसर्ग ने, सौरभ ने, पराग ने।
प्रदान की थी अति कान्त - भाव से।
वसुन्धरा को, पिक को, मिलिन्द को।
मनोज्ञता, मादकता, मदांधता।।४।।

वसंत की भाव - भरी विभूति सी।
मनोज की मंजुल - पीठिका - समा।
लसी कहीं थी सरसा सरोजिनी।
कुमोदिनी - मानस - मोदिनी कहीं।।५।।

नवांकुरों में कलिका - कलाप में।
नितान्त न्यारे फल पत्र - पुंज में।
निसर्ग - द्वारा सु प्रसूत - पुष्प में।
प्रभूत पुंजी - कृत थी प्रफुल्लता।।६।।

विमुग्धता की वर - रंग - भूमि सी।
प्रलुब्धता केलि वसुंधरोपमा।
मनोहरा थीं तरु - वृन्द - डालियाँ।
नई कली मंजुल - मंजरीमयी।।७।।

अन्यूनता दिव्य फलादि की, दिखा।
महत्व औ गौरव, सत्य - त्याग का।
विचित्रता से करती प्रकाश थी।
स - पत्रता पादप पत्र - हीन की।।८।।

बसंत - माधुर्य्य - विकाश - वर्द्धिनी।
क्रिया - मयी मार - महोत्सवांकिता।
सु - कोंपलें थीं तरु - अंक में लसी।
स - अंगरागा अनुराग - रंजिता।।९।।

नये - नये पल्लववान पेड़ में।
प्रसून में आगत थी अपूर्वता।
वसंत में थी अधिकांश शोभिता।
विकाशिता - वेलि प्रफुल्लता - लता।।१०।।

अनार में औ कचनार में बसी।
ललामता थी अति ही लुभावनी।
बड़े लसे लोहित - रंग पुष्प से।
पलाश की थी अपलाशता ढकी।।११।।

स - सौरभा लोचन की प्रसादिका।
वसंत - वासंतिकता - विभूषिता।
विनोदिता हो बहु थी विनोदिनी।
प्रिया - समा मंजु - प्रियाल - मंजरी।।१२।।

दिशा प्रसन्ना महि पुष्प - संकुला।
नवीनता - पूरित पादपावली।
वसंत में थी लतिका सु - यौवना।
अलापिका पंचम - तान कोकिला।।१३।।

अपूर्व- स्वर्गीय - सुगंध में सना।
सुधा बहाता धमनी - समूह में।
समीर आता मलयाचलांक से।
किसे बनाता न विनोद - मग्न था।।१४।।

प्रसादिनी - पुष्प सुगंध - वर्द्धिनी।
विकाशिनी वेलि लता विनोदिनी।
अलौकिकी थी मलयानिली क्रिया।
विमोहिनी पादप पंक्ति-मोदिनी।।१५।।

वसंत शोभा प्रतिकूल थी बड़ी।
वियोग - मग्ना ब्रज - भूमि के लिये।
बना रही थी उसको व्यथामयी।
विकाश पाती वन - पादपावली।।१६।।

दृगों उरों को दहती अतीव थीं।
शिखाग्नि-तुल्या तरु - पुंज - कोंपलें।
अनार - शाखा कचनार - डाल थी।
अपार अंगारक पुंज - पूरिता।।१७।।

नितान्त ही थी प्रतिकूलता - मयी।
प्रियाल की प्रीति - निकेत - मंजरी।
बना अतीवाकुल म्लान चित्त को।
विदारता था तरु कोबिदार का।।१८।।

भयंकरी व्याकुलता - विकासिका।
सशंकता - मूर्त्ति प्रमोद - नाशिनी।
अतीव थी रक्तमयी अशोभना।
पलाश की पंक्ति पलाशिनी समा।।१९।।

इतस्ततः भ्रान्त - समान घूमती।
प्रतीत होती अवली मिलिन्द की।
विदूषिता हो कर थी कलंकिता।
अलंकृता कोकिल कान्त कंठता।।२०।।

प्रसून की मोहकता मनोज्ञता।
नितान्त थी अन्यमनस्कतामयी।
न वांछिता थी न विनोदनीय थी।
अ - मानता हो मलयानिल - क्रिया।।२१।।

बड़े यशस्वी वृष - भानु गेह के।
समीप थी एक विचित्र वाटिका।
प्रबुद्ध - ऊधो इसमें इन्हीं दिनों।
प्रबोध देने ब्रज - देवि को गये।।२२।।

वसंत को पा यह शान्त वाटिका।
स्वभावतः कान्त नितान्त थी हुई।
परन्तु होती उसमें स - शान्ति थी।
विकास की कौशल - कारिणी - क्रिया।।२३।।

शनैः शनैः पादप पुंज कोंपलें।
विकाश पा के करती प्रदान थीं।
स - आतुरी रक्तिमता - विभूति को।
प्रमोदनीया - कमनीय - श्यामता।।२४।।

अनेक आकार - प्रकार से मनो।
बता रही थी यह गूढ़ - मर्म्म वे।
नहीं रँगेगा वह श्याम - रंग में।
न आदि में जो अनुराग में रँगा।।२५।।

प्रसून थे भाव - समेत फूलते।
लुभावने श्यामल पत्र अंक में।
सुगंध को पूत बना दिगन्त में।
पसारती थी पवनातिपावनी।।२६।।

प्रफुल्लता में अति - गूढ़ - म्लानता।
मिली हुई साथ पुनीत - शान्ति के।
सु - व्यंजिता संयत भाव संग थी।
प्रफुल्ल - पाथोज प्रसून - पुंज में।।२७।।

स - शान्ति आते उड़ते निकुंज में।
स - शान्ति जाते ढिग थे प्रसून के।
बने महा - नीरव, संयमी।
स - शान्ति पीते मधु को मिलिन्द थे।।२८।।

विनोद से पादप पै विराजना।
विहंगिनी साथ विलास बोलना।
बँधा हुआ संयम - सूत्र साथ था।
कलोलकारी खग का कलोलना।।२९।।

न प्रायशः आनन त्यागती रही।
न थी बनाती ध्वनिता दिगन्त को।
न बाग में पा सकती विकाश थी।
अ - कुंठिता हो कल - कंठ - काकली।।३०।

इसी तपोभूमि - समान वाटिका
सु - अंक में सुन्दर एक कुंज थी।
समावृता श्यामल - पुष्प - संकुला।
अनेकशः वेलि - लता - समूह से।।३१।।

विराजती थीं वृष - भानु - नन्दिनी।
इसी बड़े नीरव शान्त - कुंज में।
अतः यहीं श्रीबलवीर - बन्धु ने।
उन्हें विलोका अलि - वृन्द आवृता।।३२।।

प्रशान्त, म्लाना, वृषभानु - कन्यका-
सु - मूर्ति देवी सम दिव्यतामयी।
विलोक, हो भावित भक्ति - भाव से।
विचित्र ऊधो - उर की दशा हुई।।३३।।

अतीव थी कोमल - कान्ति नेत्र की।
परन्तु थी शान्ति विषाद - अंकिता।
विचित्र - मुद्रा मुख - पद्म की मिली।
प्रफुल्लता - आकुलता - समन्विता।।३४।।

स - प्रीति वे आदर के लिये उठीं।
विलोक आया ब्रज - देव बन्धु को।
पुनः उन्होंने निज - शान्त - कुंज में।
उन्हें बिठाया अति - भक्ति - भाव से।।३५।।

अतीव - सम्मान समेत आदि में।
ब्रजेश्वरी की कुशलादि पूछ के।
पुनः सुधी - ऊधव ने स - नम्रता।
कहा सँदेसा वह श्याम - मूर्ति का।।३६।।

## मन्दाक्रान्ता छन्द

प्राणाधारे परम - सरले प्रेम की मूर्त्ति राधे।
निर्माता ने पृथक तुमसे यों किया क्यों मुझे है।
प्यारी आशा प्रिय - मिलन की नित्य है दूर होती।
कैसे ऐसे कठिन - पथ का पान्थ मैं हो रहा हूँ।।३७।।

जो दो प्यारे हृदय मिल के एक ही हो गये हैं।
क्यों धाता ने विलग उनके गात को यों किया है।
कैसे आ के गुरु - गिरि पड़े बीच में हैं उन्हीं के।
जो दो प्रेमी मिलित पय औ नर से नित्यशः थे।।३८।।

उत्कण्ठा के विवश नभ को, भूमि को, पादपों को।
ताराओं को, मनुज - मुख को प्रायशः देखता हूँ।
प्यारी ! ऐसी न ध्वनि मुझको है कहीं भी सुनाती।
जो चिन्ता से चलित - चित की शान्ति का हेतु होवे।।३९।।

जाना जाता परम विधि के बंधनों का नहीं है।
तो भी होगा उचित चित में यों प्रिये सोच लेना।
होते जाते विफल यदि हैं सर्व - संयोग सूत्र।
दतो होवेगा निहित इसमें श्रेय का बीज कोई।।४०।।

हैं प्यारी औ मधुर सुख औ भोग की लालसायें।
कान्ते, लिप्सा जगत - हित की और भी है मनोज्ञा।
इच्छा आत्मा परम - हित की मुक्ति की उत्तमा है।
वांछा होती विशद उससे आत्म - उत्सर्ग की है।।४१।।

जो होता है निरत तप में मुक्ति की कामना से
आत्मार्थी है, न कह सकते हैं उसे आत्मत्यागी।
जी से प्यारा जगत - हित औ लोक - सेवा जिसे है।
प्यारी सच्चा अवनि - तल में आत्मत्यागी वही है।।४२।।

जो पृथ्वी के विपुल - सुख की माधुरी है विपाशा।
प्राणी - सेवा जनित सुख की प्राप्ति तो जन्हुजा है।
जो आद्या है नखत द्युति सी व्याप जाती उरो में।
तो होती है लसित उसमें कौमुदी सी द्वितीया।।४३।।

भोगों में भी विविध कितनी रंजिनी - शक्तियाँ हैं।
वे तो भी हैं जगत - हित से मुग्धकारी न होते।
सच्ची यों है कलुष उनमें हैं बड़े क्लान्ति - कारी।
पाई जाती लसित इसमें शान्ति लोकोत्तरा है।।४४।।

है आत्मा का न सुख किसको विश्व के मध्य प्यारा।
सारे प्राणी स - रुचि इसकी माधुरी में बँधे हैं।
जो होता है न वश इसके आत्म - उत्सर्ग - द्वारा।
ऐ कान्ते है सफल अवनी - मध्य आना उसीका।।४५।।

जो है भावी परम - प्रबला दैव - इच्छा प्रधाना।
तो होवेगा उचित न, दुखी वांछितों हेतु होना।
श्रेयःकारी सतत दयिते सात्विकी - कार्य्य होगा।
जो हो स्वार्थोपरत भव में सर्व - भूतोपकारी।।४६।।

## वंशस्थ छन्द

अतीव हो अन्यमना विषादिता।
विमोचते वारि दृगारविन्द से।
समस्त सन्देश सुना ब्रजेश का।
ब्रजेश्वरी ने उर बज्र सा बना।।४७।।

पुनः उन्होंने अति शान्त - भाव से।
कभी बहा अश्रु कभी स - धीरता।
कहीं स्व - बातें बलवीर - बंधु से।
दिखा कलत्रोचित - चित्त - उच्चता।४८।।

## मन्दाक्रान्ता छन्द

मैं हूँ ऊधो पुलकित हुई आपको आज पा के।
सन्देशों को श्रवण कर के और भी मोदिता हूँ।
मंदीभूता, उर - तिमिर की ध्वंसिनी ज्ञान आभा।
उदीप्ता हो उचित - गति से उज्ज्वला हो रही है।।४९।।

मेरे प्यारे, पुरु, पृथिवी - रत्नी औ शान्त धी हैं।
सन्देशों में तदपि उनकी, वेदना, व्यंजिता है।
मैं नारी हूँ, तरल - उर हूँ, प्यार से वंचिता हूँ।
जो होती हूँ विकल, विमना, व्यस्त, वैचित्र्य क्या है।।५०।।

हो जाती है रजनि मलिना ज्यों कला - नाथ डूबे।
वाटी शोभा रहित बनती ज्यों वसन्तान्त में है।
त्योही प्यारे विधु - वदन की कान्ति से वंचिता हो।
श्री - हीना और मलिन ब्रज की मेदिनी हो गई है।।५१।।

जैसे प्रायः लहर उठती वारि में वायु से है।
त्योंही होता चित चलित है कश्चिादावेग - द्वारा।
उद्वेगों से व्यथित बनना बात स्वाभाविकी है।
हाँ, ज्ञानी औ विवुध - जन में मुह्यता है न होती।।५२।।

पूरा - पूरा परम - प्रिय का मर्म्म मैं बूझती हूँ।
है जो वांछा विशद उर में जानती भी उसे हूँ।
यत्नों द्वारा प्रति - दिन अतः मैं महा संयता हूँ।
तो भी देती विरह - जनिता - वासनायें व्यथा हैं।।५३।।

जो मैं कोई विहग उड़ता देखती व्योम में हूँ।
तो उत्कण्ठा - विवश चित में आज भी सोचती हूँ।
होते मेरे अबल तन में पक्ष जो पक्षियों से।
तो यों ही मैं स - मुद उड़ती श्याम के पास जाती।।५४।।

तो उत्कण्ठा अधिक प्रबला है किसी काल होती।
तो ऐसी है लहर उठती चित्त में कल्पना की।
जो हो जाती पवन, गति पा वांछिता लोक - प्यारी।
मैं छू आती परम - प्रिय के मंजु - पादाम्बुजों को।।५५।।

निर्लिप्ता हूँ अधिकतर मैं नित्यशः संयता हूँ।
तो भी होती अति व्यथित हूँ श्याम की याद आते।
वैसी वांछा जगत - हित की आज भी है न होती।
जैसी जी में लसित प्रिय के लाभ की लालसा है।।५६।।

हो जाता है उदित उर में मोह जो रूप - द्वारा।
व्यापी भू में अधिक जिसकी मंजू - कार्य्यावली है।
जो प्रायः है प्रसव करता मुग्धता मानसों में।
जो है क्रीड़ा अवनि चित की भ्रान्ति उद्विग्नता का।।५७।।

जाता है पंच - शर जिसकी 'कल्पिता - मूर्त्ति' माना।
जो पुष्पों के विशिख - बल से विश्व को वेधता है।
भाव - ग्राही मधुर - महती चित्त - विक्षेप - शीला।
न्यारी - लीला सकल जिसकी मानसोन्मादिनी है।।५८।।

वैचित्र्यों से वलित उसमें ईदृशी शक्तियाँ हैं।
ज्ञाताओं ने प्रणय उसको है बताया न तो भी।
है दोनों से सबल बनती भूरि - आसंग - लिप्सा।
होती है किन्तु प्रणयज ही स्थायिनी औ प्रधाना।।५९।।

जैसे पानी प्रणय तृषितों की तृषा है न होती।
हो पाती है न क्षुधित - क्षुधा अन्न - आसक्ति जैसे।
वैसे ही रूप निलय नरों मोहनी - मूर्तियों में।
हो पाता है न 'प्रणय' हुआ मोह रूपादि - द्वारा।।६०।।

मूली - भूता इस प्रणय की बुद्धि की वृत्तियाँ हैं।
हो जाती हैं समधिकृत जो व्यक्ति के सद्‌गुणों से।
वे होते हैं नित नव, तथा दिव्यता - धाम, स्थायी।
पाई जाती प्रणय - पथ में स्थायिता है इसी से।।६१।।

हो पाता है विकृत स्थिरता - हीन हैं रूप होता।
पाई जाती नहिं इस लिए मोह में स्थायिता है।
होता है रूप विकसित भी प्रायशः एक ही सा।
हो जाता है प्रशमित अतः मोह संभोग से भी।।६२।।

नाना स्वार्थों सरस - सुख की वासना - मध्य - डूबा।
आवेगों से वलित ममतावान है मोह होता।
निष्कामी है प्रणय - शुचिता - मूर्ति है सात्विकी है।
होती पूरी प्रमिति उसमें आत्म - उत्सर्ग की है।।६३।।

सद्यः होती फलित, चित में मोह की मत्तता है।
धीरे - धीरे प्रणय बसता, व्यापता है उरों में।
हो जाता हैं विवश अपरा - वृत्तियाँ मोह - द्वारा।
भावोन्मेषी प्रणय करता चित्त सद्वृत्ति को है।।६४।।

हो जाते हैं उदय कितने भाव ऐसे उरों में।
होती है मोह - वश जिनमें प्रेम की भ्रान्ति प्रायः।
वे होते हैं न प्रणय न वे हैं समीचीन होते।
पाई जाती अधिक उनमें मोह की वासना है।।६५।।

हो के उत्कण्ठ प्रिय - सुख की भूयसी - लालसा से।
जो है प्राणी हृदय - तल की वृत्ति उत्सर्ग - शीला।
पुण्याकांक्षा सुयश - रुचि वा धर्म - लिप्सा बिना ही।
ज्ञाताओं ने प्रणय अभिधा दान की है उसीको।।६६।।

आदौ होता गुण ग्रहण है उक्त सद्वृत्ति - द्वारा।
हो जाती है उदित उर में फेर आसंग - लिप्सा।
होती उत्पन्न सहृदयता बाद संसर्ग के है।
पीछे को आत्म - सुधि लसती आत्म - उत्सर्गता है।।६७।।

सद्गंधों से, मधुर - स्वर से, स्पर्श से औ रसों से।
जो हैं प्राणी हृदय - तल में मोह उद्भूत होते।
वे ग्राही हैं जन - हृदय के रूप के मोह ही से।
हो पाते हैं तदपि उतने मत्तकारी नहीं वे।।६८।।

व्यापी भी है अधिक उनसे रूप का मोह होता।
पाया जाता प्रबल उसका चित्त - चाञ्चल्य भी है।
मानी जाती न क्षिति - तल में है पतंगोपमाना।
भृङ्गों, मीनों द्विरद मृग की मत्तता प्रीतिमत्ता।।६९।।

मोहों में है प्रबल सबसे रूप का मोह होता।
कैसे होंगे अपर, वह जो प्रेम है हो न पाता।
जो है प्यारा प्रणय - मणि सा काँच सा मोह तो है।
ऊँची न्यारी रुचिर महिमा मोह से प्रेम की है।।७०।।

दोनों आँखें निरख जिसको तृप्त होती नहीं हैं।
ज्यों - ज्यों देखें अधिक जिसकी दीखती मंजुता है।
जो है लीला निलय महि में वस्तु स्वर्गीय जो है।
ऐसा राका - उदित - विधु सा रूप उल्लासकारी।।७१।।

उत्कण्ठा से बहु सुन जिसे मत्त सा बार लाखों।
कानों की है न तिल भर भी दूर होती पिपासा।
हृत्तन्त्री में ध्वनित करता स्वर्ग - संगीत जो है।
ऐसा न्यारा - स्वर उर - जयी विश्व - व्यामोहकारी।।७२।।

होता है मूल अग जग के सर्वरूपों - स्वरों का।
या होती है मिलित उसमें मुग्धता सद्‌गुणों की।
ए बातें ही विहित - विधि के साथ हैं व्यक्त होती।
न्यारें गंधों सरस - रस, औ स्पर्श - वैचित्र्य में भी।।७३।।

पूरी - पूरी कुँवर - वर के रूप में है महत्ता।
मंत्रों से हो मुखर, मुरली दिव्यता से भरी है।
सारे न्यारे प्रमुख - गुण की सात्विकी मूर्ति वे हैं।
कैसे व्यापी प्रणय उनका अन्तरों में न होगा।।७४।।

जो आसक्ता ब्रज - अवनि में बालिकायें कई हैं।
वे सारी ही प्रणय रँग से श्याम के रञ्जिता हैं।
मैं मानूँगी अधिक उनमें हैं महा - मोह - मग्ना।
तो भी प्रायः प्रणय - पथ की पंथिनी ही सभी हैं।।७५।।

मेरी भी है कुछ गति यही श्याम को भूल दूँ क्यों।
काढ़ूँ कैसे हृदय - तल से श्यामली - मूर्त्ति न्यारी।
जीते जी जो न मन सकता भूल है मंजु - तानें।
तो क्यों होंगी शमित प्रिय के लाभ की लालसायें।।७६।।

ए आँखें हैं जिधर फिरती चाहती श्याम को हैं।
कानों को भी मधुर - रव की आज भी लौ लगी है।
कोई मेरे हृदय - तल को पैठ के जो बिलोके।
तो पावेगा लसित उसमें कान्ति - प्यारी उन्हीं की।।७७।।

जो होता है उदित नभ में कौमुदी कांत आ के।
या जो कोई कुसुम विकसा देख पाती कहीं हूँ।
शोभा - वाले हरित दल के पादपों को विलोके।
है प्यारे का विकच - मुखड़ा आज भी याद आता।।७८।।

कालिन्दी के पुलिन पर जा, या, सजीले - सरों में।
जो मैं फूले - कमल - कुल को मुग्ध हो देखती हूँ।
तो प्यारे के कलित - कर की औ अनूठे - पगों की।
छा जाती है सरस - सुषमा वारि स्रावी - दृगों में।।७९।।

ताराओं से खचित - नभ को देखती जो कभी हूँ।
या मेघों में मुदित - बक की पंक्तियाँ दीखती हैं।
तो जाती हूँ उमग बँधता ध्यान ऐसा मुझे है।
मानों मुक्ता - लसित - उर है श्याम का दृष्टि आता।।८०।।

छू देती है मृदु - पवन जो पास आ गात मेरा।
तो हो जाती परस सुधि है श्याम - प्यारे - करों की।
ले पुष्पों की सुरभि वह जो कुञ्ज में डोलती है।
तो गंधों से बलित मुख की वास है याद आती।।८१।।

ऊँचे - ऊँचे शिखर चित की उच्चता हैं दिखाते।
ला देता है परम दृढ़ता मेरु आगे दृगों के।
नाना - क्रीड़ा - निलय - झरना चारु - छीटें उड़ाता।
उल्लासों को कुँवर - वर के चक्षु में है लसाता।।८२।।

कालिन्दी एक प्रियतम के गात की श्यामता ही।
मेरे प्यासे दृग - युगल के सामने है न लाती।
प्यारी लीला सकल अपने कूल की मंजुता से।
सद्भावों के सहित चित में सर्वदा है लसाती।।८३।।

फूली संध्या परम - प्रिय की कान्ति सी है दिखाती।
मैं पाती हूँ रजनी - तन में श्याम का रङ्ग छाया।
ऊषा आती प्रति - दिवस है प्रीति से रंजिता हो।
पाया जाता वर - वदन सा ओप आदित्य में है।।८४।।

मैं पाती हूँ अलक - सुषमा भृङ्ग की मालिका में।
है आँखों की सु - छवि मिलती खंजनों औ मृगों में।
दोनों बाहें कलभ कर दो देख हैं याद आती।
पाई शोभा रुचिर शुक के ठोर में नासिका की।।८५।।

है दाँतों की झलक मुझको दीखती दाड़िमों में।
विम्बाओं में वर अधर सी राजती लालिमा है।
मैं केलों में जघन - युग की मंजुता देखती हूँ।
गुल्फों की सी ललित सुषमा है गुलों में दिखाती।।८५।।

नेत्रोन्मादी बहु - मुदमयी - नीलिमा गात की सी।
न्यारे नीले गगन - तल के अङ्क में राजती है।
भू में शोभा, सुरस जल में, वन्हि में दिव्य - आभा।
मेरे प्यारे - कुँवर वर सी प्रायशः है दिखाती।।८७।।

सायं - प्रातः सरस - स्वर से कूजते हैं पखेरू।
प्यारी - प्यारी मधुर - ध्वनियाँ मत्त हो, हैं सुनाते।
मैं पाती हूँ मधुर ध्वनि में कूजने में खगों के।
मीठी - तानें परम - प्रिय की मोहिनी - वंशिका की।।८८।।

मेरी बातें श्रवण कर के आप उद्विग्न होंगे।
जानेंगे मैं विवश बन के हूँ महा -मोहि - मग्ना।
सच्ची यों है न निज - सुख के हेतु मैं मोहिता हूँ।
संरक्षा में प्रणय - पथ के भावतः हूँ सयत्ना।।८९।।

हो जाती है विधि - सृजन से इक्षु में माधुरी जो।
आ जाता है सरस रँग जो पुष्प की पंखड़ी में।
क्यों होगा सो रहित रहते इक्षुता - पुष्पता के।
ऐरो ही क्यों प्रसृत उर से जीवनाधार होगा।।९०।।

क्यों मोहेंगे न दृग लख के मूर्तियाँ रूपवाली।
कानों को भी मधुर - स्वर से मुग्धता क्यों न होगी।
क्यों डूबेंगे न उर रँग में द्रिरीति आरंजितों के।
धाता - द्वारा सृजित तन में तो इसी हेतु वे हैं।।९१।।

छाया - ग्राही मुकुर यदि हो, वारि हो चित्र क्या है।
जो वे छाया ग्रहण न करें चित्रता तो यही है।
वैसे ही नेत्र, श्रुति, उर में जो न रुपादि व्यापें।
तो विज्ञानी, विवुध उनको स्वस्थ कैसे कहेंगे।।९२।।

पाई जाती - श्रवण करने आदि में भिन्नता है।
देखा जाना प्रभृति भव में भूरि - भेदों भरा है।
कोई होता कलुष - युत में कामना - लिप्त हो के।
त्योंही कोई परम - शुचितावान औ संयमी है।।९३।।

पक्षी होता सु - पुलकित है देख सत्पुष्प फूला।
भौंरा शोभा निरख रस ले मत्त हो गूँजता है।
अर्थी - माली मुदित बन भी है उसे तोड़ लेता।
तीनों का ही कल - कुसुम का देखना यों त्रिधा है।।९४।।

लोकोल्लासी छवि लख किसी रूप उद्भासिता की।
कोई होता मदन - वश है मोद में मग्न कोई।
कोई गाता परम - प्रभु की कीर्त्ति है मुग्ध सा हो।
यों तीनों की प्रचुर - प्रखरा दृष्टि है भिन्न होती।।९५।।

शोभा - वाले विटप विलसे पक्षियों के स्वरों से।
विज्ञानी है परम -प्रभु के प्रेम का पाठ पाता।
व्याधा की हैं हनन - रुचियाँ और भी तीव्र होती।
यों दोनों के श्रवण करने में बड़ी भिन्नता है।।९६।।

यों ही है भेद युत चखना, सूँघना और छूना।
पात्रों में है प्रकट इनकी भिन्नता नित्य होती।
ऐसी ही हैं हृदय - तल के भाव में भिन्नतायें।
भावों ही से अवनि - तल है स्वर्ग के तुल्य होता।।९७।।

प्यारे आवें सु - बयन कहें प्यार से गोद लेवें।
ठंढे होवें नयन, दुख हों दूर मैं मोद पाऊँ।
ए भी हैं भाव मम उर के और ए भाव भी हैं।
प्यारे जीवें जग - हित करें गेह चाहे न आवें।।९८।।

जो होता है हृदय - तत का भाव लोकोपतापी।
छिद्रान्वेषी, मलिन, वह है तामसी - वृत्ति - वाला।
नाना भोगाकलित, विविधा - वासना - मध्य डूबा।
जो है स्वार्थाभिमुख वह है राजसी - वृत्ति शाली।।९९।

निष्कामी है भव - सुखद है और है विश्व - प्रेमी।
जो है भोगोपरत वह है सात्विकी - वृत्ति - शोभी।
ऐसी ही है श्रवण करने आदि की भी व्यवस्था।
आत्मोत्सर्गी, हृदय-तल की सात्विकी - वृत्ति ही है।।१००।।

जिह्वा, नासा, श्रवण अथवा नेत्र होते शरीरी।
क्यों त्यागेंगे प्रकृति अपने कार्य को क्यों तजेंगे।
क्यों होवेंगी शमित उर की लालसायें, अतः मैं।
रंगे देती प्रति - दिन उन्हें सात्विकी - वृत्ति में हूँ।।१०१।।

कंजों का या उदित - विधु का देख सौंदर्य्य आँखों।
या कानों से श्रवण कर के गान मीठा खगों का।
मैं होती थी व्यथित, अब हूँ शान्ति सानन्द पाती।
प्यारे के पाँव, मुख, मुरली - नाद जैसा उन्हें पा।।१०२।।

यों ही जो है अवनि नभ में दिव्य, प्यारा, उन्हें मैं।
जो छूती हूँ श्रवण करती देखती सूँघती हूँ।
तो होती हूँ मुदित उनमें भावतः श्याम की पा।
न्यारी - शोभा, सुगुण - गरिमा अंग संभूत साम्य।।१०३।।

हो जाने से हृदय - तल का भाव ऐसा निराला।
मैंने न्यारे परम गरिमावान दो लाभ पाये।
मेरे जी में हृदय विजयी विश्व का प्रेम जागा।
मैंने देखा परम प्रभु को स्वीय - प्राणेश ही में।।१०४।।

पाई जाती विविध जितनी वस्तुयें हैं सबों में।
जो प्यारे को अमित रँग औ रूप में देखती हूँ।
तो मै कैसे न उन सबको प्यार जी से करूँगी।
यों है मेरे हृदय तल में विश्व का प्रेम जागा।।१०५।।

जो आता है न जन - मन में जो परे बुद्धि के है।
जो भावों का विषय न बना नित्य अव्यक्त जो है।
है ज्ञाता की न गति जिसमें इन्द्रियातीत जो है।
सो क्या है, मैं अबुध अबला जान पाऊँ उसे क्यों।।१०६।।

शास्त्रों में है कथित प्रभु के शीश औ लोचनों की।
संख्यायें हैं अमित पग औ हस्त भी हैं अनेकों।
सो हो के भी रहित मुख से नेत्र नासादिकों से।
छूता, खाता, श्रवण करता, देखता, सूँघता है।।१०७।।

ज्ञाताओं ने विशद इसका मर्म्म यों है बताया।
सारे प्राणी अखिल जग के मूर्तियाँ हैं उसीकी।
होतीं आँखें प्रभृति उनकी भूरि - संख्यावती हैं।
सो विश्वात्मा अमित - नयनों आदि - वाला अतः है।।१०८।।

निष्प्राणों की विफल बनतीं सर्व - गात्रेन्द्रियाँ हैं।
है अन्या - शक्ति कृति करती वस्तुतः इन्द्रियों की।
सो है नासा न दृग रसना आदि ईशांश ही है।
हो के नासादि रहित अतः सूँघता आदि सो है।।१०९।।

ताराओं में तिमिर - हर में वह्नि - विद्युल्लता में।
नाना रत्नों, विविध मणियों में विभा है उसीकी।
पृथ्वी, पानी, पवन, नभ में, पादपों में, खगों में।
मैं पाती हूँ प्रथित - प्रभुता विश्व में व्याप्त की ही।।११०।।

प्यारी - सत्ता जगत - गत की नित्य लीला - मयी है।
स्नेहोपेता परम - मधुरा पूतता में पगी है।
ऊँची - न्यारी - सरल - सरसा ज्ञान - गर्भा मनोज्ञा।
पूज्या मान्या हृदय - तल की रंजिनी उज्वला है।।१११।।

मैंने की हैं कथन जितनी शास्त्र - विज्ञान बातें।
वे बातें हैं प्रकट करती ब्रह्म है विश्व - रूपी।
व्यापी है विश्व प्रियतम में विश्व में प्राणप्यारा।
यों ही मैंने जगत - पति को श्याम में है विलोका।।११२।।

शास्त्रों में है लिखित प्रभु की भक्ति निष्काम जो है।
सो दिव्या है मनुज - तन की सर्व संसिद्धियों से।
मैं होती हूँ सुखित यह जो तत्वतः देखती हूँ।
प्यारे की औ परम - प्रभु की भक्तियाँ हैं अभिन्ना।।११३।।

## द्रुतविलम्बित छन्द

जगत - जीवन प्राण स्वरूप का।
निज पिता जननी गुरु आदि का।
स्व - प्रिय का प्रिय साधन भक्ति है।
वह अकाम महा - कमनीय है।।११४।।

श्रवण, कीर्त्तन, वन्दन, दासता।
स्मरण, आत्म - निवेदन, अर्चना।
सहित सख्य तथा पद - सेवना।
निगदिता नवधा प्रभु भक्ति है।।११५।।

## वशंस्थ छन्द

बना किसी की यक मूर्त्ति कल्पिता।
करे उसी पद - सेवनादि जो।
न तुल्य होगा वह बुद्धि दृष्टि से।
स्वयं उसीकी पद - अर्चनादि के।।११६।।

## मन्दाक्रान्ता छन्द

विश्वात्मा जो परम प्रभु है रूप तो हैं उसीके।
सारे प्राणी सरि गिरि लता वेलियाँ वृक्ष नाना।
रक्षा पूजा उचित उनका यत्न सम्मान सेवा।
भावोपेता परम प्रभु की भक्ति सर्वोत्तमा हैं।।११७।।

जी से सारा कथन सुनना आर्त्त - उत्पीड़ितों का।
रोगी प्राणी व्यथित जन का लोक - उन्नायकों का।
सच्छात्रों का श्रवण सुनना वाक्यसत्संगियों का।
मानी जाती श्रवण - अभिधा - भक्ति है सज्जनों में।।११८।।

सोये जागें, तम - पतित की दृष्टि में ज्योति आवे।
भूले आवें सु - पथ पर औ ज्ञान - उन्मेष होवे।
ऐसे गाना कथन करना दिव्य - न्यारे गुणों का।
है प्यारी भक्ति प्रभुवर की कीर्त्तनोपाधिवाली।।११९।।

विद्वानों के स्व - गुरु - जन के देश के प्रेमिकों के।
ज्ञानी दानी सु - चरित गुणी सर्व - तेजस्वियों के।
आत्मोत्सर्गी विवुध जन के देव सद्विग्रहों के।
आगे होना नमित प्रभु की भक्ति है वन्दनाख्या।।१२०।।

जो बातें हैं भव - हितकरी सर्व - भूतोपकारी।
जो चेष्टायें मलिन गिरती जातियाँ हैं उठाती।
हो सेवा में निरत उनके अर्थ उत्सर्ग होना।
विश्वात्मा-भक्ति भव-सुखदा दासता-संज्ञका है।।१२१।।

कंगालो को विवश विधवा औ अनाथाश्रितों की।
उद्विग्नों की सुरति करना औ उन्हें त्राण देना।
सत्कार्यों का पर - हृदय की पीर का ध्यान आना।
मानी जाती स्मरण - अभिधा भक्ति है भावुकों में।।१२२।।

## द्रुतविलम्बित छन्द

विपद - सिन्धु पड़े नर वृन्द के।
दुख - निवारण औ हित के लिये।
अरपना अपने तन प्राण को।
प्रथित आत्म - निवेदन भक्ति है।।१२३।।

## मन्दाक्रान्ता छन्द

संत्रस्तों को शरण मधुरा - शान्ति संतापितों को।
निर्बोधों को सु - मति विविधा औषधी पीड़ितों को।
पानी देना तृषित - जन को अन्न भूखे नरों को।
सर्वात्मा भक्ति अति रुचिरा अर्चना - संज्ञका है।।१२४।।

नाना प्राणी तरु गिरि लता आदि की बात ही क्या।
जो दूर्वा से द्यु - मणि तक है व्योम में या धरा में।
सद्भावों के सहित उनसे कार्य्य - प्रत्येक लेना।
सच्चा होना सुहृद उनका भक्ति है सख्य - नाम्नी।।१२५।।

## वसन्ततिलका छन्द

जो प्राणी - पुंज निज कर्म्म - निपीड़नो से।
नीचे समाज - वपु के पग सा पड़ा है।
देना उसे शरण मान प्रयत्न द्वारा।
है भक्ति लोक - पति की पद - सेवनाख्या।।१२६।।

## द्रुतविलम्बित छन्द

कह चुकी प्रिय - साधन ईश का।
कुँवर का प्रिय - साधन है यही।
इस लिये प्रिय की परमेश की।
परम - पावन - भक्ति अभिन्न है।।१२७।।

यह हुआ ममि - कांचन - योग है।
मिलन है यह स्वर्ण - सुगंध का।
यह सुयोग मिले बहु - पुण्य से।
अवनि में अति - भाग्यवती हुई।।१२८।।

## मन्दाक्रान्ता छन्द

जो इच्छा है परम - प्रिय की जो अनुज्ञा हुई है।
मैं प्राणों के अछत उसको भूल कैसे सकूँगी।
यों भी मेरे परम व्रत के तुल्य बातें यहीथीं।
हो जाऊँगी अधिक अब मैं दत्तचित्ता इन्हीं में।।१२९।।

मैं मानूँगी अधिक मुझमें मोह - मात्रा अभी है।
होती हूँ मैं प्रणय - रँग से रंजिता नित्य तो भी।
ऐसी हूँगी निरत अब मैं पूत - कार्य्यावली में।
मेरे जी में प्रणय जिससे पूर्णतः व्याप्त होवे।।१३०।।

मैंने प्राय: निकट प्रिय के बैठ, है भक्ति सीखीं।
जिज्ञासा से विविध उसका मर्म्म है जान पाया।
चेष्टा ऐसी सतत अपनी बुद्धि - द्वारा करूँगी।
भूलूँ - चूकूँ न इस व्रत की पूत - कार्य्यावली में।।१३१।।

जा के मेरी विनय इतनी नम्रता से सुनावें।
मेरे प्यारे कुँवर - वर को आप सौजन्य - द्वारा।
मैं ऐसी हूँ न निज - दुख से कष्टिता शोक - मग्ना।
हा ! जैसी हूँ व्यथित ब्रज के वासियों के दुखों से।।१३२।।

गोपी गोपों विकल ब्रज की बालिका बालकों को।
आ के पुष्पानुपम मुखड़ा प्राणप्यारे दिखावें।
बाधा कोई न यदि प्रिय के चारु - कर्त्तव्य में हो।
तो वे आ के जनक - जननी की दशा देख जावें।।१३३।।

मैं मानूँगी अधिक बढ़ता लोभ है लाभ ही से।
तो भी होगा सु - फल कितनी भ्रान्तियाँ दूर होंगी।
जो उत्कण्ठा - जनित दुखड़ दाहते हैं उरों को।
सद्वाक्यों से प्रबल उनका वेग भी शान्त होगा।।१३४।।

सत्कर्मी हैं परम - शुचि हैं आप ऊधो सुधी हैं।
अच्छा होगा सनय प्रभु से आप चाहें यही जो।
आज्ञा भूलूँ न प्रियतम की विश्व के काम आऊँ।
मेरा कौमार - व्रत भव में पूर्णता प्राप्त होवे।।१३५।।

## द्रुतविलम्बित छन्द

चुप हुई इतना कह मुग्ध हो।
ब्रज - विभूति - विभूषण राधिका।
चरण की रज ले हरिबंधु भी।
परम - शान्ति - समेत बिदा हुए।।१३६।।

# सप्तदश सर्ग

## मन्दाक्रान्ता छन्द

ऊधो लौटे नगर मथुरा में कई मास बीते।
आये थे वे ब्रज - अवनि में दो दिनों के लिये ही।
आया कोई न फिर ब्रज में औ न गोपाल आये।
धीरे-धीरे निशि - दिन लगे बीतने व्यग्रता से।।१।।

बीते थोड़ा दिवस ब्रज में एक सम्वाद आया।
कन्याओं से निधन सुन के कंस का कृष्ण द्वारा।,
जाना ग्रामों पुर नगर को फूँकता भू - कँपाता।
सारी सेना सहित मथुरा है जरासन्ध आता।।२।।

ए बातें ज्यों ब्रज - अवनि में हो गई व्यापमाना।
सारे प्राणी अति व्यथित हो, हो गये शोक - मग्न।
क्या होवेगा परम - प्रिय की आपदा क्यों टलेगी।
ऐसी होने प्रति - पल लगीं तर्कनायें उरों में।।३।।

जो होती थी गगन - तल में उत्थिता धूलि यों ही।
तो आशंका विवश बनते लोग थे बावले से।
जो टापें हो ध्वनित उठतीं घोटकों की कहीं भी।
तो होता था हृदय शतधा गोप - गोपांगना का।।४।।

धीरे - धीरे दुख - दिवस त्रास के साथ बीते।
लोगों द्वारा यह शुभ समाचार आया गृहों में।
सारी सेना निहत अरि की हो गई श्याम - हाथों।
प्राणों को ले मगध - पति हो भूरि उद्विग्न भागा।।५।।

बारी - बारी ब्रज - अवनि को कम्पमाना बना के।
बातें धावा - मगध - पति की सत्तरा - बार फैलीं।
आया सम्वाद ब्रज - महि में बार अट्ठारहीं जो।
टूटी आशा अखिल उससे नन्द - गोपादिकों की।।६।।

हा ! हाथों से पकड़ अबकी बार ऊबा - कलेजा।
रोते - धोते यह दुखमयी बात जानी सबों ने।
उत्पादों से मगध - नृप के श्याम ने व्यग्र हो के।
त्यागा प्यारा - नगर मथुरा जा बसे द्वारिका में।।७।।

ज्यों होता है शरद ऋतु के बीतने से हताश।
स्वाती - सेवी अतिशय तृषावान प्रेमी पपीहा।
वैसे ही श्री कुँवर - वर के द्वारिका में पधारे।
छाई सारी ब्रज - अवनि में सर्वदेशी निराशा।।८।।

प्राणी आशा - कमल - पग को है नहीं त्याग पाता।
सो वीची सी लसित रहती जीवनांभोधि में है।
व्यापी भू के उर - तिमिर सी है जहाँ पै निराशा।
हैं आशा की मलिन किरणें ज्योति देती वहाँ भी।।९।।

आशा त्यागी न ब्रज - महि ने हो निराशामयी भी।
लाखों आँखें पथ कुँवर का आज भी देखती थीं।
मात्रायें थीं समधिक हुईं शोक दुःखादिकों की।
लोहू आता विकल - दृग में वारि के स्थान में था।।१०।।

कोई प्राणी कब तक भला खिन्न होता रहेगा।
ढालेगा अश्रु कब तक क्यों थाम टूटा - कलेजा।
जी को मारे नखत गिन के ऊब के दग्ध होके।
कोई होगा बिरत कब लौं विश्व - व्यापी - सुखों से।।११।।

न्यारी - आभा निलय - किरणें सूर्य्य की औ शशी की।
ताराओं से खचित नभ की नीलिमा मेघ - माला।
पेड़ों की औ ललित - लतिका - वेलियों की छटायें।
कान्ता - क्रीड़ा सरित सर औ निर्झरों के जलों की।।१२।।

मीठी - तानें मधुर - लहरें गान - वाद्यादिकों की।
प्यारी बोली विहग - कुल की बालकों की कलायें।
सारी - शोभा रुचिर - ऋतु की पर्व की उत्सवों की।
वैचित्र्यों से बलित धरती विश्व की सम्पदायें।।१३।।

संतप्तों का, प्रबल - दुख से दग्ध का, दृष्टि आना।
जो आँखों में कुटिल - जग का चित्र सा खींचते हैं।
आख्यानों के सहित सुखदा - सान्त्वना सज्जनों की।
संतानों की सहज ममता पेट - धन्धे सहस्रों।।१४।।

हैं प्राणी के हृदय - तल को फेरते मोह लेते।
धीरे - धीरे प्रबल - दुख का वेग भी हैं घटाते।
नाना भावों सहित अपनी व्यापिनी मुग्धता से।
वे हैं प्रायः व्यथित - उर की वेदनायें हटाते।।१५।।

गोपी- गोपों जनक - जननी बालिका - बालकों के।
चित्तोन्मादी प्रबल - दुख का वेग भी काल पा सके।
धीरे - धीरे बहुत बदला हो गया न्यून प्रायः।
तो भी व्यापी हृदय - तल में श्यामली मूर्ति ही थी।।१६।।

वे गाते तो मधुर - स्वर से श्याम की कीर्ति गाते।
प्रायः चर्चा समय चलती बात थी श्याम ही की।
मानी जाती सुतिथि वह थीं पर्व औ उत्सवों की।
थीं लीलायें ललित जिनमें राधिका - कान्त ने की।।१७।।

खो देने में विरह - जनिता वेदना किल्विषों के।
ला देने में व्यथित - उर में शान्ति भावानुकूल।
आशा दग्धा जनक - जननी चित्त के बोधने में।
की थी चेष्टा अधिक परमा - प्रेमिका राधिका ने।।१८।।

चिन्ता - ग्रस्ता विरह - विधुरा भावना में निमग्ना।
जो थीं कौमार - व्रत - निरता बालिकायें अनेकों।
वे होती थीं बहु - उपकृता नित्य श्री राधिका से।
घंटों आ के पग - कमल के पास वे बैठती यों।।१९।।

जो छा जाती गगन - तल के अंक में मेघ - माला
जो केकी हो नंटित करता केकिनी साथ क्रीड़ा।
प्रायः उत्कण्ठ बन रटता पी कहाँ जो पपीहा।
तो उन्मत्ता - सदृश बन के बालिकायें अनेकों।।२०।।

ये बातें थीं स - जल - घन को खिन्न हो हो सुनाती।
क्यों तू हो के परम - प्रिय सा वेदना है बढ़ाता।
तेरी संज्ञा सलिल - धर है और पर्जन्य भी है।
ठंढा मेरे हृदय - तल को क्यों नहीं तू बनाता।।२१।।

तू केकी को स्व - छवि दिखला है महा मोद देता।
वैसा ही क्यों मुदित मुझसे हे पपीहा न होता।
क्यों है मेरा हृदय दुखता श्यामता देख तेरी।
क्यों ए तेरी त्रिविध मुझको मूर्त्तियाँ दीखती हैं।।२२।।

ऐसी ठौरों पहुँच बुधा राधिका कौशलों से।
ए बातें थीं पुलक कहतीं जन्मना - बालिका से।
देखो प्यारी भगिनि भव को प्यार की दृष्टियों से।
जो थोड़ी भी हृदय - तल में शान्ति की कामना है।।२३।।

ला देता है जलद दृग में श्याम की मंजु - शोभा।
पक्षाभा से मुकुट - सुषमा है कलापी दिखाता।
पी का सच्चा प्रणय उर् में आँकता है पपीहा।
ए बातें हैं सुखद इनमें भाव क्या है व्यथा का।।२४।।

होती राका विमल - विधु से बालिका जो विपन्ना।
तो श्री राधा मधुर - स्वर से यों उसे थीं सुनाती।
तेरा होना विकल सुभगे बुद्धिमत्ता नहीं है।
क्या प्यारे की बदन - छवि तू इन्दु में है न पाती।। २५।।

## मालिनी

जब कुसुमित होतीं वेलियाँ औ लतायें।
जब ऋतुपति आता आम की मंजरी ले।
जब रसमय होती मेदिनी हो मनोज्ञा।
जब मनसिज लाता मत्तता मानसों में।।२६।।

जब मलय - प्रसूता - वायु आतीं सु - सिक्ता।
जब तरु कलिका औ कोंपलों से लुभाता।
जब मधुकर - माला गूँजती कुंज में थी।
जब पुलकित हो हो कूकतीं कोकिलायें।।२७।।

तब ब्रज बनता था मूर्ति उद्विग्नता की।
प्रति - जन उर में थी वेदना वृद्धि पाती।
गृह, पथ, वन, कुंजों मध्य थीं दृष्टि आती।
बहु - विकल उनींदी, ऊबती, बालिकायें।।२८।।

इन विविध व्यथाओं मध्य डूबे दिनों में।
अति - सरल - स्वभावा सुन्दरी एक बाला।
निशि-दिन फिरती थी प्यार से सिक्त हो के।
गृह, पथ, बहु-बागों, कुंज-पुंजों, वनों में।।२९।।

वह सहृदयता से ले किसी मूर्छिता को।
निज अति उपयोगी अंक में यत्न-द्वारा।
मुख पर उसके थी डालती वारि-छींटे।
वर-व्यंजन डुलाती थी कभी तन्मयी हो।।३०।।

कुबलय-दल बीछे पुष्प और पल्लवों को।
निज-कलित-करों से थी धरा में बिछाती।
उस पर यक तप्ता बालिका को सुला के।
वह निज कर से थी लेप ठंढे लगाती।।३१।।

यदि अति अकुलाती जन्मना-बालिका को।
वह कह मृदु - बातें बोधती कुंज में जा।
वन-वन बिलखती तो किसी बावली का।
वह ढिग रह छाया-तुल्य संताप खोती।।३२।।

यक थल अवनी में लोटती वंचिता का।
तन रज यदि छाती से लगा पोंछती थी।
अपर थल उनींदी मोह-मग्ना किसीको।
वह शिर सहला के गोद में थी सुलाती।।३३।।

सुन कर उसमें की आह रोमांचकारी।
वह प्रति-गृह में थी शीघ्र से शीघ्र जाती।
फिर मृदु - वचनों से मोहनी - उक्तियों से।
वह प्रबल - व्यथा का वेग भी थी घटाती।।३४।।

गिन - गिन नभ - तारे ऊब आँसू बहा के।
यदि निज-निशि होती कश्चिदार्त्ता बिताती।
वह ढिग उसके भी रात्रि में ही सिधाती।
निज अनुपम राधा - नाम की सार्थकता से।। ३५।।

## मन्दाक्रान्ता छन्द

राधा जाती प्रति - दिवस थी पास नन्दांगना के।
नाना बातें कथन कर के थीं उन्हें बोध देती।
जो वे होतीं परम - व्यथिता मूर्छिता या विपन्ना।
तो वे आठों पहर उनकी सेवना में बितातीं।।३६।।

घंटों ले के हरि - जननि को गोद में बैठती थीं।
वे थीं नाना जतन करतीं पा उन्हें शोक - मग्ना।
धीरे - धीरे चरण सहला औ मिटा चित्त - पीड़ा।
हाथों से थीं दृग-युगल के वारि को पोंछ देती।।३७।।

हो उद्विग्ना बिलख जब यों पूछती थीं यशोदा।
क्या आवेंगे न अब ब्रज में जीवनाधार मेरे।
तो वे धीरे मधुर - स्वर से हो विनीता बतातीं।
हाँ आवेंगे, व्यथित - ब्रज को श्याम कैसे तजेंगे।।३८।।

आता ऐसा कथन करते वारि राधा - दृगों में।
बूँदों - बूँदों टपक पड़ता गाल पै जो कभी था।
जो आँखों से सदुख उसको देख पातीं यशोदा।
तो धीरे यों कथन करतीं खिन्न हो तू न बेटी।। ३९।।

हो के राधा विनत कहतीं मैं नहीं हो रही हूँ।
आता मेरे दृग युग में नीर आनन्द का है।
जो होता है पुलक करके आप की चारु सेवा।
हो जाता है प्रकटित वही वारि द्वारा दृगों में।।४०।।

वे थीं प्रायः ब्रज - नृपति के पास उत्कण्ठ जातीं।
सेवायें थीं पुलक करतीं क्लान्तियाँ थीं मिटाती।
बातों ही में जग-विभव की तुच्छता थीं दिखाती।
जो वे होते विकल पढ़ के शास्त्र नाना सुनातीं।।४१।।

होती मारे मन यदि कहीं गोप की पंक्ति बैठी।
किम्वा होता विकल उनको गोप कोई दिखाता।
तो कार्य्यों में सविधि उनको यत्नतः वे लगातीं।
औ ए बातें कथन करतीं भूरि गंभीरता से।।४२।।

जी से जो आप सब करते प्यार प्राणेश को हैं।
तो पा भू में पुरुष - तन को, खिन्न हो के न बैठें।
उद्योगी हो परम रुचि से कीजिये कार्य्य ऐसे
जो प्यारे हैं परम प्रिय के विश्व के प्रेमिकों के।।४३।।

जो वे होता मलिन लखतीं गोप के बालकों को।
देतीं पुष्पों रचित उनको मुग्धकारी खिलौने।
दे शिक्षायें विविध उनसे कृष्ण - लीला करातीं।
घंटों बैठी परम - रुचि से देखतीं तद्गता हो।।४४।।

पाई जातीं दुखित जितनी अन्य गोपांगनायें।
राधा द्वारा सुखित वह भी थीं यथा रीति होती।
गा के लीला स्व प्रियतम की वेणु, वीणा बजा के।
प्यारी - बातें कथन कर के वे उन्हें बोध देतीं।।५४।।

संलग्ना हो विविध कितने सान्त्वना - कार्य्य में भी।
वे सेवा थीं सतत करती वृद्ध - रोगी जनों की।
दीनों, हीनों, निबल विधवा आदि को मानती थीं।
पूजी जाती ब्रज - अवनि में देवियों सी अतः थीं।।४६।।

खो देती थीं कलह - जनिता आधि के दुर्गुणों को।
धो देती थीं मलिन - मन की व्यापिनी कालिमायें।
बो देती थीं हृदय - तल में बीज भावज्ञता का।
वे थीं चिन्ता-विजित - गृह में शान्ति - धारा बहाती।।४७।।

आटा चींटी विहग गण थे वारि औ अन्न पाते।
देखी जाती सदय उनकी दृष्टि कीटादि में भी।
पत्तों को भी न तरु - वर के वे वृथा तोड़ती थीं।
जी से वे थीं निरत रहती भूत - सम्बर्द्धना में।।४८।।

वे छाया थीं सु - जन शिर की शासिका थीं खलों की।
कंगालों की परम निधि थीं औषधी पीड़ितों की।
दीनों की थी बहिन, जननी थीं अनाथाश्रितों की।
आराध्या थीं ब्रज-अवनि की प्रेमिका विश्व की थीं।। ४९।।

जैसा व्यापी विरह - दुख था गोप गोपांगना का।
वैसी ही थीं सदय - हृदया स्नेह की मूर्त्ति राधा।
जैसी मोहावरित ब्रज में तामसी - रात आई।
वैसे ही वे लसित उसमें कौमुदी के समा थीं।।५०।।

जो थीं कौमार - व्रत - निरता बालिकायें अनेकों।
वे भी पा के समय ब्रज में शान्ति विस्तारती थीं।
श्री राधा के हृदय - बल से दिव्य शिक्षा गुणों से।
वे भी छाया - सदृश उनकी वस्तुतः हो गई थीं।। ५१।।

तो भी आई न वह घटिका औ न वे वार आये।
वैसी सच्ची सुखद ब्रज में वायु भी आ न डोली।
वैसे छाये न घन रस की सोत सी जो बहाते।
वैसे उन्माद - कर - स्वर से कोकिला भी न बोली।। ५२।।

जीते भूले न ब्रज - महि के नित्य उत्कण्ठ प्राणी।
जी से प्यारे जलद - तन को, केलि - क्रीड़ादिकों को।
पीछे छायाविरह - दुख की वंशजों - बीच व्यापी।
सच्ची यों है ब्रज - अवनी में आज भी अंकिता है।। ५३।।

सच्चे स्नेही अवनिजन के देश के श्याम जैसे।
राधा जैसी सदय - हृदया विश्व प्रेमानुरक्ता।
हे विश्वात्मा! भरत - भुव के अंक में और आवें।
ऐसी व्यापी विरह - घटना किन्तु कोई न होवे।। ५४।।

-------------

# काग भगोड़ा

हरिशंकर परसाई

वाणी प्रकाशन

**वाणी प्रकाशन**

*4695, 21-ए, दरियागंज, नयी दिल्ली 110 002*

फ़ोन : +91 11 23273167 फ़ैक्स : +91 11 23275710

**शाखाएँ**

*अशोक राजपथ, पटना 800 004, बिहार*

*कॉफ़ी हाउस कैम्पस, महात्मा गांधी मार्ग, इलाहाबाद 211 001, उत्तर प्रदेश*

*महात्मा गांधी अन्तरराष्ट्रीय हिन्दी विश्वविद्यालय, वर्धा 442 001, महाराष्ट्र*

www.vaniprakashan.com
marketing@vaniprakashan.in
sales@vaniprakashan.in

Kaag Bhagoda
*by* Harishankar Parsai

ISBN : 978-93-5000-141-7
Satire



संस्करण 2003, 2016
तृतीय संस्करण 2023

मूल्य : ₹ 200



*सिटी प्रेस, दिल्ली-110 095 में मुद्रित*

*वाणी प्रकाशन का लोगो मक़बूल फ़िदा हुसेन की कूची से*

# सन्दर्भ परसाई का स्वरूप व्यंग्य का

हरिशंकर परसाई ने पिछले तीस वर्षों में सामान्य-जन को प्रगतिशील जीवन-मूल्यों के प्रति सचेत एवं समाज-राजनीति में भिदे हुए पाखण्ड को उद्‌घाटित करने का जितना कार्य किया है, प्रेमचन्द के बाद उतना हिंदी के किसी लेखक ने नहीं किया। हम कह सकते हैं कि प्रेमचन्द की परम्परा को बढ़ाने वाले जो साहित्यकार स्वतन्त्र भारत में साहित्य रचना कर रहे हैं, उनमें हरि-शंकर परसाई सबसे आगे हैं। हमारी शताब्दी के दूसरे, तीसरे और चौथे के; लगभग आधे दशक के प्रतिनिधि जन-लेखक यदि प्रेमचन्द हैं, तो छठवें और सातवें दशक के हरिशंकार परसाई। साहित्य के माध्यम से सामान्य जनता को सामाजिक और राजनीतिक समझदारी देने और सड़ी-गली जीवन-व्यवस्था को नष्ट कर, एक नई समाज-रचना का संकल्प कर, हिन्दी में जिन लेखकों ने साहित्य का निर्माण किया है उनमें परसाई का नाम काफी आगे की कतार में है। प्रेमचन्द ने हमारी सम्वेदना का जितना विस्तार किया उतना विस्तार बहुत कम लेखक कर पाते हैं। परसाई ने सामाजिक और राज-

नीतिक यथार्थ की जितनी समझ और तमीज़ पैदा की उतनी हमारे युग में कोई और लेखक नहीं कर सका है।

परसाई एक खतरनाक लेखक हैं, खतरनाक इस अर्थ में कि उन्हें पढ़कर हम ठीक वैसे ही नहीं रह जाते जैसे उनको पढ़ने के लिए होते हैं। वे पिछले तीस वर्षों के हमारे राजनीतिक-सांस्कृतिक जीवन के यथार्थ के इतिहासकार हैं। स्वतन्त्रता के बाद के हमारे जीवन-मूल्यों के विघटन का इतिहास जब भी लिखा जायेगा तो परसाई का साहित्य सन्दर्भ-सामग्री का काम करेगा। उन्होंने अपने लिए व्यंग्य की विधा चुनी, क्योंकि वे जानते हैं कि समसामयिक जीवन की व्याख्या, उसका विश्लेषण और उसकी भर्त्सना एवं विडम्बना के लिए व्यंग्य से बड़ा कारगर हथियार और दूसरा नहीं हो सकता।

व्यंग्य की सबसे बड़ी विशेषता उसकी तात्कालिकता और सन्दर्भों से उसका लगाव है। जो आलोचक शाश्वत साहित्य की बात करते हैं उनकी दृष्टि में व्यंग्य पत्रकारिता के दर्जे की वस्तु मान लिया गया है। और उन्हें लगता है कि साहित्यकार व्यंग्य का उपयोग चटखारेबाजी के लिए भले ही कर ले, किसी गम्भीर लक्ष्य के लिए उसका उपयोग नहीं किया जा सकता है। ऐसे विचारकों ने साहित्य के लिए जो आदर्श स्वीकृत कर रखे हैं, व्यंग्य उनकी धज्जियाँ उड़ाता है। इसलिए यह आश्चर्य की बात नहीं कि व्यंग्य लेखक ऐसे मर्यादावादियों की दृष्टि में हल्का लेखक, सड़कछाप लेखक या फनी लेखक होता है। व्यंग्य को साहित्य की 'शेड्यूल्ड कास्ट' विधा मान लिया गया है, पर कबीर को भी इन

मर्यादावादी विचारकों ने कवि मानने से परहेज़ करना चाहा था।

वास्तव में व्यंग्य का मूल एवं प्राथमिक स्वर प्रतिष्ठान-विरोधी होता है। सत्ता में रहने वालों को व्यंग्य कभी प्रीतिकर नहीं होता, वे कभी उसका स्वागत नहीं करते। व्यंग्य या तो व्यक्ति का या उन विचारों और परम्पराओं का जिन पर संस्थाएँ, सत्ताएँ या प्रतिष्ठान आधारित होते हैं, ध्वंस करता है। समाज में फैली हुई विषमता, राजनीति में व्याप्त ढकोसला, नैतिक मूल्यों का मिथ्याचार – ये सब-के-सब व्यंग्य का कच्चा माल हैं। मध्यकाल में जीवन की सारी कदर्थताओं का उत्स धर्म था, आज वह राजनीति में है। इसलिए मध्यकाल में कबीर को धर्म के आडम्बर के विरुद्ध लुकाठी चलानी पड़ी थी और आज के व्यंग्यकार को राजनीति के दुरंगेपन के विरुद्ध कटिबद्ध होना पड़ता है। मध्यकाल के कवियों ने मुख्य रूप से धार्मिक रूढ़ियों और नैतिक मूल्यों में व्याप्त दुरंगेपन पर चोट की थी। धर्म मध्ययुग का सबसे बड़ा मूल्य था। जीवन के सारे कार्यों का प्रस्थान और गन्तव्य धर्म और धार्मिक कर्मकाण्ड था। आज जीवन की सारी महत्त्वपूर्ण बातों का प्रारम्भ और अन्त राजनीति है। वास्तव में मध्ययुगीन धर्म और समसामयिक राजनीति में कोई स्तरगत अन्तर नहीं है। जैसा कि कहा जाता है—राजनीति कुछ देर तक चलने वाला धर्म है और धर्म बहुत देर तक चलने वाली राजनीति है। वर्तमान राजनीति के चलते हमारे प्रजातान्त्रिक ढाँचे में धीरे-धीरे ऐसा दिखावा और नैतिक छल समा गया है कि ईमानदार आदमी को निरन्तर

बड़ी बेचैनी का सामना करना पड़ता है और ईमानदारी बेवकूफी का पर्याय मानी जाती है। आज हमारे देश में जो० यंग्यकार इस विडम्बना का द्घाटन कर रहे हैं, उनका र ाहित्य अपने मूल स्वरूप मैं क्रोधजन्य न होकर करुणाजन्य है। एक गम्भीर मानवीय करुणा इन व्यंग्यकारों को उस सबको हिलाने, गिराने और तोड़ने के लिए बाध्य करती है जो हमें सांस्कृतिक रूप से खँडहर का निवासी बनाये हुए हैं। एक विशाल मलबे के मालिक के रूप में हम बहुत दिन जी चुके, अब हमें खुली हवा चाहिये। व्यंग्यकार अपने व्यंग्य द्वारा जीवन के सील न-भरे बदबूदार कमरे में खुली हवा का एक झोंका भरने का उद्देश्य लेकर चलता है। मुक्तिबोध ने जब यह लिखा कि—

'जो है उससे बेहतर चाहिये, पूरी दुनिया साफ करने के लिए मेहतर चाहिये।' तो वे व्यंग्यकार के महान् जीवनोद्देश्य की ही चर्चा कर रहे थे।

मध्य युग में सन्तों ने समझ लिया था कि समाज को, संसार को बेहतर बनाने के लिए हमें सबसे पहले मन्दिर और मसजिद की सफाई करनी होगी, क्योंकि उस युग में गन्दगी का परनाला मन्दिरों और मसजिदों से फूटता था। 'काबा' और 'काशी' 'मुल्ला' और 'पण्डित', 'रमजान' और 'एकादशी' समाज में विद्वेष और घृणा फैलाने वाली शक्तियाँ थीं। इसलिए कवीर और उनके साथी अन्य सन्तों ने अपनी समस्त शक्ति समाज-विरोधी षड्यन्त्रों को चकनाचूर करने में लगाई। आज का व्यंग्यकार जानता है कि आज के युग में समाज की शक्तियों को नियन्त्रित करने वाली बागडोर राजनीति

के पास है। अब समाज को गन्दा करने वाला परनाला विधायक विश्राम-गृहों, संसद-सभाओं और मन्त्रियों की कोठियों से फूटता है। इसलिए आज हरिशंकर परसाई या शरद् जोशी या श्रोलाल शुक्ल बार-बार राजनीति के प्रतिष्ठान और उसके निहित तत्त्वों पर वार करने के लिए बाध्य होता हैं।

व्यंग्यकार के रूप में लेखक अपना उत्तरदायित्व मानता है कि वह उन सब पर चोट करे, जिन्हें वह गलत या बुरा मानता है। यहाँ यह जिज्ञासा की जा सकती है कि चोट का लक्ष्य, उसकी परिधि और उसका प्रभाव क्या है? क्या व्यंग्यकार उन नैतिक भ्रष्टताओं अथवा रूढ़ियों को सुधारने में सफल हो जाता है, जिस पर वह व्यंग्य की लाठियाँ बरसाता है? पण्डित या पादरी जब धर्मोपदेश देता है तो क्या वह कुमार्गगामियों को सन्मार्ग पर लाने में सफल हो जाता है? अथवा उसके प्रवचन का फल केवल इतना ही होता है कि जो सद्-मार्ग पर चल रहे हैं वे उससे विचलित न होने पायें। पण्डित, पादरी या मुल्ला बुरे लोगों को सदैव अच्छा नहीं बना पाते। हाँ, वे अच्छे लोगों को अच्छे बने रहने में मदद अवश्य करते हैं। धर्मोपदेश या प्रवचन यदि इतना ही करते हैं तो कुछ कम नहीं करते। व्यंग्यकार भी भ्रष्ट, अनैतिक, मिथ्यावादी और पाखण्डी को बदल न पाये तो भी उसे निराशा अथवा दुखी होने की आवश्यकता नहीं है। वह उन लोगों को अपना नैतिक समर्थन देता है जो ईमानदार, नैतिक और रूढ़िविरोधी हैं। आज के व्यंग्यकार जिस प्रकार के राजनीतिक और सामाजिक व्यंग्य लिखते हैं, उनका लक्ष्य विरोधियों अथवा

शत्रुओं का पक्ष-परिवर्तन उतना नहीं जितना अपने हमदम और अपने दोस्तों की हौसला अफजाई है। न्याय के पक्ष-समर्थन के लिए व्यंग्यकार प्रतिष्ठान विरोधी होता है और शत्रुओं को नीचा दिखाने के लिए कभी उसे अँगूठा बताना पड़ता है और कभो जीभ चिढ़ानी पड़ती है। युद्ध में विजय प्राप्त करने के लिए अपनी सेना को मजबूत करना जितना आवश्यक होता है उतना ही शत्रु को 'डिमारलाइज' करना भी।

व्यंग्य का एक लाभ यह होता है कि पाठक यह जानने में समर्थ होता है कि उसे राजनीतिक और सांस्कृतिक मूल्यों में किसकी पक्षधरता करनी चाहिये। आज के हिन्दी-व्यंग्यकार ने सामान्य पाठक को अपने परिवेश के प्रति जागरूक बनाने का जितना काम किया है, उतना किसी अन्य विधा के लेखक ने नहीं। जो पाठक न तो इस तरफ के हैं और न उस तरफ के—उनके लिए व्यंग्य-रचनाओं को पढ़कर अपना पक्ष चुनना आसान हो जाता है। यह पक्ष आडम्बर-विरोधी और नैतिकता-समर्थक होता है। सामान्य, अप्रतिबद्ध, अजागरूक या अर्ध-जागरूक पाठक व्यंग्य-रचनाओं के माध्यम से चौकन्ना होता है। उसके मन में यह सात्त्विक भय उदित होता है कि यदि उसने भ्रष्टाचार में भाग लिया या उसका समर्थन किया तो वह भी व्यंग्य का शिकार होगा। वह सावधान होकर व्यंग्य-रचनाओं में समर्थित या व्यंजित मूल्यों की पाली में आ जाता है। व्यंग्य की यह शक्ति अपने आपमें स्वस्थ और जागरूक समाज के निर्माण में बड़ा मूल्यवान योग देती है।

व्यंग्य को हलकी साहित्य विधा या भाव-प्रकार

मानने वाले प्रायः यह कहते हुए पाये जाते हैं कि व्यंग्य सदैव जीवन और मूल्यों के अभावग्रस्त पक्षों की ओर देखता है, उसकी दृष्टि सदैव छीछड़ों पर रहती है, वह खँडहारों में जितने प्रसन्न भाव से घूमता है उतना उपवनों में नहीं; वह छिद्रान्वेषी होता है, उसे सुन्दर मुखड़े आकर्षित नहीं करते, कुरूप चेहरों पर लगे हुए सुन्दर मुखौटे उसे ज्यादा आमन्त्रक प्रतीत होते हैं। वास्तव में इस आरोप का उत्तर देने के लिए एक नई जिज्ञासा प्रस्तुत करना ज्यादा उपयोगी और महत्त्वपूर्ण जान पड़ता है। पुलिस वाले चोरों, उचक्कों, डाकुओं, गिरहकटों और ज़िना-उल-जब्र करने वालों के पीछे ही हाथ धोकर क्यों पड़े रहते हैं या क्या कारण है कि डा० स्वस्थ व्यक्ति को देखता तक नहीं, उसके लिए बीमार व्यक्ति ही काम का आदमी सिद्ध होता है। कभी किसी ने सेना को 'चिल्ड्न पार्क' के आसपास गश्त लगाते देखा है ? म्युनिस्पेल्टो की कचरा ढोने वाली गाड़ी मोरियों और गलियों के आस-पास ही ज्यादा चक्कर लगाती है। व्यंग्यकार एक अप्रिय, किन्तु उपयोगी कर्तव्य करता है। कानून और न्यायाधीश सज्जनों के लिए नहीं होते, उनका काम दुष्टों को दण्डित करने का होता है। वे सज्जनों को दुष्मार्ग पर चलने से निरुत्साहित भी करते हैं। हमारे कानून में चाहे वह अदालतों का हो, चाहे धर्म का, चाहे समाज का हो, चाहे राजनीति का, कई ऐसी दरारें होती हैं जिनमें से चुस्त और चालाक आदमी निकल जाता है। वह उन कानूनों को तोड़ता तो है; किन्तु इस सफाई और चतुराई से कि कानून और आचार का पंजा उसे पकड़ नहीं पाता। अंग्रेजी के प्रसिद्ध लेखक

स्विफ्ट का विचार है कि ऐसी दरारों पर लोगों का ध्यान केन्द्रित करने के लिए व्यंग्य की आवश्यकता पड़ी होगी। जो समाज में अपनी प्रचलित प्रतिष्ठा का दुरुपयोग करते हैं या जो जनता की नेकनीयता और भोलेपन का शोषण करते हैं—संक्षेप में, जिनके जीवन के 'पब्लिक सेक्टर' और 'प्रायवेट सेक्टर' में असंगति और विरोध है—व्यंग्यकार उनकी खबर लेता है। जब पोप ने कहा था कि जब तक मैं जीवित हूँ तब तक कोई भी सम्पन्न अथवा उदात्त बदमाश सम्मानपूर्वक श्मशान भूमि नहीं जा सकता, तब वह व्यंग्यकार की उपयोगिता और महत्ता का प्रतिपादन कर रहे थे। जो कानून गीता, गंगाजल अथवा जनता की निगाहों से बच जाते हैं, उन्हें व्यंग्यकार अपने व्यंग्यदण्ड से आहत करता है। व्यंग्यकार जब व्यंग्य करता है तो वह उस किसान की तरह होता है जो सफल को नुकसान पहुँचाने वाले कौए को मारकर अपने खेत में उलटा टाँग देता है जिससे दूसरे कौए डरें और फसल का नुकसान न करें।

—कान्तिकुमार जैन

# क्रम

# काग भगोड़ा

# इन्टरव्यू मुफतलाल का होना डिप्टी कलेक्टर

पाठक भूले न होंगे कि मुफतलाल ने डिप्टी कलेक्टर के पद के लिए आवेदन किया था।

राज्य में शासकीय नौकरियों के लिए भरती दो स्थितियों में होती थी—तब, जब पद खाली हो और उन्हें भरने के लिए उम्मीदवारों की जरूरत हो, और तब, जब विशेष उम्मीदवार खाली हों और उन्हें भरने के लिए पदों की आवश्यकता हो। शासकीय सेवा संहिता के अनुच्छेद 2 की धारा 11, उपधारा 3 में 'विशेष उम्मीदवार' की परिभाषा यह दी गई थी—'ऐसा पदेच्छु नागरिक, जिसकी योग्यता अविशेष हो, पर सम्बन्ध विशेष हों—अर्थात् राज्य में किसी ऐसे व्यक्ति का वह कृपापात्र हो, जो स्वयं शासक हो या जिसका शासनकर्त्ताओं पर प्रभाव हो।'

जब पदों को आदमियों की, या आदमियों को पदों की आवश्यकता होती, तब सरकार 'आवश्यकता है' शीर्षक के अन्तर्गत आवेदन-पत्र मंगाने के लिए विज्ञप्ति प्रकाशित कराती। राज्य के अखबार केवल इस विज्ञप्ति के कारण खरीदे जाते थे। जिस अखबार में यह शीर्षक नहीं दिखता, उसे कोई नहीं खरीदता था। बिक्री बढ़ाने के लिए कुछ अखबार धोखा भी करते थे। एक अखबार ऊपर बड़े अक्षरों में छापता—'आवश्यकता है', और जब लोग इस शीर्षक से आकर्षित होकर अखबार खरीद लेते, तब नीचे यह लिखा हुआ मिलता—'नदी को पर्वत की, वृक्ष को भूमि की, गाय को घास की, बच्चे को माँ की, नंगे को कपड़े की, अंधे को आँख की, कुत्ते को पट्टे की, बैल को सींग की, मालिक को नौकर की, भगवान को भक्त की, गधे को चन्दन की, बन्दर को आभूषण की—आवश्यकता किसे नहीं है? अर्थात् सब को है।' यह धांधली देख कर दूसरे अखबार ने चेतावनी छापी—'नक्कालों से सावधान। हमारे पत्र की बिक्री देख-

कर कुछ पत्र 'आवश्यकता है' शीर्षक देकर निरर्थक बातें छाप कर भोली-भाली जनता को धोखा देते हैं। इन विज्ञप्तियों में नौकरी के लिए आवेदन करने की सूचना नहीं रहती। हम जनता को चेतावनी देते हैं कि असली विज्ञप्ति देखकर और पूरा मजमून पढ़कर ही अखबार खरीदें। नक्कालों से सावधान रहें।'

एक-एक पद के लिए कई हजार आवेदन-पत्र आते। इन्हें छाँटने में दो-तीन साल लग जाते। इसके बाद उम्मीदवारों की परीक्षा और इण्टरव्यू होती। नियम के अनुसार हर उम्मीदवार को हर तीन महीने में सूचित करना पड़ता था कि मैं अभी जीवित हूँ। जो सूचना नहीं देता, उसे मरा मानकर उसका नाम काट दिया जाता था। इससे चुनाव में सुविधा होती थी।

दो वर्ष बाद मुफतलाल को 'शासकीय सेवा विभाग' के कार्यालय से सचिव के एक पत्र की नकल, संचालक, सेवा विभाग के मार्फत, मिली। उस समय विभाग के सचिव श्रीमान् अस्पष्टजी थे। पत्र की नकल नीचे दी जा रही है—

कार्यालय, शासकीयँ सेवा विभाग

प्रति,

श्री मुफतलाल, बी० ए०

संदर्भ—डिप्टी कलेक्टरी के लिए आपका आवेदन-पत्र

आपको सूचित किया जाता है कि आवेदन-पत्र यथा समय इस कार्यालय में प्राप्त हो गया। 'शासकीय सेवा अधिनियम' की धारा 17 के अनुसार आप एक माह के भीतर इस कार्यालय को प्रमाण-पत्र सहित यह सूचित करें कि आप किसके 'आदमी' हैं, तथा वे किस श्रेणी में हैं।

सही—(अस्पष्ट)

सचिव।'

मुफतलाल ने एक सप्ताह के भीतर ही कार्यालय को सूचित कर दिया। उस पत्र की नकल नीचे दी जा रही है—

'सेवा में,

श्रीमान् अस्पष्ट साहब,

सचिव,

शासकीय सेवा विभाग।

महाशय,

मुझे सूचित करते गर्व होता है कि मैं कुंअर अस्तभान का 'आदमी' हूँ। मैं उनके परिवार के सदस्य जैसा हूँ। अपने सम्बन्ध के प्रमाण हेतु मैं एक फोटोग्रुप की नकल भेज़ रहा हूँ जिसमें मैं उनके साथ खड़ा हूँ।

विनम्र,

मुफतलाल।'

स्पष्ट है कि हर उम्मीदवार किसी 'बड़े' का 'आदमी' होने की कोशिश करता था। इन 'बड़ों' की तीन श्रेणियाँ होती थीं। राजपरिवार के सदस्य, मन्त्री और उपमन्त्री 'क' श्रेणी में आते थे; विधानमंडल के सदस्य और विभागीय सचिव 'ख' श्रेणी में होते थे और इन्हें प्रभावित कर सकने वाले 'ग' श्रेणी में। यह श्रेणी-विभाजन पद के अनुसार ही नहीं, प्रभाव के अनुसार भी होता था। मुख्य आमात्य का निजी डॉक्टर ससम्मान 'अ' श्रेणी में रखा गया था। उसके प्रभाव का कारण स्पष्ट है।

कार्यालय में सूचनाएँ आ जाने पर बड़े आदमी की श्रेणी के अनुसार उम्मीदवारों का वर्गीकरण हो जाता। इसके बाद एक फार्म की उपादेयता स्पष्ट करने के लिए मुफतलाल से सम्बन्धित जानकारी अगले पृष्ठ पर दी जाती है—

उम्मीदवारों के इंटरव्यू और चुनाव के लिए पाँच अफसरों का एक आयोग बैठता था। आयोग के सदस्यों के पास फार्म 'ख' पहले ही भेज दिया जाता था और वे दो प्रकार के प्रश्न तैयार कर लेते थे—जिसे लेना है, उसके लिए एक प्रकार के प्रश्न और जिसे नहीं लेना, उसके लिए दूसरे प्रकार के।

इंटरव्यू का दिन निश्चित हो गया। मुफतलाल को कार्यालय से सूचना मिल गई।

## शासकीय सेवा विभाग

### फार्म—ख

| नाम | योग्यता | उम्र | किसका आदमी ? | श्रेणी | सम्बन्ध | भेंट आदि का विवरण | लेना या नहीं | विशेष |
|---|---|---|---|---|---|---|---|---|
| मुफतलाल | बी० ए० | 28 वर्ष | कुंअर अस्तभान का | क | मित्र | कुछ नहीं | लेना | — |

जैसा कि फार्म 'ख' से स्पष्ट होगा, जो किसी का 'आदमी' नहीं होता था, उसकी नियुक्ति की कोई सम्भावना नहीं होती थी। ऐसों को इंटरव्यू के लिए भी नहीं बुलाया जाता था। इनमें जो असाधारण योग्यता वाला होता, उसे न्याय के प्रदर्शन के हेतु इंटरव्यू के लिए बुला तो लिया जाता, पर वहाँ वह अयोग्य सिद्ध कर दिया जाता था।

एक विशाल इमारत के एक सजे कमरे में आयोग बैठा है। बाहर बरामदे में सैंकड़ों उम्मीदवार इकट्ठे हैं, कुछ खड़े हैं, कुछ टहल रहे हैं और कुछ थककर बैठ गये हैं। हर उम्मीदवार यथासम्भव सजकर आया है। कुछ को देखकर ऐसा लगता है कि वे सशरीर लांडरी से निकल अभी आ रहे हैं। कुछ ऐसे भड़कीले कपड़े पहने हैं मानो नाटक कम्पनी में काम करने के लिए आये हों। कुछ बिलकुल नया सूट पहने हैं; कुछ पुराना पर धुला। और माँगे के कपड़े तो अलग ही दीख रहे हैं। कुछ पेंट पहन कर भी धोती की चाल चलते हैं और कुछ के पेंट के भीतर तो धोती क आभास होता है। उम्मीदवारों के हाथ में डिग्रियाँ और सिफारिशी पत्र के पुलिन्दे हैं। कुछ उम्मीदवार फ्रेम में मढ़ी डिग्री ही दीवार से निका लाये हैं।

पसीना बह रहा है। उम्मीदवार बरामदे के छोर पर जाकर रूमा निचोड़ आता है और फिर पसीना पोंछने लगता है।

मुफतलाल बिल्कुल आश्वस्त था। उसके सामने एक बड़ा तेज औ रोबदार युवक पड़ा। वह बहुत सुन्दर, सुसंस्कृत और प्रतिभावान् लगत था। मुफतलाल ने पूछा—'आपके क्या क्वालिफिकेशन्स (योग्यताएँ हैं ?'

उसने उत्तर दिया, 'एम० ए० फर्स्ट क्लास, एल-एल० बी० फस क्लास।'

मुफतलाल जरा भी प्रभावित नहीं हुआ। उसने काम की बात पूछी 'आप किसके आदमी हैं ?'

इस प्रश्न से युवक चौंका। उसके चेहरे पर रोष का भाव आया उसने कहा, 'मैं क्यों किसी का आदमी होने चला ? यह तो पशुओं होता है कि 'फलाँ का बैल' और 'अमुक का कुत्ता।' मैं क्या जानवर हू कि किसी मालिक का पट्टा गले में डाले फिरूँ ?'

मुफतलाल पर इन तीखी बातों का भी कोई असर नहीं हुआ। उसे उस अभागे युवक पर दया आई।

उस युवक ने पूछा, 'और आप किसके आदमी हैं ?'

मुफतलाल ने गर्व से उत्तर दिया, 'कुंवर अस्तशान का।'

'और आपकी योग्यता ?'

'और योग्यता किसे कहते हैं ?' मुफतलाल ने तुनककर जवाब दिया।

युवक मुस्कुराया। मुफतलाल को पहली बार बुरा लगा। उसे लगा, जैसे उसका फर्स्ट क्लास मेरे थर्ड क्लास के पीछे हँसी उड़ाता, आवाजें कसता भाग रहा है। उसने जहरीली आवाज में कहा, 'डिप्टी कलेक्टर मैं ही बनूंगा, तुम नहीं बन सकते। कभी तुम भूखे मरने लगो और अपनी प्रतिभा को खा न सको, तो मेरे पास आना। मैं तुम्हें अपने दफ्तर में क्लर्क बना लूंगा।'

युवक कुछ जवाब देना चाहता था कि इसी समय उसका नाम पुकारा गया और वह रूमाल मुंह पर फेरकर भीतर चला गया।

भीतर पांच सयाने बैठे थे। वे उम्मीदवारों के इंटरव्यू लेते थे, उनसे प्रश्न पूछने थे और योग्य उम्मीदवारों का चुनाव करते थे।

एक सयाने ने उस युवक से नाम पूछा। नाम सुनकर उन सबने फार्म 'ख' देखा। उसमें लिखा था—'किसी का आदमी नहीं।'

सयाने उससे प्रश्न पूछने लगे।

एक ने पूछा, 'वेदांत की माया और सांख्य की प्रकृति में क्या भेद है ?'

उम्मीदवार ने दर्शन का इतना अध्ययन नहीं किया था। वह नहीं जानता था कि डिप्टी कलेक्टरी के लिये दार्शनिक की आवश्यकता है। फिर भी वह सोचकर उत्तर देने का प्रयत्न करने लगा।

सयानों के मुखिया ने मुंह बनाकर कहा, 'कितनी देर लगाते हो ! डल ! वेरी डल !'

दूसरे सयाने ने प्रश्न किया, 'कान्ट ने विशुद्ध तर्क की क्या प्रवृत्ति प्रतिपादित की है ?'

उम्मीदवार फिर चकरा गया। उसने दर्शन नहीं पढ़ा था। वह मुंह देखने लगा। उसे पसीना आने लगा।

सयाना बोला, 'इसे तो कुछ भी नहीं आता। बिल्कुल 'डल' है।'

मुखिया ने अन्त दो सयानों से पूछा, 'आप लोगों को कुछ पूछना है ?'

वे बोले, 'अब क्या पूछना है ? देख तो लिया !'

इंटरव्यू समाप्त हो गई। वह मुंह लटकाकर बाहर निकला। मुफतलाल उसे देखकर बकरे की बोली बोला।

मुफतलाल की पुकार हुई, वह सयानों के सामने जाकर खड़ा हो गया।

नाम पूछकर सयानों ने फार्म 'ख' देखा। लिखा था, 'कुंअर अस्त-भान का आदमी।'

सयाने वात्सल्य से उसकी ओर देखने लगे। मुखिया ने बड़े प्रेम से कहा, 'खड़े क्यों हो, बेटा! बैठ जाओ।'

मुफतलाल एक कुर्सी पर बैठ गया।

प्रश्न पूछे जाने लगे।

एक सयाने ने पूछा, 'कुमार साहब कैसे हैं?'

मुफतलाल ने जवाब दिया, 'अच्छे हैं।'

दूसरे ने पूछा, 'आज तुमने क्या खाया था?'

मुफतलाल तपाक से बोला, 'रोटी, चावल, दाल, सब्जी, अचार।'

उसकी तत्परता से सब प्रभावित हुए। मुखिया ने कहा, 'कैसे तपाक से जवाब देता है! वेरी स्मार्ट।'

तीसरे सयाने ने पूछा, 'आजकल शहर में कौन-सा अच्छा फिल्म चल रहा है?'

मुफतलाल ने फौरन उत्तर दिया, 'चौदहवीं का चांद—जिसमें वहीदा रहमान, गुरुदत्त, जानी वॉकर, हैलन वगैरह काम करते हैं।'

मुखिया ने कहा, 'वाह! बड़ा होशियार और स्मार्ट लड़का है।'

इंटरव्यू समाप्त हुई।

सयानों के मुखिया ने कहा, 'बेटा, तुम्हारी योग्यता से हम सब प्रभावित हुए। तुम डिप्टी कलेक्टरी के लिए चुन लिए गए। नियुक्ति के आदेश का इंतजार करो। चुनाव के बाद नियुक्ति में तीन महीने भी लग सकते हैं, तीन साल भी और दस साल भी। किसी-किसी को तो रिटायर होने की उम्र में नियुक्ति-पत्र मिलता है। पर तुम कुंअर साहब के आदमी हो, इसलिए तुम्हारी नियुक्ति जल्दी हो जाएगी। जाओ, तुम्हारा भविष्य उज्ज्वल है।'

मुफतलाल ने सयानों को प्रणाम किया और बाहर आ गया।

# एक तृप्त आदमी

परिचय :

असल नाम—नन्दलाल शर्मा।

लड़कों के द्वारा बनाया गया और प्रचलित किया गया नाम—एन० एल० मास्टर। पेशा—स्कूल मास्टरी। वेतन 90 रुपया मासिक, ऊपरी आमदनी 15 रुपया (ट्यूशन से)। उम्र 35 के लगभग। शरीर स्वस्थ। रूप—सेकेण्ड क्लास। परिवार—माँ, बीवी, तीन बच्चे। आवास—दो कमरे, एक परछी; जिसमें एक कोने पर रसोईघर और उसके सामने दूसरे कोने पर पाखाना (भोजन करते वक्त याद रहे कि अन्न का हश्र क्या होने वाला है। जैसे ज्ञानी को घोर भोग के बीच भी अन्त याद रहता है)। कमरे में एक टेबिल (बिना टेबिल क्लाथ, पर स्याही के धब्बे और ब्लेड की खुदाई से अलंकृत), दो आराम कुरसी (आराम की स्थिति नाम के बाहर कहीं नहीं) दो बेंत की कुरसियाँ, एक लोहे की टूटी कुरसी (जो बैठने वाले के कपड़े फाड़ने के काम आती है), दीवार पर चीरहरण करते हुए कृष्ण की तसवीर, दूसरी तसवीर हनुमान की—सीना फाड़कर अन्तःकरण में अंकित 'राम' दिखाते हुए, एक चित्र गांधी जी का (अखबार से फाड़कर मढ़ाया हुआ।)

बजट :

वेतन—90 रुपया, ऊपरी आमदनी 15 रुपये, कुल 105 रुपया, मकान किराया—30 रुपया। शेष—75 रुपया।

परिवार में 6 व्यक्ति।

75 में 6 का भाग देने से हर एक के हिस्से में $12\frac{1}{2}$ रुपया आता है, यह गणित के अच्छे शिक्षक एन० एल० मास्टर जानते हैं।

दिनचर्या :

प्रातःकाल दूध वाले की पुकार से एन० एल० मास्टर सात बजे जाग

उठे । बड़ा लड़का उन्हीं के पास सोता है । (कपड़ों की कमी वात्सल्य का उद्दीपन होती है, यह रस के आचार्यों को न मालूम होगा !) रात को नटखट लड़के ने रजाई के छोटे-से छेद में अंगूठा फँसाकर उसे और फाड़ दिया था। एन० एल० मास्टर ने उसे पलट कर देखा और पत्नी से कहा—"मैंने कहा विजय ने रात को रजाई फाड़ दी थी। जरा टाँके लगा देना।" पत्नी ने सिर हिला दिया। मास्टर मुँह-हाथ धोने चले। नमक-मिश्रित कोयले से दाँत घिसे और कुल्ले किये (टूथपेस्ट और बाजारू मंजन से दाँत खराब हो जाते हैं !) मास्टर कुरसी पर बैठ गये, मास्टरनी ने चाय का कप लाकर रख दिया (घर में दो जोड़ी कप बसी हैं। एक विधवा है बसी और एक विधुर कप जो कान का कच्चा निकल गया !) मास्टर ने चाय गटकी, सुपारी काटी, तमाखू घिसी और फाँक ली। मास्टर ने कुरता-पायजामा शरीर पर डाला और तमाखू चबाते तथा थूकते ट्यूशन पर चल दिये। रास्ते में एक पान की दूकान पर रुक गये। पान वाला उन्हें कभी-कभी पान खिला देता है। (उसका लड़का पढ़ता है और परीक्षा के समय मास्टर से कह देता है, पंडज्जी, जरा लड़के को देख लेना, और मास्टर उसे 'देख लेते' हैं। इसी देख लेने के कारण वह देखते-देखते ही पाँचवीं से नवीं कक्षा में पहुँच गया।) मास्टर पान वाले का अखबार उठाकर पढ़ने लगे। वे इसी तरह अखबार पढ़ लेते हैं। अगर कोई पढ़ रहा हो, तो उसके कंधे के ऊपर गरदन डालकर पढ़ लेते हैं। अखबार नहीं मिला तो, कई दिन नहीं पढ़ते। दूकान पर खड़े एक आदमी ने कहा—'अमेरिका और रूस हमेशा क्यों झगड़ते रहते हैं ?' मास्टर बोले—'झगड़ने दो, अपना क्या लेते हैं।' दूसरा बिना किसी को लक्ष्य किये बोला—'कश्मीर के मामले में क्या हो रहा है ?' मास्टर ने कहा—'होता होगा। बड़े-बड़े लोग तो लगे हैं।' तभी पान वाले ने कहा—'बम्बई में बड़ा गजब हो गया। मिल के मजदूरों ने हड़ताल कर दी। पुलिस की गोली से ग्यारह मजदूर मर गये।' मास्टर ने कुल इतना कहा—'देखो भला मौत कहाँ ले गयी।' और आगे बढ़ गये।

मास्टर ट्यूशन पढ़ाकर घर लौट आये। दाढ़ी बनायी, स्नान किया और बनियान में साबुन लगाया—तीनों काम एक ही साबुन से। भोजन

करने बैठे—आस-पास बच्चे। दाल-भात ज्यादा खाते हैं मास्टर। चावल आसानी से पच जाता है। कभी साग भी बन जाता है। मास्टर ने कपड़े पहने। कपड़े कम हैं इसलिए मास्टर इतवार को खुद धोकर लोहा कर लेते हैं। कोट आदमी की इज्जत भी बचाता है और कमीज की भी—फटी कमीज कोट के नीचे पहनकर मास्टर स्कूल चल दिये।

सड़क के बायें किनारे की पटरी सीधे चले जा रहे हैं—नीचे देखते, पास-पास कदम रखते। रास्ते में लड़के एक के बाद एक नमस्ते करते निकलते हैं और मास्टर सिर हिलाकर जवाब देते हैं। मास्टर के मन ने सिर उठाया। सोचा—'मैं चुनाव में खड़ा हो जाऊँ?' उसी क्षण दूसरा ख्याल आया, पर ये नमस्ते करने वाले लड़के मतदाता थोड़े ही हैं और अब उन्होंने मन-ही-मन अपनी उम्मीदवारी निस्संकोच वापस ले ली।

मास्टर ठीक ग्यारह बजे स्कूल पहुँचे, रजिस्टर में हाजिरी लगायी, बड़ों से खुद नमस्ते किया, छोटों के हाथ जोड़ने की राह देखते रहे। सामूहिक प्रार्थना में एकाग्र मन से खड़े हुए, फिर कक्षा में गये। एक के बाद एक घण्टियाँ बजती रहीं और एन० एल० मास्टर इस कमरे में से उस कमरे में जाते रहे। वे मेहनत से पढ़ाते हैं। न खुश होते हैं, न नाराज। न हँसते हैं, न डाँटते हैं। न प्रेम करते, न घृणा। न हेड-मास्टर की किसी बात में शंका करते हैं, न अपने से छोटों को सलाह देते हैं।

ठीक समय पर पढ़ाते हैं, ठीक समय पर कोर्स पूरा कर देते हैं। कापियाँ ठीक समय पर जाँचते हैं, हिसाब ठीक बनाते हैं। हर आदेश को ठीक समय पर पूरा कर देते हैं।

एन० एल० मास्टर अच्छे शिक्षक हैं, उनसे सब खुश हैं।

बीच की छुट्टी में मास्टर ने एक कप चाय पीकर डकार ली और तम्बाकू फाँकी। घण्टी बजी और फिर वही क्रम चला—इस कमरे से उस कमरे में और अँग्रेजी, गणित, भूगोल, विज्ञान,...

शाम को मास्टर घर लौटे और चाय पीकर दो पुत्रों को साथ लेकर तीन काम एक साथ करने निकल पड़े—घूमने, हनुमान जी के दर्शन करने और साग-भाजी खरीदने। वे रोज फुहारे के पास वाले हनुमान जी के दर्शन करते हैं, (कोतवाली के पास के हनुमान को वे अपना हनुमान नहीं

मानते ।) साग-भाजी भी हमेशा एक ही दुकान से खरीदते हैं । अकसर कुम्हड़ा और तुरई । सस्ते होते हैं ? नहीं, मास्टर का खयाल है आलू कब्ज करते हैं और गोभी में इल्लियां होती हैं । अँधेरा होते वे घर लौट आते हैं ।

जब तक पत्नी खाना बनाती है, मास्टर बच्चों को खिलाते हैं या पढ़ाते हैं । उद्देश्य यह है कि वे ऊधम न करें । कभी कुछ साथी शिक्षक आ गये, तो वह दो घड़ी गप्पें भी हाँक लेते हैं । छोटी-मोटी बात पर सब खूब हँसते हैं, क्योंकि शाम का हँसना स्वास्थ्य के लिए लाभदायक होता है । भोजन करके मास्टर ने बच्चों को सुला दिया और बालटियाँ लेकर सामने सड़क पर के नल से पागी लाकर घड़ों में भरने लगे । घर का नल रोता-रोता चलता है, इसलिए सुबह के लिए पानी रात को ही सड़क के नल से भर लेते हैं । (मास्टरनी कैसे पानी भरने जायें, कुलीन घराने की जो हैं) ।

काम-काज समाप्त कर मास्टरनी 'हे राम' के साथ थकान-भरी साँस लेकर छोटे बच्चे के पास आकर लेट जाती है । मास्टर उसे एक टक निहारते हैं । श्रम की हंफनी से चढ़ते-उतरते उसके वक्ष को देखते हैं । उनके नेत्रों में असीम प्यार है । वे कहते हैं, 'तुम मुझे बहुत अच्छी लगती हो' और सो जाते हैं ।

हर दिन ऐसा ही उगता है, ऐसा ही चढ़ता है, ऐसा ही डूबता है । मौसम बदलते रहते हैं । मास्टर की दिनचर्या में कोई हेर-फेर नहीं होता ।

वही क्रम रोज···उठना । कोयले का मंजन । फीकी चाय । पान की दूकान का अखबार । ट्यूशन । कोट के नीचे फटी कमीज । सड़क के किनारे-किनारे स्कूल यात्रा । नमस्कार । अँगरेजी, गणित, इतिहास, विज्ञान । हनुमानजी के दर्शन । सड़क के नल से पानी । 'तुम मुझे बहुत अच्छी लगती हो ।'

फुटकर नोट्स :

एन० एल० मास्टर सिनेमा भी देख लेते हैं, गाना भी सुन लेते हैं,

ताश भी खेल लेते हैं। कभी भंग भी छान लेते हैं। किसी से ज्यादा हेल-मेल नहीं रखते। ज्यादा मिठास में कीड़े पड़ते हैं। वे किसी से नहीं लड़ते। किसी की दो बातें सुन लीं तो क्या बिगड़ता है ?

झंझटों से दूर रहते हैं। एक मित्र ने, एक दिन कहा—'मास्टर एम० ए० कर डालो।' वे बोले—'क्या करना है ? इतना ही बहुत है। हर साल उनके वेतन में 3 रुपये की वृद्धि होती है। फरवरी की पहली तारीख को जब वे बढ़ा हुआ वेतन पाते हैं, तो उन तीनों रुपयों की मिठाई ले जाते हैं और पत्नी को देखकर अमित सन्तोष से कहते हैं—'लो, बच्चों को खिला दो। तीन रुपये तरक्की हो गई।'

पिछले वर्ष वेतन और नौकरी की शर्तों में सुधार के लिए शिक्षकों ने बड़ा आन्दोलन किया। जब कुछ लोग एन० एल० मास्टर के पास आये और उन्हें शिक्षक संघ का सदस्य बनने को कहा, तो वे बोले—'भैया, हमें मत झंझट में डालो। आप ही लोग करो।' उनके बिना भी संगठन तो हुआ और एक दिन हड़ताल हो गयी। उनके अनेक साथी फाटक पर खड़े थे। एन० एल० मास्टर जब ठीक वक्त पर पहुँचे तो वे हाथ जोड़कर बोले—'मास्टर साहब, हमारे पेट में लात मत मारिये' मगर एन० एल० मास्टर बिना किसी की तरफ देखे सीधे भीतर चले गये। वह 'झंझट' में नहीं पड़ते।

उन्होंने लिखा भी है। एक बार एक स्थानीय दैनिक में उन्होंने पत्र छपाया था जिसमें नागरिकों से अपील की थी कि सार्वजनिक समारोहों में राष्ट्रगीत के समय सबको अविचल मौन खड़े हो जाना चाहिए। उसकी कटिंग उन्होंने हिफाजत से रख ली है। सन्तोष है कि उनके नाम से कुछ छपा भी है।

दाम्पत्य जीवन सन्तोषमय है। पति-पत्नी में अच्छी पटती है। एक बार पड़ोसिन विधवा भाभी से मास्टर की घनिष्ठता बढ़ गयी थी : खिड़की से देखा-देखी भी होती थी, कभी-कभी वह उनके यहाँ जाकर बैठते भी थे। एक दिन पत्नी ने भाभी का हाथ अपने हाथ में लिये हुए, उनका भविष्य बतलाते देख लिया। रात को उसने मास्टर से कहा—'जरा सोचो तो। लोग क्या कहेंगे।' मास्टर के मन में बात गूंजती

रही—'लोग क्या कहेंगे।' उन्होंने सोचा—'ठीक तो है। लोग क्या कहेंगे ?' दूसरे दिन से उन्होंने भाभी की तरफ देखा भी नहीं। एक दिन अनायास आमना-सामना हो जाने पर भाभी डबडबायी आँखों से बोलीं—'क्यों लाला, ऐसा ही नेह निभाया जाता है ?' मास्टर ने कहा—'जरा सोचो तो। लोग क्या कहेंगे ?' कुछ दिनों बाद किसी ने उनसे कहा कि आजकल बैंक का मैनेजर भाभी को मोटर में घुमाने ले जाता है। मास्टर ने सहज ही जवाब दिया—'ठीक है। समरथ को नहिं दोष गुसाईं।'

एन० एल० मास्टर की जिन्दगी के कुछ नोट्स हैं ये : वह भूखे नहीं रहते, निर्वस्त्र नहीं रहते। भरा-पूरा परिवार है, अच्छी पत्नी है। न किसी से उधार लेते न किसी को उधार देते हैं। शान्त प्रकृति है। उन्हें कोई कमी महसूस नहीं होती, कोई अभाव नहीं खटकता। उन्हें कोई चाह नहीं है।

वर्ष के बाद वर्ष ऐसे ही निकलते जा रहे हैं। प्रकृति बदलती है, मास्टर की जिन्दगी में एक ही मौसम है।

लोग कहते हैं—'एन० एल० मास्टर पूर्ण तृप्त आदमी हैं।"

मेरा मित्र तो उन पर मुग्ध है। कहता है—'ऐसा आदमी दुर्लभ है। दुनिया में निराशा, विकलता, पिपासा और कुण्ठा के पुतले ही देखने में आते हैं। तृप्त आदमी आउट-ऑफ-स्टॉक होता जाता है। एन० एल० मास्टर झरना है, रेगिस्तान का। उसे देख लेने से ऐसा लगता है कि जैसे तीर्थ स्नान कर लिया हो। वह पूर्ण तृप्त आदमी है। उसे कोई भूख नहीं है।' और मुझे याद आता है कि पिछले साल जब मैं बीमार पड़ा था, तब मेरी भी भूख मर गयी थी। अच्छे से अच्छे पकवान मेरे सामने रहते थे और मैं मुंह फेर लेता था।

# साहब महत्त्वाकांक्षी

उस क्लब में देश की दुर्दशा पर भाषण देने के लिए हम चार लोगों को बुलाया गया था।

यों विषय था—'देश की वर्तमान दशा', मगर सारे वक्ता और श्रोता जानते हैं कि वर्तमान दशा का मतलब हमेशा 'दुर्दशा' होता है।

हम पहुँचे, तो 10 मिनट तक हाथ मिलाते रहे और यह होता रहा—ग्लेड टू मीट यू ! दी प्लेजर इज माइन। (आपसे मिलकर प्रसन्न हुआ। सुख तो मेरा ही है।)

देश की दुर्दशा सुनने के लिए लोग कितने बढ़िया कपड़े पहन कर आये थे।

मेरा एक दोस्त भी क्लब का सदस्य है। उसने भी खास अदा से कहा—ग्लेड टू मीट यू। इट्स ए प्लेजर एण्ड ए प्रिविलेज।

मैंने उसे अलग ले जाकर कहा—बाहर तो तू इस तरह मिलता नहीं है। यहाँ क्या हो गया ?

उसने जवाब दिया—रामलीला का रावण क्या बाहर भी सीताहरण करता है ?

उनमें से एक ने मेरा विशेष ध्यान खींचा। उसकी किस्मत में कहानी का पात्र होना लिखा था। उनमें सबसे अच्छे कपड़े उसी के थे। मुस्कान का अभ्यास उसने औरों से ज्यादा किया था। मुस्कुराहट के सच्ची होने का धोखा हो जाता था। वह अपनी अधकटी मूँछ के किनारे के एक बाल को पकड़कर खींचने की लगातार कोशिश कर रहा था। परेशान था, जैसे वह बाल ओंठ को छेदकर जबड़े में घुसा जा रहा हो।

हम लोगों ने जमकर देश की दुर्दशा का वर्णन किया। जब-जब दुर्दशा ज्यादा मार्मिक हो जाती, वे लोग ताली बजाते। उनका कार्यक्रम सफल हो रहा था। देश की दुर्दशा अगर जरा कम होती, तो कार्यक्रम इतना सफल न होता। मैंने सोचा—मेरे देश, तू कितना विचित्र और

महान है। कुछ लोगों के कार्यक्रमों की सफलता के लिए तू अपनी कितनी दुर्दशा करवा रहा है !

वे सब खुश थे। मगर खुश होने का भी उनका अलग ढंग था। वे साधारण आदमी की तरह खुश नहीं थे। ज्यादा खुश हो जाना गँवारूपन है और ऐसे मौके पर खुश न होना अशिष्टता है। वे नापकर खुशी जाहिर कर रहे थे। हमारे लिए खुशी की मुस्कान में दो दाँत दिखना काफी था; ढाई भी हो सकते हैं। मुख्य मंत्री आयें, तब चार दाँतों के लायक खुशी होगी। उनमें हर एक दो या ढाई दाँत की मुस्कान लेकर हाथ मिलाता और कहता—इट वाज़ वंडरफुल ! मोस्ट इंटरेस्टिंग !

वह आदमी बाल उखाड़ता हुआ बढ़ा और हम चारों से हाथ मिला कर बोलता गया—मोस्ट इंटरेस्टिंग ! शार्ट एण्ड स्वीट !

उन्होंने आपस में भी एक-दूसरे से कहा कि कार्यक्रम अच्छा रहा।

भोज पर बैठे, तो बातें देश की ही होती रहीं। वे लोग अत्यन्त भावुक हो उठे थे। कहते—रीयली दी कन्ट्री इज गोइंग टु डाग्ज। दूसरा कहता—आई से, वी आर दी मोस्ट फालन पीपुल ! तीसरा कहता—रीयली, दी होल कन्ट्री इज स्टारविंग।[1]

मुझे पहली बार मालूम हुआ कि तली मछली और सलाद के साथ देश की दुर्दशा इतनी स्वादिष्ट लगती है।

विदा के वक्त उन्होंने फिर कहा—इट वाज वंडरफुल ! मोस्ट इंटरेस्टिंग !

वह आदमी अभी भी बाल से उलझा था। शायद 20-25 सालों से उस बाल को खींचने की कोशिश कर रहा था। इतनी मेहनत से तो अकेला ही एक नहर खोद सकता था। उसने हम लोगों से कहा—मोस्ट इंटरेस्टिंग ! शार्ट एण्ड स्वीट !

आगे हम कभी वहाँ किसी शोक-समारोह में भी जाएँगे, मार्मिक शोक भाषण देंगे। तब भी वे लोग कहेंगे—मोस्ट इंटरेस्टिंग ! शार्ट

1. सचमुच देश बरबाद हो रहा है। हम बहुत गिरे लोग हैं। सारा देश भूखा मर रहा है।

एण्ड स्वीट !

लगभग महीने भर बाद वह आदमी मुझे फिर काफी हाउस में मिल गया। बाल खींचने में अभी तक सफल नहीं हुआ था। कोशिश बराबर जारी थी।

वह बड़े उत्साह से मिला। कहने लगा—परसों रेडियो पर आपकी कविता सुनी। बहुत अच्छी थी।

मैंने कहा—वह कहानी थी।

उसने कहा—कहानी थी ? तब तो और भी बढ़िया थी शार्ट, एण्ड स्वीट !

यहाँ-वहाँ की कुछ बातों के बाद, जब उसका विषयों का 'स्टाक' खत्म होने लगा, तो उसने कहा—और क्या हाल है ?

मैंने भी 'स्टॉक' खत्म होने की घोषणा कर दी—सब ठीक है। आप सुनाइये।

उसने कहा—क्या कहें साहब ! देश की हालत इस वक्त बड़ी नाजुक है।

देश के बारे में उसने मुझे मार दिया। मैं 'सब ठीक' समझ रहा था, मगर उसे देश की नाजुक हालत का अहसास था।

मैं डरा भी ! जो देश की हालत से बात शुरू करे, वह भयानक 'चिपकू' होता है। दुनिया की हालत वाला तो और खतरनाक होता है। दो साल पहले वियतनाम की बात करता एक आदमी मुझे मिला था। अब वह सिवा अपने और किसी की बात नहीं करता।

मैंने तय किया—एक तो इससे बचूंगा। दूसरे इसे गम्भीर नहीं होने दूंगा। इसकी बातें मजाक में टालूंगा।

वह न जाने क्यों, एकाएक सामाजिक हो गया। अकसर मिल जाता और वही बात कहता—इस वक्त देश की हालत बहुत नाजुक है।

बहुत हो गया, तो मैंने नक्शा फैला कर उसका 'देश' ढूंढ़ने की कोशिश की। कहीं नहीं मिला। मेरी भूगोल की पढ़ाई बेकार गई। आखिर इसका देश है कहाँ ? किस देश की चिन्ता कर रहा है ? घर और क्लब मिलाकर जिसकी दुनिया बनती है, उसका देश क्या बाथ-रूम

है या बार है ? अगर उसका वही देश है, जो हम सबका, तो इस देश पर नया संकट क्या आ गया ? क्या बाजार में स्कॉच ह्विस्की नहीं मिलती या क्या इसका रसोइया छुट्टी पर चला गया ?

वह पहले एक सरकारी प्रतिष्ठान का मैनेजर था। 2-3 साल पहले उसे 'कम्पलसरी रिटायरमेंट' मिल गया। बड़े भ्रष्टाचारी को बाइज्जत अलग कर देने की विधि को 'कम्पलसरी रिटायरमेंट' कहते हैं। चपरासी या बाबू का भ्रष्टाचार पकड़ा जाय, तो वह 'डिसमिस' होता है। जेल भी भेजा जा सकता है क्योंकि वह सिर्फ 5-10 रुपये खाता है; मगर बड़ा अफसर जब 5-10 लाख दबा लेता है और सरकार उस पर ध्यान देने के लिए मजबूर हो जाती है, तब उससे हाथ जोड़कर कहती है—हुजूर, आशा है, आप अब तक काफी खा चुके हैं। अब अगर आप उचित समझें तो बाकी जिन्दगी चैन से गुजारें।

वह सरकार के प्रति करुणा से भरकर 'कम्पलसरी रिटायरमेंट' ले लेता है और बाइज्जत बाकी उम्र काटता है।

जब चपरासी भी लाख रुपये खाने लगेगा, तब वह भी बर्खास्त नहीं होगा। 'कम्पलसरी रिटायरमेंट' पर बैठेगा।

यह आदमी बड़े ठाठ से और बाइज्जत जिन्दगी गुजार रहा था। बंगले, कारें और बेहिसाब रुपया। शौक उसके कई थे मगर इधर उसे यह देश का नया शौक लग गया था। देश की लत भी बुरी होती है। एक बार लग जाय, तो छूटती नहीं।

मैंने सुना, वह बहुत लोगों से मिलने लगा है और सबसे देश की नाजुक हालत की बात करता है। जो उसे जानते थे, वे कहते थे, या तो उसका दिमाग खराब हो गया है, या देश के सचमुच बुरे दिन आ गये हैं।

एक सुबह वह मेरे घर आ गया। कार से उतरा, तो पहचानने में देर लगी। वह बदल गया था। कोट, पैंट, टाई, छूट गये थे। कुरता, पायजामा, जाकिट पहने हुए था।

मैंने पूछा—यह क्या हुआ ?

उसने जरा झेंपते हुए कहा—मैं अब बदल गया हूँ। बिल्कुल

राष्ट्रीय हो गया हूँ।

15 अगस्त 1947 को ऐसा सामूहिक रूप से हुआ था। ज्यों ही तिरंगा झंडा ऊपर गया था, बहुत लोगों के पैंट नीचे खिसक गये थे। उनकी जगह धोती आ गयी थी। 20 साल बाद फिर यह पैंट खिसका। राष्ट्रीय होने का फैशन अभी गया नहीं है।

वह बोला—देश को परिवर्तन चाहिए।

मैंने कहा—कैसा परिवर्तन? जैसे कपड़े बदलना?

वह गम्भीर था। कहने लगा—मजाक छोड़िये। देश की हालत इस वक्त बड़ी नाजुक है।

मैंने कहा—सो तो देख रहा हूँ और नाजुक हो जायेगी, तब क्या एकदम नंगे हो जायेंगे?

वह बोला—आपकी हमेशा मजाक करने की यह आदत मुझे पसन्द नहीं है। मैं गम्भीर बात करने आया हूँ।

मैंने कहा—तो एक बार साफ कह दीजिये। अपने सारे पत्ते खोल दीजिये। क्या है आपका इरादा?

उसने कहा—देखिये, देश को—

मैंने काटा—देश को फिलहाल बिलकुल छोड़ दीजिये। अपनी बात कहिये।

उसने कहा—मैंने संसद का चुनाव लड़ने का निश्चय कर लिया है।

अब मैं समझा कि पिछले दो-तीन महीनों से देश की हालत क्यों नाजुक है।

मैंने पूछा—आपने ऐसा क्यों तय कर लिया?

उसने कहा—देश परिवर्तन माँगता है। वह हमसे कुछ अपेक्षा करता है। हम भी तो भारत माता की सन्तान हैं।

मेरे मुँह से फिर निकल गया—मुझे तो मालूम ही नहीं था।

वह चौंका! बोला—मजाक नहीं। मैं बहुत 'सीरियस' हूँ। मैं एकदम 'पब्लिक लाइफ' में आना चाहता हूँ।

मैंने कहा—मगर आप उलटा कर रहे हैं। लोग 'पब्लिक लाइफ' में पहले आते हैं, चुनाव बाद में लड़ते हैं। आप चुनाव पहले लड़ेंगे, पब्लिक

लाइफ में बाद में आयेंगे।

उसके पास जवाब था। बोला—देश इस वक्त बड़ी जल्दी में है।

मेरे लिए बड़ी समस्या थी। इसने ऐसा निर्णय कैसे ले लिया? बहुत सोचने पर मैंने कल्पना की कि ऐसा हुआ होगा—

एक दोपहर को 'लंच' टेबिल पर इसकी पत्नी से बातें हो रही होंगी।

पत्नी ने कहा होगा—अपने पास बंगले हैं, कारें हैं, गहने हैं, पैसा है। अब कोई और बढ़िया चीज लाओ।

इसने पूछा होगा—क्या ले आऊँ?

पत्नी बोली होगी—कोई ऐसी चीज, जिससे इज्जत बढ़े। पैसा तो बहुत है।

इसने सोचकर कहा होगा—अच्छा, इस बार 'लोक-सभा' घर में ले आऊँगा।

पत्नी ने उत्साह से कहा होगा—हाँ, जरूर ले आओ। हम उसे 'फ्रिज' में रख देंगे। मिसेज चोपड़ा का घमंड भी टूट जायगा। मैं उससे कहूँगी—चोपड़ा साहब से कहकर विधान-सभा ही बुलवा लें। क्यों? कितने में आ जायगी लोक-सभा?

इसने कहा होगा—लेना है तो दाम की क्या चिंता? पहले सस्ती आती थी। अब कुछ कीमत बढ़ गई है।

पत्नी ने कहा होगा—जैसे भी मिले, ले जरूर आओ।

इसके बाद ही इसे महसूस हुआ होगा कि देश की हालत बड़ी नाजुक है।

मैंने उसे समझाया—आपकी कोई सार्वजनिक सेवा नहीं है। बहुत लोग आपको नहीं जानते हैं। आप कैसे जीतने की उम्मीद करते हैं?

वह मुझसे ज्यादा समझा हुआ था। कहने लगा—वह सब मैंने समझ लिया है। अपने देश का चुनाव तो एक नाटक है। हमारा गँवारों का देश है। सच पूछा जाय, तो हम प्रजातन्त्र के लायक ही नहीं हैं। यहाँ वोट पाने के कई तरीके हैं। मैं सब जानता हूँ। सारा प्रबन्ध कर लिया है।

आख़िरी बात कहते-कहते उसने एक आँख बन्द करके इशारा किया।

मैंने कहा—फिर जीतने के लिए लगभग दो लाख वोट चाहिए।

वह बोला—हाँ-हाँ, मैं बतलाता हूँ। देखिये 6 लाख का क्षेत्र है यह। इसमें से लगभग 4 लाख का मतदान होगा। इन चार लाख मतदाताओं में करीब 50 हजार ऐसे होंगे, जो घबड़ाते हुए मतदान केन्द्र में घुसेंगे और घबड़ाकर कहीं सील लगा देंगे। वे हर दफ्तर को पुलिस थाना समझते हैं। अवर्स इज ए बैंकवर्ड कन्ट्री। इनमें से लगभग 30 हजार तो घबड़ाकर अपने निशान पर सील लगा ही देंगे। 30 हजार तो वे हुए। अब आगे चलिये—

मैंने रोका—आगे बिलकुल मत चलिये, आपने प्रजातन्त्र की नस पकड़ ली है। घबड़ाते हुए मतदान पर जो निर्भर है, उसकी जीत पक्की है।

वह खुश हुआ। और ध्यान से उस बाल को खींचने की कोशिश करने लगा।

बोला—बस, सारा प्रबन्ध तो कर लिया है। बस प्रचार का जिम्मा आप ले लीजिये।

जिम्मा मैंने ले लिया। पर कर नहीं सका।

हुआ यह कि वह पर्चे में लिखवाना चाहता था—'जनता के जाने-माने सेवक' मगर मेरे हाथ से लिखा गया—'जनता के जाने-माने भ्रष्टाचारी।' मैंने उसे बताया नहीं, पर आगे प्रचार-कार्य का खतरा मोल नहीं लिया।

वह लड़ा। जमानत उसकी जब्त हो गई।

मिला, तो मैंने पूछा—यह कैसे हो गया? आपका हिसाब तो पक्का था।

उसने कहा—जनता ने धोखा दिया।

मैंने कहा—याने वह इस बार घबड़ाई नहीं।

उसने कहा—हाँ, ऐसा ही मालूम होता है। आपने उस दिन क्लब में ठीक कहा था—वी० आर० ए० मोस्ट फॉलन पीपुल। दी कन्ट्री इज गोइंग टू डाग्ज! बड़े गिरे हुए लोग हैं!

वह गुस्से से उस बाल को खींचने लग गया।

# अनशनकारी

सन् 1960 की बात है। किसी शहर के नगरपालिका के अध्यक्ष उस समय गोवर्धन बाबू थे। वे अपनी समाज-सेवाओं के लिए प्रसिद्ध थे और उनके कार्यकाल में नगरपालिका के पदों पर उनके रिश्तेदार ही नियुक्त हुए थे। नगरपालिका के ठेके भी उनके परिवार में ही जाते थे। उसी नगर में एक बड़े थोक कपड़े के व्यापारी सेठ किशोरीलाल रहते थे। वे बड़े धार्मिक आदमी थे और गोवर्धन बाबू की कृपा से उनका कपड़ा बिना चुंगी के आ जाता था। स्वाभाविक है कि दो सज्जनों में मित्रता होगी।

एक दिन गोवर्धन बाबू सेठ किशोरीलाल के पास बैठे थे। सेठजी ने उनसे शिकायत की कि नया चुंगी दरोगा कभी-कभी तंग करता है। गोवर्धन बाबू ने कहा, 'आपने ठीक किया जो मुझसे शिकायत कर दी। मैं कर्मचारियों की शिकायतें खुद सुनना चाहता हूँ। मैं उसे सजा दूंगा।'

यहाँ-वहाँ की बातें करके गोवर्धन बाबू ने कहा, 'सेठ जी, भगवान् जी ने आपको सब कुछ दिया है—'सम्पत्ति, प्रतिष्ठा, पुत्र, पुत्री, सुखी परिवार। बस, एक ही चीज की कमी रह गयी है।'

किशोरीलाल ने पूछा, 'वह क्या ?'

गोवर्धन बाबू ने कहा, 'यही कि अभी तक आप अमर नहीं हुए। आप को अब अमर हो जाना चाहिये।'

सेठ जी ने दार्शनिक अन्दाज से कहा, 'सो कैसे होगा ? दुनिया में कौन अमर हुआ ? आया है सो जायगा, राजा, रंक, फकीर।'

गोवर्धन बाबू बोले, 'नहीं, मेरा मतलब है कि आपका नाम अमर हो जाये। आपकी मृत्यु के बाद भी नाम चले।'

सेठजी ने निहायत भोले ढंग से कहा, 'सो तो चलेगा ही। लड़का वल्दियत में मेरा ही नाम लिखायेगा और दुकान के साइनबोर्ड में भी मैं अपना नाम डलवा लूंगा।'

गोवर्धन बाबू ने कहा, 'सो तो ठीक है। पर मेरा मतलब है कि आप सार्वजनिक रूप से अमर हो जायें। शताब्दियों तक लोग आपके नाम को जानें और आपकी प्रशंसा करें।'

किशोरीलाल ने कहा, 'हाँ, अमर तो मुझे होना है। पर यह होगा कैसे ? मैंने तो ऐसा कोई काम नहीं किया है कि...'

गोवर्धन बाबू ने बीच में ही टोका, 'वह मेरे ऊपर छोड़ दीजिए। ऐसी तरकीब सोची है कि थोड़े-से खर्च से ही आप अमर हो जायेंगे। नगरपालिका ने निश्चय किया है कि 'आजाद मैदान में गाँधी जी की एक मूर्ति स्थापित की जाये। मूर्ति लगभग 3-4 हजार रुपयों में बनेगी। आप एक मूर्ति खरीद कर नगरपालिका को भेंट कर दें। मूर्ति के चबूतरे पर आपका नाम खुद जायेगा। शताब्दियों तक जो गांधीजी को जानेगा, वह आपको भी जानेगा। गांधीजी के साथ आपका नाम लिया जायेगा। लोग श्रद्धा से मस्तक झुकायेंगे।'

सेठजी सोचने लगे।

गोवर्धन बाबू ने जोर लगाया, 'मूर्ति का अनावरण हम भैया साहब से करायेंगे। भैया साहब को आप जानते ही हैं। कांग्रेस में आजकल उन्हीं की चलती है। चाहे जिसे एम० एल० ए० और मन्त्री बना देते हैं। अगर आपसे प्रसन्न हो गये, तो आगामी चुनाव में एम० एल० ए० बनवा देंगे, मन्त्री भी बना सकते हैं। ज्ञानियों ने कहा है कि काम ऐसा करना चाहिए जिससे यह जन्म भी सुधरे और अगला जन्म भी।'

किशोरीलाल ने निर्णय करने में अब विलम्ब नहीं किया। बोले, 'जैसी आपकी इच्छा। मुझे मंजूर है। आप मूर्ति बनवा लीजिए। पैसा मैं दे दूंगा।'

मूर्ति बन गयी। 'आजाद मैदान' में एक चबूतरे पर कपड़े से ढाँककर रखी गयी। भैया साहब से गोवर्धन बाबू ने मूर्ति के अनावरण का समय तय कर लिया।

गोवर्धन बाबू ने मूर्ति के आस-पास एक चौकोर वाड़ी लगवायी थी जिसमें मूर्ति के सामने एक छोटा-सा फाटक था।

अनावरण के एक दिन पहले सुबह गोवर्धन बाबू एक कारीगर को

लेकर गये और चबूतरे पर फाटक की ओर खुदवाने लगे—'बाबू गोवर्धन दास के प्रयत्न से उनके कार्यकाल में स्थापित।' अक्षर खुदना शुरू हो ही रहा था कि सेठजी वहाँ पहुँचे। कहने लगे, 'क्या खुदवा रहे हो ?' उन्होंने कारीगर के हाथ से कागज ले लिया। पढ़ते ही उनका मुँह लाल हो गया। बोले, 'यह क्यों खुदेगा ? मूर्ति मेरी है कि आपकी ?'

गोवर्धन बाबू ने कहा, 'हाँ, हाँ, तो आपका नाम भी तो खुदेगा।'

'कहाँ खुदेगा ?' सेठजी ने पूछा।

गोवर्धन बाबू ने मूर्ति के पीछे की तरफ दिखा कर कहा, 'यहाँ, इस जगह।'

सेठजी ने कहा, 'जी हाँ, जिसने पैसा दिया, उसका नाम पीछे खुदेगा और जिसने एक कौड़ी नहीं दी, उसका नाम सामने खुदेगा। लोग फाटक से घुसें तो पहले आपका नाम देखें।'

गोवर्धन बाबू ने समझाया, 'आखिर मैं नगरपालिका का अध्यक्ष हूँ, इस शहर का प्रथम नागरिक। आखिर मेरी भी तो कोई प्रतिष्ठा है।'

सेठजी ने कहा 'सो सब मैं समझता हूँ। किशोरीलाल को उल्लू बनाना आसान नहीं है। आप सुन लीजिये, इधर फाटक की तरफ मेरा नाम खुदना चाहिए। अगर ऐसा नहीं होगा, तो मैं मूर्ति उठाकर घर ले जाऊँगा।'

गोवर्धन बाबू ने हार मान ली। उन्होंने फाटक की तरफ सेठ किशोरीलाल का नाम खुदवाया और पीछे अपना। अभी खुदाई चल ही रही थी कि एक आदमी भैया साहब की चिट्ठी लेकर आया। गोवर्धन बाबू चिट्ठी पढ़कर मुसकराये और उसे सेठजी की तरफ बढ़ा दिया। सेठजी ने चिट्ठी पढ़ी। भैया साहब ने लिखा था, 'मेरा अनुभव है कि लोग उद्घाटनकर्ता का नाम और नामों के साथ मिलाकर खुदवा देते हैं। यह गलत है। उद्घाटनकर्ता का नाम सबसे प्रमुख स्थान पर अलग होना चाहिए। फाटक से प्रवेश करते ही दर्शक को उद्घाटनकर्ता का नाम दिखना चाहिए।'

गोवर्धन बाबू ने कहा, 'अब ?' कुछ इस तरह, जैसे इस हथियार से सेठजी को परास्त कर देंगे। पर सेठजी ने अविचल भाव से कहा, 'अब

क्या ? मूर्ति के दाम मैंने दिये हैं कि भैया साहब ने ? उनका नाम इस तरह खुदवा दो।'

सेठजी चले गये और गोवर्धन बाबू ने बड़े गिरे मन से नाम खुदवाये।

सुबह अनावरण-समारोह होना था। रात भर गोवर्धन बाबू इन्तजाम करवाते रहे। शामियाने गड़े, बैठने का इन्तजाम हुआ। मूर्ति के आस-पास सजावट हुई।

थोड़े पहले सेठ किशोरीलाल आ गये। वे सीधे मूर्ति के पास गये और एकदम चौंक उठे, जैसे बिजली का तार छू लिया हो। उन्होंने देखा कि रात भर में सामने का फाटक बन्द करवा कर मूर्ति के पीछे की तरफ फाटक बनवा लिया गया है। उनका नाम फिर पीछे हो गया था और गोवर्धन बाबू का आगे।

सेठजी ने पुकारा, 'इधर आओ, गोवर्धन बाबू !'

गोवर्धन बाबू सहमते हुए आये। सेठजी ने कहा, 'तुमने फिर मेरे साथ धोखा किया ! तुम्हारी बदमाशी की कोई सीमा है ? रातोंरात तुमने पीछे की तरफ फाटक क्यों बनवा दिया ?'

गोवर्धन बाबू समझाने लगे, 'बात यह है कि महापुरुष के सामने एकदम नहीं जाना चाहिए। अब दर्शक पहले पीछे की तरफ आयेगा फिर बगल से होते हुए मूर्ति के सामने···'

'और तुम्हारा नाम पहले देखेगा। देखो गोवर्धन बाबू, जब तक फाटक फिर मेरे नाम की तरफ न होगा, मैं यह समारोह नहीं होने दूंगा। वरना मैं मूर्ति उठाकर घर ले जाऊँगा।' सेठजी ने घोषणा कर दी।

भीड़ उमड़ रही थी। बहुत-से लोग मूर्ति के पास भी आ गये थे और इस विवाद को सुन रहे थे।

इसी समय भैया साहब की मोटर रुकी। वे सीधे मूर्ति के पास पहुँचे और बोले, 'गोवर्धन बाबू, अब देर क्यों हो रही है ?'

किशोरीलाल ने कहा, 'भैया साहब, जब तक फाटक उस तरफ नहीं हो जाता, मैं समारोह नहीं होने दूंगा। मैं यहीं न्याय के लिए आमरण अनशन कर दूंगा।'

गोवर्धन बाबू ने भी दृढ़ता से कहा, 'नहीं। फाटक यहीं रहेगा। न्याय के हेतु मैं भी आमरण अनशन करूँगा।'

भैया साहब ने स्थिति को समझा और बोले, 'आप दोनों गलत हैं। फाटक उस तरफ होना चाहिए, जिधर मेरा नाम खुदा है। यहाँ सबसे महत्त्वपूर्ण कार्य मेरा है। ये हजारों आदमी तुम्हारे लिए नहीं, मेरे लिए आये हैं और आपने मेरा नाम बगल में खुदवा दिया है। फाटक अभी इसी तरफ बनवाइए।

अब संघर्ष तिकोना हो गया। सेठजी और गोवर्धन बाबू की परीक्षा की घड़ी थी। वे अपने निश्चय पर दृढ़ थे। दोनों ने कहा, 'नहीं, ऐसा नहीं हो सकता।'

यह सुनते ही भैया साहब मंच पर चढ़ गये और उपस्थित जनसमूह को सम्बोधित करने लगे, 'मित्रो और साथियो, एकाएक एक नैतिक समस्या खड़ी हो गयी है। समस्या यह है कि फाटक किसके नाम की तरफ हो। सेठ किशोरीलाल, गोवर्धन बाबू और आपके इस क्षुद्र सेवक में से प्रत्येक का विश्वास है कि फाटक उसके अपने नाम की तरफ होना चाहिए। हम तीनों सत्य पर हैं। सत्य के कई मुख होते हैं, कोई किसी मुख को देखता है, और कोई किसी और को। पर प्रश्न यह है कि किसका सत्य सबसे प्रधान है। प्रश्न कठिन है, पर कोई प्रश्न इतना कठिन नहीं है, जो अहिंसात्मक रीति से न सुलझाया जा सके। इस हेतु हम तीनों ने यहीं आमरण अनशन करने की शपथ ले ली है। हम एक-दूसरे पर नैतिक प्रभाव डालकर उसका हृदय परिवर्तन करने का प्रयास करेंगे। जो शेष दो के हृदय बदलने में सफल होगा, उसके नाम की तरफ फाटक हो जायेगा। दोस्तो, आपका कर्त्तव्य यह है कि आप तुरन्त एक शान्ति-समिति बनायें जो पहले हमें मालाएँ पहनाये और फिर यहाँ घी के दीप जलवाकर अखण्ड 'रामधुन' का प्रबन्ध करे। शान्ति-समिति का कर्त्तव्य है कि वह इस उपवास का प्रचार करे और साथ ही यह भी देखे कि हम तीनों अनशन के नियमों का पालन कर रहे हैं या नहीं। सबसे जरूरी काम यह है कि शान्ति-समिति अभी हममें से हर एक से पूछ ले कि वह किसके हाथ से मुसम्मी का रस लेकर

उपवास तोड़ेगा। जहाँ तक मेरा प्रश्न है, मैं अभी तक लगभग 73 बार आमरण अनशन कर चुका हूँ और कभी भी मैंने मुख्यमन्त्री से नीचे के आदमी के हाथ से मुसम्मी का रस नहीं पिया।

'मित्रो, हम लोग सत्य और न्याय के लिए प्राणों की बाजी लगा रहे हैं। आशा है, आप लोग भी अपना कर्त्तव्य पूरा करेंगे।'

एक शामियाने के नीचे तीनों अनशनकारी बैठ गए। मालाएँ डल गयीं, घी के दीपक जल गये और भजन होने लगा—'सबको सम्पत्ति दे भगवान्—' तार से सब दूर समाचार भेज दिया गया। पत्रकार आते और फोटो ले जाते।

रोज सुबह शान्ति-समिति के अध्यक्ष हर एक के पास जाकर पूछते, 'कहिये, आपका हृदय-परिवर्तन हुआ ?'

उत्तर मिलता, 'नहीं। दूसरों से पूछो।'

चौथे दिन अनशनकर्त्ताओं की हालत चिन्ताजनक हो गयी। अभी तक किसी का हृदय नहीं बदला था।

पाँचवें दिन मुख्यमन्त्री आ गये। वे सीधे सेठ किशोरीलाल के पास गये और कान में कहा, 'अगर एक घण्टे के अन्दर तुम्हारा हृदय नहीं बदला, तो चपरासियों की वर्दी के कपड़े की सप्लाई का जो आर्डर तुम्हें मिल रहा है, वह नहीं मिलेगा।'

फिर वे गोवर्धन बाबू के पास गये और कहा, 'अगर एक घण्टे में तुम्हारा हृदय-परिवर्तन नहीं हुआ, तो नगरपालिका भंग कर दूँगा।'

थोड़ी ही देर बाद जनता ने सुना कि गोवर्धन बाबू और सेठ किशोरी लाल का हृदय-परिवर्तन हो गया और उन्होंने मान लिया कि फाटक भैया साहब के नाम की तरफ होना चाहिए। सबने मुसम्मी का रस पिया और भैया साहब फूलों से लाद दिये गये।

# एक दीक्षांत भाषण

[विश्वविद्यालयों के दीक्षांत समारोहों का मौसम चल रहा है। एक विश्वविद्यालय में एक मंत्री का दीक्षांत भाषण मैंने भी सुना। भाषण ज्यों का त्यों यहाँ दे रहा हूँ।—ले०]

प्यारे विद्यार्थियो,

इस समारोह में छात्रों से ज्यादा पुलिस के सिपाही देखकर मेरा मन आनन्दित हो उठा। देखिए सिर्फ 20 वर्षों में हमने कितनी प्रगति कर ली। दुनिया में बहुत पुराने विश्वविद्यालय होंगे, पर वहाँ भी एक छात्र के पीछे एक पुलिस मैन नहीं हो पाया। शासन को तो इस प्रगति का श्रेय है ही, आप लोगों को भी कुछ श्रेय है। मैं तो उस दिन की कल्पना कर रहा हूँ, जब आप लोगों में से हरेक के बाथरूम में एक सिपाही होगा। अगर शासन और छात्रगण परस्पर सहयोग करते रहे और दोनों ने प्रयत्न किए, तो वह दिन दूर नहीं है जबकि उपकुलपति के आसन पर पुलिस थानेदार विराजमान होगा। आप इस दिशा में जो प्रगति कर रहे हैं। उसकी मैं प्रशंसा करता हूँ। शासन इस दिशा में जो करता है वह आप जानते ही हैं। विश्वविद्यालय और पुलिस को निकट लाने के लिए शासन पूर्ण प्रयत्न करेगा—वह आश्वासन मैं इस पवित्र अवसर पर आपको देता हूँ।

प्यारे छात्रो, आप तो अभी से हल्ला-गुल्ला और हूटिंग करने लगे। इतने उतावले मत होइए। मैंने अपनी सुविधा के लिए भाषण में हूटिंग के उपयुक्त कई स्थल रखे हैं। उन्हें आने दीजिए और तब मुक्त मुख से हूट कीजिए।

मैं आपको बतला दूँ कि मैं कोई विद्वान् या महापुरुष नहीं हूँ। प्रश्न उठता है कि फिर मैं दीक्षांत भाषण के लिए क्यों बुलाया गया? जवाब साफ है। मैं अगर इस बार भी न बुलाया जाता तो ग्रांट रुकवा देता। तब आप लोगों का पढ़ना बंद हो जाता। आपका भविष्य अंधकारमय न

हो, यही सोचकर मैं दीक्षांत भाषण देने आ गया हूँ। आप लोग फिर शोरगुल करने लगे। आप शायद हूटिंग के मूड में आ गए हैं। मैं इसका बुरा नहीं मानता। इससे तो अभ्यास ही बढ़ता है। हमें आजकल हर जगह हूटिंग का सामना करना पड़ता है। अपढ़ जनता की हूटिंग से मैं ऊब उठा हूँ। आप जैसे शिक्षित नवयुवक मुझे हूट कर रहे हैं यह काफी 'रिफ्रेशिंग' लग रहा है। फिर यह मेरे लिए गौरव की बात है कि इस वक्त जब मेरे साथी, दूसरे साथी, दूसरे मंत्री, गवर्नर लोगों के द्वारा हूट हो रहे होंगे, मैं एक विश्वविद्यालय में हूट हो रहा हूँ। इससे मेरा स्तर बढ़ता है।

शोरगुल, आवाज़कशी और हूटिंग के मामले में मैं आप लोगों की क्षमता जानता हूँ। मैंने कोयल से पूछा था, 'बहन जी, आप पेड़ों पर बैठी क्यों गाती हैं?' उसने कहा, 'पहले मैं शहर में गाती थी, पर विश्वविद्यालय के लड़कों ने हूट करके भगा दिया। इसीलिए पेड़ पर बैठकर गाना पड़ता है।' मैं यह भी जानता हूं कि मोर पहले यहाँ स्टेज पर नृत्य करता था। पर आप लोगों ने कंकड़ मारकर उसे भी जंगल में भगा दिया। मैं जानता हूँ कि मेरी जगह पर अगर बृहस्पति भी भाषण देते होते, तो वे भी हूट कर दिए जाते। आपके उपकुलपति उन्हें आमंत्रित करके देखें। मैं दावे से कहता हूँ कि वे यहाँ आने से इनकार कर देंगे। यह तो मेरा ही कलेजा है, जो बोले जा रहा हूँ। मेरे साहस का कारण यह है कि मैं बृहस्पति की तरह ज्ञानी नहीं हूँ। ज्ञानी कायर होता है। अविद्या साहस की जननी है। आत्मविश्वास कई तरह का होता है—धन का, बल का, ज्ञान का। मगर मूर्खता का आत्मविश्वास सर्वोपरि होता है।

अब आप मंच पर कंकड़ फेंकने लगे हैं। मैं इस कार्यक्रम की तुलना जब पश्चिम के ऐसे ही कार्यक्रम से करता हूँ, तो मेरा मन भर उठता है। पश्चिम में ऐसे मौके पर अंडे फेंके जाते हैं। पर हाय! भारत माता के इन लोगों को कंकड़ फेंकना पड़ता है। वे अण्डे नहीं खरीद सकते। देश की आर्थिक दुर्दशा का इससे बड़ा सबूत और क्या होगा कि हमारे होनहार नौजवान वक्त पर फेंकने के लिए अण्डे नहीं खरीद सकते। पर मैं

आपसे कहता हूँ कि आप निराश मत होइए। हम पर भरोसा रखिए। हम देश का विकास कर रहे हैं। आप जल्दी ही अंडे फेंक सकेंगे। मैं प्रतिज्ञा करता हूँ कि अपने जीवन-काल में आपसे नहीं, तो आपके लड़कों से अपने ऊपर अंडे जरूर फिकवाऊँगा। इसके लिए चाहे मुझे सौ साल भी मंत्री क्यों न रहना पड़े।

युवा मित्रो, आपने ताली बजाने का एक स्थल खो दिया। खैर, आगे ध्यान रखिए। मैं देख रहा हूँ कि आप में से कुछ लड़कियों के पीछे खड़े होकर बकरे की बोली बोल रहे हैं। मैं जानता हूँ, अच्छी लड़कियाँ जानवर की बोली बोलने वाले युवक से ही प्रेम करती हैं। मेरा लड़का एक लड़की के पीछे कुत्ते की बोली बोलता था। वह इतनी मुग्ध हुई कि उससे प्रेम करने लगी। अब दोनों की शादी भी हो गई है। घर में मेरा लड़का 'भौं-भौं' करता है, तो बहू 'म्याऊं' करती है। इससे परिवार का वातावरण सुखद रहता है।

युवको, देश को आपसे बड़ी आशाएँ हैं। देश का भविष्य आपको ही बनाना है। आप पूछेंगे, 'वर्तमान का क्या होगा ?' वर्तमान की चिंता आप न करें। वर्तमान को तो हम बिगाड़ रहे हैं। यदि हम वर्तमान को नहीं बिगाड़ेंगे तो आप भविष्य को कैसे बनाएँगे ? आपको भविष्य बनाने का मौका देने के लिए ही हम वर्तमान को बिगाड़ रहे हैं। यह आपके प्रति हमारा दायित्व है। यदि हम आज न बिगाड़ेंगे, तो कल आपके लिए कुछ काम नहीं रह जाएगा। तब आप निठल्ले हो जाएँगे और यह देश पतन के गर्त में गिर जाएगा।

आप युवक हैं, क्रांतिकारी हैं। मैं आपके क्रांतिकारी आंदोलनों को बड़े ध्यान से देख रहा हूँ। जब आप बस-कंडक्टर और सिनेमा-गेटकीपर के विरुद्ध क्रांतिकारी आंदोलन करते हैं, तब मुझे बड़ी खुशी होती है। जब तक आप बस-कंडक्टर और सिनेमा-गेटकीपर के विरुद्ध क्रांतिकारी आंदोलन करते रहेंगे, हम सुरक्षित रहेंगे। मैं आपसे अपील करता हूँ कि इन्हीं के खिलाफ आंदोलन करते रहें। जिस दिन आप बुनियादी परिवर्तन के लिए आंदोलन करेंगे, उस दिन हम उखड़ जाएंगे। इसलिए आप सच्चे क्रांतिकारी बनें। सच्चा क्रांतिकारी कंडक्टर, गेटकीपर, चपरासी

वगैरह से ही संघर्ष करता है।

अब मैं आपको कुछ संदेश देता हूँ। हर आदमी को जीवन के सत्य को पकड़ लेना चाहिए और उसके लिए हर कर्त्तव्य करना चाहिए। मैंने समझ लिया कि मेरे जीवन का सत्य मंत्री बनना है। इस सत्य को मैंने कभी नहीं छोड़ा। इस सत्य के लिए मैंने ईमान, धर्म सबका परित्याग किया। सत्य के लिए बड़े से बड़ा त्याग करना पड़ता है। मैंने किया, और आप जानते हैं कि सत्य मुझसे कभी नहीं छूटा। किसी भी पार्टी का मंत्रिमंडल हो, मैं जरूर मंत्री रहा। जिसका मंत्रिमंडल बना मैं उसी का हो गया। सत्य को इसी तरह दाँतों से पकड़ा जाता है। आप मेरे आदर्श पर चलें। विश्वविद्यालय के जीवन में आप यदि तय कर लें कि आपका सत्य डिग्री लेना है तो इसके लिए पेपर आउट व नकल से लेकर अध्यापक से मारपीट तक करें। सत्य से बड़ा कुछ नहीं है।

मेरा दूसरा संदेश यह है कि आप लोग राजनीति में भाग न लें। अगर आप राजनीति में भाग लेंगे, तो हमें राजनीति छोड़नी पड़ेगी। आप लोग चरित्रवान बनें। अगर आप चरित्रवान न बनेंगे, तो हमें बनना पड़ेगा—और हमारी अब चरित्रवान बनने की उम्र नहीं है। आप त्यागी बनें—आप त्यागी-न बनेंगे, तो मजबूर होकर हमें त्यागी बनना पड़ेगा। आप ईमानदार बनें। आपके ईमानदार बन जाने से हम ईमानदार बनने से बच जाएँगे। वरना हमें इस ढलती उम्र में ईमानदार बनना पड़ेगा। इसमें कितना क्लेश होता है, इसे आप कच्ची उम्र के लड़के नहीं समझ सकते। मेरी इच्छा है कि आप देश के सच्चे सपूत बनें। अगर आप नहीं बनेंगे तो हमें बनना पड़ेगा—और हमारे सच्चे सपूत बनने की उम्र नहीं रही। तरुण मित्रो, देश को आपका ही भरोसा है। आप पर देश भरोसा नहीं करेगा, तो उसे फिर हम पर ही भरोसा करना होगा और यह उसके लिए अच्छा नहीं होगा।

तरुण मित्रो, आपको यह विदित ही है कि समारोह में मुझे भी आपके साथ कानून की डाक्टरेट बिना किसी इम्तहान के पास किए ससम्मान मिल रही है। यह बड़ी स्वस्थ परंपरा है कि जो परीक्षा पास न करे उसे सम्मानपूर्वक डिग्री मिल जाए। आज मैं भी आपकी तरह

छात्र हो गया हूँ। मेरे मन में छात्र जीवन की सुखद स्मृतियाँ जाग उठी हैं। किसी कवि ने कहा है कि—'अहा, छात्र जीवन भी क्या है, क्यों न इसे सबका मन चाहे।' डॉक्टर बनने की इच्छा मेरी बचपन से ही थी, पर अक्ल ने साथ नहीं दिया। यह इच्छा आज पूरी हो रही है। मैं जानता हूँ कि यदि मैं मंत्री न होता तो कानूनी डॉक्टर क्या, कम्पाण्डर भी मुझे कोई न बनाता।

ओ३म् शांति ! शांति ! शांति !

# बेईमानी की परत

कपड़ा पहनते-पहनते छोटा हो जाता है, यह मैं भूल चुका था। कई सालों से ऐसी घटना नहीं घटी थी। मैं उनमें से नहीं रहा, जो इस साल पैंट सिलवाते हैं और अगले ही साल उसे पत्नी की पुरानी साड़ी की किनार से बाँधने लगते हैं। उच्चवर्गी और मध्यवर्गी में यही अंतर है। उच्चवर्गी का पैंट जब छोटा होता है, तो वह उसे आगे के लिए छोड़ देता है। पर मध्यवर्गी का कुछ 'आगे' के लिए नहीं होता, इसलिए वह स्त्री की फटी साड़ी की किनार खोजने लगता है।

ठंड शुरू होने पर मैंने गरम शेरवानी निकालकर पहनी तो देखा कि बटनें नहीं लगतीं। पिताजी जब मेरे कपड़े सिलाने देते थे, तो दर्जी से कह देते थे—जरा बढ़ते शरीर का बनाना। जब से अपने कपड़े बनवाने का जिम्मा खुद लिया है, हर बार दर्जी से कहना चाहता हूँ—जरा घटते शरीर का बनाना। शरीर जब तक दूसरों पर लदा है, तब तक मुटाता है। जब अपने ही ऊपर चढ़ जाता है, तब दुबलाने लगता है। जिन्हें मोटे रहना है, वे दूसरों पर लदे रहने का सुभीता कर लेते हैं—नेता जनता पर लदता है, साधु भक्तों पर, आचार्य महत्त्वाकांक्षी छात्रों पर और बड़ा साहब जूनियरों पर।

मुझे ऐसा कोई आसन नहीं मिला। फिर भी कुछ मोटा हो जाने की इच्छा मरी नहीं। जब भी सफर करता, रेलवे प्लेटफार्म पर वजन तौलने की मशीन में 10 पैसे डालकर वजन का टिकिट निकालता। टिकिट के दूसरे तरफ भाग्य-फल लिखा रहता है, जो अक्सर 10 पैसे के बदले में की गई चापलूसी होता है। इस देश की मशीनें भी चापलूसी करना सीख गई हैं। सिर्फ 10 पैसे में कुछ ऐसी बातें कहती हैं—'आपके विचार बहुत ऊँचे हैं। आप उनके अनुसार कार्य करेंगे, तो सफल होंगे⋯' मैं कहता हूँ—'मिस्टर, कभी तो सच बोला करो। यह कोई तुम्हारा 'स्टैंडर्ड' है कि सिर्फ 10 पैसे में⋯!' मशीनों की राय पर मैं ज्यादा भरोसा नहीं करता,

विशेषकर उन पर जो आदमी को तौलने के लिए जगह-जगह रखी हुई हैं। इनके मुँह में 10 पैसे डाल दो तो तारीफ का एक वाक्य बोल देती हैं।

इसीलिए मैं किसी इनाम के लिए कभी किताब नहीं भेजता। और समीक्षकों के घरों में पुत्र-जन्म होते रहते हैं, पर मैं बधाई के कार्ड नहीं लिख पाता। नतीजा यह कि वज़न बढ़ता भी है, तो किसी मशीन की टिकिट पर रिकार्ड नहीं होता। ज़माने में वज़न से ज़्यादा उसके रिकार्ड का महत्त्व है। इसीलिए चतुर लोग दूसरे की गोद में बैठकर अपने को तुलबा लेते हैं, और बड़े वज़न का टिकिट जेब में रखे रहते हैं।

इस बार जरूर वज़न बढ़ा है। अब मशीन की धाँधली नहीं चलेगी। मुटाई के अहसास ने शरीर में ऐसी सनसनी पैदा की कि जी हुआ फैलकर शेरवानी को तार-तार कर दूँ और ठंड उघाड़े बदन गुज़ार दूँ।

फिर मैं झेंपा भी। वज़न बढ़ना तो लड़कपन की हरकत है। कोई प्रौढ़ आदमी भी इस ज़माने में क्यों मोटा होगा? लोग क्या सोचेंगे? अनाज की दूकानों के सामने थैला हाथ में लिए कतार में खड़ा आदमी सूख रहा है। जब तक उनका नंबर आता है, दाम बढ़ जाते हैं और घर से लाए पैसे कम पड़ जाते हैं। साधारण आदमी भी जहाज़ों के टाइम-टेबिल याद रखने लगा है। अमेरिका से जहाज आएगा तो उसमें हमारे लिए गेहूँ होगा; जापान से आएगा तो चावल होगा। अमेरिका में जहाजी कर्मचारियों की हड़ताल से भारतीय जन चिंतित हो जाता है। भुखमरी से हममें अंतर्राष्ट्रीय चेतना आ गई। अगर अकाल पड़ जाए तो हर भारतीय अपने को विश्व-मानव समझने लगेगा।

यह वक्त भी कहीं मोटे होने का है! मैं शर्म से कमरे में छिपा बैठा रहा जैसे कुमारी गर्भ को छिपाती है। मेरे देशवासियो, मुझ बेशर्म को माफ करना। भारत माता, क्षमा करना, तेरा यह एक कपूत मोटा हो गया। मैं तीसरी पंचवर्षीय योजना का एक झूठा आँकड़ा हूँ, जो तुम्हें धोखा दे रहा है। सुब्रमन्यम, माफ करना यार, तुम्हारी खाद्य-व्यवस्था के बावजूद मैं मोटा हो गया। टी०टी० भाई, तुम भी मुझे माफ करो; मैंने तुम्हारी अर्थनीति का अपमान किया है। कन्हैयालाल मुंशी, अजितप्रसाद जैन, साधोबा पाटिल—मेरे पिछले खाद्य मंत्रियो, तुम्हारे

सामने मैं शर्मिन्दा हूँ। चितामन देशमुख और मोरारजी भाई, मेरे भूतपूर्व अर्थ-मंत्रियो, मैं तुम्हें मुँह दिखाने के काबिल नहीं रहा। मैं पिछले 15 वर्षों की उलझी अर्थ-नीति और खाद्य-नीति के प्रति अपराधी हूँ।

ग्लानि से दुबला होने में देर लगती है और पानीदार ही दुबला होता है। मुझे इस बढ़े शरीर की व्यवस्था करनी ही होगी। शेरवानी को खुलवाना ही पड़ेगा। मैंने छोटे भाई से कहा। वह बहुत खुश हुआ और मुहल्ले में जितने लोगों को सूचित कर सकता था, कर आया कि मेरा भाई मोटा हो गया है। मैं डरा कि अभी लोग आएँगे और कहेंगे—सुना है साहब, आप मोटे हो गए। बधाई है। ईश्वर सबको इसी तरह मोटा करे।

लेकिन शाम तक मैंने लज्जा-भाव को जीत लिया। इसमें क्या शर्म की बात है। मोटा हुआ है, तो मेरा ही शरीर हुआ है। मेरे कारण कोई दूसरा तो मोटा नहीं हुआ। मैं इशारे से इस उपलब्धि को बताने भी लगा। दोस्त ठण्ड की बात करते तो मैं बीच में कह देता—हाँ, ठण्ड सिर पर आ गई और हमारे गरम कपड़े छोटे पड़ गये। बटनें नहीं लगतीं।

दो-तीन दिनों में यह बात फैल गई और मेरे एक बुजुर्ग रिश्तेदार यह कहते मेरे घर आए कि लड़के ने बताया कि तुम मोटे हो गए। मैंने सोचा, चलो देख आएँ।

दुर्बलता का मैं अभ्यस्त हो गया था। गर्वपूर्वक दुबला रह लेता था। कोई ऋषि मोटा नहीं हुआ। वे सब सूखे और क्रोधी होते थे। कोई उनके चरण न छुए तो उसे शाप देकर बन्दर बना देते थे। पर न मैं वैसा दुबला था, न वैसा क्रोधी। मैं 'आजानुभुज' और 'आकंठटांग' वाला हूँ—यानी बैठने में टाँगें कंठ तक आ पहुँचती हैं। सोचता था, भुजाओं और टाँगों का जो अतिरिक्त भाग है, वह बाकी शरीर में चिपका दिया जाए, तो ठीक हो जाए। पुराने ज़माने में सुन्दरियों के लिए ऐसी सर्जरी होती होगी कि इस अंग का कुछ काटकर उस अंग में चिपका दिया। प्रमाण चाहिए तो बिहारी की यह पंक्ति काफी है—'कटि को कंचन काटि कै, कुचन मध्य धरि दीन।' (इससे दोनों ठीक हो गए) एक और तरह की सर्जरी है, जिसमें बिना चाकू के पेट काटा जा सकता है। वर्तमान सभ्यता में इस रक्त-हीन सर्जरी ने काफी उन्नति की है। जो दस-पांच के पेट

काट सके उसका पेट बड़ा हो जाता है। वे सारे पेट उसके पेट में चिपक जाते हैं। इस विद्या के विद्यालयों में मुझे प्रवेश नहीं मिला, वरना मैं भी यह सर्जरी सीख लेता और पेट बढ़ा लेता।

यों हमारी पूरी दार्शनिक ट्रेनिंग देह के खिलाफ जाती है। देह की सेवा बड़ी हीन बात मानी गई है। दो-तीन साल पहले एक मठाधीश स्वामीजी ने हमें यह बात अच्छी तरह समझा दी थी। वे अच्छे पुष्ट और गौरवर्ण संन्यासी थे। तख्त पर बैठे थे और देह की तुच्छता पर ऐसा जोरदार प्रवचन कर रहे थे कि हमें अपने शरीर से घृणा होने लगी थी। अच्छे उपदेशक थे, जो अच्छी से अच्छी चीज के प्रति नफरत पैदा कर देते हैं। वे कह रहे थे—'यह मलमूत्र की खान, यह गंदा शरीर मिथ्या है, नाशवान है, क्षणभंगुर है। मूरख इसे स्वादिष्ट पकवान खिलाते हैं, इसे सजाते हैं, इस पर इत्र चुपड़ते हैं। वे भूल जाते हैं कि एक दिन यह देह मिट्टी में मिलेगी और इसे कीड़े खाएँगे।' इतने में एक सेवक केसरिया रबड़ी का गिलास लाया और स्वामीजी ने उसे गटक लिया। मेरे पापी मन में शंका उपजी। पर पास में बैठे एक भक्त ने समझाया—यह मत समझ लेना कि स्वामीजी स्वादिष्ट रबड़ी खाते हैं। अरे, वे तो कीड़ों-मकोड़ों के खाने के लिए देह को पुष्ट और स्वादिष्ट बना रहे हैं। इस मृत देह को कीड़े खाएँ तो उन्हें भी मजा आ जाए—यही सोचकर स्वामीजी रबड़ी पीते हैं। श्रद्धाहीन सोचते हैं कि स्वामीजी माल खाते हैं; यह नहीं जानते कि वे तो कीड़ों के लिए 'डिनर' बनाने में लगे हैं।

वह उपदेश आज काम आया। संतोष भी हुआ कि अगर स्वामीजी का 'मेनू' पहले दर्जे का है तो मेरा भी दूसरे का तो हो ही गया। मैं मिथ्या गर्व से बच गया। जो खुशी थी, वह लोगों के सवालों ने छीन ली। लोग पूछने लगे—मोटे हो रहे हो। क्या बात है? मैं क्या जवाब देता। कह दिया—स्वास्थ्य का ख्याल रखता हूँ। वह जो स्वामी शिवानन्द की किताब है न, उसी के मुताबिक चल रहा हूँ। उसमें लिखा है—समय पर भोजन करना चाहिए, सूर्यास्त के बाद चाय नहीं पीनी चाहिए, अधिक रात तक नहीं जागना चाहिए, हलका भोजन करना चाहिए, मदिरा आदि मादक द्रव्यों का सेवन नहीं करना चाहिए, मिर्च-मसाले नहीं खाने चाहिए,

मन में बुरे विचारों को नहीं आने देना चाहिए···

किसी को संतोष नहीं हुआ। लोग कहते—मजाक छोड़ो। सच बताओ, मोटे क्यों हो रहे हो? पीठ पीछे जब कोई यह प्रश्न करते, तो वह कंटीला हो जाता। वे आपस में कहते—वह आजकल मुटा रहा है। क्या बात है? मैं इस सवाल से घबड़ा उठा। मैं जब दुबला था, तब किसी ने प्रधान मंत्री से नहीं पूछा कि यह शख्स दुबला क्यों है। किसी ने संविधान नहीं देखा कि उसमें नागरिक के कर्त्तव्यों में दुबला होना लिखा है या नहीं। हम सबने दुबले होने को अपनी नियति मान लिया है। कोई मोटा हो जाता है, तो हजार अँगुलियाँ उठने लगती हैं। लोग यह समझ रहे थे कि या तो मैं गाँजा-शराब के 'स्मगलिंग' में लगा हूँ, या किसी संस्था का मंत्री बनकर चंदा खा रहा हूँ, या कहीं से काला पैसा ले रहा हूँ या घूसखोरी के लिए किसी का एजेंट हो गया हूँ। रोटी खाने से कोई मोटा नहीं होता, चंदा या घूस खाने से मोटा होता है। बेईमानी के पैसे में ही पौष्टिक तत्त्व बचे हैं।

पिछले 17 सालों में मोटे होने वालों ने ऐसी परंपरा डाली है कि ईमानदार को मोटा होने से डर लगता है। स्वस्थ रहने की हिम्मत नहीं होती।

मेरे एक दोस्त ने मुझे बताया है कि जिनकी तोंदें इन 17 सालों में बढ़ी हैं, जिनके चेहरे सुर्ख हुए हैं, जिनके शरीर पर माँस आया है, जिनकी चर्बी बढ़ी है—उनके भोजन का एक प्रयोगशाला में विश्लेषण करने पर पता चला है कि वे अनाज नहीं खाते थे; चंदा, घूस, काला पैसा, दूसरे की मेहनत का पैसा या पराया धन खाते थे। इसीलिए जब कोई मोटा होता दिखता है, तो सवाल उठते हैं। कोई विश्वास नहीं करता कि आदमी अपनी मेहनत से ईमान का पैसा कमाकर भी मोटा हो सकता है।

बेईमानी की तरह थोड़ा-सा माँस मेरे ऊपर चिपक गया है। मेरे दुश्मनो, एक वैज्ञानिक तथ्य मेरे सामने है। मैं मोटा होकर कमजोर हो गया हूँ। मेरी बदनामी उड़ाने का ऐसा सुनहला अवसर तुम्हें कभी नहीं मिलेगा। तुम जल्दी करो। मेरा क्या ठिकाना? मैं चार दिनों बाद फिर दुबला हो जाऊँगा। तब तुम हाथ मलते रह जाओगे।

# रामभरोसे का इलाज

काका यथास्थान बैठे थे ।

मुझे देखा तो पूछा—क्यों हातिम साहब, करा दिया उस भ्रष्ट शिवशंकर का तबादला ?

मैंने कहा—काका, वह हो ही नहीं सका ।

काका बोले—मैं जानता था, तुमसे किसी का भला नहीं हो सकता । अरे, पहले तबादले के सिद्धांत समझो, तब उसमें हाथ डालो । देखो, साहब जब खुद तबादला करता है, तब वह दण्ड होता है । और जब किसी की प्रार्थना पर करता है, तब वह कृपा होती है । कृपा करने का कोई नियम शासन में नहीं है, पर सजा देने की छूट है । तुम कोशिश करके शिवशंकर को सज़ा दिलवाओ, तो तबादला हो जायगा ।

—सज़ा क्यों दिलवाऊंगा ?

—सजा उसके भले के लिए दिलवाओ । उससे कहो कि वह आज से लगातार तीन दिन साहब के बंगले के सामने खड़ा होकर उन्हें गालियाँ दे । जब साहब उसे डाँटने आयें, तब अपना नाम और पद बता दे । साहब गुस्से से कहेगा—बदमाश, मैं तेरा ट्रांसफर कर दूंगा । दूसरे दिन शिवशंकर का तबादला हो जाएगा ।

—मगर काका, कहीं साहब···

—और कुछ नहीं करेगा । कर ही नहीं सकता । ये बड़े-बड़े अफसर बेचारे बहुत कमज़ोर होते हैं । ये तबादले से ज्यादा कुछ कर ही नहीं सकते । अगर ये कहें कि मैं तुम्हें मार डालूंगा, तो समझो कि ये तबादला करेंगे ।

—पर काका, शिवशंकर गाली देने की हिम्मत नहीं कर सकता ।

—सो मैं जानता हूँ । वह पैसा खाता है न ! गाली वही दे सकता है, जो रोटी खाता है । पैसा खाने वाला सबसे डरता है । जो सरकारी कर्मचारी जितना नम्र होता है, वे उतने ही पैसे खाता है । शिवशंकर

को कुत्ता काट खाये, तो उसे भी गाली नहीं देगा। कहेगा—श्वानश्रेष्ठ! काट लिया तो कोई बात नहीं, पर मेरी रिपोर्ट मत कर देना। अच्छा, तबादले का दूसरा सिद्धांत है, जो जहाँ ठीक काम कर रहा है उसे वहाँ से हटाना। अंग्रेज़ों के जमाने से जनता और सरकार में दुश्मनी का सम्बंध चला आ रहा न! ज्योंही ऊपर के अधिकारियों को मालूम होता है कि कर्मचारी अच्छा काम कर रहा है और उससे जनता को फायदा है, त्यों-ही उसका तबादला करा दिया जायगा। तुम शिवशंकर की तारीफ किसी अखबार में छपा दो। उसका ट्रांसफर हो जायगा।

काका ने एक आँख बन्द करके मूँछ का एक सफेद बाद पकड़ा और झटका दिया। आँखों में आँसू आ गए, पर बाल न उखड़ा।

गमछे से आँसू पोंछते हुए बोले—बुढ़ापे का एक-एक बाल रुलाता है।

मैंने कहा—इससे तो अच्छा है उस्तरा फिरवा लें।

वे बोले—नहीं, मूँछों से चेहरा रोबदार होता है। रोब से आदमी बड़ा होता है। अगर रवीन्द्रनाथ वैसा सुन्दर रेशमी चोगा न पहनते, तो क्या इतने बड़े कवि माने जाते? शरच्चन्द्र ने मामूली धोती-कुरता पहना, तो नतीजा भी भुगता। बंगाल के बाहर अपनी ज़िंदगी में तो जा नहीं पाये। खैर, छोड़ो इस रूपक-रहस्य को। तुम्हें काम बताता हूँ। वह जो रामभरोसे खोमचेवाला है न, वह सख्त बीमार है। रात से बेहोश है। दो-तीन आदमी उसे लेकर डॉक्टर के पास गये हैं। मगर उन लोगों का भरोसा नहीं। उनपर उसकी उधारी है। वे तभी तक उसके साथ हैं, जब तक वह बेहोश है। उसे होश आते ही वे छोड़ भागेंगे। तुम पर अगर उसका उधारी नहीं हो, तो तुम उसके इलाज का प्रबन्ध कर दो।

मैं अन्दाज़ से अस्पताल पहुँच गया। बरामदे में दो-तीन पड़ोसी भरोसे को फर्श पर लिटाकर बैठे थे। मैंने उसे हिलाया। वह बोला नहीं। फिर पुकारा—भरोसे, ज़रा होश में तो आओ। देखो, कौन आये हैं! सब उधारीवाले तुम्हारे आसपास इकट्ठे हैं।

फिर भी उसने आँखें नहीं खोलीं।

सामने से मुझे हरिराम मास्टर आते दीखे। मगर हरिराम तो

चार-पाँच साल पहले मर चुके थे।

मास्टर मेरे पास आ गए। बोले—पहचाना ?

—हाँ-आँ, कुछ-कुछ…मगर…

—हाँ, मैं वही हूँ ! हरिराम मास्टर ! इधर फाटक पर बिना इलाज के मर गया था न ! अब प्रेत बनकर इलाज कराने आया हूं।

—मगर ये लोग प्रेत का इलाज करते भी हैं ?

—करते हैं। इनके हिसाब में देखो—कई नाम लिखे रहते हैं, जिनके लिए दवा स्टोर से निकल जाती है। वे वास्तविक आदमी नहीं होते, प्रेत होते हैं। मेरे मरने के बाद इन लोगों ने मेरा नाम रजिस्टर पर चढ़ा लिया और खर्च बताने लगे। अब मैं खुद आ गया।

मास्टर ने कहा—इस भरोसे के मरने में कितनी देर है ?

—क्या पता ? इसे तो अच्छा कराने लाए हैं।

—तो दौड़-धूप करो। डॉक्टरों के पीछे पड़ो। ऐसे तो यह सृष्टि के अन्त तक पड़ा रहेगा। देखो, फाटक के बाहर वे मरीज़ हफ्ते से पड़े हैं, अभी तक उनकी जाँच नहीं हुई।

मैं सामने सुपरिन्टेंडेंट के कमरे में घुस गया। बिना पूछे घुस जाने से वह समझा कि यह ऐसा आदमी है, जिसे यह हक है। वह नम्र हो गया। बोला—कहिए, क्या आज्ञा है ?

मैंने कहा—एक तो शिकायत है। फाटक पर कई दिनों से मरीज़ पड़े हैं, मगर उनकी जाँच नहीं हो रही है।

सुपरिन्टेंडेंट ने चश्मा निकालकर रख दिया और मुझे नंगी आँखों से देखा। वे अन्दाज़ लगा रहे थे कि मैं कमरे से बाहर फेंक देने के काबिल हूँ या जवाब के काबिल। मैं जवाब के काबिल निकला। वे मुझे समझाने लगे— देखिये, आपका खयाल गलत है। उनकी जाँच तो हो रही है। इसे हम 'प्राथमिक जाँच' यानी प्राइमरी इनवेस्टिगेशन कहते हैं। यह ज़रा टेकनिकल चीज़ है। बाहर मरीज़ों को पड़े रहने देकर हम उनके रोग की जाँच करते हैं और उन मरीज़ों को छाँटते हैं, जो इलाज के लायक हैं। इनमें जो ज्यादा बीमार हैं, वे तो मर ही जायेंगे। उनकी चिकित्सा में जनता का पैसा क्यों बरबाद किया जाए ? जो कम बीमार

हैं, वे ऊबकर घर लौट जायेंगे। जिन्हें इस अस्पताल में घुसने की गुप्त सुरंगें मालूम हैं, वे उनसे भीतर घुस आयेंगे। अब जो बचेंगे, वे सच्चे मरीज होंगे। उनका इलाज होगा।

मैंने कहा—यह वैज्ञानिक पद्धति मुझे मालूम नहीं थी। आम लोगों को नहीं मालूम। लोग अज्ञानवश शिकायत करते हैं। मगर एक बात तो बताइए—अस्पताल में घुसने के लिए सुरंगें भी हैं?

—हाँ-हाँ, कई सुरंगें हैं। पर वे गुप्त हैं। उनमें फाटक लगे हैं, जिनमें ताले जड़े हैं।

—तो उनमें से कैसे घुसा जाता है?

—यह रहस्य है। यहाँ बताने का हुक्म डॉक्टरों को नहीं है। घर पर बताया जाता है।

मैंने कहा—एक मरीज मैं भी लाया हूँ। उसकी हालत खराब है। उसे यहीं बरामदे में मरने दूँ या घर में?

—जहाँ आपकी इच्छा हो। दोनों जगह सुभीते हैं।

मैंने उसे भरती करने पर ज़ोर दिया, तो डॉक्टर ने मुझे एक फार्म दिया। कहा—इसे भर दीजिए।

फार्म में कई बातें पूछी गई थीं। कुछ प्रश्न ये थे

1. मरीज़ क्यों अच्छा होना चाहता है?

2. उसे इलाज कराने का क्या हक है?

3. मरीज़ से या उसके सहायकों से कौन-कौन डॉक्टर डरते हैं और क्यों डरते हैं?

4. मरीज़ की चिकित्सा ठीक करने से डॉक्टरों का क्या फायदा होगा? न करने से क्या नुकसान होगा?

5. ऐसे पाँच बड़े आदमियों के नाम लिखो, जो चाहते हैं कि मरीज़ स्वस्थ हो जाये।

6. मरीज़ का पॉलिटिक्स क्या है?

और प्रश्नों के जवाब तो जैसे-तैसे मैंने लिख दिये, पर आखिरी सवाल पर अटक गया। भरोसे का क्या पॉलिटिक्स लिखूँ?

मैंने डॉक्टर से कहा—यह आदमी खोमचा लगाता है। उसका क्या

पॉलिटिक्स ?

डॉक्टर ने कहा—होता है। कीड़े और चींटे तक का पॉलिटिक्स होता है।

—पर वह तो बेहोश है। उससे तो पूछा नहीं जा सकता।

—तो अपना पॉलिटिक्स लिख दीजिए। अस्पताल में 'एम' और 'डी' दल हैं। आप किस दल के हैं ?

—इन दलों के राजनैतिक सिद्धांत क्या हैं ?

—एक-दूसरे को उखाड़ना।

—ये दल किस महापुरुष ने बनाये थे ?

—सरकार ने ही बनवाये हैं। मन्त्रिमण्डल ने अपनी एक विशेष बैठक में तय किया था कि जैसे हमारे बीच दो गुट हैं, वैसे ही शासन के सब विभागों में हो जाना चाहिए। हर सरकारी कर्मचारी से फार्म भरवाया है कि वह किस गुट का है।

मैंने पूछा—आप किस गुट में हैं ?

डॉक्टर ने जवाब दिया—मैं तो 'एम' गुट में हूँ। तभी तो 'डी' गुट ने पिछले महीने मेरा तबादला करा दिया था। मैं दो-तीन स्टेशन ही पहुँचा था कि 'एम' गुट ने मेरा तबादला कैंसिल करा दिया। मुझे रेलगाड़ी में ऑर्डर मिला और मैं दूसरी गाड़ी से लौट आया। यहाँ स्टेशन पर उतरा, तब तक 'डी' वालों ने फिर तबादला करा दिया था। मैं फिर गाड़ी पर चढ़ गया। तीसरे स्टेशन पहुँचते ही फिर कैंसिल होने का आर्डर मिल गया और मैं लौट पड़ा। इस तरह लगभग एक हफ्ते तक मैं यहाँ से तीसरे स्टेशन तक जाता और लौटता रहा। तब तक 'एम' गुट जोरदार हो गया था और मैं यहीं रह गया।

मैंने कहा—डॉक्टर साहब, मैं तो न 'एम' का हूँ और न 'डी' का। पर रामभरोसे को एक गुट में होना चाहिये। वही लिख देता हूँ।

फार्म भरकर मैं दूसरे कमरे में गया। वहाँ एक डॉक्टर ने फार्म देखा और कहा—अच्छा, 'एम' वाला है। इसका डॉक्टर तय करिये। पैसा उछालिये। चित 'एम', पट 'डी'।

मैंने पैसा उछाला। 'डी' निकला।

डॉक्टर ने कहा—मरीज़ 'एम' गुट का है। डॉक्टर 'डी' गुट का है। बोलिए, इलाज कराना है या नहीं ?

मैं डॉक्टर का इशारा समझ गया। पर कोई दूसरा रास्ता नहीं था। मैंने उसे एक वार्ड में भरती करा दिया।

मैंने देखा, वार्ड के आसपास मरीज़ों के रिश्तेदार डण्डे लेकर पहरा दे रहे हैं।

एक डण्डाधारी से पूछा—डंडा लिये क्यों खड़े हो ?

—हमारा साला यहाँ इलाज करवा रहा है। उसकी रखवाली कर रहे हैं।

—उसे किससे डर है ?

—डॉक्टरों से। यह वार्ड 'डी' वालों का है। अगर इधर कोई 'एम' वाला डॉक्टर आ गया और उसकी छाया भी किसी मरीज़ पर पड़ गई, तो एम-वाले डॉक्टर उसे मर जाने देंगे। इसीलिए जब कोई एम-वाला डॉक्टर इधर आता दीखता है, हम लट्ठ घुमाने लगते हैं और वह भाग जाता है।

मैंने उससे कहा—भाई, सात नम्बर में एक गरीब आदमी पड़ा है। उसकी तरफ से लट्ठ उठाने वाला कोई नहीं है। तुम उसे भी डॉक्टरों से बचाना।

लट्ठधारी बोला—आप बेफिक्र रहिये। उसका कोई डॉक्टर बाल बाँका नहीं कर सकता।

तीन-चार दिन बीत गये। भरोसे की हालत बिगड़ती ही गई। वह कराहता, तो उसे डाँट पड़ जाती—ए बुड्ढे, क्यों हल्ला क़रता है ? वह चुप हो जाता। इसे डॉक्टर 'सुधार' कहते थे।

पाँचवें दिन मैंने डॉक्टर से कहा—इसकी हालत अब कैसी है ?

—सुधार हुआ है।

—मुझे तो और बिगड़ी नज़र आती है।

—बिगड़ना भी तो सुधार है। जैसी हालत में आया था, वैसी तो नहीं है। यही सुधार है।

—पर यह सुधार तो मौत की तरफ जा रहा है।

डॉक्टर दार्शनिक हो गया। बोला—मौत तो जीवधारी का सबसे बड़ा सत्य है। देह नाशवान है। आत्मा अमर है। आत्मा को टाइफाइड नहीं होता। अगर यह शुद्ध आत्मा हो जाएगा, तो कभी इसे रोग नहीं होगा।

मैंने कहा—सुना है, यहाँ डॉक्टर सिन्हा इस रोग के विशेषज्ञ हैं। उन्हें मरीज़ को दिखा दीजिये न !

डॉक्टर ने कहा—नहीं, नहीं, यह तो नीति-विरुद्ध होगा। गीता में भगवान् कृष्ण ने कहा—स्वधर्मं मरणं श्रेय परधर्म भयावह ! अपने डाक्टर के हाथ से मरना अच्छा, पर दूसरे डॉक्टर के हाथ से बचना भी अच्छा नहीं। नहीं भई, मुझसे धर्म-विरुद्ध काम नहीं होगा।

मैंने कहा—पर यहाँ भी तो उसका इलाज ठीक ढंग से नहीं हो रहा है। कोई उस पर ध्यान नहीं देता।

डॉक्टर ने समझाया—खोमचेवाले का इलाज तो खोमचेवाले सरीखा ही होगा, कोई मिनिस्टर या रईस तो है नहीं।

डॉक्टर के तर्क अकाट्य थे। भरोसे ने बीमार पड़कर गलती की—यह तो सही है। उसके पास बताने के लिए सिर्फ गरीबी थी। इस गरीबी से आखिर कितना इलाज होता ? एक डॉक्टर के बारे में सुना था कि वह बड़ा ईश्वर भक्त है। सुबह-शाम पूजा करता है। वह शायद राम-भरोसे पर ध्यान दे, यह सोचकर मैं उसके बंगले पर पहुँचा।

वह पूजा कर रहा था। सोचा, पूजा के ठीक बाद, जब उसका मन पवित्र होगा, मैं रामभरोसे के लिए दया माँगूंगा।

पूजा का कमरा पास ही था और मैं उसकी स्तुति सुन रहा था—दीनबन्धु कृपालु भगवन हरण भव भय दारुणं !

फिर मेरे कानों में ये शब्द पड़े—हे भगवान् करुणानिधान, तू सब भक्तों पर कृपा करता है। मुझ क्षुद्र भक्त की भी एक प्रार्थना सुन लो। हे दीनबन्धु, तू वार्ड तीन के सातवें नम्बर के मरीज़ को इस दुनिया से उठा ले।

मैंने सुना तो सन्न रह गया। यही तो रामभरोसे के 'बेड' का नम्बर था।

डॉक्टर बाहर आया तो मैंने कहा—आप उस मरीज़ को क्यों मारना चाहते हैं ?

डॉक्टर ने जवाब दिया—मैं 'एम' गुट का हूँ और वह 'डी' गुट वाले डॉक्टरों के चार्ज में है। अगर वह मर गया तो 'डी' वाले बदनाम होंगे और मैं उनकी 'इनक्वायरी' कराऊँगा।

मैंने बंगले के बाहर आकर सोचा—अस्पताल जाऊँ या नहीं जाऊँ ? रामभरोसे को वहाँ से बाहर निकाल लूँ या पड़ा रहने दूँ ?

मैंने तय किया कि मुझे घर लौट जाना चाहिए। रामभरोसे को उसके भगवान् के सुपुर्द कर देना चाहिए। आदमी उसके लिए कुछ नहीं कर सकता।

# रामसिंह की ट्रेनिंग

रामसिंह रोज शाम को मेरे घर आता है और मुझे सामने बिठाकर एक घंटे गालियाँ देता है।

पड़ोसी पूछते हैं—क्या यह पागल हो गया है ?

मैं कहता हूँ—नहीं।

तब वे मुझे प्रोत्साहित करते हैं कि या तो मैं उसे पीटूँ या उन्हें उसे पीटकर पड़ोसी का कर्तव्य निभाने दूँ।

मैं हँस देता हूँ।

अब वे मुझे कायर या पागल समझने की तैयारी में हैं।

रामसिंह सिर्फ गालियाँ ही नहीं देता।

एक रात को वह मेरे घर में गांजे की दो-चार कलियाँ डाल गया। सुबह आकर उसने घर की तलाशी ली और रूमाल से मेरे हाथ बाँधकर मुझे गिरफ्तार कर लिया।

रामसिंह मुझे छोटे भाई की तरह प्यारा है। मुझे यह देखकर खुशी होती है कि रामसिंह बड़ी तेजी से योग्य होता जा रहा है और वह नौकरी में तरक्की करता जायेगा।

आठ-दस दिन पहले की बात है। रामसिंह के बड़े भाई हनुमानसिंह बड़े परेशान-से मेरे पास आये। कहने लगे—तुम्हें मालूम है, रामसिंह छुट्टी पर आया है। वह पुलिस इंस्पेक्टर क्या हो गया है, वह पागल हो गया है। उसने घर सिर पर उठा रखा है। कमरे को बन्द कर लेता है और घंटों गालियाँ बकता रहता है। एक दिन मैंने खिड़की के सुराख में से देखा कि हमारे बाप-दादों और नेताओं के जो चित्र दीवारों पर टंगे हैं, उन्हें वह गाली दे रहा है। एक दिन मैं मुन्ने से पढ़ने के लिए बैठने को कहकर बाहर चला गया। लौटकर आया तो बड़ी लड़की ने कहा—'रामसिंह चाचा का क्या दिमाग फिर गया है ? आपके जाने के बाद मुन्ना उठकर खेलने चला गया। जब लौटा तो रामसिंह चाचा उससे क्या कहते हैं—ए

मुन्ने, इकन्नी दे नहीं तो बड़े भैया से रिपोर्ट करके तुझे पिटवाऊँगा। हमने हँसी-हँसी में मुन्ने को इकन्नी देकर कहा कि चाचा जी को दे दे। हे भगवान, उन्होंने तो इकन्नी लेकर जेब में रख ली।' अजीब हरकतें करता है। बच्चों से पानी मंगाता है और अगर देर हो जाय, तो चिल्लाता है—जल्दी पानी ला। क्या समझता है! सात साल के लिए भेज दूंगा। यार, मेरी तो नाक में दम है। क्या करूँ? उससे पूछता हूँ, तो वह हँसकर कह देता है—आगे चलकर समझोगे। अभी मत बोलो। भई, मेरा तो विश्वास है कि उसका दिमाग फिर गया है।

रामसिंह को मैं बचपन से जानता हूँ। बड़ा सुशील, ईमानदार और नम्र लड़का था।

दूसरे दिन मैं उससे मिला।

मैंने कहा—यह मामला क्या है?

उसने कहा—मालूम होता है बड़े भैया ने आपसे शिकायत कर दी है। मुझे कोई समझने की कोशिश नहीं करता। मैं कहता हूँ, एक महीना मुझसे कोई मत बोलो। मेरा दिमाग बिलकुल ठीक है। मैं पागल नहीं हूँ।

मैंने कहा—फ़िर तुम यह सब क्यों करते हो?

उसने जो किस्सा बयान किया, वह उसी के शब्दों में यों है—

भाई साहब, मैं नया-नया इंस्पेक्टर हुआ था। मेरे मन में बड़े ऊँचे आदर्श और सेवा-भावना थी। एक दिन पास के गाँव का एक लड़का आया और रिपोर्ट की कि हमारे घर में रात को चोरी हो गई। मैं फौरन तहकीकात करने पहुँच गया।

उस घर के आँगन में एक बूढ़ा सिर झुकाये बैठा था। मुझे देखकर उठ बैठा और घबराते हुए बोला—पधारिये, साहब! मैं खाट पर बैठ गया और पूछताछ करने लगा।

मैंने पूछा—बाबा, आपके ही घर में चोरी हुई है?

वह चुप खड़ा रहा।

मैंने फिर पूछा—बाबा, चोरी आपके ही घर में हुई है?

उसने कहा—क्या हुजूर मुझसे पूछ रहे हैं?

मैंने कहा—हाँ-हाँ, बाबा, आपसे ही।

बूढ़ा बोला—मगर साहब, मेरा नाम तो 'ए साले बुड्ढे' है। बाबा तो मैं नहीं हूँ।

मैं बूढ़े की बात समझ नहीं सका। जल्दी करने के लिए मैंने कहा—अच्छा, चोरी कब हुई?

बूढ़ा फिर चुप हो गया। मैंने फिर पूछा। तब वह हाथ जोड़कर बोला—हुजूर, गलती तो हमसे हो गई। लड़का नादान है। मैं बाहर गया हुआ था। मैं होता, तो हरगिज रिपोर्ट नहीं होती और न आपको तकलीफ होती। लड़के की गलती आप माफ़ कर दें।

मैं बड़ी हैरत में पड़ा। आखिर यह कह क्या रहा है?

मैंने कहा—आप अजब बात कर रहे हैं। चोरी की रिपोर्ट करनी ही चाहिए। आखिर हम किसलिए हैं? हमारा फर्ज है कि हम चोरी का पता लगायें और आपका माल वापिस दिलवायें। हाँ, मुझे बताइये कि चोरी कब हुई और कौन-कौन चीज़ गई?

बूढ़ा फिर मौन हो गया। वहाँ खड़े हुए लोगों की तरफ वह किसी अर्थ से देखता खड़ा रहा।

उसका लड़का दूध का गिलास भर लाया और देने लगा। मैंने इनकार किया तो बूढ़ा बोला—ले लीजिये, साहब!

मैंने कहा—नहीं, मैं अपनी ड्यूटी कर रहा हूँ। मैं इस वक्त आप की कोई चीज़ नहीं लूंगा—सुपारी का टुकड़ा तक नहीं।

मैंने देखा कि वहाँ खड़े लोगों ने आपस में बड़े रहस्यात्मक ढंग से देखा—और आँखों से कुछ इशारे भी किये।

मेरी हर बात पर वे लोग चौंक पड़ते और इशारे और कानाफूसी करने लगते।

मैंने बूढ़े से कहा—बाबा, तुम भी खाट पर बैठ जाओ। सयाने आदमी हो। खड़े क्यों हो?

बूढ़ा डरकर दो कदम पीछे हट गया। उसने आसपास खड़े लोगों के कान में कुछ कहा।

मैं परेशान था कि लोग आखिर इतने भौंचक्के-से क्यों हैं? ये बातों

का जवाब नहीं देते और न जाने क्या कानाफूसी करते हैं।

बूढ़े ने जेब से कुछ नोट निकाले और मेरी तरफ बढ़ाते हुए कहा—हुजूर, गलती हमसे जरूर हुई है, पर लड़का नादान है। मैं होता तो कभी रिपोर्ट नहीं होती। मैं जानता हूँ कि आपको तकलीफ होती है और काम में हर्ज होता है। यह भी जानता हूँ कि इसका हरजाना देना पड़ता है। सो ये पचास रुपये आप लीजिये और लड़के को माफ़ कर दीजिए। आइन्दा कभी भूल नहीं होगी।

मैं थोड़ी देर के लिए हतप्रभ हो गया। फिर कहा—देखिये, आपकी बातें मेरी समझ में बिलकुल नहीं आतीं। या तो आप पागल हैं या मैं कोई सपना देख रहा हूँ। मैं ये रुपये क्यों लूं? मुझे तनख्वाह मिलती है अपने काम की। मैं एक पैसा भी लेना गुनाह समझता हूँ।

मेरी बात का उन पर विचित्र प्रभाव पड़ा। बूढ़े की दीनता जाती रही। उसका चेहरा दृढ़ हो गया। उसने गाँववालों से कहा—अब भी तुम्हें कोई शक है?

वे बोले—नहीं!

बूढ़े ने हुक्म दिया—तो फिर देखते क्या हो?

मैं कुछ समझूं, इसके पहले उन लोगों ने मुझे पकड़कर रस्सी से मेरे हाथ-पांव बांध दिये।

बूढ़े ने एक आदमी से कहा—जा, शहर जाकर इंस्पेक्टर साहब से कहना कि कोई ठग या डाकू पुलिस की वर्दी पहनकर आया था, सो उसे हमने बाँध लिया है।

मैं चिल्लाया—मैं ठग या डाकू नहीं हूँ। मैं पुलिस का इंस्पेक्टर हूँ।

बूढ़ा बोला—तू पुलिस का इंस्पेक्टर नहीं है! तूने यह वर्दी चुराई है और पहनकर हमें ठगने आ गया है। मुझे तू धोखा नहीं दे सकता। मैंने क्या पुलिसवाले देखे नहीं हैं? पुलिसवालों को देखते-देखते बूढ़ा हो गया हूँ। तेरे-जैसी बातें पुलिसवाले नहीं करते। तू तो कोई ठग है!

मैंने पूछा—आखिर तुम्हें मेरे ऊपर शक क्यों होता है?

बूढ़े ने कहा—तुझमें एक भी लक्षण सच्चे पुलिस अफसर का नहीं है। पुलिस अफसरों को देखते मुझे वर्षों हो गये। किसी ने मुझे 'क्यों बे

बुड्ढे' के सिवा कुछ और नहीं कहा। मुझे तो तभी शक हो गया था, जब तूने मुझे आदर से 'बाबा' कहा था। फिर तूने दूध पीने से इनकार किया। ऐसा कोई अफसर नहीं करता। फिर तूने रुपये नहीं लिये। ऐसा भी कोई अफसर करता है? अरे, हम तो डर के मारे चोरी की रिपोर्ट नहीं करते कि पुलिस वाले आयेंगे और हरजाना वसूल करके सरकार में जमा करेंगे। और तू कहता है कि मैं एक पैसा नहीं लूंगा और चोरी का पता लगाऊँगा। ऐसा अफसर तो मैंने आज तक नहीं देखा। तू तो कोई ठग है। पर बेटा, स्वांग पूरा नहीं रच पाये और पकड़े गये। अब सच्चे पुलिस अफ़सर आते हैं जो तुझे दस-पाँच साल जेल में सड़ायेंगे।

भाई साहब, मैं शाम तक वहीं बंधा पड़ा रहा। दिन ढलते शहर से एक साथी इंस्पेक्टर आया। उसने बूढ़े को पचीसों गालियाँ दीं। पूछा—क्यों बे साले बुड्ढे के बच्चे! इन्हें क्यों बाँध रखा है?

गालियाँ सुनकर बूढ़ा खुश हो गया। बोला—हुजूर, यही तो हम इस ठग से कह रहे हैं। देखा रे, पुलिस अफसर ऐसे होते हैं, जैसे ये साहब हैं। और एक तू है जो 'बाबा-बाबा' कर रहा था।

रामसिंह ने कहा—भाई साहब, इस दुर्दशा के बाद मैंने सोचा कि मेरी ट्रेनिंग अधूरी रह गई। लोग मुझे ठग समझ लेते हैं। मैंने एक महीने की छुट्टी ली और ट्रेनिंग पूरी करने घर आ गया।

मैंने कहा—रामसिंह, हमारा दुर्भाग्य है कि तेरे और मेरे, दोनों के पिता इस असार संसार से कूच कर गये। वे आज होते, तो उनका उपयोग करके तू तीन-चार दिनों में ही पूरा दक्ष हो जाता। खैर, अभी मैं हूँ। तू रोज मेरे ऊपर अभ्यास किया कर। इससे मुझे खुशी ही होगी कि तेरे किसी काम तो आया।

तब से रामसिंह रोज मुझे गाली देता है और मैं हँसता रहता हूँ।

# चमचे की दिल्ली-यात्रा

चमचा याने 'स्टूज' हर बड़े आदमी का—कम-से-कम एक होता है। जिनकी हैसियत अच्छी हैं, वे एक से ज्यादा चमचे रखते हैं। सारे फरिश्ते भगवान् के चमचे हैं। शैतान ने भगवान् का चमचा बनने से इनकार किया, तो उसे स्वर्ग से निकाल दिया गया—जैसे गैर-चमचे को चुनाव-टिकट नहीं दिया जाता।

एंथनी ईडन चर्चिल के चमचे थे। बॉसवेल डॉ० जानसन का चमचा था। राष्ट्रपति लिण्डन जानसन का चमचा जेन्किस था, जो चुनाव के कुछ दिन पहले यौन-अपराध में पकड़ा गया था। गाँधीजी तक के चमचे थे।

सबसे ज्यादा चमचे राजनीति के क्षेत्र के नेताओं के होते हैं। इतिहास साक्षी है कि दुनिया में जितनी उथल हुई है, वह महापुरुषों के कारण नहीं बल्कि उनके चमचों के कारण हुई है। जब भी चमचे ने अपनी अक्ल से कुछ किया है, तभी उपद्रव हुए हैं। इसलिए हर बड़ा आदमी विश्वहित में इस बात की सावधानी बरतता है कि उसका चमचा कभी भी अपनी अक्ल का उपयोग न करे।

मेरा अन्दाज है, इस समय देश में राजनीति के क्षेत्र में लगभग पाँच हज़ार चमचे काम कर रहे हैं। ये प्रधान चमचे हैं। फिर इनके स्थानीय स्तर के उपचमचे और अतिरिक्त चमचे होते हैं। ये सब हीनता, मुफ्तखोरी, लाभ और कुछ वफादारी की ओर से अपने नेता से बँधे रहते हैं। इनमें गजब की अनुशासन-भावना होती है। अगर किसी उपचमचे को जनपद की सीट का टिकट चाहिए तो वह सीधा नेता के पास नहीं जाएगा। वह प्रधान चमचे से कहेगा और प्रधान चमचा नेता से बात करके उसका काम करायेगा। इस तरह नेता का दुनिया से सम्पर्क सिर्फ चमचे के मारफत होता है और कुछ दिनों में उसका यह विश्वास हो जाता है, कि इस विशाल दुनिया में मेरे चमचों के सिवा कोई और नहीं

रहता। अपनी दुनिया को इस तरह छोटा करके जीने का सुख नेता कुछ साल भोगता है और फिर उसी नाव पर इस सुख का बोझ इतना हो जाता है कि नाव नेता को लेकर डूब जाती है। चमचे तैरकर किनारे लग जाते हैं और दूसरे नेता के चमचे हो जाते हैं। उसके डूबने तक वे उस नेता के चमचे बने रहते हैं। नेता मरता रहता है; चमचे अमर होते हैं। चमचा ज्यों-ज्यों परिपक्व होता जाता है, त्यों-त्यों नेता बनता जाता है। उसके अपने उपचमचे तरक्की पाकर चमचे हो जाते हैं और उसकी नाव डुबाकर खुद किनारे लग जाते हैं। कुछ चमचे जीवनभर सिर्फ चमचा बने रहने का व्रत पालते हैं और पचीसों नेताओं को डुबाने का पुण्य प्राप्त करते हैं।

चमचा बनना आसान नहीं है। एक अच्छे चमचे का निर्माण कई सालों में होता है। भारतीय प्रजातंत्र का यह सौभाग्य है कि यहाँ स्वतंत्रता के बाद बहुत जल्दी काफी संख्या में चमचे बन गए। इसका कारण यह है कि चमचों का निर्माण स्वतंत्रता-संग्राम के ज़माने में शुरू हो गया था। उस दौर में नेता लोग अपने भावी चमचों को जेल भेजने की कोशिश करते थे। आन्दोलन में जब ऐसा लगता कि इस बार सरकार सख्ती कम करेगी, जेल कम दिनों की होगी और वहाँ आराम भी रहेगा, तब हर नेता अपने ज्यादा-से-ज्यादा चमचों को जेल भेजने की कोशिश करता था। तब जेल जाने के लिए वैसी ही होड़ होती थी जैसी अब चुनाव-टिकट के लिए होती है। जब भारत स्वतंत्र हुआ और प्रजातंत्र आया, तो हर नेता को अपने शिक्षित और अर्द्धनिर्मित चमचे मिल गए। इससे भारतीय प्रजातंत्र में एकदम स्थायित्व आ गया। एशिया और अफ्रीका के नये स्वतंत्र जिन देशों में आज़ादी की लड़ाई के दौर में चमचों का निर्माण इस तरह नहीं हुआ था, वहाँ प्रजातंत्र नहीं टिक सका। चाहे साम्राज्यवाद हो, चाहे प्रजातंत्र—दोनों चमचों की बुनियाद पर खड़े रहते हैं।

चमचा बड़ी तरकीब से यह बात फैलाता है कि नेता का वह विश्वासपात्र है, उनका आत्मीय है और वे उसकी बात कभी नहीं टालते। वह उनके साथ जगह-जगह दिखता है। उनका बस्ता रखे रहता है। ठीक

पीछे मुस्कराता खड़ा रहता है। नेता के गले में माला पड़ती है, तो चमचा गद्‌गद् होता है। नेता आगे बढ़ता है, तो चमचा रास्ता बनाता जाता है। वह सफर में उनके साथ होता है, मच पर पीछे बैठा मुग्ध होता रहता है, ड्राइंग-रूम में बैठा दिखता है और रसोईघर में भी घुस जाता है। लोग उसे देखते हैं और लाभ उठाने वाले समझ जाते हैं कि इसी की मारफत काम हो सकता है। चमचे की कीमत समाज में बढ़ जाती है। उसे लोग चाय पिलाते हैं, पान खिलाते हैं और वह 'भैया साब' के गुण-गान करता है। यह कहना नहीं भूलता कि भैया सा'ब मुझसे पूछे बिना कुछ नहीं करते।

किसी क्षेत्र के लिए वह ऐतिहासिक क्षण होता है, जब चमचा कहता है—राजधानी जाना है। भैया सा'ब ने बुलाया है।

सारे इलाके में हलचल मच जाती है। दो-चार दूकानों पर बैठकर और दो-चार जगह चाय पीकर चमचा प्रचार कर देगा कि भैया सा'ब का काम उसके बिना नहीं चल सकता। इतना करके वह एक-दो दिन घर बैठ जाता है। उसके पास काम कराने वाले आने लगते हैं—

'कब जा रहे हो दिल्ली ?'

'बस आज या कल। चला तो कल ही जाता, पर आज एक मीटिंग थी।'

'तो भैया, इस बार किसी तरह हमारा काम हो ही जाय। देखो, बहुत दिन हो गये।'

'हाँ-हाँ, इस बार हो ही जाएगा। वह तो पिछली बार ही हो जाता पर सेक्रेटरी बाहर था। इस बार तो भैया साब मिनिस्टर का हाथ पकड़ कर करवा देंगे।'

उपचमचे अपने काम में जुट जाते हैं और लोगों को चमचे के पास लाते जाते हैं। चमचा सबको विश्वास दिलाता है कि अगर यह सही है कि पृथ्वी घूम रही है तो वह निश्चित ही अपने भैया साब के आसपास घूम रही है।

फिर वह सहज ही कह देता है—'राजधानी मे रहने-खाने का तो सुभीता है। भैया साब के घर हो जाता है। पर साले दफ्तर बड़ी दूर-

दूर हैं। टैक्सी में बहुत पैसा लग जाता है।'

इस इशारे को काम कराने वाले समझ जाते हैं और उसे कुछ रुपये टैक्सी के लिए दे देते हैं।

चमचा बहुत-से काम ले लेता है—किसी का परमिट लाना है, किसी को नगरपालिका में भेजना है, किसी पर से मुकदमा उठवाना है, किसी के हरजाने का मामला तय करना है, किसी का चुनाव-टिकट पक्का करना है। भैया साब के लिए वह विरोधी गुट की कुछ कमजोरियाँ, कुछ षड्यंत्र और फूट की कथाएँ रख लेता है। इस तरह लैस होकर चमचा रेलगाड़ी में बैठ जाता है।

भैया साब के घर में चमचा बड़े हल्ले के साथ पाँव पटकते हुए घुसता है। इसका कारण यह है कि वह जानता है, इस घर में मेरे आने का हक कोई नहीं मानता। आम चमचों से नेता के घर के लोग और नौकर नफरत करते हैं। वह चमचा हज़ारों में एक होता है जिसे नेता भी चाहे, उनका परिवार भी और नौकर भी। चमचा इस बात को जानता है, इसलिए अपने मन को मजबूत करने के लिए और सबको यह बताने के लिए कि यहाँ मैं घर का आदमी समझा जाता हूँ, पाँव पटक-कर घर में घुसता है। नौकर मुँह फेरकर हँसता है और फिर नाराज़ी से उसे देखता है। नेता की पत्नी कहती है—लो, वह फिर आ गया।

चमचा ज़बरदस्ती अपने को घर में जमा लेता है। नेता ने उसे बुलाया नहीं है, पर वह आ गया है, तो उन्हें एतराज़ भी नहीं।

अब चमचा अपना काम शुरू कर देता है। वह बातें करता जाता है। कभी नेता उसकी तरफ देख लेते हैं। कभी कोई सावल कर देते हैं। मगर वे लगभग मौन सुनते जाते हैं। वे बैठक में हैं तो चमचा वहाँ बात कर रहा है। वे बरामदे में आ गये, तो चमचा बरामदे में आकर बात करने लगा। वे बाथ-रूम में गये, तो चमचा बाहर खड़ा-खड़ा बोल रहा है। पाखाने से तो वे संस्कारों के कारण नहीं बोलते पर नहाते हुए उसकी बात पर कभी 'हूँ' कह देते हैं। नेता सिर पर कंघी कर रहे हैं और चमचा पीछे खड़ा-खड़ा बोल रहा है।

—गुप्ता गुट के लोग सिंधियों पर डोरे डाल रहे थे। मैंने कहा, देखो

रे, अभी तुम्हारे बहुत-से 'क्लेम' बकाया हैं। जरा सोच-समझकर। बस उस दिन से गुप्ता-गुट की दाल नहीं गली।

—भैया साब, इस बार हिरमानी को म्युनिसिपैलिटी में भेज दीजिये न। पक्का अपना आदमी है।

—जैन लोग उस दिन मिले थे। मैंने कहा, भैया साब ने कह दिया है, तो पत्थर की लकीर समझो।

—साबूराम के लाइसेंस का मामला अभी लटक रहा है, भैया साब। वह पीछे पड़ रहा है।

—इस बार पी० सी० सी० में बड़ा तूफान उठेगा। रामसिंह की 'इन्क्वारी' का मामला है न। पर सुना है, ठाकुरों में फूट पड़ गई है। आधे अपना साथ देंगे।

—कलेक्टर आजकल गुप्ता गुट की बड़ी चिरौरी करता है। इसका तबादला होना चाहिए। वे लोग 'लेवी' को लेकर आपको बदनाम करने की कोशिश कर रहे हैं।

—आजकल मिसराजी की बैठक डाक्टर साहब के यहाँ बढ़ गई है। मैंने डाक्टर साहब को टटोलने की कोशिश की थी। मुझे तो शक है भैया साब, कहीं उधर न चला जाय। उस इलाके में आपका एक बार आना बहुत जरूरी है।

चमचा इस तरह बोलता ही जायगा। नेता सुनते रहेंगे और काम करते रहेंगे।

नौकर ने चाय लाकर रखी, तो चमचे को फौरन एक बात सूझ गई। उसने नौकर को पुकारा—क्यों रे देवी, यह क्या चाय ले आया! तुझे मालूम नहीं है कि भैया साब 'स्ट्रांग' चाय पीते हैं। ले जा इसे। दूसरी ला।

भैया साब 'स्ट्रॉग' चाय नहीं पीते। वे एक घूंट पी भी लेते हैं। कहते हैं—ठीक है; रहने दो।

चमचा कहता है—नहीं, रहने दीजिये। इसे ले जा, देवीसिंह।

नौकर आकर खड़ा है। दुविधा में है कि कप उठाऊँ या नहीं।

इतने में नेता के 'नहीं-नहीं' कहने पर भी चमचा कप उठाकर नौकर

को दे देता है—तेरे अकल नहीं है। अच्छी चाय बनाकर ला।

चमचे के 'ओवरऐक्टिंग' से सब स्तब्ध हैं—नेता की पत्नी, बच्चे और नौकर। भैया साब सिर नीचा करके बरदाश्त कर लेते हैं। चमचा पालना बड़े धैर्य का काम है।

तीन-चार दिन वहाँ रहकर चमचा नेता से रेल-किराया लेकर गाड़ी में बैठ जाता है। उसकी जेब में सभी के लिए आशा और आश्वासन भरे होते हैं।

# विज्ञापन में बिकती नारी

अखबार में भविष्य-फल और विज्ञापन जरूर पढ़ता हूँ। जिनका कोई भविष्य नहीं है, उन्हें भी भविष्य-फल पढ़ना चाहिए। कभी-कभी फल में से भविष्य निकल पड़ता है, जैसे आकाश में से राहत-कार्य अधिकारियों के बंगले निकल पड़ते हैं। मेरी राशि के सामने लिखा रहता है, 'इस सप्ताह आर्थिक तंगी रहेगी, पर पैसे का प्रबन्ध हो जायेगा।' मेरे और भारत सरकार के ग्रह एक-से पड़े हैं। उसका भी यही स्थायी भविष्य-फल है, आर्थिक तंगी रहेगी, पर पैसे का इंतजाम हो जायेगा। मैं पास का पैसा खर्च करने निकल पड़ता हूँ। तंगी होगी तब पैसे का इंतजाम होगा—ऐसा ज्योतिषी कहते हैं। तंगी ही न होगी, तो ग्रह क्यों इंतजाम करेंगे! भारत सरकार तंगी पैदा करती है, तो ग्रह कहीं अमरीका के, कहीं रूस के, कहीं विश्व-बैंक के पीछे पड़कर पैसे का इंतजाम करवा देते हैं।

उस दिन भविष्य-फल पढ़ते ही मैं तंगी पैदा करने निकल पड़ा। पास में कुछ रुपये थे। ये अगर बने रहे, तो ग्रह कहीं से पैसा नहीं दिलवायेंगे। मैंने तय किया, एक पंखा खरीदकर तंगी पैदा कर ली जाये। मैंने अखबार में पंखों के विज्ञापन देखे। हर कम्पनी के पंखे के सामने स्त्री है। एक पंखे से उसकी साड़ी उड़ रही है और दूसरे से उसके केश। एक विज्ञापन में तो सुन्दरी पंखे के फलक पर ही बैठी हुई है। मुझे डर लगा, कहीं किसी ने स्विच दबा दिया तो? ऐसी बदमाशियाँ आजकल होती रहती हैं। मैं सुन्दरी के लिए बहुत चिंतित हुआ। पिछले साल मेरा एक महीना ऐसी ही चिंता में कटा था। एक पत्रिका ने मुखपृष्ठ सजाने के लिए चित्र छापा था—तीसरी मंजिल की खिड़की पर स्त्री पैर लटकाये बैठी है। मैं परेशान हो गया। जरा झोंका आये तो यह गिर पड़ेगी। रात को एकाएक नींद खुल जाती और मैं सोचता—पता नहीं उसका क्या हुआ! कहीं गिर तो नहीं पड़ी। अगला अंक जब आया और मैंने देख लिया कि लड़की उतर गयी है, तब चैन पड़ी।

सोचा, यही पंखा खरीद लूं। स्त्री को उतारकर घर पहुँचा दूँ और कहूं, 'बहनजी, इस तरह पंखे पर नहीं बैठा करते। पंखे तो बिक ही जायेंगे। तुम उनके लिए जान जोखिम में क्यों डालती हो?'

मैंने बहुत पंखे देखे। किसी के सामने कोई पुरुष बैठा हुआ हवा नहीं ले रहा है। कोई पंखा कोई पुरुष इसलिए क्यों खरीद ले कि उससे सुन्दर स्त्री की साड़ी उड़ रही है? अगर उसका पुरुष पर कोई असर न हो तो? धोखा हो जायेगा।

लेकिन कमोबेश हर चीज़ का यही हाल है। टूथपेस्ट के इतने विज्ञापन हैं, मगर हरएक में स्त्री ही 'उजले दांत' दिखा रही है। एक भी ऐसा मंजन बाजार में नहीं है, जिससे पुरुष के दाँत साफ हो जायें। या कहीं ऐसा तो नहीं है कि इस देश का आदमी मुँह साफ करता ही नहीं है। यह सोचकर बड़ी घिन आयी कि ऐसे लोगों के बीच में रहता हूँ, जो मुँह भी साफ नहीं करते।

इस विज्ञापन में लड़के ने एक खास साइकिल खरीद ली है। पास ही लड़की खड़ी है। बड़े प्रेम से उसे देखकर मुसकरा रही है। अगर लड़का दूसरी कम्पनी की साइकिल खरीद लेता, तो लड़की उससे कहती—'हटो, हम तुमसे नहीं बोलते। तुमने अमुक साइकिल नहीं खरीदी।'

यह एक और लड़की है, जो प्रेमी को एक खास सिगरेट पिलवा रही है। वह सिगरेट पी रहा है और यह मुग्ध-भाव से देख रही है—'तू यह मत समझ लेना कि मैं तेरे रूप और गुण पर मुग्ध हूँ। मैं तो इसलिए तुझे प्यार करने आयी हूँ कि तू यह सिगरेट पीता है।'

ये चार-पाँच सुन्दरियाँ उस युवक की तरफ एकटक देख रही हैं।

'सुन्दरियो, तुम उस युवक पर क्यों मुग्ध हो? वह सुन्दर है, इसलिए?'

'नहीं, वह अमुक मिल का कपड़ा पहने है, इसलिए। वह किसी दूसरी मिल का कपड़ा पहन ले, तो हम उसकी तरफ देखेंगी भी नहीं। हम मिल की तरफ से मुग्ध होने की ड्यूटी पर हैं।'

सुन्दरी को ट्रक और टायर से क्या मतलब? मगर इस विज्ञापन में ट्रक खड़ा है, ट्रक के मालिक सरदारजी खड़े हैं, एक टायर रखा है और

सुन्दरी इशारा कर रही है वह टायर लगाओ। यह बात बरदाश्त नहीं की जा सकती। पेस्ट, कपड़ा, सिगरेट में दखलन्दाजी चल सकती है, मगर ट्रक का मामला खतरनाक है। ट्रक को अमृतसर से बंबई गेहूँ भरकर ले जाना है। अगर स्त्री के कहने से रद्दी टायर लगा लिया और वह कहीं बीच जंगल में धोखा दे गया, तो सरदारजी का क्या होगा? इसकी ज़िम्मेदारी किस पर?

मैंने कोई विज्ञापन ऐसा नहीं देखा जिसमें पुरुष स्त्री से कह रहा हो कि यह साड़ी या यह स्नो खरीद ले। अपनी चीज वह खुद पसंद करती है मगर पुरुष की सिगरेट से लेकर टायर तक में दखल देती है।

ऐसा लगता है सारी अर्थ-व्यवस्था पर नारी-सौंदर्य ने कब्ज़ा कर रखा है।

मैं नहीं जानता, स्त्रियाँ इन विज्ञापनों में अपने 'रोल' के बारे में क्या सोचती हैं। मगर इनसे ये निष्कर्ष निकलते हैं:

◦ इस देश की सारी सुन्दर स्त्रियाँ कम्पनियों की नौकरानियाँ हैं। उनका काम कम्पनी की तरफ से पुरुष को फुसलाना है।

◦ सुन्दर स्त्री के जीवन का महान् उद्देश्य है: किसी कारखाने का माल बिकवाना।

◦ सौंदर्य की परिभाषा: सौंदर्य स्त्री की वह मोहिनी शक्ति है, जिसके वशीभूत होकर पुरुष रद्दी सामान खरीद लेता है।

◦ इस देश का पुरुष बौड़म है। उसे किसी चीज़ की परख नहीं है। उसमें सुरुचि का भी अभाव है।

◦ स्त्री सिगरेट और टायर के मामले में भी विशेषज्ञ होती है।

◦ इस देश का पुरुष स्त्री का गुलाम है। वह जो चीज़ बता देती है, उसी को खरीद लेता है।

◦ स्त्री अपने उपयोग के किसी सामान में पुरुष को दखल नहीं देने देती। वह साड़ी अपनी इच्छा से खरीदेगी, मगर पुरुष को टायर अपनी इच्छा से नहीं खरीदने देगी।

◦ कोई सुन्दर स्त्री किसी पुरुष से सच्चा प्रेम नहीं करती। वे उसी पुरुष से प्रेम करने लगती हैं जो उनकी बतायी कम्पनी का माल खरीदता

है।

० सच्चा प्रेम सिर्फ कुरूप स्त्रियाँ करती हैं क्योंकि वे किसी कम्पनी का माल नहीं बिकवातीं।

अब सिर्फ कुरूप स्त्री भरोसे के लायक रह गयी है। सुन्दरी का कोई भरोसा नहीं। कोई सुन्दरी अगर मेरी तरफ मुग्ध होकर देखती है, तो मैं समझ जाता हूँ कि मैं उस कम्पनी के जूते पहने हूँ, जिसकी तरफ से यह मुग्ध होने की ड्यूटी कर रही है। अगर कोई सुन्दरी पुरुष से लिपट जाये तो यह सोचना भ्रम है कि वह तुमसे लिपट रही है। वह शायद रामप्रसाद मिल्स के सूट के कपड़े से लिपट रही है। अगर कोई सुन्दरी तुम्हारे पाँवों की तरफ देख रही है, तो वह 'सतयुगी समर्पिता' नारी नहीं है, जिसके लिए कहा गया है—'एकहि धर्म एक व्रत नेमा, काय वचन मन पति पद प्रेमा।' वह तुम्हारे पावों में पड़े धर्मपाल शू कम्पनी के जूते पर मुग्ध है। सुन्दरी आँखों में देखे, तो जरूरी नहीं कि वह आँख मिला रही है। वह शायद 'नेशनल आप्टिशियंस' के चश्मे से आँख मिला रही है। प्रेम व सौंदर्य का सारा स्टाफ कम्पनियों ने खरीद लिया है। अब ये उन्हीं के मारफत मिल सकते हैं।

# सदाचार का ताबीज

एक राज्य में हल्ला मचा कि भ्रष्टाचार बहुत फैल गया है।

राजा ने एक दिन दरबारियों से कहा—'प्रजा बहुत हल्ला मचा रही है कि सब जगह भ्रष्टाचार फैला हुआ है। हमें तो आज तक कहीं नहीं दिखा। तुम लोगों को कहीं दिखा हो तो बताओ।'

दरबारियों ने कहा—'जब हुजूर को नहीं दिखा तो हमें कैसे दिख सकता है ?'

राजा ने कहा—'नहीं, ऐसा नहीं है। कभी-कभी जो मुझे नहीं दिखता, वह तुम्हें दिखता होगा। जैसे मुझे बुरे सपने कभी नहीं दिखते, पर तुम्हें तो दिखते होंगे।'

दरबारियों ने कहा—'जी, दिखते हैं। पर वह सपनों की बात है।'

राजा ने कहा—'फिर भी तुम लोग सारे राज्य में ढूंढ़कर देखो कि कहीं भ्रष्टाचार तो नहीं है। अगर कहीं मिल जाये तो हमारे देखने के लिए नमूना लेते आना। हम भी तो देखें कि कैसा होता है।'

एक दरबारी ने कहा—'हुजूर, वह हमें नहीं दिखेगा। सुना है, वह बहुत बारीक होता है। हमारी आँखें आपकी विराटता देखने की इतनी आदी हो गयी हैं कि हमें बारीक चीज़ नहीं दिखती। हमें भ्रष्टाचार दिखा भी तो उसमें हमें आपकी ही छवि दिखेगी, क्योंकि हमारी आँखों में तो आपकी ही सूरत बसी है। पर अपने राज्य में एक जाति रहती है जिसे 'विशेषज्ञ' कहते हैं। इस जाति के पास कुछ ऐसा अंजन होता है कि उसे आँखों में आँजकर वे बारीक से बारीक चीज भी देख लेते हैं। मेरा निवेदन है कि इन विशेषज्ञों को ही हुजूर भ्रष्टाचार ढूंढ़ने का काम सौंपें।'

राजा ने 'विशेषज्ञ' जाति के पाँच आदमी बुलाये और कहा—'सुना है, हमारे राज्य में भ्रष्टाचार है। पर वह कहाँ है, यह पता नहीं चलता। तुम लोग उसका पता लगाओ। अगर मिल जाये तो पकड़कर हमारे पास ले आना। अगर बहुत हो तो नमूने के लिए थोड़ा-सा ले आना।'

विशेषज्ञों ने उसी दिन से छान-बीन शुरू कर दी।

दो महीने बाद वे फिर से दरबार में हाजिर हुए।

राजा ने पूछा—'विशेषज्ञो, तुम्हारी जाँच पूरी हो गयी ?'

'जी, सरकार।'

'क्या तुम्हें भ्रष्टचार मिला ?'

'जी, बहुत सा मिला।'

राजा ने हाथ बढ़ाया—'लाओ मुझे बताओ। देखूँ, कैसा होता है।'

विशेषज्ञों ने कहा—'हुजूर, वह हाथ की पकड़ में नहीं आता। वह स्थूल नहीं, सूक्ष्म है, अगोचर है। पर वह सर्वत्र व्याप्त है। उसे देखा नहीं जा सकता, अनुभव किया जा सकता है।'

राजा सोच में पड़ गये। बोले—'विशेषज्ञो, तुम कहते हो कि वह सूक्ष्म है, अगोचर है और सर्वव्यापी है। ये गुण तो ईश्वर के हैं। तो क्या भ्रष्टाचार ईश्वर है ?'

विशेषज्ञों ने कहा—'हाँ, महाराज, अब भ्रष्टाचार ईश्वर हो गया है।'

एक दरबारी ने पूछा—'पर वह है कहाँ ? कैसे अनुभव होता है ?'

विशेषज्ञों ने जवाब दिया—'वह सर्वत्र है। वह इस भवन में है। वह महाराज के सिंहासन में है।'

'सिंहासन में है ?'—कहकर राजा साहब उछलकर दूर खड़े हो गये।

विशेषज्ञों ने कहा—'हाँ, सरकार, सिंहासन में है। पिछले माह इस सिंहासन पर रंग करने के जिस बिल का भुगतान किया गया है, वह बिल झूठा है। वह वास्तव से दुगने दाम का है। आधा पैसा बीच वाले खा गये। आपके पूरे शासन में भ्रष्टाचार है और वह मुख्यतः घूस के रूप में है।'

विशेषज्ञों की बात सुनकर राजा चिंतित हुए और दरबारियों के कान खड़े हुए।

राजा ने कहा—'यह तो बड़ी चिंता की बात है। हम भ्रष्टाचार बिल्कूल मिटाना चाहते हैं। विशेषज्ञो, तुम बता सकते हो कि वह कैसे

मिट सकता है ?'

विशेषज्ञों ने कहा—'हाँ महाराज, हमने उसकी भी योजना तैयार की है। भ्रष्टाचार मिटाने के लिए महाराज को व्यवस्था में बहुत परिवर्तन करने होंगे। एक तो भ्रष्टाचार के मौके मिटाने होंगे। जैसे ठेका है तो ठेकेदार है। और ठेकेदार है तो अधिकारियों को घूस है। ठेका मिट जाय तो उसकी घूस मिट जाये। इसी तरह और बहुत-सी चीजें हैं। किन कारणों से आदमी घूस लेता है, यह भी विचारणीय है।'

राजा ने कहा—'अच्छा, तुम अपनी पूरी योजना रख जाओ। हम और हमारा दरबार उस पर विचार करेंगे।'

विशेषज्ञ चले गये।

राजा ने और दरबारियों ने भ्रष्टाचार मिटाने की योजना को पढ़ा। उस पर विचार किया।

विचार करते दिन बीतने लगे और राजा का स्वास्थ्य बिगड़ने लगा।

एक दिन एक दरबारी ने कहा, 'महाराज, चिंता के कारण आपका स्वास्थ्य बिगड़ता जा रहा है। उन विशेषज्ञों ने आपको झंझट में डाल दिया।'

राजा ने कहा—'हाँ, मुझे रात को नींद नहीं आती।'

दूसरा दरबारी बोला—'ऐसी रिपोर्ट को आग के हवाले कर देना चाहिए जिससे महाराज की नींद में खलल पड़े।'

राजा ने कहा—'पर करें क्या ? तुम लोगों ने भी भ्रष्टाचार मिटाने की योजना का अध्ययन किया है। तुम्हारा क्या मत है ? क्या उसे काम में लाना चाहिए ?

दरबारियों ने कहा—'महाराज, वह योजना क्या है, एक मुसीबत है। उसके अनुसार कितने उलट-फेर करने पड़ेंगे। कितनी परेशानी होगी। सारी व्यवस्था उलट-पलट हो जायेगी। जो चला आ रहा है, उसे बदलने से नयी-नयी कठिनाइयाँ पैदा हो सकती हैं। हमें तो कोई ऐसी तरकीब चाहिए जिससे बिना कुछ उलट-फेर किये भ्रष्टाचार मिट जाये।'

राजा साहब बोले—'मैं भी यही चाहता हूँ पर यह हो कैसे ? हमारे

प्रपितामह को तो जादू आता था, हमें वह भी नहीं आता। तुम लोग ही कोई उपाय खोजो।'

एक दिन दरबारियों ने राजा के सामने एक साधु को पेश किया और कहा—'महाराज, एक कन्दरा में तपस्या करते हुए इस महान् साधक को हम ले आये हैं। इन्होंने सदाचार का ताबीज बनाया है। वह मन्त्रों से सिद्ध है और उसके बांधने से आदमी एकदम सदाचारी हो जाता हैं।'

साधु ने अपने झोले में से एक ताबीज निकालकर राजा को दिया। राजा ने उसे देखा। बोले—'हे साधु, इस ताबीज के विषय में मुझे विस्तार से बताओ। इससे आदमी सदाचारी कैसे हो जाता है?'

साधु ने समझाया—'महाराज, भ्रष्टाचार और सदाचार मनुष्य की आत्मा में होता है, बाहर से नहीं होता। विधाता जब मनुष्य को बनाता है तब किसी की आत्मा में ईमान की कल फिट कर देता है और किसी की आत्मा में बेईमानी की। इस कल में से ईमान या बेईमानी के स्वर निकलते हैं जिन्हें आत्मा की पुकार कहते हैं। आत्मा की पुकार के अनुसार ही आदमी काम करता है। प्रश्न यह है कि जिनकी आत्मा से बेईमानी के स्वर निकलते हैं, उन्हें दबाकर ईमान के स्वर कैसे निकाले जायें? मैं कई वर्षों से इसी के चिंतन में लगा हूँ। अभी मैंने यह सदाचार का ताबीज बनाया है, जिस आदमी की भुजा पर यह बंधा होगा वह सदाचारी हो जाएगा। मैंने कुत्ते पर भी प्रयोग किया है। यह ताबीज गले में बाँध देने से कुत्ता भी रोटी नहीं चुराता। बात यह है कि इस ताबीज में से भी सदाचार के स्वर निकलते हैं। जब किसी की आत्मा बेईमानी के स्वर निकालने लगती है तब इस तावीज की शक्ति आत्मा का गला घोंट देती है और आदमी को ताबीज के ईमान के स्वर सुनाई पड़ते हैं। वह इन स्वरों को आत्मा की पुकार समझकर सदाचार की ओर प्रेरित होता है। यही इस ताबीज का गुण है, महाराज।'

दरबार में हलचल मच गई। दरबारी उठ-उठकर ताबीज को देखने लगे।

राजा ने खुश होकर कहा—'मुझे नहीं मालूम था कि मेरे राज्य में

ऐसे चमत्कारी साधु भी हैं। महात्मन्, हम आपके बहुत आभारी हैं। आपने हमारा संकट हर लिया। हम सर्वव्यापी भ्रष्टाचार से बहुत परेशान थे। मगर हमें लाखों नहीं, करोड़ों ताबीज चाहिए। हम राज्य की ओर से ताबीजों का एक कारखाना खोल देते हैं। आप उसके जनरल मैनेजर बन जायें। और अपनी देख-रेख में बढ़िया ताबीज बनवायें।'

एक मंत्री ने कहा—'महाराज, राज्य क्यों इस झंझट में पड़े? मेरा तो निवेदन है कि साधु बाबा को ठेका दे दिया जाये। वे अपनी मण्डली से ताबीज बनवाकर राज्य को सप्लाई कर देंगे।'

राजा को यह सुझाव पसंद आया। साधु को ताबीज बनाने का ठेका दे दिया गया। उसी समय उन्हें पाँच करोड़ रुपये कारखाना खोलने के लिए पेशगी मिल गये।

राज्य के अखबारों में खबरें छपीं—'सदाचार के ताबीज की खोज। ताबीज़ बनाने का कारखाना खुला।'

लाखों ताबीज बन गये। सरकार के हुक्म से हर सरकारी कर्मचारी की भुजा पर एक-एक ताबीज बाँध दिया गया।

भ्रष्टाचार की समस्या का ऐसा सरल हल निकल आने से राजा और दरबारी सब खुश थे।

एक दिन राजा की उत्सुकता जागी। सोचा—'देखें तो कि यह ताबीज कैसे काम करता है।'

वह वेश बदलकर एक कार्यालय गये। उस दिन 2 तारीख थी। एक दिन पहले ही तनख्वाह मिली थी।

वह एक कर्मचारी के पास गये और कई काम बताकर उसे पाँच रुपये का नोट देने लगे।

कर्मचारी ने उन्हें डाँटा, 'भाग जाओ यहाँ से। घूस लेना पाप है।'

राजा बहुत खुश हुए। ताबीज ने कर्मचारी को ईमानदार बना दिया था।

कुछ दिन बाद वह फिर वेश बदलकर उसी कर्मचारी के पास गये। उस दिन इकतीस तारीख थी—महीने का आखिरी दिन।

राजा ने फिर उसे पाँच का नोट दिखाया और उसने लेकर जेब में

रख लिया।

राजा ने उसका हाथ पकड़ लिया। बोले—'मैं तुम्हारा राजा हूँ। क्या तुम आज सदाचार का ताबीज बाँधकर नहीं आये?'

'बाँधा है, सरकार, यह देखिए।'

उसने आस्तीन चढ़ाकर ताबीज दिखा दिया।

राजा असमंजस में पड़ गये—फिर ऐसा कैसे हो गया?

उन्होंने ताबीज पर कान लगाकर सुना। ताबीज में से स्वर निकल रहे थे—'अरे, आज इकतीस है। आज तो ले ले।'

# एक फिल्म-कथा

यह रंजना और राकेश की प्रेम-कहानी है।

रंजना बहुत अच्छी लड़की है और उसे गाना भी आता है।

राकेश भी बहुत अच्छा लड़का है। वह एक करोड़पति का इकलौता बेटा है। वह थोड़ा आवारा है, क्योंकि उसे प्यार करना है और हमारे समाज में कोई भी अच्छी स्त्री किसी शरीफ आदमी से प्यार नहीं करती। राकेश को भी गाना आता है।

राकेश की एक आदत है। वह उन स्थानों के आसपास घूमता रहता है, जहाँ गुण्डे स्त्रियों को तंग करते हैं। ज्यों ही किसी सुन्दरी को कोई गुण्डा छेड़ता है, राकेश उससे भिड़ जाता है और उसे पीटकर स्त्री को उसके घर पहुँचा देता है।

एक दिन इसी तरह, गुण्डों से घिरी रंजना को राकेश बचाता है और उसे घर पहुँचाने जाता है। रास्ते में रंजना राकेश को सत्रह बार देखती है और राकेश रंजना को इकतीस बार देखता है। तब रंजना उसके प्रति आभार प्रकट करती है और राकेश कहता है कि यह तो मेरा कर्त्तव्य था।

इतनी ही देर में रंजना राकेश की एक बुरी आदत छुड़वा देती है। राकेश 'चेन स्मोकर' है। रंजना कहती है—'यह बुरी आदत है, इसे छोड़ दीजिए।'

राकेश फौरन हाथ की सिगरेट फेंक देता है और सब जानते हैं कि आज तक उसने सिगरेट नहीं पी। उसका आवारापन अब सार्थक होने लगता है।

राकेश और रंजना अब पाँच गाने ऐसे याद करते हैं, जिन्हें 'डुएट' या दुगाने कहते हैं। इन गानों में एक कड़ी नायक गाता है और दूसरी नायिका गाती है। ये गाने सीखकर वे अपने-अपने घर में बैठे एक-एक कड़ी गाते रहते हैं। उनके हृदय मिल गये हैं, इसलिए ज्यों ही एक गाना

आरम्भ करता है, दूसरा जान जाता है और वह आगे गाने लगता है।

अपने घर में बैठकर, इस तरह पाँच गाने गाकर, वे एक बगीचे में मिलते हैं। वहाँ वे गाने गाते हैं और लुका-छिरी खेलते हैं। वहाँ कोई आदमी इस समय नहीं आता, क्योंकि नगरपालिका ने जो समय प्रेमियों के मिलने के लिए निश्चित कर दिया है उस समय नागरिकों को आने की मनाही है। चारों कोनों पर पुलिस तैनात रहती है। प्रेमी युगल पाँचवाँ गाना गाने ही वाला है कि कहीं से एकाएक चाँद निकल पड़ता है। दोनों चाँद को देखते हैं और चाँदनी के बारे में गाना गाते हैं। गाना समाप्त होने पर वे कसमें खाते हैं कि हम एक-दूसरे के हो गये। हम जीवनभर साथ रहेंगे, इस सम्बन्ध से एक और गाना गाकर वे अपने-अपने घर चले जाते हैं।

कुछ दिनों बाद रंजना पर दुःख टूट पड़ता है। उसकी माँ की मृत्यु हो जाती है। ज्यों ही माँ प्राण छोड़ती है, रंजना दूसरे कमरे में जाकर माँ की मौत के बारे में एक गाना गाती है, जो उसने पहले से इस अवसर के लिए तैयार कर रखा है।

रंजना के पिता बाबू हरप्रसाद को लड़की के विवाह की चिंता है। वह गरीब आदमी है, इसलिए उसके लिए अच्छा वर प्राप्त नहीं कर सकते।

उधर राकेश के पिता बेटे की शादी एक रईस के घर करने की योजना बना रहे हैं। राकेश रंजना से शादी करने की इच्छा प्रकट करता है, पर पिता कहते हैं कि गरीब के घर विवाह करने से उनकी इज्जत चली जायेगी। 'यह मेरी इज्जत का सवाल है।' उनका कहना है।

अब यहाँ खलनायक प्रकट होता है। सुरेन्द्रसिंह एक पुराने जमींदार का इकलौता बेटा है। उसके पिता की मृत्यु हो चुकी है और वह अपार संपत्ति का मालिक हो गया है। सुरेन्द्रसिंह बहुत बदमाश आदमी है, क्योंकि उसकी तलवार जैसी मूँछें हैं। वह हमेशा सिगरेट पीता और सीटी बजाता रहता है। उसके पास एक भयानक कुत्ता है। वह शराबी, जुआरी, चरित्रहीन, अत्याचारी सब-कुछ है। बाबू हरप्रसाद पर उसका पन्द्रह हजार कर्ज है और उनका मकान उसके पास रेहन रखा हुआ है।

वह जब-तब मकान बेदखल कराने की धमकी देता रहता है। उसकी नजर रंजना पर है।

एक दिन राकेश रंजना को मोटर में घुमाने ले जाता है। रंजना मोटर की सवारी के बारे में एक गाना गाती है। बीच में मोटर फेल हो जाती है तो वह मोटर फेल होने के बारे में भी एक गाना गाती है। अब उसके पास चौदह गाने हो गये हैं।

राकेश भी गाना गाने में पीछे नहीं है। वह दो गाने आवारागर्दी के बारे में गाता है। फिर एक दिन उसे सड़क के किनारे एक गरीब आदमी पड़ा दीखता है। उसे दया आ जाती है और वह वहीं रुककर गरीब की दुर्दशा के बारे में एक गाना गाता है, जिसमें वह सामने की अट्टालिका की ओर इशारा करके कहता है—'ऐ महलवालो! देखो तुम्हारे, सामने ही गरीब पड़ा है।' अब राकेश के पास भी चौदह गाने हो गये हैं।

राकेश का मन गरीब को देखकर बहुत दुःखी हो गया है, इसलिए वह रात को एक थियेटर में जाकर नाच देखता है।

एक दिन रंजना एक वैराइटी शो देखने जाती है। वह तीन नाच देखती है। चौथे नाच के लिए राकेश ही नर्तक के वेश में मंच पर आता है। ज्योंही रंजना की दृष्टि उससे मिलती है, वह उसे पहचान लेती है। दोनों मुसकरा उठते हैं। राकेश एक अन्तर्राष्ट्रीय नृत्य पेश करता है। जिसमें भरत-नाट्यम और रॉक-एन-रोल का मिश्रण रहता है। रंजना यह देखकर बहुत प्रसन्न होती है कि राकेश को नाचना भी आता है। वह उसे पहले से अधिक प्यार करने लगती है।

सुरेन्द्रसिंह अपने कुत्ते को साथ लेकर कई दिन से शिकार पर गया था। वह लौट आता है। अब उसे रंजना की याद आती है। और एक दिन बाबू हरप्रसाद को बुलाता है। सुरेन्द्रसिंह बाबू हरप्रसाद से कर्ज पटाने के लिए कहता है। वह फिलहाल असमर्थता प्रकट करते हैं। वह उनसे मकान छोड़ देने के लिए कहता है। बाबू हरप्रसाद अनुनय-विनय करते हैं, पर उस दुष्ट का हृदय नहीं पसीजता। वह कहता है कि यदि वह रंजना की शादी उससे कर दें, तो वह सब कर्ज छोड़ देगा। बाबू हरप्रसाद बिना कुछ उत्तर दिये चले आते हैं।

बाबू हरप्रसाद से खाना नहीं खाया जाता। रंजना पिता की चिंता का कारण समझ जाती है और कहती है कि मैं सुरेन्द्रसिंह से शादी करने के लिए तैयार हूँ। वह बलिदान करने के लिए तैयार है। बलिदान की परंपरा यहाँ से आरंभ होती है। रंजना इस निर्णय के बाद अपने कमरे में जाती है और दरवाजा बन्द करके दुर्भाग्य का गाना गाती है, फिर वह राकेश की तस्वीर हाथ में लेकर उससे बातें करती है।

दूसरे दिन रंजना राकेश को एक चिट्ठी लिखकर अपने निर्णय की सूचना दे देती है। लिखती है कि मुझे भूल जाओ।

राकेश के हृदय को बड़ा धक्का लगता है। वह एक निराशा का गाना गाता है। गाने के अंत में वीर-रस आता है। जब वह कहता है—ऐ कोमल हृदयों को कुचलने वाली दुनिया! हम तुझ में आग लगा देंगे।

रंजना की शादी की तिथि तय हो जाती है। रंजना और राकेश अपने-अपने घर में बैठकर चार गाने गाते हैं जिनमें कहा गया है कि अब तुम हमें भूल जाओ, हम सदा के लिए बिछुड़ गये।

राकेश घोर निराशा में जंगल की ओर भाग जाता है, पर फिर उसे डर लगता है, इसलिए घर लौट आता है।

शादी की तिथि आ जाती है। बाजे-गाजे के साथ सुरेन्द्रसिंह अपनी बारात लाता है। रास्ते में उसे राकेश दीखता है। वह घोड़े पर बैठे-बैठे ही चेहरे पर के फूलों को जरा हटाकर, राकेश को मुंह चिढ़ाता है।

बारात मंडप में आ जाती है। वेदी के सामने रंजना और सुरेन्द्रसिंह बिठा दिये जाते हैं। पण्डित वर-वधू के हाथ जोड़ देते हैं और मंत्र पढ़ने की तैयारी करते हैं।

राकेश की एक खास आदत है। जब किसी शादी में शामिल होने जाता है, तब जेब में पच्चीस-तीस हजार के नोट ले जाता है। जब वह देखता है कि लड़की किसी और को प्यार करते हुए भी, कर्ज के दबाव के कारण किसी और से शादी कर रही है, तो वह वहीं, मण्डप में ही, लड़की के बाप का कर्ज पटाकर लड़की की शादी उसके प्रेमी से करा देता है।

पंडित मंत्रोचार करने ही वाले हैं कि सहसा भीड़ में से राकेश सामने

आता है और बड़ी दबंग आवाज में कहता है—'ठहरो। यह शादी नहीं हो सकती।'

एक सकता छा जाता है। सुरेन्द्रसिंह उठकर खड़ा हो जाता है और कड़ककर पूछता है—'तुम कौन होते हो बीच में बोलने वाले ? शादी होकर रहेगी।'

यह साँस रोकने का स्थल है। देखें क्या होता है ?

सुरेन्द्रसिंह बाबू हरप्रसाद से कहता है कि यह सब क्या घुटाला है ? बाबू हरप्रसाद को मालूम है कि राकेश पन्द्रह हजार के नोट लेकर आया है। वह राकेश की बात का समर्थन करते हैं।

तब सुरेन्द्रसिंह कहता है—'तो लाओ, मेरा कर्ज पटाओ।'

राकेश तुरन्त पन्द्रह हजार के नोट उसके मुंह पर फेंककर कहता है—'ले अपनी धन की भूख शांत कर।'

इसके बाद राकेश वहीं धनवानों की हृदयहीनता पर एक जोशीला भाषण देता है।

सुरेन्द्रसिंह का चेहरा क्रोध से लाल हो रहा है। वह मुकुट जमीन पर फेंक देता है, पुष्पहार तोड़ फेंकता है और दूल्हे का बाना उतारकर कोट की जेब में नोटों का बण्डल रख लेता है। न नोट गिनता है, न रसीद देता है। बाबू हरप्रसाद भी रसीद नहीं माँगते, क्योंकि पैसा उनकी जेब से तो गया नहीं है।

सुरेन्द्रसिंह पाँव पटकता हुआ मण्डप से बाहर चला जाता है। जाते-जाते कह जाता है—'याद रखना। मेरा नाम सुरेन्द्रसिंह है। मैं बदला लेकर रहूँगा।'

बाबू हरप्रसाद राकेश से कहते हैं—'बेटा ! तुमने मेरी इज्जत बचा ली।'

राकेश संकोचपूर्वक कुछ अस्पष्ट उत्तर देता है, जिसका अर्थ है कि मैं तो इज्जत बचाता ही रहता हूँ।

पण्डित कहते हैं—'विवाह का मुहूर्त निकला जा रहा है।'

यह सुनकर राकेश और रंजना वेदी पर बैठ जाते हैं और पण्डित मंत्र पढ़ देते हैं।

राकेश और रंजना बहुत प्रसन्न हैं। राकेश अब दुनिया को आग लगाने का इरादा त्याग देता है। दोनों एक बड़े मकान में रहते हैं और गाना गाते हैं। अब प्रत्येक के पास लगभग सत्ताईस गाने हो चुके हैं।

पर संसार में सुख और दुःख का जोड़ा है। एक दिन राकेश सख्त बीमार होता है। रंजना डाक्टर को नहीं बुलाती। वह भगवान की मूर्ति के सामने पति की बीमारी के बारे में एक गाना गाती है। थोड़ी देर बाद राकेश अच्छा हो जाता है।

राकेश और रंजना अब सुखपूर्वक रह सकते हैं, पर वे नहीं रहते, क्योंकि अभी फिल्म केवल दो घण्टे की हुई है और दर्शक भूले न होंगे कि सुरेन्द्रसिंह जाते-जाते कह गया था—याद रखना। मेरा नाम सुरेन्द्रसिंह है। मैं बदला लिये बिना नहीं रहूँगा।

अब एक रहस्य और खुलता है। सुरेन्द्रसिंह के पास रंजना के कुछ पत्र हैं, जो किसी दूसरे प्रसंग के हैं, पर जिन्हें वह प्रेम-पत्र कहता है। वह रंजना को धमकी भेजता है कि मैं ये प्रेम-पत्र राकेश को दिखा दूंगा।

रंजना बहुत घबराती है और एकदम आत्महत्या करने चल देती है।

आत्महत्या करने की जगह नदी का एक खतरनाक घाट है। यहाँ बिलकुल सुनसान रहता है। रंजना घाट की ओर चली जा रही है।

भारत में साधु बहुत हैं। इनसे समाज को बहुत लाभ है। इनका काम है, आत्महत्या करने वाली स्त्रियों को बचाना और बिछड़े हुए प्रेमियों को मिलाना। भारत-साधु-समाज की व्यवस्था के अनुसार सुन्दरियों के आत्महत्या करने के स्थानों के पास एक-एक साधु छिपकर बैठा रहता है। वह चौबीसों घंटे देखता रहता है कि कौन आत्महत्या करने जा रही है। बारह घण्टे में उनकी ड्यूटी बदलती है।

जहाँ रंजना डूबने जा रही है वहाँ भी एक साधु बैठा है। ज्यों ही वह रंजना को देखता है, त्यों ही एक गाना गाता है, जिसमें वह सन्देश देता है कि, हे प्राणी! संसार तो दुःख का स्थल ही है। तू हिम्मत मत हार। तेरे सुख के दिन आयेंगे।

रंजना ठिठककर साधु के सन्देश पर विचार करती है, पर उसे उस पर विश्वास नहीं होता और वह घाट की ओर बढ़ जाती है।

रंजना एक ऊँचे कगार पर खड़ी है। नीचे अथाह पानी है। हवा सांय-सांय कर रही है। घोर सस्पेंस का क्षण है यह। क्या होगा ? क्या रंजना कूद पड़ेगी ?

इधर वह साधु भी धीमे पग पीछे-पीछे चला आया है। रंजना को नहीं मालूम, क्योंकि उसने पीछे देखा ही नहीं। साधु रंजना के कूदने की राह देख रहा है। उसका नियम है कि जब तक सुन्दरी कूदने न लगे, वह उसे नहीं बचाता।

रंजना गिरने लगती है। साधु तुरन्त उसे पकड़ लेता है। रंजना मुड़ती है, साधु कहता है—'बेटी !' साधु उसे समझाता है और वह घर लौट जाती है। साधु कुटी में लौट आता है और रिपोर्ट लिखकर भारत-साधु-समाज के केन्द्रीय कार्यालय को भेज देता है। रंजना पर साधु के उपदेश का असर पड़ता है। वह सत्य का सहारा लेती है। सुरेन्द्रसिंह की चालबाजी राकेश को बता देती है।

राकेश को बहुत क्रोध आता है। वह सुरेन्द्रसिंह के बंगले पर पहुँचता है। वहाँ देखता है कि सुरेन्द्रसिंह मरा पड़ा है। किसी ने उसकी हत्या कर दी है।

राकेश घबराकर भागता है। रास्ते में उसे पुलिस गिरफ्तार कर लेती है। रंजना बहुत दुःखी है। वह दुःख भरे गाने गा-गाकर समय काटती है।

राकेश पर सुरेन्द्रसिंह की हत्या का मुकदमा चलता है। अदालत भरी है। न्यायाधीश महोदय राकेश के बयान लेते हैं। फिर सरकारी वकील सिद्ध करता है कि हत्या राकेश ने ही की है। राकेश का वकील इसका खण्डन करता है और सिद्ध करता है कि हत्या किसी और ने की थी, राकेश तो वहाँ बाद में पहुँचा। दर्शकों में बहुत सनसनी है। तीसरी बार यह सस्पेंस की स्थिति है। अब क्या होगा ? क्या राकेश को फाँसी हो जायेगी ?

न्यायाधीश फाँसी की सजा सुनाने ही वाले हैं कि दर्शकों में से एक स्त्री चिल्लाती है—'राकेश निर्दोष है। हत्या मैंने की है।' स्त्री की बलिदान-भावना देखकर सारे दर्शक मुग्ध हो जाते हैं।

न्यायाधीश उस स्त्री को गिरफ्तार करवाने वाले ही हैं कि कहीं से भागता-भागता एक आदमी आता है और अदालत में घुसकर चिल्लाता है—'माई लार्ड ! हत्यारा मैं हूँ। सुरेन्द्र की हत्या मैंने की है।'

सब अचम्भे में हैं। बड़ा सस्पेंस है। इतने आदमियों को बलिदान करने के लिए तत्पर देखकर न्यायाधीश का हृदय भर आता है। और वे सबको छोड़ देते हैं। उनका निर्णय है कि सुरेन्द्रसिंह ने आत्महत्या की है।

सब प्रसन्न हैं। रंजना और राकेश अब सुखपूर्वक रह सकते हैं, क्योंकि फिल्म तीन घण्टे की हो गयी है।

# मुण्डन

किसी देश की संसद् में एक दिन बड़ी हलचल मची। हलचल का कारण कोई राजनैतिक समस्या नहीं थी, बल्कि यह था कि एक मन्त्री का अचानक मुण्डन हो गया था। कल तक उनके सिरपर लम्बे घुंघराले बाल थे, मगर रात में उनका अचानक मुण्डन हो गया था।

सदस्यों में कानाफूसी हो रही थी कि इन्हें क्या हो गया है। अटकल लगने लगीं। किसी ने कहा, "शायद सिर में जूं हो गई हों।" दूसरे ने कहा, "शायद दिमाग़ में विचार भरने के लिए बालों का परदा अलग कर दिया हो।" किसी और ने कहा, "शायद इनके परिवार में किसी की मौत हो गई हो।" पर वे पहले की तरह प्रसन्न लग रहे थे।

आखिर एक सदस्य ने पूछा, "अध्यक्ष महोदय! क्या मैं जान सकता हूँ कि माननीय मन्त्री महोदय के परिवार में क्या किसी की मृत्यु हो गई है?"

मन्त्री ने जवाब दिया, "नहीं।"

सदस्यों ने अटकल लगाई कि कहीं उन लोगों ने ही तो मन्त्री का मुण्डन नहीं कर दिया, जिसके खिलाफ वे बिल पेश करने का इरादा कर रहे थे।

एक सदस्य ने पूछा, "अध्यक्ष महोदय! क्या माननीय मन्त्री को मालूम है कि उनका मुण्डन हो गया है? यदि हाँ, तो क्या वे बतायेंगे कि उनका मुण्डन किसने कर दिया है?" मन्त्री ने संजीदगी से जवाब दिया, "मैं नहीं कह सकता कि मेरा मुण्डन हुआ है या नहीं!"

कई सदस्य चिल्लाए, "हुआ है! सबको दिख रहा है।"

मन्त्री ने कहा, "सबको दिखने से कुछ नहीं होता। सरकार को दिखना चाहिए। सरकार इस बात की जाँच करेगी कि मेरा मुण्डन हुआ है या नहीं।"

एक सदस्य ने कहा, "इसकी जांच अभी हो सकती है। मन्त्री महो

दय अपना हाथ सिर पर फेरकर देख लें।"

मन्त्री ने जवाब दिया, "मैं अपना हाथ सिर पर फेरकर हरगिज़ नहीं देखूँगा। सरकार इस मामले में जल्दबाज़ी नहीं करती। मगर मैं वायदा करता हूँ कि मेरी सरकार इस बात की विस्तृत जाँच करवाकर सारे तथ्य सदन के सामने पेश करेगी।"

सदस्य चिल्लाए, "इसकी जाँच की क्या ज़रूरत है? सिर आपका है और हाथ भी आपके हैं। अपने ही हाथ को अपने सिर पर फेरने में मन्त्री महोदय को क्या आपत्ति है।"

मन्त्री बोले, "मैं सदस्यों से सहमत हूँ कि सिर मेरा है और हाथ मेरे हैं। मगर हमारे हाथ परम्पराओं और नीतियों से बंधे हैं। मैं अपने सिर पर हाथ फेरने के लिए स्वतन्त्र नहीं हूँ। सरकार की एक नियमित कार्यप्रणाली होती है। विरोधी सदस्यों के दबाव में आकर मैं उस प्रणाली को भंग नहीं कर सकता। मैं सदन में इस सम्बन्ध में एक वक्तव्य दूंगा।"

शाम को मन्त्री महोदय ने सदन में वक्तव्य दिया—

"अध्यक्ष महोदय! सदन में यह प्रश्न उठाया गया कि मेरा मुण्डन हुआ है या नहीं। यदि हुआ है, तो वह किसने किया है। यह प्रश्न बहुत जटिल है। और इस पर सरकार जल्दबाज़ी में कोई निर्णय नहीं दे सकती। मैं नहीं कह सकता कि मेरा मुण्डन हुआ है या नहीं। जब तक पूरी जाँच न हो जाए, सरकार इस सम्बन्ध में कुछ नहीं कह सकती। हमारी सरकार तीन व्यक्तियों की एक जाँच समिति नियुक्त करती है, जो इस बात की जाँच करेगी। जाँच समिति की रिपोर्ट मैं सदन में पेश करूँगा।"

सदस्यों ने कहा, "यह मामला कुतुब मीनार का नहीं जो सदियों जांच के लिए खड़ी रहेगी। यह आपके बालों का मामला है, जो बढ़ते और कहते रहते हैं। इसका निर्णय तुरन्त होना चाहिए।"

मन्त्री ने जवाब दिया, "कुतुब मीनार से हमारे बालों की तुलना करके उनका अपमान करने का अधिकार सदस्यों को नहीं है। जहाँ तक मूल समस्या का सम्बन्ध है, सरकार जाँच के पहले कुछ नहीं कह

सकती।"

जाँच समिति सालों जाँच करती रही। इधर मन्त्री के सिर पर बाल बढ़ते रहे।

एक दिन मन्त्री ने जाँच समिति की रिपोर्ट सदन के सामने रख दी।

जाँच समिति का निर्णय था कि मन्त्री का मुण्डन नहीं हुआ।

सत्ताधारी दल के सदस्यों ने इसका स्वागत हर्षध्वनि से किया।

सदन के दूसरे भाग से 'शर्म-शर्म' की आवाजें उठीं। एतराज उठे, "यह एकदम झूठ है। मन्त्री का मुण्डन हुआ था।"

मन्त्री मुस्कराते हुए उठे और बोले, "यह आपका खयाल हो सकता है। मगर प्रमाण तो चाहिए। आज भी अगर आप प्रमाण दे दें तो मैं आपकी बात मान लेता हूँ।"

ऐसा कहकर उन्होंने अपने घुंघराले बालों परहाथ फेरा और सदन दूसरे मसले सुलझाने में व्यस्त हो गया।

# आधुनिकता का फैशन

प्रिय बन्धु,

पिछले माह पत्र नहीं लिख सका। मुझे उन दिनों चक्रवर्ती राजगोपालाचारी का डर लगा रहता था कि मैंने लिखा और उनकी धमकी आयी कि अगर हिन्दी में लिखेगा, तो देश निकाला करा दूंगा। फिर मैंने अखबार में आप लोगों के मुख्यमन्त्री का वक्तव्य पढ़ा कि आन्ध्र में कुछ पुरुषों को कहीं से चूड़ियाँ और कुमकुम भेजा गया, जिससे प्रोत्साहित होकर वे उपद्रव करने लगे। भारतीय नर मर्दानगी दिखाने को जितना उतावला रहता है उतना विवेक या अक्ल दिखाने को नहीं रहता। इन दिनों जो वक्तव्य मैं पढ़ता था उनसे यह आशंका भी होती थी कि यदि मैंने जन-भाषा में लिखा और जन उसे समझ गया, तो देश की एकता खंडित हो जाएगी। इन दिनों बहुत लोग इंग्लैंड के टोरी दल की तरफ से तर्क दे रहे थे। टोरी दल कहता था कि अंग्रेजों के शासन के हटने से यह देश छिन्न-भिन्न हो जाएगा। भारतीय टोरी कहते हैं कि अंग्रेजी भाषा के हटने से देश छिन्न-भिन्न हो जाएगा। उपद्रव तक के लिए अपने पास मौलिक तर्क नहीं होते। कुतर्क भी उन्हीं से उधार।

इन दिनों मुझे दूसरी उलझन परेशान कर रही है। यहाँ बैठे-बैठे मैं बड़े शहरों में रह कर लिखने वाले तरुणों की रचनाएँ पढ़ रहा हूँ। इनमें अधिकांश मृत्यु-कामी लगते हैं। कोई तो यहाँ तक कहता है कि हम मर गये। कोई कहता है, हम मरना चाहते हैं। कोई कहता है, हम मार डाले गये। एक ने तो मृत्यु की घोषणा करदी और जब मैं भागता बड़े शहर गया तो देखा कि वे बैठे कलोल कर रहे हैं और साहित्यिक शतरंज की गोटें जमा रहे हैं; वजन बढ़ गया है, चेहरा प्रसन्न है और कपड़े अच्छे हैं। मैं हैरान कि ऐसी कैसी मौत, जिससे वजन बढ़े, प्रसन्नता हो और आदमी सम्पन्न भी होता जाए। मौत ऐसी अच्छी होती हो, तो हम सौ बार मरने को तैयार हैं।

मैंने एक मित्र से पूछा, तो उसने बताया कि ये मरने वाले पुरानी मौत नहीं मरते, आधुनिक मौत मरते हैं। आधुनिकता के दो लक्षण हैं—नीचे सकरी मोरी का पतलून और ऊपर सिर में मौत। मैंने पूछा कि यार, यह मौत इनके सिर के भीतर कैसे आ गयी? उसने जवाब दिया कि इनका विश्वास है कि जो अपने को मरा हुआ नहीं समझता, वह आधुनिक नहीं है। इनका यह भी ख्याल है कि इन्हें यंत्र ने पीस दिया है। कुछ लोग ऐसे हैं, जो मौत का सीधे विदेशों से आयात करते हैं। ट्रांस एटलांटिक एअरवेज और ब्रिटिश ओवरसीज एअरलाइंस कारपोरेशन से इनके लिए ताजी मौत आती रहती है।

बन्धु, मृत्यु-कामियों का मैंने विश्लेषण करने की कोशिश की है। अधिकांश बड़े शहर के 'यंत्र' से पीड़ित हैं और उन्हें लगता है कि 'यंत्र' उन्हें मार रहा है। पता लगाने से मालूम हो रहा है कि इनमें 90 फीसदी मूल रूप से देहाती हैं या देहातों और कस्बों से महत्त्वाकांक्षा लेकर बड़े शहर में आ गये हैं। शहर का हाल देख कर पहले तो ये चमत्कृत हुए, मगर फिर इन्हें गाँव की याद आने लगी। यादें आने लगीं कि गाँव में अम्मा बीमार थीं तो सारा गांव हमारे आँगन में आ गया था; चाचा मरे थे, तब सारे कस्बे के लोग शव-यात्रा में शामिल थे, कस्बे में मैं बाहर निकलता तो सैकड़ों आदमी 'पालागी' करते थे, कितने ही आदमी मुझसे अपनी चिट्ठी पढ़वाने आते थे। मगर हाय, इस दिल्ली में और इस कलकत्ता में कोई नहीं मिलने आता, कोई 'पालागी' नहीं करता, कोई चिट्ठी नहीं पढ़वाता। हम तो मर गये। इस 'यंत्र-सभ्यता' ने हमें मार डाला! ये उस देहाती की तरह हैं जो बैलगाड़ी पर शहर गया और स्टेशन पर रेलगाड़ी देखने लगा। पहले तो वह रेलगाड़ी देख कर अभिभूत हुआ—वाह, न बैल जुते न घोड़े, पर भागती कैसी सरपट है! लेकिन, जब उसके बैल बिदक कर भागे, तो वह चिल्लाया—अरे मार डाला इस राक्षसी ने।

बहुतेरे नवतरुण ऐसे ही देहातीपन के कारण मृत्यु-कामी हो गये हैं। उनके ग्रामीण संस्कार उन्हें परेशान करते हैं। उनके बैल बिदक गये हैं। इन्हें गांव में रह कर आंचलिक कथाएं लिखनी चाहिए और देहाती

अध्यापक के गौरव के साथ जीना चाहिए। मगर सबसे अधिक यही अपने को 'आधुनिक' बताने में लगे हैं। उन्हें इतनी-सी बात समझ में नहीं आती कि जो यंत्र के साथ न रह सके, वह 'आधुनिक' कैसे हो सकते हैं।

दूसरी एक और बात इसी देहातीपन से जुड़ी है। गाँव की प्राथमिक शाला में जो लड़का प्रथम आकर सरपंच के हाथ से इनाम पाता है, वह इस उम्मीद से शहर आता है कि मुझे पहुँचते ही कम से कम उपकुलपति बना दिया जायेगा। यों अब उपकुलपति ऐसे होने भी लगे हैं। इस महत्त्वाकांक्षा का कुल कारण यह है कि गाँव की पाठशाला में वह पहला आता था। मगर शहर में जब ऐसा नहीं होता, तो उसका जी घबड़ाता है और कहता है, हम तो मारे गये। हमारा जीवन निरर्थक, शून्य, रिक्त हो गया। बस, इस झटके में वह 'आधुनिक' हो जाता है।

बन्धु, ये मृत्यु-कामी 'आधुनिक' मुझे बहुत पिछड़े हुए, देहाती मालूम होते हैं। इनमें बहुतों को आधुनिक जीवन और उसकी समस्याओं का कोई बोध नहीं होता। वे आधुनिकता को पहनी गयी पोशाक कहते हैं और उसी तरह व्यवहार करते हैं, जिस तरह देहात का लड़का शहर की सड़क पर के ठेले से तैयार सस्ती पतलून खरीद कर गाँव लौटता है, तो उसे पहन कर अपने को 'बाबूसाब' कहलवाता घूमता है। कई को निराशा, व्यर्थता और विफलता का अनुभव केवल इसलिए होने लगता है कि और किसी की कोई अच्छी रचना उसे छपी दिख गयी है या किसी का वेतन बढ़ गया है या किसी का नाम किसी लेख में आ गया है या किसी के बड़े आकार की तसवीर कहीं छप गयी है। इतना काफी है इन आधुनिकधर्मा लोगों को मौत की प्रेरणा देने के लिए।

बन्धु, देहाती भोला भी होता है। वह नहीं जानता कि उसे यंत्र पीस रहा है या यंत्र वाला। कोई उससे कह देता है कि यंत्र जिन्दगी को पीस रहा है, तो वह चीखने लगता है। कोई उससे कह देता है कि जिन्दगी से बदबू आ रही है, तो वह नाक पर रूमाल रख लेता है। किसी ने उससे कह दिया कि दिल्ली में कुल उतनी ही स्त्रियाँ हैं, जितनी कनाट प्लेस में घूमती मिलती हैं और होटलों में शराब पीती हैं—तो उसने यह भी मान लिया। उसने फिर न मुहल्ले में देखा, न घर में।

इनमें तो स्त्रियाँ हैं ही नहीं।

बन्धु, आखिर इनसे ऐसा कौन कह देता है? मुझे लगता है, दुनिया भर में जो सभ्यता पर काबिज थे, उनके हाथों से वह छूट रही है। उसे खूब विकृत करके, मानवीयता से रीता करके, खोखला करके, सौंप देना चाहते हैं। जब किसी के मकान पर कब्जा किया जाता है, तो कभी वह गुस्से में फर्श के पत्थर उखाड़ कर, पलस्तर गिरा कर, खिड़की और दरवाजे को बिगाड़ कर मकान सौंप देता है। जो उस पर कब्जा करता है, वह इन सब चीजों को अगर सजावट समझ कर ग्रहण कर ले, तो उसकी समझ और रुचि को क्या कहा जाए। आज यही हो रहा है। सभ्यता का अमानवीयकरण करके, उसका पलस्तर उखाड़ कर, उसे गन्दा, बदबूदार और विकृत बना कर दिया जा रहा है और लेने वाले इस सबको उसका आधुनिक शृंगार समझ कर गौरव से ले रहे हैं। जीवन के व्यापक अमानवीयकरण के प्रयत्न से लड़ने के बदले देहाती आधुनिक उसे स्वीकार कर लेता है।

बन्धु, मुझे भी तरह-तरह के कष्ट हैं, घोर विपत्तियाँ आती हैं, अन्याय का भी कुछ कम शिकार नहीं होता। पर मुझे न मौत की कामना होती, न जिन्दगी की बदबू आती, न आदमी बिलबिलाता कीड़ा लगता, न व्यर्थत्व का अनुभव होता। तब मुझे डर लगता है कि कहीं ऐसा तो नहीं कि मैं आधुनिक नहीं हूँ—क्योंकि मरण-कामना तो आधुनिक फैशन ही है। अब तो ममता, सहानुभूति और करुणा मन में पैदा होती है, तब भी शंका होती है कि कहीं यह पिछड़ापन तो नहीं है। अमानवीयता भी तो आधुनिक फैशन है।

आजकल इसी उलझन में दिन बीत रहे हैं, अपने। इसके सिवा बाकी सब ठीक है।

आपका

ह० शं० प०

□□